新华国际政治精品文库

[俄] 尼古拉·伊万诺维奇·雷日科夫 著

Трагедия Великой Страны

大国悲剧

苏联解体的前因后果

新 华 出 版 社

图书在版编目（CIP）数据

大国悲剧：苏联解体的前因后果：新版/（俄罗斯）雷日科夫著；徐昌翰等译
北京：新华出版社，2012.12
ISBN 978－7－5166－0206－5
Ⅰ.①大… Ⅱ.①雷…②徐… Ⅲ.①苏联解体—研究 Ⅳ.①D751.25
中国版本图书馆 CIP 数据核字（2012）第 287575 号
京权图字 01－2007－5597 **号**

大国悲剧：苏联解体的前因后果
作　　者：〔俄〕雷日科夫

出 版 人：张百新　　**责任编辑：**朱思明
封面设计：肖　东　　**责任印制：**廖成华

出版发行：新华出版社
地　　址：北京石景山区京原路 8 号　　**邮　　编：**100040
网　　址：http：//www.xinhuapub.com　http：//press.xinhuanet.com
经　　销：新华书店
购书热线：010－63077122　　**中国新闻书店购书热线：**010－63072012

照　　排：新华出版社照排中心
印　　刷：三河市君旺印务有限公司

成品尺寸：170mm×240mm
印　　张：26.5　　**字　　数：**400 千字
版　　次：2013 年 1 月第一版　　**印　　次：**2023 年10月第六次印刷

书　　号：ISBN 978－7－5166－0206－5
定　　价：69.00 元

图书如有印装问题，请与出版社联系调换：010－63077101

中文版前言

阎明复

苏联的兴亡是20世纪人类历史上影响至巨的大事件，它直接改变了世界地缘政治和国际关系的大格局。如今，苏联的兴亡史、苏联解体的经验教训及其后果，已经成为世界各国的理论工作者研究社会主义前景和实践的重要课题。

对苏联解体和苏共垮台，我们是感到十分惋惜和遗憾的。上世纪五六十年代，我曾经多次陪同毛泽东、刘少奇、周恩来和邓小平等同志赴苏联访问，苏联领导人赫鲁晓夫等来华访问，我也曾当过翻译。我结交了很多苏联朋友，同他们建立了深厚的友谊。随着苏共和苏联的逝去，这些都已成为如烟的往事。因为这层关系，我对苏联解体之谜格外关注，对新解密的苏联档案和有关当事人的回忆和反思格外留心。

雷日科夫是苏联解体前的部长会议主席，亲历了苏联解体的全过程，对彼时的真实景况和内幕有非他人能比的了解和洞悉，雷日科夫的著述因而就多了更深一层的价值和意义。雷日科夫这些年写过不少书，但他对此书特别重视。他说："这本书我写了十多年。"书的主题是苏联解体——这是对他震撼至烈的人生经历。书中除了叙述苏联发生在1989至1991年的各种重大事件外，更重要的是对经验教训的总结和后果的反思。起初作者只是备忘，把一些重要的事件记录下来。可是后来，随着戈尔巴乔夫改革造成的后果日益严重，他和整个俄罗斯思想界一样，开始了对一连串重大历史事件前因后果的深入思考。他把所有这些都写进了此书。他说："我希望这本书在某种程度上能回答我心灵和理智的呼唤。"

时间是最好的老师，拉开时间距离的观照可能更为客观、冷静、清明和超脱。痛定思痛之余，15年来，雷日科夫几乎没有一天放松过对这些问题的探讨研究。他曾同数以千计的本国和国外思想精英交换看法，促膝长谈；也曾无数次深入底层，倾听普通人的意见；他还曾阅读了大量的有关著作。此书基本按时间顺序，全面回顾了苏联解体过程中的所有重大事件，并清晰地梳理了它们的来龙去脉。对于苏联解体的原因，说法很多，以致许多资深的研究者也感到扑朔迷离，迷雾重重。但由于雷日科夫当时身处最高决策层，因此对于历史关节点的把握就非常准确，对于此起彼伏的各种事件错综复杂的因果关系，就叙述得更合乎逻辑，也更为清楚。这种系统、明晰、中肯、准确、全面并具有独特视角的叙述，对所有想要深入了解这段历史真相的人，都将是莫大的帮助。

雷日科夫在叙述这些事件时主要围绕两条线索展开：一条是当时以叶利钦为代表的党内反对派和以所谓“民主派”为代表的社会上的反对派是如何同流合污，一步一步发展起来的；另一条则是苏共领导中以戈尔巴乔夫为首的苏共是如何一步步丧失领导权，而苏联又是如何一步一步解体垮台的。其间各种思潮的来龙去脉，各种社会力量的起伏动荡，各种国际力量的相互作用阐述十分深刻细致，值得深思，足以成为我们的借鉴。

这本书虽属宏观叙事，但却始终保持了明白晓畅的语言叙事风格，结合了大量历史细节，以亲身经历的具体事实澄清了许多似是而非的传言和关于某些问题的悬案，可谓做到了有根有据，深入浅出。而且事事讲来心平气和，有睿智的长者之风，读起来引人入胜，发人警醒。

无论如何，苏联解体都是一个“大国悲剧”。前苏联70年的历史已经成为蕴藏丰厚的研究资源。在当前我国思想舆论界掀起一轮“大国研究热”的当口，新华出版社翻译出版这样一部解剖曾经的超级大国苏联崩溃的著作，无疑很有意义。我相信，此书的翻译出版，定能引起专家学者和普通读者的广泛兴趣和关注，定能为我国的社会主义研究和苏联研究以及其他内容广泛的理论研究提供重要参考，并有助于我们进一步坚定社会主义信念，坚定我们走中国特色社会主义道路的信心和决心。

是为序。

2007年11月

（前言作者曾任中共中央办公厅翻译组组长，中共中央书记处书记、中共中央统战部部长，第七届全国政协副主席，民政部副部长；现任中华慈善总会会长）

目 录

序言：真相与后果

瓦连京·拉斯普京

事情的真相如何，产生的后果又如何？——这就是本书的内容以及意义之所在。它详细讲述了发生于 1989—1991 年间导致一个强大国家解体的各种事件；它还讲述了各共和国分裂出去后，这些事件对千百万人民造成的后果。这本书读起来太沉重。特别是对于老一代：他们既是这些事件的见证者，又是参与者。他们不由自主会为所发生的一切感到痛苦和歉疚。

自从 1991 年 12 月苏联彻底瓦解以来，15 年过去了。15 年来，出现了俄罗斯 的新一代。对于他们，这些事件已经成为遥远的往事，遥远得就像1917年的

莫斯科克里姆林宫顶上飘扬了 70 余年的苏联国旗被俄罗斯三色旗取代。这是俄罗斯的白蓝红三色国旗在克里姆林宫上飘动。(新华社稿)

在 1989 年 5 月 27 日苏联最高苏维埃代表选举中落选的前莫斯科市委第一书记叶利钦，5 月 29 日递补鄂木斯克大学副教授卡赞尼克主动放弃的席位，出人意料地成为最高苏维埃代表。图为叶利钦事后在莫斯科普希金广场向集会群众发表讲话。（新华社稿）

革命，或者 17 世纪初波兰的入侵。

看着他们，不由得想起“改革”高潮时期，叶利钦从莫斯科四郊的科学城搬来十多万支持者，拉到练马场*去搞大游行。那可都是些有教养的成年人啊，而且都不是普通人！他们把《真理报》上转载的一篇由意大利记者撰写的关于叶利钦在美国耍酒疯的文章撕烂了，扔在练马场的地上，使出吃奶的力气又是跺又是踩。那可是事关他们包装着民主之父外衣的偶像，是他们的旗帜，是被他们刚刚

* 紧靠着克里姆林宫的一个广场，位于亚历山大花园和无名烈士墓旁边。现该广场地下又建有新的购物中心。——译者

拥戴起来的领袖啊！那些人已经不可能接受任何别的形象，也不可能听得进任何别的道理了。几天之后，报纸的总编被解职了。直到现在，我的耳中依然回响着那些发言者的叫喊，回响着那充满火药味的、本能的、振振有词的宣泄和咆哮。

我之所以回忆起这个场景，只是为了展示那些“可诅咒的”日子究竟有着什么样的环境和心理氛围。没错，上帝要惩罚谁，就一定要先把他变成个丧失理智的人。

尼·伊·雷日科夫在《大国悲剧》里对那些年人民代表大会在事件中所起的负面作用说得很谨慎。作为一名“人民当政机构”的代表，历次代表大会，甚至每一次会议，我都从来没有缺席过，因此有权多说几句：那真是一种魔鬼的智慧啊！它所“创造”出来这个东西，把已经白热化的氛围炒作得更加炽热了。不过，这种白热化氛围当时仅存在于大城市和民族边疆地区，而 1989 年 5—6 月间对第一次代表大会所作的两个星期转播，却把仇恨的种子撒遍了每一个角落。“革命者”对此作了精心策划，并有精确分工。不排除大会开幕前一个半月发生的第比利斯事件也是经过精心策划的，它正好安排在这个时间。否则怎么会这么巧，恰好给肆无忌惮地向联盟政权展开进攻提供炮弹呢？这一来全国都可以看到当局有多么软弱，它正在退让。代表大会开幕前是第比利斯事件，而闭幕之后，就在 6 月份，又发生了血洗费尔干纳事件。1990 年 1 月，巴库再次出现更恐怖的血腥屠杀。而且，紧随从“人民监狱”里跑出来的自发暴徒之后，维尔纽斯又发生了电视塔挑衅事件，还动用了武器，出了人命。俄罗斯发生的一系列血腥事件难道是偶然吗？如果……谁都知道，血总是越搅越腥的。

代表大会各次会议上出现的野蛮行径简直难以名状。为了让非正义事业取得胜利，不仅要求不讲道德，不知羞耻，还要不顾一切。什么民主！什么文明讨论！那些家伙像划分战斗队似的按地区划分小组，在没有遭遇到任何有效抵抗的情况下，受到初战告捷的鼓舞，在国内外公开的和暗藏的敌人的支持下，经常用打冲锋的办法来抢话筒，对与会代表横加谩骂，而且讲的话常常根本不是冲着人去的，而是冲着电视镜头，更不许别人开口。只要见到谁对他们构成威胁，谁能阻挡他们的那种破坏的杀气，比如像雷日科夫、利加乔夫、罗季奥诺夫上将等，他们就会像一群疯狗似的扑上去，刻意罗织罪名，提供伪证，以最无耻的手段制造事端，布置心理攻势。

而且，所有的一切立刻就会被各地所效仿，并以同样的方式传入政权机关。

最后，政权终于被夺走了，那些人成了俄罗斯的主子。

再后来到了 1993 年。在炮打白宫之后，这批新主子汇集到克里姆林宫，想再次庆祝选举胜利，但胜利却没有出现。其中的一个，作家卡里亚金，一个最疯狂的家伙，对着镜头喊：“俄罗斯呀，你疯了！”

而一贫如洗、奄奄一息的俄罗斯只不过是从强加给它的全国规模的疯狂中刚刚开始有那么一点点苏醒。

本书作者雷日科夫并不是旧制度、旧体制的卫道士。那些东西驾着已经破损的轮子，如今显然是难以前进了。他主张的是一种逐步的、没有痛苦的向现代经营管理的转变。如果能够接受雷日科夫政府制定的纲领，在6—8年期间，而不是像冒险分子所主张的那样在500天之内，把经济转到市场轨道，那么，巨大而沉重的国家大厦就不会垮塌，也不会在自己的废墟中埋进千百万条生命。

雷日科夫最有权来写这部令人悲痛的回忆录。他不仅有权写，而且生活赋予他责任，一定要把这本书写好。对于发生的一切，他没有任何应该自责的地方。戈尔巴乔夫在难以调和的矛盾中装好人左右逢源；谢瓦尔德纳泽是暗地里，而雅科夫列夫则是公然地同情和帮助拆毁大厦的人；利加乔夫只能被迫对无耻的法西斯指控左推右挡，有一段时间还剥夺了他起积极作用的权利；只有雷日科夫一次又一次地登上讲坛，召唤理智，希望能够制止解体。

每当民族之间发生冲突的时候，他总是出现在现场。在白热化的费尔干纳，他把成千上万的土耳其族梅斯赫蒂人从死神手中抢夺出来，用飞机把他们送往俄罗斯；他以最快的方式调派空运和陆运工具，从巴库运送抢救出来的亚美尼亚人和俄罗斯人。在本书中，20世纪80年代末、90年代初的悲惨事件以完整的逻辑展现出来。苏联解体，没有赢家，无论高加索，还是波罗的海沿岸，无论乌克兰，还是亚细亚“腹地”，哪里都没有和平，没有幸福。有些人妄自尊大，自我吹嘘，但伴之而来的必然是软弱无力；有些人在西方面前卑躬屈膝，自贬为无足轻重的臣属之国，前头的苦头还有得吃；还有一种人怎么也找不到自己合适的位置。除了白俄罗斯和吉尔吉斯斯坦的部分地区，到处都在清除俄语，就像是俄语也成了俄罗斯不讨人喜欢的代理人。这些人原本是在俄罗斯羽翼下成长起来的，但却说什么也消停不下来，说什么也舍不得停止吹胡子瞪眼睛：“哼！怎么会有股俄国味儿?”——而且，这股劲头在俄罗斯本土居然也非常盛行。

于是，雷日科夫又像是一个中世纪的骑士，这回是冲过去保卫俄语，保卫由于肢解派的意愿而流落“异国他乡”的千百万我们的同胞。不过，有些人还是不愿接受真理。但是，愿意也罢，不愿也罢，该说的他照样要说。缩头缩脑躲进掩体的事他永远做不来。

（序言作者为俄罗斯著名作家）

第一章

乱自何来

具有划时代意义的重大历史事件，其诞生和发展常使我想起一条河。人类生活的变化就跟一条河一样，有它的起源，有它的主河道，还有先后流入主河道的各条支流。它们把这条河变得越来越宽，越来越深，但同时也带来了一些有害的杂质。生活之流也像这条河一样，它逐渐积蓄着力量，临到末了，则或是由于以前取得的成果得到革新和改善而为人们带来欢乐，或是由于引发彻底毁灭而为人们带来悲哀。

苏联人民也曾有过类似的经验。自从统一国家毁灭以来，15 年间发表了无数回忆录，出现了无数分析事件原委的著作。对于种种事件带来的后果、实现的手段、产生的原因以及未来生活的前景，每个人都有着自己的解释。

历史不过是时代的“人质”。人们往往只是简单地抄写历史，目的不外乎是再一次取媚于新一代统治者。但历史总有说出真相的一天。

动笔之始，我还得提起一个现在说来已经是 60 年前的文件——那就是美国中央情报局局长艾伦·杜勒斯当着美国总统杜鲁门在国际关系委员会上发表的一篇演说。1945 年，他就已经明确地提出了瓦解苏联的目的、任务和手段：

战争将要结束，一切都会有办法弄妥，都会安排好。我们将倾其所有，拿出所有的黄金，全部物质力量，把人们塑造成我们需要的样子，让他们听我们的。

人的脑子，人的意识，是会变的。只要把脑子弄乱，我们就能不知不觉改变人们的价值观念，并迫使他们相信一种经过偷换的价值观念。用什么办法来做？我们一定要在俄罗斯内部找到同意我们思想意识的人，找到我们的同盟军。

一场就其规模而言无与伦比的悲剧——一个最不屈的人民遭到毁灭的悲剧——将会一幕接一幕地上演，他们的自我意识将无可挽回地走向消亡。比方说，我们将从文学和艺术中逐渐抹去他们的社会存在，我们将训练那些艺术家，打消他们想表现或者研究那些发生在人民群众深层的过程的兴趣。文学，戏剧，电影——一切都将表现和歌颂人类最卑劣的情感。我们将使用一切办法去支持和抬举

1991年7月1日，华沙条约组织成员国苏联、保加利亚、匈牙利、波兰、罗马尼亚和捷克斯洛伐克的领导人在布拉格签署议定书，宣布1955年签订的华约有效期结束，华约不复存在。(新华社稿)

一批所谓的艺术家，让他们往人类的意识中灌输性崇拜、暴力崇拜、暴虐狂崇拜、背叛行为崇拜，总之是对一切不道德行为的崇拜。在国家管理中，我们要制造混乱和无所适从……

我们将不知不觉地，但积极地和经常不断地促进官员们的恣意妄为，让他们贪贿无度，丧失原则。官僚主义和拖沓推诿将被视为善举，而诚信和正派将被人耻笑，变成人人所不齿和不合时宜的东西。无赖和无耻、欺骗和谎言、酗酒和吸毒、人防人赛过惧怕野兽、羞耻之心的缺失、叛卖、民族主义和民族仇恨，首先是对俄罗斯人民的仇恨——我们将以高超的手法，在不知不觉间把这一切都神圣化，让它绽放出绚丽之花……只有少数人，极少数人，才能感觉到或者认识到究竟发生了什么。但是我们会把这些人置于孤立无援的境地，把他们变成众人耻笑的对象；我们会找到毁谤他们的办法，宣布他们是社会渣滓。我们要把布尔什维克主义的根挖出来，把精神道德的基础庸俗化并加以清除。我们将以这种方法一代接一代地动摇和破坏列宁主义的狂热。我们要从青少年抓起，要把主要的赌注压在青年身上，要让它变质、发霉、腐烂。我们要把他们变成无耻之徒、庸人和世界主义者。我们一定要做到。

40年后，一切果然这样发生了。西方，特别是美国，消灭苏维埃国家的目标果然完全实现了。不过，我当然绝不会以为，这样一个大国的悲剧性解体能够仅仅发生在外部因素的影响之下。如果内部没有一个实际上完全奉行苏联的敌人所树立的目标的“第五纵队”，而只靠外部力量，谁也不能把我们国家怎么样。这只要回想一下俄罗斯千百年来的历史，包括卫国战争那悲惨的时光和最后的胜利结局，就可以一目了然。

世界上最好的老师就是生活本身。生活告诉我们，所谓的民主变革实际上给我们带来了什么，特别是在千百万人民的社会经济地位方面。毫不奇怪，许多人都在越来越经常地问自己：难道真的需要这场改革吗？难道它真的是历史的必需和必然吗？而且，许多人很自然地怀着一种尊敬的心情回想起苏联时代——日子过得虽不富裕，但劳动、休息、教育、医疗服务、必要的社会福利等方面都能得到可靠的保障。

人们终于明白，原来第一拨“民主派”是厚颜无耻地欺骗了他们。那些家伙曾许诺很快就会过上天堂般的日子，而这些玫瑰色的甜言蜜语现已犹如朝雾般消散。还有一些人，他们在人民中只占很小一部分，现在要什么有什么，而且全是过去连想都不敢想的东西。不过这些东西实际上是直接从绝大多数人手里抢过来的。所以，许多人对“改革”的态度绝对是负面的。这是一个不得不承认的事实，它的悲惨之处更在于，从根本上来说，它是一种内心深处的迷失，而大众传媒却用尽了浑身解数来支持这种迷失。

问题在于，在许多人的眼里，戈尔巴乔夫的“改革”也好，盖达尔—丘拜斯—叶利钦的“激进改革”也好，它们都汇入了同一的过程，尽管就目的、社会经济内容和政治推动力而言，它们其实是相互对立的东西。他们之间的共同点只有一条，那就是“改革”的失败和垮台创造了消灭苏联和改变苏联社会政治制度的有利条件。

任何一个社会制度，如果能全面发展，经常不断地回应时代的新要求，那它就是一个足够稳定的制度。停滞是制度老化、制度毁灭的前兆。所以，苏联社会根据新时代的要求进行改革，就成为历史的需要和必然。它无疑应该早在几十年之前就开始，如果当时就去完成这样一个复杂的过程，无论是经济条件、社会条件还是其他条件，显然都要有利得多。但正如大家所了解的那样，这一过程直到

1985年才到来，而它的道路上铺满的已经不是玫瑰，而是荆棘。我想细述的正是这个问题，即关于“改革”和“改革者”的悲剧，关于我国人民的大悲剧——当时，我身处这些事件的旋涡之中。

经济：“照着俄罗斯老妈的屁股踹了一脚”

应当承认，我国在着手改革时，它的领导并没有以应有的方式深入评估进行改革应采取哪些相互联系的必要步骤，以及由此产生的长期后果。我想，说来也真是遗憾，那些指责20世纪80年代改革行动缺乏明确纲领的人是正确的。当然，他们没有考虑必须采取某种决定的具体政治环境，但这一点并不能否定，他们的指责在本质上是正确的。不过以我的观点来看，当时有一点倒是现实的，也是正确的，那就是决定改革从经济开始。其实，戈尔巴乔夫改革的初衷也是要对国家经济做一番改革。

硬性计划经济体制是上世纪30年代建立的，它顺利完成了工业化任务，并对战胜希特勒德国起到保证作用，使得在难以想象的短时期内恢复国民经济成为可能，而在“冷战”年代，则建立了同西方的军事均势。但生活不会在原地踏步不前，逐渐开始有所感觉：苏联的国民经济还无法完全满足居民日益增长的社会经济需求，也无法解决国家发展所提出的一系列至为重要的任务。

这就需要找到国民经济运行的更为有效的手段。上世纪60年代中期，苏联部长会议主席柯西金就搞过一次经济改革。但他并未触及社会主义体制的基础，仅仅是把一定的自由下放给企业。当时我是乌拉尔机械厂的总工程师，后来又当上了总经理，我们当时曾感到非常满意。

总的来说，改革促使第八个五年计划（1966—1970）达到了最高的经济指标。遗憾的是1968年捷克事件之后，柯西金的改革逐渐自生自灭。后来到了勃列日涅夫时期，虽也曾在一定程度上试图对改革加以恢复和完善，却没有取得任何实际成绩。

到了1983年，新任总书记安德罗波夫公开下达任务，要大家把现在究竟生活在什么社会的问题弄个明白。这是个十分严肃的问题：必须重新判定国内已有制度的本质，它在人类历史上所处的地位。与此同时，安德罗波夫又委托政治局委员戈尔巴乔夫、政治局候补委员多尔吉赫、中央委员会经济工作书记雷日科夫深入研究经济领域出现的局势，并就经济改革提出建议。在两年时间内，我们就这一问题开展的工作吸引了大批学者、专家、生产一线的工作者，并成为1985

年戈尔巴乔夫在苏共中央 4 月全会上作报告的基础。再以后，在整个 80 年代后半期，苏联政府始终紧张地进行着制订经济改革具体途径和方法的工作。

为了让经济取得“喘息”机会，需要解决一系列原则性问题。如果对问题的根本加以审视就会发现，首先需要克服的是人与生产手段和劳动成果越来越明显的相离异的现象。由此产生了劳动者对劳动负责、提高劳动效率和质量的动因明显不足。于是又出现了一个问题，就是我们这个社会的所有制及其发展前景的问题。正如所知，我国所有制的基本形式是国有，是全民所有。而且，集体农庄合作社所有制也逐渐具有了国有的特征。考虑到学者们的意见和国外经验，我们认为，在国家手中保持 50%—60% 的所有权比较合理——这主要是指在国民经济的基础部门以及国防工业部门的企业。其余的 50%—40% 可以是股份制形式或者个体形式，但不包括土地。宅旁地、别墅用地和菜园果园用地可以除外。在制订方案时，我们特别注意所谓“民营企业”对象，但其所有者只应是集体。

与这种观点相对立的是自由主义经济学家以及以雅科夫列夫为首的一群政治家们的观点，他们一心为私有制唱赞歌，坚持认为只有私有制才能自然而然地解决国家的所有社会经济问题。

要想逐步过渡到由国家进行必要调节、以社会为指向的市场经济，过渡纲领的制定者面前还存在着不少复杂的问题：要为我国实现深刻的、内容极其广泛的科技革命创造一切必要条件，要改革价格形成的体制，要改变生产资料生产和生活用品生产的比例关系，扩大生活用品的生产等等。

总之，在回应时代呼唤的同时，苏联政府从现实的社会经济状况出发，于 1989 年制订了一个方案，把采取有力措施深化改革同在各个管理层面上审慎行动结合起来。我们在走向市场的同时首先力图稳定社会经济局势，然后再向前进，走向一个更加发达的商品—货币体系。

有的人号召我们在没有准备的情况下立刻全面投入市场经济的旋涡，并且举历史为例说，欧洲和美国在第二次世界大战后实际实行的也是中央集权的计划经济，但他们却一往无前地勇敢地投入了市场经济。这倒是不错。不过他们具有长期搞市场经济的经验，只是由于战争，才在一定程度上中断了五六年而已。他们即使投身进去也不会被淹没。此外，我还要说，他们在战后根本就没有排斥国家计划因素，而且现在也不排斥，而我们那些刚刚冒出头来的主张市场经济的救世主们——实际上也就是目前我国经济的瞎眼指路人——却一听计划经济就躲得远远的，就像躲瘟疫似的。

我们的关于过渡到由国家进行必要调节、以社会为指向的市场经济，把居民承受的困难降到最低的建议，遭到了自由派经济学家、政治活动家和其他社会活动家的坚决反对。他们最直接的目的，就是要彻底摧毁当时存在的经济制度。他们同当时相当一部分干部一道，十分顺利地达到了目的。在这群虚伪的家伙身上，有一个细节很说明问题：当时他们没有一个人提到过，“自由主义的改革”将把最严重的考验压到百姓的头上。到了上世纪 90 年代中期，当他们看到这种改革已不可逆转时，他们这才公开地大声宣扬，说他们再清楚不过，要是照他们的脚本演下去，会对大多数人民和国家带来什么后果。

随着时间的推移，激进经济改革派行动的荒谬性和破坏性已经暴露无遗。在他们——用自由派一个头头的话来说——“照着俄罗斯老妈的屁股踹了一脚”之后，人民觉醒了。到了今天，所谓的“500 天计划”就很难赢得掌声和欢呼了。

但这个计划的制订者亚夫林斯基、布尔布利斯、费奥多罗夫、扎多尔诺夫等人还是会记得的。他们记得，但他们在想办法让人民忘记。亚夫林斯基在苏联解体后甚至成立了一个党，叫“亚布卢”党。他连续十年宣扬自己的思想，可是却从来没有敢提自己的这个产儿——500 天。人们终于咬开了这个苹果，原来里头长了蛆！现在，盖达尔这个经济激进主义的跟屁虫及其同伙居然还有脸在他的研究所里教导我们如何生活。

这些人干了坏事之后就躲到了一边，听凭国家和人民在艰难困苦中挣扎。

国内政策：“把苏共闹个天翻地覆”

1987 年末，戈尔巴乔夫和他最亲密的战友们形成了一个坚定的信念：如果脱离政治改革，在经济领域就不可能出现进步的变革。他们的形象说法就是首先一定要“把苏共闹个天翻地覆”。

客观地说，党内早就出现了变革的必要性。党的确起过伟大的历史作用。在紧张到极点的上世纪 30 年代，在第二次世界大战迫在眉睫的时刻，在伟大卫国战争岁月，在战后年代以及冷战时期，正是苏共在掌握着全国的命运。如果换了另外一种社会制度，那些年未必就能取得如此巨大的成就。

可是时代变了，那么当然党的活动也应该出现重大的甚至方向性的变化。在国家的社会经济发展中，负责的主要是政府，所以我认为党应该从直接管理经济的工作中摆脱出来，把这些职能交给立法机关和行政机关。依我的看法，意识形态工作和制定发展战略的工作留给苏共来做比较合理。同时还应该让它从停滞了几十年的理论教条和党务工作实践中解放出来。

而且，早先的戈尔巴乔夫也是持这种意见的。例如，在苏共中央 1988 年的 2

月全会上他就说过："现在我们已经走到必须改造我们的政治体制的地步了。这当然不是说要取代现行制度，而是要向其中引入质量上全新的结构和成分，要向它提供新的内容和动力……政治体制改革的基本问题涉及党和国家机构功能的划分。在这个问题上还是应该以列宁主义为基础。党的指导和领导作用是社会主义社会发挥作用和发展的必不可少的条件。"

但是，看看他后来离职后的所作所为，看看他那些公开否定党的言论，不由得要对他的真诚，对他的信念，还有他是否正派的问题，画一个大大的问号。

1989 年 5 月 25 日，戈尔巴乔夫在首届苏联人民代表大会上当选为最高苏维埃主席。这是他在会上发言。(新华社稿)

1991 年 8 月 23 日，当蒙羞的苏联总统在 72 小时软禁后由福罗斯送回来，跑到俄罗斯最高苏维埃的"耻辱讲坛"发表演说时，他还能说一些他信奉社会主义思想，他忠于改革后的党之类的话。可是时间仅仅过了一天，他却……放弃了苏共中央总书记的职责！再就这个问题发表宣言时，他竟然颠三倒四地说，他的责任是像保护国家公民那样保护每一个共产党员免受无根据的法律追究，同时还宣布党自行解散。

圈圈终于圆上了。这种情况迟早总会发生。戈尔巴乔夫同党分道扬镳了。但为什么他对中央委员会提出的关于苏共自行解散的建议在许多人看来只不过是一个既定事实，这件事至今还是一个谜。我看是潜意识中几十年培养起来的东西起了作用，总相信党的领袖总书记的一切行动不会有错。

那些日子可是胜利者趾高气扬的日子。趾高气扬的还有一帮立马就倒向他们，倒向权力的人，哪还管这权力究竟是什么权力！见风使舵的人从来就没有自己的信念。看来那些抢到了政权并自称国内唯一民主派的人们，如果他们真是民主派的话，就应该委托同样是“民主”的检察机关，对那些他们认为是70年来把国家搞到丧权辱国一贫如洗地步的人提起公诉才是。难道这些“民主派”不正是自诩为为把我国建成真正法治国家而奋斗的最高尚的战士吗？

不过这样一来就会出现一个问题：有些人昨天也是共产党员，而且远不是什么党内的小角色，可他们又起过什么作用，该负什么责任呢？是否因此才退而想出了这么一个绝对违反法律，违反民主原则的解散苏共的法令呢？1500万共产党员被排除到了司法之外。看来，当时真没有几家报纸能忍得住不挖苦说，这个命令是叶利钦在过节的时候给倒台的共产党送的一份厚礼。不过他们“忘记”了，几十年来，这个日子可一直是整个国家的节日，是全民族的节日啊！

苏联共产党曾经是国内改革的倡导者，可是过了5年，它却被赶下了政治舞台，而它的一千好几百万党员当中，竟没有一个人站出来捍卫它，这究竟是怎么搞的呢？

原来，到了1989年，国内政治局势起了剧烈的变化。夏初召开的苏联第一届人民代表大会，是根据修改后的宪法召开的。在代表大会炽热的气氛中，与苏共的活动相关联的一切重大问题全被“遗忘”了，却提出了许多针对它的批判和严重指责，而且还号召进行报复。在有些发言中，可以感到发言人无论作为一个公民还是一个政治家，都还不够成熟。他们表示，希望能对摆脱了“苏共压迫”的这个国家有所帮助；他们自己还对自己开展公正的批评，揭露党在社会活动中实际存在的问题。不过还有一些则是完全自觉的、专为破坏党的威信而经过精心策划的行动。苏共是通过历史发展而成就为一个强大的政治组织的，它同国家组织已经水乳交融地连为一体。正因为如此，为解体势力的利益而破坏党的威信是一件极其危险的事。但那些导演这一切的人很清楚，为了改变政权和社会制度，必须切断党和国家之间的纽带，因为那是国家赖以存在的基础。

苏共之所以能走到酿成悲剧的一步，是因为几十年来它把权力视为自己的专利，它已经丧失了现实的日常政治斗争的能力。结果当一个统一的机体丧失了自己最优良的品质——战斗性，自我牺牲精神，无私奉献精神……的时候，它衰退了。

由于种种原因，苏共丧失了对人民群众的影响力，国内随之开始出现反对立场的社会运动。它们在苏联解体和社会制度解体的过程中起到了非常重要的作用。它们大致可以分为三类：持不同政见者、杂牌军和民主派。也可以把他们的活动看成三次浪潮。

持不同政见者运动发端于上世纪 60 年代初，从事的基本是维权活动，他们不同当局合作，但也拒绝使用暴力。他们人数很少，而且分散，组织很差，但引起了西方的注意，并得到国内少部分知识分子的支持。对于这些人来说，要点在于苏联存在着反对派这一事实。在一定条件下，它们可能取得一定的政治分量。

老一辈可能还记得对持不同政见者的审判。有关这些审判的消息曾为部分人所知晓。主要是通过境外的这个那个之声的无线电广播，其内容是真话假话都有。

可是到了 1986 年 12 月，通过了一项政治议案，取消了对反对派的刑事诉讼。过去的持不同政见者开始走出劳改营和监狱。但他们的运动实际上并没有卷土重来。很多人已经厌倦了“为人权而斗争”，还有一些人则由于在西方有了名气，便跑到国外过起了太平日子。具有讽刺意味的是，实际上持不同政见运动的历史正是在 1986 年由于对他们停止迫害而画上了句号。

就在这个时候，国内开始迅速出现各种社会团体，他们的成员被称为杂牌军。这些团体其实没有什么原则。他们当中有的是民主派，有的主张爱国，有的主张无政府主义，有的主张君主主义，有共产党，有社会民主党，还有保守自由派，等等。许多团体的形成不是根据意识形态原则，而是根据活动方向：有的从事环境保护，有的从事古迹保护等等。杂牌军同持不同政见者的不同之处在于它们同当局和平共处，不反对加入国家机构以及其他官方机构如工会、共青团等。但不久许多杂牌军的活动开始具有越来越浓的政治性质。参加杂牌军组织的人以一种特殊的方式“玩大政治”，他们先取得经验，然后就学会了把成千上万的群众带上街头。

内部的辩论磨炼了反对派活动家的技巧，培养了未来的政治家、记者、社会活动家。上世纪 90 年代他们中的一些人成为社会团体、新成立的政治机构、大众传媒的领导人。时至今日，我们也依然能在电视屏幕上和各种政治场合看到这

1991 年 3 月 10 日莫斯科练马场的群众大会。(马蒙托夫摄)

些人的身影。现如今，他们还在“教导”人民在民主变革的条件下应该如何生活。

这样一来，由于苏共不能按必要方向实现改革，在一个历史造成的极短时期内，酿成了反对派政治运动，而其中的一部分，又自觉或不自觉地促使苏联瓦解，促使当时存在的社会制度消灭。

对外政策：西方找到了“可以与之打交道的人”

戈尔巴乔夫与他的前任赫鲁晓夫、勃列日涅夫有所不同，后二者只是在他们在位的后期，才热心投入外交活动，而他却从一开始便乐此不疲。

戈尔巴乔夫同西方的合作开始于 1984 年的秋天，当时他作为一个普通的政治局委员，会见了英国首相撒切尔夫人。正如所知，这次会见是由苏联驻加拿大大使雅科夫列夫组织的。未来的总书记在此之前不久认识了雅科夫列夫，由于志同道合，俩人一拍即合。值得注意的是，这次会见的地点不是通常的伦敦政府官邸（唐宁街 10 号），而是郊区的切克斯别墅，那是个专门用来接待正式访英的外国领导人，首相希望与之推心置腹进行特殊重要谈话的地方。

实际上这是一次对未来总书记的摸底会见：西方领导人对契尔年科的健康状况了如指掌。会见后撒切尔夫人抛出了一句名言："这是个可以与之打交道的人……他值得信赖。"这就是这位铁娘子对其他各国同事发出的信号。后来她不无自豪地说："是我们把戈尔巴乔夫提拔起来当了总书记。"

1989年4月6日，戈尔巴乔夫在伦敦同英国首相撒切尔夫人举行会谈。图为戈尔巴乔夫和撒切尔夫人会谈前在首相府合影。(新华社稿)

1986年10月，在两个月的沉寂之后，里根同意了戈尔巴乔夫的提议：在雷克雅未克同他会见。他们在当地举行了好多个小时的一对一秘密谈判。美国总统需要知道，戈尔巴乔夫是否已经作好牺牲苏联利益、对美国效忠的准备。后来，到了1993年，戈尔巴乔夫在法国撤掉了嘴巴上的岗哨，承认在雷克雅未克会见时"实际上已把苏联交付美国听凭处置"，他说："雷克雅未克实际上是一场戏……一场重头大戏……我认为，如果没有里根这样强有力的人物，整个过程就不会开始……这次峰会上我们……走得已经那么远，根本就不可能再有回头路。”

雷克雅未克之后又举行过无数次的会见和谈判。1989 年末，当戈尔巴乔夫在马耳他同老布什总统会见的时候，整个移交苏联政治国防阵地的过程已经完成。当时有些快言快语的人和外交官都形象地说，冷战是在地中海暖洋洋的海水中埋葬的。

戈尔巴乔夫在总书记的位子上坐了 6 年，同美国总统会见了 11 次。由于相当程度上绝对单方面的让步，柏林墙垮了，华沙条约、社会主义国家的盟友关系以及苏联本身都垮了。在醉醺醺的叶利钦指挥下奏响的军乐声中，部队满面蒙羞地开出了自己的军事基地。他们无处可去，只好在露天地里支上行军的帐篷栖身。这就是戈尔巴乔夫同他的朋友科尔在阿尔赫兹国家别墅签订协议所导致的可耻结果。

戈尔巴乔夫—谢瓦尔德纳泽（后者是为他担任外交部长的小伙计）的对外政策使苏联的外交威望一落千丈。结果是几年之内苏联丧失了超级大国的地位，而世界则失去了整个 20 世纪下半叶赖以顺利维持地缘政治均势的两极体制。如今人类生活在单极世界，占有统治地位的是唯一的一个超级大国——美国，它除了拥有强大的军事和经济力量之外，还拥有为了一己之利企图按自己模式改造世界所有国家的疯狂愿望。

所以，如果把总书记兼总统戈尔巴乔夫在国际舞台上的活动称之为错误，那实在是太荒谬了。不过他首先满足的是西方的利益，而且总是以牺牲苏联的利益为代价。这一政策不但削弱了他在国际舞台上的地位，而且还使得西方对苏联人民的影响日益加剧，使得苏联国内反苏、反社会主义的力量日趋活跃，最终导致这个国家从地图上消失。

意识形态：总书记“梦想着要把共产主义埋葬”

“设计师”、“施工队”以及改革的其他意识形态专家们和组织者们都非常清楚地明白，只有大多数或相当一部分社会成员支持改革，我国根本性的经济和政治变革才有可能得以实施。然而到了上世纪 80 年代，党真正直接依靠工农，并与他们共同组成一支可以说是挟雷霆万钧之力的时代，早已成为遥远而光荣的英雄主义过去。联系逐渐变成形式上的和单方面的东西：总是从上到下、从党到群众，很少有自下而上、从群众到党的事情发生。此外，蓬勃发展的大众传媒开始给予社会精神生活的形成以强大的影响。首先是电视、广播，还有日报、周刊、

1991 年 7 月 17 日，戈尔巴乔夫在伦敦会见出席西方七国首脑会议的各国领导人。（新华社稿）

各种大小杂志。那么，在这些机构工作，决定它们立场的又是些什么人呢？当然是从事脑力劳动的人。这样一来，知识分子就踏上了政治生活的前沿。人民精神生活的“气候”，广大人民群众的社会意识以及公民的政治行为在巨大的乃至后来是起决定作用的程度上，都由这些人来决定。

要想取得知识分子对改革的支持，就必须保证在国内实行真正的言论自由。

国家的领导层，包括本书笔者，都赞成社会生活的这种变化：应该向国内的公开性转变，向外部世界开放。我们当中许多人都明白，由于我国历史情况十分复杂，在实施这种变化时要多加小心，权衡利弊，以免国家航船颠覆。不论这只船是什么船，但它毕竟是我们自己的船。既然我们大家都载着自己的欢乐和苦难乘着这艘船航行，总不能让它遭到危险，即便是为了一个更美好的未来。让它连同乘客一道沉向海底总是不行的。

公开性宣布了，书刊检查制度放松了，后来还完全取消了。“意见多元化”首先立即造成政治和意识形态出版物的大量出现。“大杂志”的印数直线上升。例如，《新世界》的销量竟达到 150 万份。值得一提的是，在官方书报检查制度已经完全放开的今天这个“民主”时代，该刊 2005 年的印量也不过 8000 份。

我还记得那些年政府如何像发了疯似的想方设法为报纸杂志扩大纸张供应。不得不大量提高从芬兰等国进口纸张的数量。既然我们认为自由发表意见的路线对头，那就应该竭尽全力，保证出版部门有纸张来印刷自己的东西，其中也包括印反政府的文章。现在根据我得到的消息，这样的问题是不存在了。如果你有钱，那就去买纸，就去印刷，如果没有，那你就关门。

1986 年中央的两家刊物换了领导。他们的头头被换成了自由共产主义色彩的“60 年代人”。在批评过去以及批评当时的“停滞不前的官僚”方面，以雅科夫列夫为首的《莫斯科新闻报》和以柯罗季奇为首的《星火杂志》表现尤为突出。

我想起了把柯罗季奇任命为《星火杂志》主编的那段往事。在这之前，他工作和生活在乌克兰。讨论候选人的时候，有些同志由于对柯罗季奇很了解，反对把他调到莫斯科来。但利加乔夫作了最后的决定。他以特有的固执一心一意要提拔这个人，认为他肯定能成为一个优秀的改革者。利加乔夫可以理解。我的家庭藏书中有一本未来《星火杂志》主编的书——《仇恨的面孔》，是讲他的美国之行的，其中他鞭笞了美国的种族主义。后来，等到苏维埃政权解体后，他又跑到美国去工作和生活了许多年（其实是躲到那边去了）。可是，在他工作的那所学校，学生和老师又知不知道，这位教授过去是怎样写他们国家的呢？未必清楚！喏，利加乔夫和他的战友们却读过这么一部作品，而它无疑对总编的任命起了作用。这件事我也就是提一下，可以作为一个例证，说明我们的许多“知识分子”思想和良心变得有多快。

我想，可能正好是公开性大行其道的时候吧。出现了好多“大胆”的电影、戏剧、书籍之类的东西。可以公开讨论的问题范围放得越来越开了。再有就是言论自由的发展——当时有个说法叫“格拉斯诺斯奇”（公开性，全世界几乎所有的字典对这个词都采取了音译的办法）。这些很快就变成了信息的大潮，其中也包括不可信的信息，纯粹是吮吸着手指头生造出来的信息。它们都越来越公开地指向现存的社会和国家制度。为了这一点，首先当然要利用我们生活中的阴暗面。遗憾的是阴暗面在斯大林时期还真不少。当然，从那时起，几十年都过去了，国内好多东西都变了，国家也成了另外一种样子。但过去的那些东西还是成了破坏国家现状的一个武器，而且正如后来所见，很快又成了破坏它未来的武器。

在推行言论自由的那几年中，人们不是寻找建设性的办法来医治社会疾病，而是利用言论自由来毁灭这个社会。

可是支持公开性以及其他民主过程的政策却一直没有变。1987 年 5 月，停

1991 年，十月的红场上，来自苏联各地的人们在列宁墓外排起长队，等待瞻仰列宁遗体。(新华社稿)

止了对美国之音以及其他反苏广播电台的干扰；6 月，简化我国公民出国手续的决定开始生效。

1987 年 11 月 2 日，召开了隆重纪念十月革命 70 周年的大会。戈尔巴乔夫在会上作报告。他宣称："苏共对共产主义运动的未来不会有所怀疑。它将取代资本主义……我们正在走向一个新世界——共产主义世界。我们一定把这条路走到底，永不回头!"这些引起暴风雨般欢呼的话语说过仅仅四年，苏联没有了，社会主义没有了，更不必提什么总书记号召的共产主义事业了。他那卑鄙无耻的嘴脸真叫人惊奇：几年之后，他居然又称，自他懂事以来，就一直梦想着要把共产主义埋葬……

遗憾的是卑鄙无耻毫无原则的不仅是他这一个人。再来看发生得较晚的另外一例——1993 年 4 月叶利钦同文艺界知识分子代表们在大剧院贝多芬厅会见的一幕吧。电视观众看到和听到的是一个怎样的场景啊！他们在高喊："再加把劲!""对他们再狠点!""扭断他们的脖子!"这些喊声竟然成了陷入亢奋状态的"艺术大师中坚"们嘴里最心平气和的语言表现。一方面这说明了他们疯狂的仇恨，另一方面，又说明他们赤裸裸的奴颜婢膝，引得千百万电视观众直想作呕（这是我后来同各种各样的人物经过无数次会见才得知的结论）。那真是一个真实展现自我的好机会。他们果然这样做了！正如已故的老牌剧作家维克托·谢尔盖耶维奇·罗佐夫所言，这种丝毫不加掩饰的奴颜婢膝在我们这一代人当中是绝对见不到的。他们在精神上洗劫了那些对他们寄予信任的人。但在这之前他们早已把自己洗劫一空了。我不想一一列举那些一度曾为大众所尊敬和爱戴的名字，我只想说，他们中的许多人由于不仅在那一天，而且总之是在新环境下突然展现出自己丑陋的政治面貌和道德面貌，因而从人们的心上永远抹去了自己过去的艺术成就。

雷日科夫在苏联部长会议主席任上。（作者提供）

总之，在意识形态领域，破坏性倾向战胜了实证主义倾向。这是因为苏共，准确地说，因为它的中央和几任总书记，在整个后斯大林时期一直没有能够对全党和全社会提出要求克服侵蚀党和社会血肉肌体的教条主义的任务（除了安德罗波夫，但他来得及做的只是指出这种必要性）。在这个发生了巨大变化的世界上，在我们国内，教条主义早已不能反映事物的真实状况，而他们却不懂得深入进行科学分析、认真发展建设新型社会的理论和实践的历史必要性。

戈尔巴乔夫和中央政治局在宣布向公开性、言论自由、全面民主化过渡的同时，并没有把对于从斯大林时期起就在许多方面被《联共（布）党史简明教程》歪曲的党和国家的历史加以科学、客观、慎重地重新审视的主动权抓到自己手上，却把这一极为尖锐的、具有强大震撼力的信息工作交到了自己的潜在敌人手上。那些人后来果然成了公开的敌人，并以此为自己赢得了真理和正义斗士的美称，而且还因此赢得了如果不是带领社会大多数也是带领相当一部分人前进的可能。

当戈尔巴乔夫陷入政治困境时，对于“民主派”针对领导了这个国家整整70年的苏共所大力展开的常常是诬蔑性的攻击，他们几乎没有做出任何回应。当敌人向苏联和社会主义发起实实在在的进攻时，党的意识形态“机器”竟完全丧失了行动的能力。

戈尔巴乔夫在号召搞诚实的、公开的政治的同时却在施加各种影响，甚至公然贩卖谎言（例如所谓的《里宾特洛普—莫洛托夫秘密备忘录》、卡廷案件等等）。他所提出的大量口号和纲领都空洞无物，毫无根据，缺乏应有的组织工作。戈尔巴乔夫不懂得：无法兑现的政治许诺，只能是一股破坏力量。

这一切决定了群众对改革、对党、对戈尔巴乔夫只能是失望，从而也加强了对手的地位。

民族关系*：竟然成了摧毁苏联的攻城槌

20世纪的大部分年月，整个世界都曾以惊奇和赞赏的心情观察着苏联如何解决民族关系问题。可以说，我们的多民族国家似乎已经成了各民族牢不可破友谊的典范。可是，忽然之间，在这块占世界六分之一的土地上，一会儿在波罗的海沿岸地区，一会儿在乌克兰，一会儿格鲁吉亚，一会儿阿塞拜疆，一会儿在中亚的某个加盟共和国，民族主义又再次兽性大发了。这种能够在某种程度上威胁国家安全的大规模现象，在一个强大的国家是无法存在的，可是只要苏联开始衰败，顷刻之间，它就能变成一只摧毁国家的攻城槌。

在历史上，俄罗斯就是把一块块土地合并入政治经济联盟而形成的。加入的每一个民族，都有自己的文化。共同的国家利益把它们融合到了一起。它们在加入俄罗斯家园之后，共同的职责已不是相互竞争，而是在统一的国家中相互协作。巨大的领土面积、复杂的推动力和地缘政治条件、民族构成的多元化决定了共同的民族利益——必须采取一切手段巩固国家，巩固一切国家机构。它们的责任就在于保证我国领土完整和国家安全，制订可以为大家都接受的多样化的宗教

* 本节参考了哲学博士M. C. 朱努索夫教授的理论著作。

民族文化特色共存的形式。

在我们国家，俄罗斯人民作为数量最多的民族，为这个成长中的国家支撑着最主要的负担。它是建设和巩固这个国家的最主要的支柱。同时，却并不存在任何专属于俄罗斯族的特权。俄罗斯的任何一个民族，都既不是统治民族，也不是从属民族。

可是，历史有时就爱这样，它跟我们开了个惊人的玩笑：当各加盟共和国准备退出苏联之时以及它们退出之后，有些国家的民族主义甚至是地方沙文主义的褐色之花就怒放起来了。众所周知，以波罗的海沿岸地区的几个共和国为例，那里的沙文主义者为了推行民族歧视政策，或者简直就是想要直接把居民中的俄罗斯族从当地排挤出去，都挖空心思使用了一些什么样的手段哪！而当那些国家存在于苏联内部的时候，这些俄罗斯人又为国家的发展作过多少贡献啊！

同时，遗憾的是，在俄罗斯内部，当“自由民主派”当权之后，也先后出现了一个个沙文主义集团，更有甚者，还有大行法西斯之道的社会渣滓——他们用民族主义的口号，打着关怀俄罗斯人民利益的旗号，来掩饰自己内心的贫乏和野蛮。这在很大程度上是由于把政权抢夺到手的那些人往好里说都是西方的思想附庸，实际都是直接听命于西方的走狗，他们决心把俄罗斯交付西方听凭宰割。这样的心理以及相应的实践活动，一定会产生相反的一面——赤裸裸的、攻击性极强的民族主义。这是在本质上同真正的爱国主义完全相对立的东西。何况，在上世纪 90 年代，反爱国主义简直都已经成了叶利钦政权的招牌。时时刻刻都会有人把脏水往爱国主义和爱国主义者头上泼，有的人使出浑身解数，为的就是要把这些概念彻底消灭，尤其是在年青一代的眼里。当局努力用他们的靴底，去践踏人民记忆中最神圣的事件、日期，甚至连伟大卫国战争胜利日也不放过。这一切在一定程度上造成了反弹，不过当然是畸形的反弹，那就是出现了民族主义的情绪和极端主义组织。

在民族主义和沙文主义这样的概念同爱国主义的概念之间，人的意识中并不是任何时候都能很清楚地划出一条界线，更何况年轻人。

什么是全民爱国主义？事实上伟大卫国战争对此已经作出了最令人信服的回答。难道说没有爱国主义人们能忍受那种可怕的损失，能克服那种生活的艰难困苦，直至胜利吗？不能的！

最近几年来，我国这方面情况正在好转。在前线和后方参与过斗争的老战士又开始受到尊敬，人们对自己国家不寻常的历史开始比较尊重。不过，事情总是这样，在这种情况下，又是那些昨天还在践踏我们历史和伟大胜利的人开始搞起了爱国主义运动。真是——只有天知道了。

还有一个概念在一定程度上也跟我们所说的这些人有关系，这就是所谓的“全人类价值”。我也想就此谈一点看法。1987年戈尔巴乔夫把这么个概念引入了思想武库，为的是想要“淡化”党传统的意识形态提法。起初，这个概念只是用来作为“对外使用”，因为这里边还包含维护和平、裁军、防止生态灾难等思想。后来，在“全人类价值”中又加入了法治国家的原则，即西方民主的基本要素。可以认为，也就是在这个时期，出现了党和国家的首脑向“西方价值”的转变。这种情况几乎对所有的方面都产生了影响——对外政策方面，意识形态方面，经济方面，等等。总书记思想观点的变化在中央和地方领导人中引起的反响是各不相同的。对于戈尔巴乔夫的这一转变，意识形态专家、改革“设计师”雅科夫列夫拿着到处鼓吹，说这是根本性的、“指标性的”转变，特别是跑到国外去吹。而党和经济工作的大部分骨干则对之充满了疑虑。

国内生活中我们原来所固有的集体主义不见了，取而代之的是个人主义；生产资料公有制被私有制取代了；人民被分裂成互相敌对的两部分——富人攫取了大部分财富，却把大多数老百姓搞得一贫如洗；我们祖国的伟大文化，受到了不值一文的西方水货的排挤，文化变得只知道迎合把赚钱作为最高理想的人们的低俗口味，等等。这就是最近15年来为我们造成的境况。而这一切却美其名曰是向“世界文明”的回归。不过这个过程是戈尔巴乔夫时期开始的，如今我们这个一度在世界上为许多人充当过精神领袖的国家却变成了一名落后的学生。

这种把“泛人类价值”向俄罗斯土壤不加考虑地、片面地、机械地移植的结果，无疑对实现在美国倡导下推行的全球化是有利的。在这种情况下，人民的民族价值和国家主权，以及由此而产生的政治、社会、经济和文化后果，就完全被置于次要地位去了。

我们的悲剧就在于我们丢失了“苏维埃价值”，我们没有把过去的一切正面的东西带到新时期来。非但如此，许多对我们格格不入的、不为大多数人民所接受的教义，也被强加给我们这个社会。我们的国家缺少一种起核心作用的思想，有的只是起瓦解作用的、外来的思想和价值。

苏联解体：审判何时开始

戈尔巴乔夫“改革”时期的行为在好多地方都使人想起赫鲁晓夫统治时代：许多事情有始无终，没有改革的战略路线，搞得匆匆忙忙，缺少深思熟虑，几乎所有的事情都是即兴而为的产物。雕塑家涅依兹韦斯内在给赫鲁晓夫竖立的墓碑上天才地表现了赫鲁晓夫的行为和性格：他把墓碑清晰地分成两部分（由黑白两种大理石做成），以此来强调这个人思想行为的矛盾性。

的确是这样，一方面，他放松了对文化活动家们创作的监控，另一方面，他又捣毁了练马场大厅的雕塑展，其中就有这个涅依兹韦斯内的作品。他批准了出版反斯大林的作品，同时又对俄罗斯东正教会给予重创，对苏军给予沉重打击。

考虑到这种无法一以贯之的情况，就会出现一个问题：这个“解冻”究竟又是个什么东西呢？是伴随着融雪的温暖的天气呢，还是制造泥泞，制造污泥浊水，制造阴雨连绵或者制造雾气弥漫的天气呢？照我看回答也是不确定：一切都取决于究竟从什么立场来看这个现象。

坐上国家的高位之后，戈尔巴乔夫起初对军人是很尊重的。他心里很明白，在整个俄罗斯历史上，军队始终是社会上受到尊重的一部分。可是事过不久，他就开始向军队发起攻击，甚至动用了一批“分析家”，他们对人民反复宣称，百姓之所以生活不好，是因为大量经费用到了军队身上。

在这个问题上，戈尔巴乔夫的小伙计——外交部长谢瓦尔德纳泽——为他帮了不少忙。众所周知，这个人在苏联历史上留下了灾难性的痕迹。这位外交官居然宣称，我国的军事开支占国民总收入的 19%。后来戈尔巴乔夫拿过来凑了个整数，于是又变成了 20%。其实他们两个都非常清楚地知道，我国国防开支所占比例最多不超过 12%，而且从来也没有超过这个数字。因此，戈尔巴乔夫在破坏苏军威望方面，是一步不差地走了赫鲁晓夫的老路。

这样一来，在戈尔巴乔夫掌权的年代，我国军事政治阵地和国防阵地就目标明确地、坚定不移地、一步一步地解除了武装。读者可能会问，那么国家的其他领导成员又到哪里去了呢？为了回答这个问题，我可以请读者们也看看今天的情况。俄联邦政府的部长们是否了解总统外交谈判和外交决策的情况呢？显然并不了解。苏联那时的情况也是这样：国防部长、外交部长和克格勃的主席形式上虽然是内阁成员，但实际上所有的一切完全都是总书记和苏联总统一手操办的。

从 1945 年起，战后年代世界上形成了两极政治体制：一极是苏联，而另一极则是美国。这种体制为维护和平，避免总体上的武装冲突，建立了很有分量的保证，尽管当时一直在搞所谓的“冷战”。由于世界上两个主导大国之间的军事力量大致均衡，相对地缘均势还能得到保持，这样才能在出现问题时求得最终的政治解决。越南的情况是这样，阿富汗的问题是这样，还有许多其他的问题也是这样。

1991 年苏联的解体，消除了所有抑制西方侵略首先是美国侵略的因素。两极世界垮台了。苏联解体后，一些国家的政治活动家也讲了不少建立多极世界的话，但至今也只不过是一种良好的愿望，因为这样的政治力量配置，对于仅余的唯一一个超级大国美国来说，是完全不能接受的。几十年来，他们一直都梦想着在世界上起领袖作用，如今目的终于达到，他们的手脚放开了。

后果马上显现出来。第一个遭受打击的就是南斯拉夫。经过十年动乱，一个受到全世界承认的统一国家，被肢解成六个部分，现在又要分裂出来第七个“主权独立”国家——科索沃。

不出所料，美国也找到了把联军开进阿富汗的借口，而在整个上世纪 80 年代的后半期，它却不断要求苏联部队从那里撤出来。

后来，它甚至不顾联合国的反对，纠集了一些国家，入侵并占领了伊拉克，在当地建立了所谓的“民主”生活和“民主”统治。结果把这个国家搞得血流成河。接下来将会是黎巴嫩、伊朗、朝鲜和其他所有在某一点上不合乎美国标准的主权国家。

今天发生的种种，实际上同 1938 年在欧洲出现的问题并无二致：当年的英法两国领导人签署了慕尼黑协定，说得确切些，就是同希特勒和墨索里尼搞了妥协。西方以这一行动为法西斯德国奴役欧洲各国、向苏联开战亮起了绿灯。今天，西欧以自己对美国侵略政策的支持，亲手为它统治世界扫清了道路。

为了这个目的，正在向全世界灌输一种观念，似乎只存在一种文明，那就是美国和西欧的文明，唯有它才是世界上一切古老文明的继承人（不仅继承了欧洲的即希腊罗马的，而且还继承了东方的，包括中国的和印度的），似乎只有这种西方的价值观体系——有人把它叫做“大西洋价值观体系”——才是唯一真正人道和民主的价值观体系。

不过这种唯一“大西洋”文明理论的炮制者，其虚伪无知也实在惊人。按照他们的意见，在这一基本的、“无可争议”的文明之中，竟全然没有中国、伊朗、印度、俄罗斯等国家的地位。甚至就连日本和中国以及今天的印度和东南亚国家所展示的科学、文化、经济方面的巨大飞跃，也无法动摇拥戴这一理论的许许多多西方政客。

在当代这个瞬息万变的世界上，俄国虽自身的麻烦和问题不少，但也还是积极努力地在保持与自己伟大历史相称的地位。但遗憾的是这一复兴过程也包含着一定的危险——丧失自己精神世界的某些珍贵特色、生活方式和独特文化的危险。

俄罗斯是横跨欧亚的伟大文明，它是在斯拉夫民族、突厥民族和无数其他民族无数个世纪以来友好合作基础上的产物。它的地缘政治地位非常具有特点，它是一条连接欧亚的陆地通道。

俄罗斯广袤的疆土，它那多姿多彩的精神、文化和自然、气候，各具特色的民族和宗教长期相互作用——所有这些都要求社会一方面要有超前的思维，要善于同面临的危险作斗争；而另一方面，则要求把各族人民和各种力量都团结起来，以解决国家的问题。正因为如此，在精神和文化生活中它才既比较倾向于仁爱，又倾向于崇拜领导者的作用，信奉救世主。这些民族自觉意识中的特质不是外部强加的，而是历史形成的。它们同爱国主义、国家观念、大国地位意识等有机地结合在一起，没有这种东西，一个巨大的国家就不可能复兴，人民的统一就得不到保证。

东正教是俄国文化的一个重要基础。在许多个世纪之前，正是它，作为一种建设强大国家的思想，促进了俄国社会分散力量的团结，促进了我国国家思想的形成。基督教中的天主教一支同东正教一支之间的思想冲突在历史上源远流长，它决定了东西方之间斗争的本质。天主教和新教之间的对立，是抑制西方思想扩张的形式之一，隐藏在这种东西背后的，首先是领土利益。本书在后面还要讲到波罗的海沿岸地区各国以及乌克兰的教会斗争的问题以及它的后果。

我们国家在把这样或那样的政治决定付诸实施之前，一定要考虑到本国人民的思想情绪，它的深层的精神缘由。东正教是俄国人民的国教，唯有它才能比较全面地符合俄国人民的世界观。

与此同时，在俄罗斯这样一个多民族国家，尽管教会同国家是分离的，但也要求国家对其他宗教信仰给予同样的重视和尊重。因为总有一部分人民信奉的是伊斯兰教、佛教或者犹太教。不过，在尊重我国的这些传统宗教的同时，我想在本章中谈谈东正教问题。

今天，我们越来越经常听到有人说，东正教价值体系不太适合市场经济。暗地里针对东正教也正在开展一场攻击。这是通过西方传教士和形形色色的宗教团体、教派的大规模扩张活动进行的，简直就是又一场货真价实的十字军东征。从本质来讲，这是一种改变我国整个社会面貌的企图。经过这场可怕的战役之后，结果就是要在过去俄国的原址上，建立起一个新的国家，国名可能还是这个国名，但人民的心理已完全改变，传统的价值观在百姓心目中将不再占有地位。

在消灭俄国文化的行动中，根除我们这个多民族国家千百年来独特传统的努力，将会起到主导作用。比方说，美国对这个目标就毫不掩饰。近年来，俄国实际上已经成为美国信息文化侵略的对象，其目的，就是要毁灭俄国的精神价值和社会道德。有相当一部分文学艺术界知识分子，他们利用公开性诅咒苏联的书刊检查制度——有的盲目，有的自觉，他们疯狂顶礼膜拜西方，特别是美国文化。

在我们国家的那些“思想统治者”的支持下，这场进攻战的结果，就是由美国通过它在我国的代理人，实际掌控了俄国电视这一对百姓影响最大的信息媒体。传统价值观念遭到清洗，“美国生活方式”的原则和风格被强加到人民头上。头脑健全的人们和社会活动家力图抗御这种局面，但遭到俄国电视实际主子的激烈反对。

1991 年 3 月 17 日，一位莫斯科市民到投票站参加苏联历史上第一次全民公决投票，决定苏联是否保留。(新华社稿)

行政和立法当局实际上是在同这种情况妥协。而且，我国文化就整体而言目前已被阴暗、迷信、反科学的观点所淹没。从电视屏幕和“黄色”报刊汹涌而来的蒙昧主义之流是那么的浓稠，以至星星点点的健康思想、端正行为和高尚道德很容易就被它淹没了。

第二次世界大战之后，各文明之间的边界又回到了历史上原来应该有的老地方，划出了与我们同宗的斯拉夫民族波兰、捷克、斯洛伐克、南斯拉夫和保加利亚的西部边界。西方为了促使苏联垮台，树立了一个把欧洲文明分水岭向东推移的目标。然而，“世界新秩序”的建筑师们并没有打算就此止步不前。这里指的是他们再次力图消灭早已存在的西方世界战略老对手——俄国，首先是俄罗斯族——的独特文化的企图。

遗憾的是这种状况终于发生了。实际上所有在苏联垮台后感到手足无措的斯拉夫民族，都无情地陷入了从属于西方的境况。他们通过北约以及其他政治、经济、军事机制，跟西方拴到了一起。唯有南斯拉夫是一个例外。之所以会选中它来作为侵略和破坏的对象，其原因就在于它竟敢保持自己的政治独立性，同时也爆出了自己就广义而言的文化特性。

南斯拉夫发生的一切间接地证实了一种猜测，这就是文明的分裂将首先发生在西方—俄罗斯一线。今天人们已经看清，无论西方如何在我国内外竭尽全力，但依然难以淹没并同化俄罗斯的和俄国的文化。历史表明，我国在吸收西方技术文化成就的同时，从来就没有为西方文化所吞并过，反因此而增强了表现自我鲜明独特文化个性的条件。

俄国在上世纪90年代向西方的急剧倾斜说明，如果对西方思想价值不采取批判态度，如果不考虑俄罗斯文化特点，而把西方的东西机械地向俄罗斯土壤移植，就不可能导致祖国文化的完善，而是导致它遭到破坏。更何况正如大家都明白的那样，西方文化也并不希望把俄罗斯拥入自己的怀抱。

有些接近叶利钦的学者认为，是布尔什维克中止了我国文化的欧化，剥夺了它彻底变革自己的良机。这些学者还算不错，因为他们毕竟还讨论讨论俄国文化。可是另外还有一些人，他们则从根本上否定了俄国文化这个概念。

毕竟，不是文明的对立，而是文明的对话，才能为人类赢得未来。联合国的活动保障了20世纪下半叶的和平，而其中有很多地方正是要归功于不同文明之间的思想交流。大家知道，创建联合国的倡议者是美国总统富兰克林·罗斯福。可是当今美国领导人的所作所为，对这位先驱者的理想是一种直接的背叛。

遗憾的是上个世纪的最后十年间（苏联解体之后）某些以维护世界和平为己任的国际组织信任度遭到破坏。今天，在第三个千年开始之际，我们遇到了世界集体安全体系的深刻危机。

素有民族和国家命运主宰之称的北约不顾一切地东移，该军政联盟各成员国脱离联合国监督的实际状况，联合国威望的灾难性丧失使人们有理由得出结论，以这些国际组织目前的状况，是再也不可能客观地解决世界性问题的。他们统统都处于美国的监管之下，程度不同地沦为美国的工具。他们已无力成为世界的保障。希望在世界性震撼的新威胁面前，人类能找到维护世界平衡机制基础现代化的有效途径。

不过，在21世纪，对我们这个世界的安全而言，其基本威胁就是那些越积越多的全球文化问题。

“我想，”莫斯科大学校长、俄罗斯科学院院士萨多夫尼奇说，“拯救人类的一条主要路线，就是承认文化差异的事实，并安排好它们之间的对话。掀起人类仇恨的恶浪是不能解决任何问题的。我们的世界异常丰富多彩，它是一个复杂的系统，因此一定要在相互作用上下工夫——这才是我们的出发点。我相信，当这种对话的机制逐渐消亡的时候，当文化的相互渗透过程趋于结束的时候，过去的那些强大帝国定将不复存在。现在比任何时候都更需要宽容。应该找出一些线索，一些头绪，虽说十分复杂，也要力求作出一些决定来，解开这团问题的乱麻。要学会在不同的人、不同文明之间，在不同宗教信仰的代表之间开展对话

——这就是当今的任务。”

本书试图探讨降临到我们国家头上的种种灾难的原因。如果读者在其中能找到有关我们这个混乱时代的哪怕是部分令人惶惑不安的问题的回答，笔者也会感到莫大的欣慰。

第二章

阿拉木图：不妥当的任命引起严重后果

不妥当的任命

1986年12月16日，哈萨克斯坦共产党中央全会在阿拉木图召开了创纪录的短会。与会者只用18分钟，便一致同意解除领导哈萨克斯坦几近30年的金姆哈梅塔·阿赫梅多维奇·库纳耶夫党中央第一书记的职务。又一致选举苏共中央提名的乌里扬诺夫斯克党组织领导人盖纳季·瓦西里耶维奇·科尔宾接替他的职务。

当时正值戈尔巴乔夫宣布的改革实施第20个月。随着改革，有相当一部分干部也出现了变动：许多在勃列日涅夫手下工作多年的老领导理应把自己的位置让给那些对新思想和新活动形式更为敏感的新人。

严格说来，明显的干部更换在安德罗波夫领导时便已开始。在契尔年科当政时范围继续扩大。到了戈尔巴乔夫，进入了决定性阶段。情况表明，从1983年开始，几年内有90%的州委书记和加盟共和国党中央书记被替换。市委和区委书记在80年代后期的轮换，把这一级别党的干部更新了2—3次。

第一阶段——即戈尔巴乔夫之前——的干部更换，为他掌权扫清了道路。很明显，如果被勃列日涅夫的干部包围，戈尔巴乔夫就很难坐上苏共中央总书记的交椅。第二阶段即挑选干部来实现改革的阶段。值得注意的是，正是随着戈尔巴乔夫登上国内最高职位——苏共中央总书记，才得以首先针对党内高层领导着手“清洗”。

在1985年7月党中央全会上，罗曼诺夫被解除中央书记和政治局委员职务，责令其退休。他在中央书记处的职位及相关职责——监管军事工业综合体的工作——由列宁格勒党组织领导人扎依科夫接替。

又过了不多时，在同年的12月，首都党组织领导人格里申也被责令退休，此前不久任中央委员会建设部主任、而后成为苏共中央书记的叶利钦接替了他的职务。

不过令人难以置信的是，这里起主要作用的人物却是利加乔夫。正是他把叶利钦这个他未来最凶恶的势不两立的敌人召到了莫斯科。利加乔夫成为中央书记后，分管党的干部工作，在访问斯维尔德洛夫斯克时，喜欢上了这位精力充沛的苏共州委第一书记。归来后，他固执地、以他所特有的那种坚持不懈的精神开始证明，叶利钦这种类型的领导人正是改革所需要的。当然，利加乔夫首先是说服了契尔年科和戈尔巴乔夫。关于这个问题，没有人同我以及中央其他书记商量过。我常常问自己：为什么会发生这种事情，为什么恰恰是利加乔夫成了建议把叶利钦调进莫斯科的人，把他推上了影响全苏联的道路？我想，应该是他们的性格中有许多相似之处吧。但是，他们两个是同类电荷，所以迟早要互相排斥，事实果然如此。

有两个加盟共和国——哈萨克斯坦和乌克兰——党的领导人进入了中央政治局的班子，他们是库纳耶夫和谢尔比茨基。他们是党内极有威信的人物，不仅进入了勃列日涅夫的“核心”，而且也是他的私人朋友。可是出现了一个情况：在因契尔年科逝世而召开的政治局会议上，既不见库纳耶夫，也不见谢尔比茨基。二人没有来得及参加会议，当时一个在阿拉木图，另一个在美国。考虑到他们的缺席，在第二天，也就是 3 月 22 日星期一全会召开前，又重开了一次政治局会议。补充一句，这次会议谢尔比茨基也没有赶上。随后几年，关于这件事曾有过不少议论。我不认为这是事先策划好的。在当时的环境下，即使谢尔比茨基参加了，公开表示反对，也不会改变局势。

如上所述，哈萨克斯坦共产党领导人库纳耶夫进入了中央政治局。他不仅是一位加盟共和国的，而且也是全苏的著名政治活动家。

库纳耶夫是哈萨克人，莫斯科有色金属和黄金学院毕业，当过钻床工、技师和车间主任，巴尔喀什炼铜厂所属科乌布拉达矿矿长和总工程师，里捷尔斯克矿矿长和列宁诺戈尔矿井管理处主任。作为一个生产的天才组织者和精通业务的专家，他被任命为哈萨克斯坦加盟共和国人民委员会副主席、部长会议副主席，后来又担任部长会议主席。论文答辩通过后，他成为技术科学博士、加盟共和国科学院院士，而后又成为该科学院院长。八枚列宁勋章和三次社会主义劳动英雄称号，表明他对加盟共和国、对全苏功勋卓著。他比任何人都了解哈萨克斯坦，在该共和国他的名字老幼皆知。

上世纪 80 年代我同库纳耶夫交往甚密。我在苏联国家计委工作，担任苏共中央分管经济的书记时，以及在担任苏联部长会议主席期间，经常同他见面，一起研究过哈萨克斯坦的许多社会和经济问题。库纳耶夫是一位聪明、有教养的人，在他身上体现出他在生产、科研和政治活动中的修养。他所具有的那种沉静、坚定、朴实和交往中的随和，使他明显地优于国内党的某些高层领导人。

这位受人尊敬的党和国家领导人于 1986 年 12 月 14 日飞到莫斯科，同往常一样下榻在哈萨克常设代表团的宾馆。早晨去了苏共中央，几分钟后得知他已不再是加盟共和国党中央第一书记，也知道了谁是他的接班人。

库纳耶夫是一个头脑清醒的政治家，他很明白，是到了该离开这个岗位的时候了。他已经上了年纪，现在的领导方法完全是另外一套，再加上莫斯科新政权的歧视目光，这些都不能为他的工作和生活增添一丝信心和乐观情绪。

后来在一次记者访问中他坦诚地说："我不想为自己辩解，我作出的决定有正确的，也有不正确的；我有功也有过。但是我清楚地知道，一个人不能长期连续当'头头'，否则会变得麻木，免不了会有过失，尤其是干部政策。包围自己的不应该是崇拜者，而应该是聪明人，能更新思想观念的聪明人。"

苏共中央内部有些人认为，库纳耶夫曾是勃列日涅夫的私人朋友，戈尔巴乔夫和同他亲近的党内人士对库纳耶夫反感就是由此而来。可他们自己也在勃列日涅夫手下工作过。在他们看来，这位哈萨克斯坦的领导者是"停滞"时代的人，通过多年工作，他在共和国中造就了一个领导帮派，这个帮派具有典型的负面表现——信奉的原则就是"家丑不可外扬"。

当然，在库纳耶夫周围也难免有一些品质不好的人，会卷入丑闻之中。有人也曾想方设法把腐败的罪名扣到他头上，但最后不了了之。他并不是一个清心寡欲的人，但他的无私精神值得许多人学习，而且不仅在哈萨克斯坦。尽管库纳耶夫工作中有这样那样的缺点，那些作出解除他职务决定的人也要考虑到，这个为共和国做了许多好事谋了不少利益的人，在共和国是享有良好声誉的。此事表明，在当时的情况下实施既定干部更换政策，要求具有十分审慎细致的态度，可是从种种迹象看来，苏共中央领导根本就没有很好考虑过。

更糟糕的是，莫斯科又决定，在该共和国形势变得复杂的情况下，领导哈萨克斯坦共产党的人应该是一个原则性强的、铁面无私的人——对这一点倒不会有任何反对意见。可不知为什么，又规定必须是俄罗斯人。就这样，选择落到了科尔宾身上。

我同科尔宾早就认识，对他的劳动生涯了解得很清楚。他的工人生活是从在下塔吉尔——就其规模和重要性而言是中乌拉尔的第二大城市——的一个工厂当制模学徒工开始的。他在那里一直干到副总工程师和厂党委书记，区委书记和下塔吉尔市委书记。在随后几年又升为苏共斯维尔德洛夫斯克州委第二书记，格鲁吉亚党中央第二书记，苏共乌里扬诺夫斯克州委第一书记，苏共哈萨克斯坦中央第一书记。他在苏联人民监督委员会主席任上结束了自己的劳动生涯，当之无愧地受到国家许多奖励和表彰。

我们二人的生活道路在许多方面是相符和交叉的。把我和科尔宾联系在一起的是“老乡”的情谊，我们年龄相仿，都在乌拉尔工业部门工作过，那时我们经常在正式场合和私下见面。

在他担任下塔吉尔市委第一书记期间，我正在乌拉尔机器厂任总工程师，我厂同实力雄厚的下塔吉尔冶金联合企业有密切合作，他们的设备基本上由我厂提供。

这个城市里还有一家乌拉尔车辆机械厂。它的名字并没有反映它的全貌，它确实为国家铁路生产了大量车厢，但工厂的第二部分生产的却是坦克。伟大卫国战争期间便是这样，当时生产过传奇坦克 T—34，战后阶段也没有停止。在战争期间，乌拉尔机器厂为乌拉尔车辆机械厂提供坦克炮和坦克外壳。战后则为生产各种类型的现代坦克提供坦克炮。有件事说起来很令人痛心：1993 年炮打“白宫”，用的就是乌拉尔车辆机械厂和乌拉尔机器厂生产的坦克和大炮。

科尔宾被任命为斯维尔德洛夫斯克州党委第二书记时候，我也被任命为乌拉尔机器总厂的厂长。大家知道，当时的党组织事实上管理着地区生活的各个方面，工业也不例外。所以，我同监管工业的科尔宾接触很频繁。说句公道话，他并没有“勒紧我们嘴里的嚼子”。他对生产业务很懂行，是一个讲原则的、要求严格的领导者，了解工业企业生活的细枝末节，因而受到厂内职工的尊敬。

巧合的是，我和科尔宾几乎是同时离开乌拉尔，只差一个月。他被选为格鲁吉亚党中央第二书记，我则当上了重型机械和交通机械制造部的第一副部长。这之后我们的联系也没有中断过。科尔宾经常向我们提出一些有关我们部门在格鲁吉亚的企业工作的问题，并提出一些发展共和国机械制造业的建议。

我在苏联计委工作和成为苏共中央书记时，他在国内各地区任职，在中央代表地区的利益。当时我们也经常来往。科尔宾清楚地看到了格鲁吉亚经济发展的某种片面性，并尽全力促进共和国全方位发展。他为此做了很多事情。由于他精通业务，有工作能力，精力充沛，同人们打交道作风民主，所以在格鲁吉亚享有极高的威信。

我也忘不了他在乌里扬诺夫斯克的活动，包括创建现被称做“阿维阿斯塔尔”的规模宏大的航空综合体时所表现出的坚韧不拔的精神。这一综合体可说是生产高质量飞机的规模最宏大的现代化工厂。全国都为它的创建出过力。可惜的是，它现在的境况非常艰难。还有就是乌里扬诺夫斯克至今仍在建设中的横跨伏尔加的大桥。州委第一书记抓大桥建设抓得非常紧，逼得大家团团转，也多亏他，大桥工程才能上马。这个对该州、对全国都很重要的大工程至今没有竣工，可不是科尔宾的错。

然后，就是哈萨克斯坦了……两年半过后，苏联最高苏维埃会议上讨论推选科尔宾担任苏联人民监督委员会主席时，戈尔巴乔夫还提到过科尔宾的政绩，而且说这个决定通过得非常及时，他说："科尔宾做了很多有益的事。正因为如此，我们有理由根据他的生活经验和党的工作经验，考虑到他的政治、道德品质，推荐他担任哈萨克斯坦党中央第一书记职务。"

可是，在最高苏维埃批准科尔宾担任苏联人民监督委员会主席时，有人却又提出了 1986 年 12 月的问题。反对科尔宾的谎言劈头盖脸袭来，开始对他目标明确地进行人身攻击，真是极尽诬蔑之能事！我不想摘引那些信口雌黄的言论。它们会不由得令人想到福音书中的话："顽石也会喊叫。"福音书的这句话换成现在的话来说，就是愤怒到了不仅人，就连不会说话的石头也要发出愤怒呼喊的程度。

讲完我对科尔宾的态度，我还想说，这个人是那个时代思想的体现者，他受的就是那样的教育，只能那样生活。这里没有他的任何过错。我们所有的人都是怀着党的理想信念接受教育的。当然，我们对党的某些行为也会抱有怀疑，但在战略方面我们还是忠于它的。科尔宾是那个时代的产儿，正是那些像他一样的人，开始着手实现根本性的变革，后来又使这些变革毁于一旦。这也正是那一代人的伟大和悲剧所在。

尽管我对科尔宾个人和他的工作经历十分敬重，但过去和现在我都一直认为，戈尔巴乔夫、利哈乔夫和当时政治局对他的这次任命，显然没有经过深思熟虑。而且一反几十年的传统，派往加盟共和国任最高职务的竟是一位俄罗斯人，一位在哈萨克斯坦实际无人知晓的人。科尔宾和库纳耶夫不同，他只是在工作过的地区才有名气和威望，虽说他也是苏共中央委员和最高苏维埃代表。而在此前，作为苏联最大的共和国之一，哈萨克斯坦在苏共中央政治局的代表是共和国的党中央第一书记，这对于该党不仅具有道德心理意义，而且有极为重要的组织政治意义。很自然，这一措施不能不在哈萨克斯坦领导层中引发负面的反应。

不过，戈尔巴乔夫及其一伙对党的领导，其主要的和非常严重的错误还在于另一方面：在他们所宣称的新条件下，工作中所采取的，却完全是干部政策的老套套，这套办法在当时不能不引起众怒，尤其是在民族共和国。

事实上中央总书记向全国和全世界大肆宣扬自己的改革和公开性政策已将近两年，千方百计地鼓励意见的多元化等等，而自己用的却是非常官僚主义的陈旧的方法。他根本没同共和国的领导、共和国党组织的积极分子讨论过，更没有同人民商量过。

大家是在哈萨克斯坦党中央全会上才知道，共和国要换新领导了：苏共中央书记拉祖莫夫斯基宣布库纳耶夫辞职——当然是“本人申请”，并代表党的领导人和党中央委员会推荐科尔宾任共和国党的第一书记。与会者当然也就遵守党的纪律，唯命是从地投票通过了推荐的人选。但是，正是我在这一章开头提到的完成这一程序的18分钟，破坏了哈萨克斯坦的安定局面，推动了类似事件后来在其他苏联加盟共和国的发生。

阿拉木图事件的发生发展非常突然而迅速。请注意，全会召开的时间是1986年12月16日，而17日一早七八点钟，党中央大楼前的广场上便出现了第一批青年人，主要是首府高校的学生，约两三百人，打着反对中央全会决定的标语，对选举科尔宾表示不满。

宣传画“大棒挥舞”。(克罗波夫斯基摄)

11时30分游行示威者离开广场，奔向城市各街道。13时30分青年队伍突破卡车筑成的路障，又回到原来的地方。这时游行队伍已增至5000人。没有参加环城游行的好奇的路人也开始在广场聚集，很快又出现了“援军”：一大队青年从和平街方向向广场涌来，从哈萨克大学也来了约600人。他们一字一顿地喊：“阿乌耶利别科夫，纳扎尔巴耶夫！”游行者举着标语牌：“列宁同党在一起！”“我们——为哈萨克斯坦！”许多人原以为这是支持改革的例行群众集会，但是另外的标语——比方说“库纳耶夫在哪里?”——推翻了最初的想法。游行者要求库纳耶夫出来见他们，就艰苦的生活条件、住房困难、使用本族语言范围受限等问题向他提出了要求。这些要求反映在用哈萨克语和俄语书写的口号中：“任何民族不得有任何特权”“要尊重列宁的民族政策原则!”“列宁思想万岁!”“共和国应有自己的领袖!”游行的人们手无寸铁，他们举着列宁像，唱着民歌。在事件发展的这个阶段并没有出现对其他民族的攻击；没有号召推翻国家制度，也没有出现流氓行为。

但是却接到了封锁广场的命令，不准进出。新来的游行队伍企图冲破封锁，进入广场，于是发生了小冲突。广场内的人帮助新来的队伍冲破封锁，紧张的局势便出现了。内务部长沃拉索夫下令将全国八个城市的内务部特种部队派往阿拉木图。部队来到广场，装备是防弹背心、钢盔、盾牌、警棍。两辆专用车上还有专用装备——烟幕弹、信号弹、催泪瓦斯“稠李树”。同军人一起的还有一组执勤犬。从 15 时到 17 时，哈萨克斯坦党中央执行局的成员卡马利坚诺夫、缅恩德巴耶夫、穆卡舍夫，纳扎尔巴耶夫一直都站在广场观礼台上。他们呼吁集会群众解散，但回应的是一片嘘声和口哨声。雪球和冰块飞上观礼台。共和国最高苏维埃主席穆卡舍夫向集会群众讲话，他说游行群众提出的要求是没有道理的，号召大家解散。

这一切都没有起作用：集会者侮辱保卫观礼台的士兵和军校学员，抢他们的帽子。民警从人群中抓了那些带头闹事的人，群众又企图把他们抢回去，于是便开始了肢体冲突。士兵接到命令把人群赶出广场，但群众向他们投掷石块、砖头、灰泥块。有人受伤了。

此时，观礼台上的卡马利坚诺夫、叶利米索夫、巴萨罗夫一个接一个地呼吁集会者散去，警告说不然将使用武力。一些著名的文化活动家也发表了讲话。但这一切全没奏效。人群谁的话也不听，只坚持一点——赶走科尔宾。所有要求的实质归于一点——让哈萨克人取代俄国人做哈萨克斯坦共产党中央第一书记。有人呼吁让库纳耶夫回来，建议纳扎尔巴耶夫、卡马利坚诺夫进共和国领导班子。

集会群众同护法机关的冲突渐渐地演变成残酷的恶斗。而后在广场上集会的群众大喊大叫地开始冲击党中央大楼，企图冲垮士兵、民警、边防战士的横队。殴斗愈演愈烈。木棒、钢筋、石块全派上了用场。士兵被迫使用皮带和警棍。疯狂的暴徒烧了几辆汽车，捣毁了两个商店的橱窗。打砸抢的人在增加。安抚人群的企图没有奏效。双方都有人受伤。也没能避免死人：纠察队员萨维茨基——地方电视台的工作人员被野蛮地殴打致死。16 岁的俄罗斯男孩在远离广场的公共汽车上被刺。他对乘务员说了句粗鲁话，站在旁边的人就向他心脏捅了一刀。三天后一位在广场殴斗中受伤的哈萨克人死亡。

关于在阿拉木图发生的事件，官方报告作了最好的说明：

21 时—22 时，运载专用装备赶赴广场的军车遭到石块袭击，卫兵逃散，专用装备落到广场人群手中。

22时，市内务局局长接到命令用消防车驱散游行群众，20辆消防车冲向人群，架起水炮向人群喷射。人群向消防车投掷石块，30辆消防车受损。

23时30分—24时，发动了又一轮驱散游行示威的行动，这次动用了工兵铲、警棍和警犬。行动后仍留在柏油马路上的人被集中起来用车运走。广场肃清了。在附近街道、住宅楼的门洞、宿舍里继续搜捕从广场逃跑的人。

根据戈尔巴乔夫的指示，由苏联国家安全委员会、内务部、检察院等机关领导人组成的小组急飞阿拉木图。组长是苏共中央政治局委员索洛缅采夫。国家安全委员会副主席博勃科夫是小组成员，他回忆道：

我们飞抵前，广场骚乱已经结束。我们目睹了这一骚乱的后果。哈萨克斯坦首都给我们留下了令人不快的印象，尤其是坐落着哈萨克斯坦党中央大楼的勃列日涅夫中心广场。在广场和邻近的街道上，仍可见有几辆汽车火焰在燃烧，到处是成堆的玻璃碎片、石块、棍棒、铁条——发生在这里的流血斗殴的遗留物。一进党中央大楼，便感到了形势紧张。科尔宾、纳扎尔巴耶夫和其他领导人明显地焦躁不安。根据科尔宾的说明，发生这一切主要应归罪于共和国安全委员会主席米罗什尼克，他没有足够重视库纳耶夫追随者们的阴谋，是他们策划了这次挑衅行动。甚至有人怀疑，米罗什尼克有意对科尔宾隐瞒了大学生要搞动乱的情报。

大家群起谴责库纳耶夫，因为他拒绝在群众大会上讲话，拒绝号召广场上的群众支持选科尔宾。此外，所有参加会见的人都一致认为，学生的行动是库纳耶夫及其追随者策划的。索洛缅采夫要求揭露群众骚乱的组织者。

但是，事件过去三年后，库纳耶夫在记者采访时澄清了这个问题。长期以来，事件的某些参与者为了洗清自己，极力混淆问题。库纳耶夫说：

12月17日11时左右，哈萨克斯坦党中央第二书记米罗什欣给我打电话，请我去中央委员会。我问："这是怎么回事？我可是退休了！"他回答说："广场上有一批青年人集会。他们要求解释昨晚中央全会的决定。最好是你向集会者解释一下问题的实质。"我表示同意，我问："科尔宾同意吗？"米罗什欣作了肯定的回答。

这之后我马上来到中央，进入中央第一书记办公室，在那里已经集合了全体中央局成员。他们在讨论如何应对广场集会的问题。科尔宾建议纳扎尔巴耶夫和卡马利坚诺夫向青年人讲话。并没有让我做什么。我在科尔宾办公室坐了两个多小时，根本没有谈到要我讲话的事。然后科尔宾开始同莫斯科通话，为了怕影响他，我和其他委员们，除了米罗什欣，全离开了办公室。

过了一段时间，科尔宾召集全体中央局委员，也邀请了我。他对我说："您没事了，可以休息了，我们自己采取措施，恢复秩序。"临走时，我问米罗什欣，为什么把我找来，却又没让我讲话。他回答说："我们商量后，决定不让你去广场，也不用讲话了。"1987年6月在莫斯科苏共中央开会期间，米罗什欣又一次肯定说，当时没有允许我去广场讲话。

……共和国领导者谁也没有向青年人解释全会决定的实质。相反却残酷镇压集会者。许多大学生和工人受难。据哈萨克斯坦共青团中央的材料，因参加广场事件或支持这些事件，有几千大学生被开除学籍，许多人被迫放弃学业。对一大批共产党员采取了具有迫害性质的惩罚措施。

……我被定为"阿拉木图事件"的主要组织者之一，虽然我同它毫无关系。科尔宾不止一次说，我拒绝向广场青年讲话是事件扩大的原因之一。不仅这件事，而且共和国党组织生活中发生的所有消极现象，都同我的名字、我的活动联系上了。他们忘记了，长期以来党中央一直信任我，把大工业企业、科研所、党和苏维埃机关的工作委托给我。我总是努力履行党员的职责，忠实地做人。

事件期间戈尔巴乔夫曾同库纳耶夫谈话。那时我正在总书记办公室。戈尔巴乔夫因受到来自阿拉木图片面情报的影响，他语调严厉地要求库纳耶夫制止混乱，毫不含糊地认为正是库纳耶夫要为这些事件负责。但是库纳耶夫坚决否认加给自己的罪名。他公开声称，他同发生的事件毫无关系。我想，他说的是真话。

第二天，12月18日，党中央大楼前的广场上空荡荡，只有数量不多的好奇者。市内街道上偶尔还有为数不多的年轻人聚在一起，向巡逻车投掷石块。

主要的骚乱已经过去，但人民没有安定下来。有议论说骚乱是在哈萨克斯坦独立的口号下进行的，要求共和国拥有主权，说这是一次成熟的民族自我意识的群众性公开表现。我认为，在当时这种说法并没有充分的根据。不过阿拉木图事件不论其内幕如何，都不可能不留下痕迹。果然，几年之后，卡拉巴赫和苏穆加伊特、费尔干纳、第比利斯和巴库、波罗的海沿岸国家和乌克兰出事了。最后是苏联的瓦解。"催化剂"虽与哈萨克斯坦事件中的不一样，但它的破坏性更大，因为在大多数情况下，其中都含有作为国家、社会、人民统一之大敌的民族主义的意识形态和实践活动。

失乐园

哈萨克民族共同体的形成是一个长期的、复杂的过程，其成员有操突厥语和蒙古语的不同民族。哈萨克作为一个具有固定形态的民族，已有 500 多年历史，一直可以追溯到 15 世纪的后半叶。在此之前，存在着几个民族联合体，即哈萨克的三个玉兹——大玉兹、中玉兹、小玉兹。

历史上哈萨克国家的第一个形态是汗国（15—17 世纪）。大汗的权力之争、放牧地之争以及其他原因，严重阻碍了哈萨克斯坦土地上统一国家的建立。俄罗斯外交家巧妙地利用了这些统治者之间的争斗，运用了与其说是军事行动，不如说是外交手段，把它们纳入了俄罗斯版图。哈萨克玉兹并入俄罗斯是一个长期的过程——几乎用了 100 年，从 1730 年到 1824 年。在这一段时期内，三个玉兹的汗都相继向沙皇政权提出请求，接纳他们为俄罗斯臣民。这样看来，哈萨克人归附俄罗斯的历史，一部分已有两个世纪，另外一部分也已将近一个世纪。

同俄罗斯合并之后，哈萨克族取得了抵御外国侵略的屏障，使自己这个历史形成的民族共同体得到维护。汗国之间经年不断的战事停止了。同俄罗斯文化的联系成了哈萨克社会相当重要的精神进步的重要因素。在社会发展和经济发展中，都发生了值得肯定的变化。

同时，哈萨克土地中的一部分被收为国家资源，得以把其中的部分分给中央俄罗斯缺少耕地地区的来自乌克兰的移民。他们中的绝大部分之所以来到哈萨克斯坦，正是因为无地可种和生活困难。当然，这也伤害了哈萨克本土居民的利益。但是不要忽视，移民们在这片广阔土地上生息劳作，也使它成为了宜于居住的地方（通常这个目的也许要经过几百年才能达到），为游牧地区带来了农业文明和定居的生活方式。

我的家族的命运也同这一东迁垦荒运动有联系。我爷爷和父亲都是矿工。曾祖父是农民，因为无地可种，于 19 世纪后半叶携家带口来到这广阔的东方土地。我不知道是什么原因让他们在一个名叫“乌拉尔军”的哥萨克屯安家定居了。

这是俄罗斯帝国的一个特殊的边区。乌拉尔哥萨克不承认土地私有制。他们的全部土地归村社所有。科罗连科在自己的著名的随笔中写道：“……整片土地不知私有制为何物，甚至也不知道俄罗斯的村社土地分配制度……”

乌拉尔（1775 年前称作雅依克）哥萨克——是一批复杂的矛盾的人。他们的那种特殊性格多半是由于他们长时间生活在外来威胁的氛围中。

在他们的深层关系中，并不是一切都很顺当。自然的经济问题中掺杂着民族问题：外来者是俄罗斯人和乌克兰人，而哈萨克人则又是哥萨克人生活环境中的“另类”。对于哥萨克来说，所有从俄罗斯迁来的人都是“俄罗斯人”……

我的曾祖父一家就是生活在这种矛盾的条件下。多年过去了，他的孩子们，包括我的爷爷，娶了土生土长的哥萨克女人。我的民族属性也由此而生——是世居俄罗斯中部地带的俄罗斯人同热爱自由的乌拉尔军哥萨克人的融合。

多年以后，我的爷爷奶奶由于各种原因又回到了顿巴斯。先是当农民，而后成了矿工。

俄罗斯人、乌克兰人都愿意互做邻居。哈萨克斯坦有不少俄罗斯名称的村镇和城市。1837 年建立了一个哥萨克军事要塞，叫做维尔诺耶（忠诚）。选用这个名称是把它作为一种坚定不移、对俄罗斯国籍忠贞不贰的象征。这之前那里是一个哈萨克居民点，叫阿拉马特。到苏维埃政权时代，城市改称阿拉木图。

哈萨克斯坦成了俄国的一部分，对这一事实乃至它的后果，哈萨克斯坦各社会政治阶层的评价远远不同。一部分人——该地区的传统精英分子——常常把宗法制生活方式的破坏，商品—货币关系的发展，看做是对“祖辈神圣精神的”亵渎。另外一些人则期盼俄罗斯民主力量能促进哈萨克人民启蒙思想的发展。

从苏维埃政权在哈萨克斯坦确立之日起，开始了国家建设的新阶段。1920 年 8 月，俄罗斯苏维埃联邦共和国全俄中央执行委员会主席团通过决议，建立吉尔吉斯苏维埃社会主义自治共和国（哈萨克共和国最初的名称），其中包括若干由哈萨克族人居住的州。到了 1924 年，中亚地区按民族重新划界，所有的哈萨克族土地合并为一个统一的苏维埃民族国家，1925 年又更改了国名，使之符合历史，开始称为哈萨克共和国。

哈萨克人约占共和国居民的 61%。当时便有人建议，把哈萨克苏维埃社会主义自治共和国改为加盟共和国，但这种改革 1936 年才得以实现。

上世纪 20 年代推行了一系列旨在改善居民状况的措施。比如愿意从事农业生产的人分到了耕地和草场，建设了新的工厂，甚至出现了完整的工业部门。当时即便该地区也未能避免政治上的极端主义。那个因 1918 年在乌拉尔积极参与枪杀沙皇一家而出了名的戈洛谢金，从 1925 年起领导了俄共（布）哈萨克边区委员会整整 8 年，在共和国内也留下了关于他的血腥记忆。由于推行游牧民和半游牧民强制定居的极左的行动，共和国的居民消失了几乎 1/5。

上世纪 30 年代初开始，共和国经济迅速发展，先是工业，而后是农业。1937 年在哈萨克斯坦大工业企业达到 2000 多家便是明证。1940—1975 年间，从事工业生产人数的增长速度等于俄罗斯的 2.7 倍。当然，这种速度也是受到军事局势的影响，但起主要作用的还是苏联实行的关注民族共和国全面迅速发展的政策。发展首先涉及经济。经济的建立靠的是全国的资金，同时又靠动员地方资源，包括矿产资源。矿产正是哈萨克斯坦所富有的。比如，大家知道，仅煤矿就有400多处，铜矿、铁矿、铅锌矿、金铜矿、磷钙土矿、石油、天然气等几十处。在这个有着各种原料的基地，不仅采掘工业，而且冶金业、铝业、化学工业等部门都得到迅速发展。哈萨克斯坦生产50余种有色、稀有、贵金属、稀土及其他金属。遗憾的是金属加工业、重型机械和拖拉机制造业尚欠发达。好在各加盟共和国组成一个统一国家，同其他共和国的广泛合作联系，补偿了上述这一不足。

哈萨克斯坦拥有巨大经济潜力。我在1987年曾访问该共和国，在埃基巴斯图兹走访了2号地区国营发电站，而后又参观了东方露天采煤场。两个工程规模大得惊人，更令人惊羡的是高端技术装备。乌斯季—卡缅诺戈尔斯克铅锌联合工厂给我留下了深刻印象。生产铅和锌这种国民经济急需的有色金属，又要在生产过程中避免污染，这需要具有多么尖端的技术啊！坐落在市郊的村镇中漂亮的个人住房星罗棋布，也引起了我的注意。看来，这是我国大城市中第一批真正由个人兴建的独门独院的住宅。

在参观卡拉干达冶金联合工厂时，我一直觉得我是置身于故乡的乌拉尔重型机械制造厂。这里的许多车间，其装备都是由当初我所在的工厂生产的，那时我曾是工厂的总工程师和总厂长。是的，这是我们这个共同的伟大国家高效劳动分工和生产合作的有目共睹的成就。

哈萨克斯坦大约有1/5有经济作为能力的居民从事农业生产。在这里，畜牧业的专业化是人们一直认真关注的。在各苏维埃共和国帮助下完成处女地垦荒任务后，哈萨克斯坦成了全国粮食的主要产地之一。如果说1940年全苏联粮食每38吨中只有一吨是哈萨克斯坦所生产，到了1986年，每7吨中就有一吨是来自哈萨克斯坦。

总的说来，很明显，哈萨克斯坦需要加快发展加工工业，深加工工业，但是，可惜，进行这种重要的结构改造的时间已经没有了……

哈萨克斯坦在精神发展方面也发生了巨大变化。居民中普遍的文盲现象已经消除，形成了一支科学的、艺术的、工程技术的知识分子队伍，建立了广泛的高等院校和科研机关网。正是在苏维埃政权时期，共和国发展成为文明的现代国家。它的发展在当时成为苏联实行的民族政策成效卓著的光辉范例。

历史不容抹黑，也不容美化，尤其是当我们从制订和实现民族政策这一角度研究历史的时候。民族政策直接影响到非常敏感的、隶属不同民族的人们之间的复杂关系，需要审慎对待。就我的看法，不能说这里的一切在理论上和实践上都没有问题。过去时代遗留的东西，以及屡屡未能克服的不顾客观情况超前行动的愿望，都对事业造成了根本的伤害。比方说，认为我国民族问题已经完全解决，在这种背景下对民族发展和民族间的相互关系实际过程的研究，就常常被简单的口号代替。

学者、文艺界知识分子的某些代表以及政治家们明显过早地强调了民族的融合。而那些谈到每个民族全面发展具有首要意义，应该小心谨慎对待民族传统和习俗的人，则被斥为民族主义。这也就是为什么我国各级管理机关在作出有关大民族和小民族经济、社会发展、文化领域的实际决定时，没有考虑到民族关系的复杂性和它们之间许许多多的细微差异。

不愿抛弃陈规陋习，不善于更广泛、深入、慎重地思考多民族国家中的民族政策问题，必然会带来巨大的麻烦，甚至酿成悲剧。

最近 15 年证明，不管是在俄罗斯国内，还是在国与国的关系中，民族问题的重要性在后苏联时期一点也不比苏联时期小。更何况现在这一问题有时还具有令人感到毛骨悚然的形式和特点。

我想，大家还记得，早在 1988 年末，爱沙尼亚苏维埃共和国最高苏维埃就已通过了关于共和国主权的宣言。这种做法的特别危险之处还在于，它宣示了爱沙尼亚法律凌驾于苏联法律之上。部分竟然有权把自己的意志强加给整体——这种事情看似荒谬，但坏榜样却具有传染性。到了 1990 年，这种部分超越整体的论题具有了实际的毁灭性力量。

问题在于，正是这一年，全国刮起了当时被称做“主权大展示”之风。争独立的不仅仅有加盟共和国，还有自治共和国、边疆区、民族区，甚至某些原来实际上并不存在的地区。在这一刮“主权风”的过程中，对国家统一打击最严重的是 1990 年俄罗斯联邦共和国最高苏维埃关于俄罗斯国家主权的宣言，它是由俄罗斯最高法律机关宣布的凌驾于联盟之上的法律。正是这次行动，意味着全苏权力和管理中心将不可避免地消亡。这样一来，也就为消灭统一国家创造了一切条件。

各方传来的清醒的呼声，当时并没有引起注意。比方说，为了努力保存苏联，哈萨克斯坦议会曾呼吁那些并不高明的“改革者”要“表现出政治智慧、毅力和民主性，尽一切可能制止将要来临的灾难——我们伟大国家的解体”。他们的话是具有预见性的，也适合于哈萨克斯坦：“联盟的解体必将导致全面崩溃——共和国经济的崩溃，千百万人民生活的急剧下降，将会使我们倒退几十年，将给各加盟共和国之间的合作带来无法弥补的损害。除了在平等的主权共和国之间签订联盟条约，以此为基础革新联盟，别无他途……”

1991 年 12 月 1 日进行了哈萨克斯坦历史上第一个总统的全民选举，纳扎尔巴耶夫当选。

纳扎尔巴耶夫上世纪 80 年代是苏联哈萨克苏维埃加盟共和国部长会议主席，就其职位，他也就是苏联部长会议主席团成员。我当时领导苏联政府，自然同他有密切的联系。那时在我的印象中，他就是一个具有非凡才能和分析头脑的人，性格坚定、目标明确，虽然作为一个国务活动家显得年轻些。在苏联政府的季度扩大会议上，他通常都要积极发言。当然，纳扎尔巴耶夫提出的问题主要是涉及哈萨克斯坦。他的视野、思维的范围也很广阔。后来他成了共和国党中央第一书记。应该说，哈萨克斯坦共和国国内事件的进一步发展，包括后来在苏联和独联体发生的一切，都让我更加确信，他是一位重要的国务活动家，不仅在哈萨克斯坦，而且远在哈萨克斯坦境外地区都拥有威信。

1991 年 12 月 16 日哈萨克斯坦共和国宣布独立。这之前，12 月 8 日，在籍籍无名的坐落于离波兰边境 30 公里的别洛韦日森林的白俄罗斯村庄维斯库利，就已经发生了无可挽回的事件：苏联不复存在了。后来才知道，在有关这一骇人听闻事件的文件上签字的，有俄罗斯、乌克兰和白俄罗斯领导人——叶利钦、克拉夫丘克、舒什凯维奇。恕我直言，他们并不是祖国历史上的什么杰出的人物，却把毁灭伟大国家的罪责揽到了自己头上。是的，甚至他们亲身体验的那种掺和着酒劲儿的政治快感，也并没有妨碍他们明白，他们所干的事其实就是搞政变。对此，世界上并没有一个国家（看来只有我国）表示赞许。这些犯罪分子们宣称，似乎他们只是确认了苏联政治上的死亡。这种骗人的手法有点像一群医生蓄意把患者搞得病入膏肓，然后又弄出个“三人小组”来宣布这个活着的患者已经辞世，并把他送入太平间。相信总有一天，这些家伙的真正作用会得到公正的评价。

纳扎尔巴耶夫没有参加这可耻的别洛韦日事件，政治远见使他没有堕入彀中。但是正如常言所说，生米已煮成熟饭，更因为 12 月 8 日已经宣布成立独联体取代苏联，其成员有俄罗斯、白俄罗斯、乌克兰，所以其他的各苏维埃加盟共和国只好自己决定未来的命运。结果是 1991 年 12 月 21 日在哈萨克斯坦签署了建立包括前苏联加盟共和国中 11 个独立国家的独联体的阿拉木图宣言。我想，当时这样的文件还是必要的，因为独联体的创立消除了苏联混乱无序崩溃的危险及由此而产生的各种可能的后果。但可惜 15 年前宣言规定的许多东西，只是停留在纸上。这在很大程度上是因为这些年来在独联体各国内部以及在其成员的相互关系中，民族问题和民族关系问题已变得日益尖锐的缘故。

在东哈萨克斯坦，雷日科夫（中）身旁是哈萨克斯坦部长会议主席纳扎尔巴耶夫。（作者提供）

自然会有人问：为什么会发生这种事？我想，答案应该到1991年我国历史突变这一事实中寻找。在那之前，我们都生活在被称为多民族的，而我更愿意把它称之为国际主义的国家里，因为这个说法更准确地指明了苏维埃政权时期形成的不同民族之间关系的性质。事实也是如此，当乌兹别克斯坦和亚美尼亚发生了具有悲剧性后果的地震时，全国不是都伸出了援手吗？有些格鲁吉亚人、乌克兰人、波罗的海沿岸的人，他们把话剧、展览这些东西送到莫斯科来（也送到其他城市去），可是在这些各共和国代表的心目中，莫斯科不就是他们亲爱的家园吗？而那些科学、文化、艺术活动家们，不管他属于哪一个民族，他们所受到的，不也都是全国人民的承认和爱戴吗？我讲的这些，只不过是具有伟大历史意义的各民族真正统一过程中的一鳞半爪。在这一过程中，民族隶属问题在人们的日常生活中事实上已经退居次要地位，甚至可以说是完全消失了。

可是当我们的共同家园被毁之后，一切就坍塌了。于是大家只好星散，各回各的民族老家。其间出现了政治投机分子、企图攫取政权的冒险家，他们又吹燃了本来已渐趋熄灭的民族主义炭火。什么手段都用上了：学者们开始连篇累牍地炮制与过去方向完全相悖的文章和课本，政治家们则立刻忘记了他们借以受教育的俄语，发疯似的学习怎样才能用本民族共和国的语言发音正确地喊出有关他们民族利益的新口号。新滋生的“实业人士”掌握了“美丽的”外来语词——“比兹涅斯”、“巴克瑟”、“马尼”等等。对这一切本可以一笑置之，然而这些新思潮东一处西一处很快都化成了反俄罗斯族的、反俄国的声明和行动。它们的性质显而易见：共和国的事业越糟，领导者越是无能克服困难摆脱危机环境，他们就越想讨好来自大洋彼岸的木偶操纵者，这些在本国人民心目中威信扫地的人，就越是想捡起民族主义这个破烂武器，找到妨碍他们实现国内外既定目标的敌人。当然，要想“发明”比俄罗斯更合适的敌人是不可能的：不但目标显著，而且就在身边。当然不可能把它打倒在地，但是却可以用它来装出一副为本国人民幸福竭尽全力搏斗的样子……

这是一群投向根本就不存在的火焰的政治飞蛾（但他们迟早会烧毁自己的翅膀），遗憾的是各共和国都有部分居民被他们引入歧途。这些人的名字不值得一提：他们在空中飞不了多久，而且他们捞到的荣誉也实在太多。但是苏联解体后新成立的国家还有一大堆更严重的问题。对于俄罗斯来说，同时也是对这些国家来说，最尖锐的问题之一就是这些国家中俄罗斯居民、操俄语的居民的状况问题，就是他们如何迁回祖国母亲怀抱的问题。

现在让我们简要回顾一下很大程度上（如果不是全部）由民族主义情绪，或者说得确切些，由那些在新国家内与之利害攸关的人煽动起来的局势。还是以哈萨克斯坦为例。

复乐园的努力

可以说，现在俄罗斯和哈萨克斯坦共和国的关系是良好的。共同的经济利益、对外政治任务、科学和文化联系，使我们在许多方面有共同语言。然而，苏联解体之后，尽管是在这样一个国家内，它的俄罗斯居民也不得不经受（现在也是）不少困难，许多人被迫从该共和国迁出。在苏联时代，俄国人对哈萨克斯坦的发展作出了巨大的贡献。俄罗斯人是该共和国工人阶级的主要成员，占 70%，这一点就是明证。但是，到了 1991—1992 年，俄罗斯居民们却突然成了“大国沙文主义者”、“占领者”和“殖民者”。讲俄语的学校减少了，共和国用俄语讲授的课程也减少了。可以理解，在这种环境下，但凡有一点可能，俄国人都会想方设法到境外，最好是到俄罗斯，去找工作。人们纷纷抛弃一切，到新的地方安家落户。

俄罗斯和哈萨克斯坦间的移民过程涉及大批群众，其规模堪与人类历史上最大的“民族迁移”相比。从哈萨克斯坦向俄罗斯迁移的结果，仅1990—1999年间哈萨克斯坦就流失了将近140万人。这一移民潮在90年代中期达到高峰——超过76万人。在俄罗斯移民总数中，哈萨克斯坦移民所占比重约为40%，约占最近十年间由独联体各国移居俄罗斯总人数的1/4。有一点很有意思，据1989年人口统计资料，俄罗斯居住着63.6万哈萨克族人，其中在十年过程中离开我们国家的只有6000人。当前哈萨克斯坦居民中大约只有40%是哈萨克族，俄罗斯族大约也占到40%，其他民族占20%。

近年来各种事件的发展，令我们有某些理由对俄罗斯和哈萨克斯坦关系的历史前景持乐观态度。当前面临的局势对共和国本身产生了一系列负面影响，这就促使共和国领导对国家内外方针进行重新审视。首先是哈萨克斯坦总统发表正式声明，采取行动，同俄罗斯签署了一系列协议，在我国开设领事馆，等等。从一切迹象看来，比较露骨的、较大规模的民族主义表现在哈萨克斯坦已成为过去，民族政策基本踏上正常轨道。虽然这些还不足以提供俄罗斯居民在共和国稳定居住的充分保证，但总算是可以让俄罗斯人在一个长期阶段过上相对稳定的生活。他们可以利用这样一个时期去适应，并形成保卫自己未来利益的机制。

不仅历史经验，而且俄罗斯同哈萨克斯坦相互关系的实践也证明，要想消除肆无忌惮的、其实质为破坏性的民族主义毒素，最好的药方就是国家间、人民间的全面合作，在共同利益基础上的一体化。可惜的是独联体各国未能就范围广泛的问题进行协作，至今仍令人颇感失望。这就提醒前苏联各加盟共和国的领导人，要寻求更有效的国与国之间的一体化形式。

建立这种新联盟的倡议者之一是哈萨克斯坦总统纳扎尔巴耶夫。1994年正式访问莫斯科时，他在莫斯科国立大学的演讲中，公开提出成立欧亚大陆联盟的必要性。许多俄罗斯的以及一系列独联体国家的领导人和社会活动家对此设想表示赞同，因为他们明白，他们之间现有的合作，在很大程度上是徒具形式，双方国家之间的关系不能保证遗留的和新产生的问题得到解决。同年的9月，根据纳扎尔巴耶夫倡议，在阿拉木图召开了国际科学—实践大会《欧亚大陆：国际潜力及其开发》。

苏联解体过去了3年。这期间有一个想法始终没有离开过我的脑海：这个伟大的国家究竟发生了什么事情？下一步是什么在等待着我们？还有没有办法把过去的加盟共和国、现今的主权国家重新团结成一个一体化的建构？

得到哈萨克斯坦总统参加这次大会的邀请之后，对这个问题应持什么立场、观点，我想了许多。当然也是在准备自己在大会上的发言。这次机会对我来说非常重要——我已经3年没有机会就这一重要问题阐述我作为公民的观点了。正是因为对这个问题持有自己的见解，对经济政策有不同意见，我才辞去了苏联部长会议主席的职务。

请允许我在这里摘录我在这次会议上的几段讲话：

在这里，在哈萨克斯坦土地上召开这次大会的事实本身，几乎是具有象征性的。最近，正是从这里，发出了后苏维埃广阔土地一体化的倡议。欧亚大陆联盟的主张就是其中之一……

哈萨克斯坦总统的立场有了越来越多的认同者。这种立场的吸引力、对这种立场的理解，在我看来，是因为它反映了客观现实，反映了苏联国家重组的过程和在这片领土上成立的新国家的改革过程。

新的边境和海关，许多居民阶层的无权和贫困，分崩离析的经济联系，难民潮，雪崩一样的犯罪和贪腐，地区冲突，不断加深的互不信任——这些就是我们一度强大的国家崩溃的后果。

今日在我们词汇里出现的许多说法，如“近邻外国和远邻外国”、“移民”、“签字国”、“难民”等等，成了这个时期独特的标志。

中央对政治和国家权力的失控过程演变成为经济的分裂。在几十年漫长时光中一直由互代和互补这样的基本原则起作用的全苏劳动分工体系瓦解了。

物质生产的经济条件，各共和国之间早已确立的经贸交流实质内容，尤其是合作关系，雪崩般地崩溃了。由于这个原因，独联体各国国内生产总值缩减了30％到50％……

独联体国家把对外经济联系从独联体内部转向其他国家的趋势越来越明显。在他们之间互相供货减少的同时，燃料、金属及其他原料资源源源转向了世界市场。

把现今独立国家一体化的必要性硬是同苏联解体联系在一起是不对的。一体化的主要原因首先在于国家的经济，在于利用昔日苏联积累起来的强大潜力。这种潜力一定可以起到稳定的作用，克服向市场过渡产生的休克现象……

严格地讲，“国家一体化”这一概念不完全实用于我们的独联体。在世界实践中这一概念通常是用在那些从一开始就是独立的国家，它们拥有自己独特的、因而也是多样化的经济调整模式，有对结合条件（主要是国家政治体制，经济和国防能力）的广阔选择余地。（还是以欧共体为例……）

我们这里所指的，是这些独立国家的又一次一体化。这些直接相邻的国家不仅位于欧亚大陆，而且从前苏联统一经济的存在中，继承了全面的依赖关系和相互关联的合作生产，往往具有垄断水平高而技术水平落后的特点。许多企业的产品由于竞争能力低下，应该承认基本上只能在相互贸易的市场上找到销路。这就是今天的现实。

考虑到任何范围中的一体化，都要首先立足于独联体各国国民经济的相互联系，我又强调说：

不管我们是否愿意，由于历史原因，我们不得不置身于早先已存在的经济关系轨道之上。问题只在于这些关系将是混乱无序的，还是应该让我们把它引入协调的经济体系轨道。正如有句名言所说："……每一个个体，都只能置于共同关系中加以考察……"

我一直是主张开放经济的，但一定要遵循伙伴关系和互利原则。如果不把我们当做地位平等的伙伴，在制定对外关系战略时，我们就应对此加以考虑。目前，类似的"游戏"还在继续。

可以完全有把握地认定，即使将来有西方资本投入，主要也是投向原料部门和生态方面不利于西方的部门。首先是投向燃料能源综合体，这是他们今天和明天都需要的。看不到这一点，就等于促使我们更加依赖西方，促使我们已经严重扭曲的经济长期停滞，使许多经济部门落后于时代。（我想提请读者注意、这些话是我1994年说的!）。

现在，世界上明显地划分出三个强大的经济发展中心：美国、欧盟和太平洋沿岸地区。这些中心之间的关系很不一般，它们有矛盾、甚至互相对立。但也有日益深化的合作。这是时代的要求。任务是要在这个"三角"中找到自己的平等地位，将之变成为自己谋取经济福利的源泉。

这种事情只有在我们学会正确支配自己的巨大潜能，克服头脑中根深蒂固的自卑情结时，才能完成。我们具有一切条件，可以成为平等伙伴，而不是世界经济的附庸。为此首先要做的就是再结成一体，汇集我们所有的努力，为每个成员谋取幸福……

在苏联这个框架内，俄罗斯的作用虽然显著，但并不是我们"死乞白赖"非起这种作用不可。它在同某些共和国打交道时，充当的是输血者，它在统一的国民经济综合体中，满足了这些国家不少需求。很遗憾，不知为什么这一点并没有被注意到……

在新的组合结构中，像过去那种由俄罗斯输血的状况不会再有了。新国家以不少代价争取到的独立和主权，在客观上就决定了它们必须遵守伙伴关系和互利关系的原则……

这就是我在 12 年前讲话的部分内容。

从纳扎尔巴耶夫宣布建立欧亚大陆联盟的想法那一刻起，许多年过去了。当时许多国家的首脑没有接受这一建议。怕在某些方面失去主权的担心，促使他们不敢和任何有效的一体化沾边，即便这种一体化有利于巩固和发展自己的国家。但是生活本身坚持要求创建一个新的组合形式，所以也出现了一些地区性联盟。而欧亚大陆联盟的构想，不管怎样，并没有寿终正寝，只是在俄罗斯换了首脑后，这一构想才得到正式承认：2000 年 10 月白俄罗斯、哈萨克斯坦、俄罗斯、塔吉克斯坦和乌兹别克斯坦等 5 个国家的总统在阿斯坦市签署了关于建立欧亚大陆经济共同体的声明及相关条约，2001 年 5 月得到了俄罗斯国家杜马和联邦会议批准。

2003 年 2 月在莫斯科召开了欧亚大陆经济共同体第一届经济论坛。这次大型活动的主要目的，是加深成员国之间经济一体化的进程。一体化本身以及一系列必要的民族机构的建立，使我们这些国家有可能比此前在独联体框架中更广泛地提高多方面合作的效率。正如预想的那样，共同体所带来的一个附带的、但非常重要的结果，恰恰就是民族间，首先是国家关系方面矛盾摩擦的明显缓和。实践证明，一体化是民族主义不可调和的敌人，也是同这种邪恶作斗争的有效工具。

廓清 12 月事件的本源

现在，当本章的叙述完成之时，我还想回顾一下早已成为往事的 1986 年阿拉木图事件，并就它的实质提出某些结论性看法。上面已经提到，关于 12 月事件和动乱，派到阿拉木图的莫斯科委员会不失时机地进行了跟踪调查。动乱期间委员会掌握了领导权，对有关动乱的种种说法都进行了分析研究，其中有一种说法认为，存在一个组织群众（请注意：基本是青年学生）搞示威游行的专门指挥部，走上街头的有吸毒者、酒鬼和无业游民。但委员会更倾向于认为这是一次有组织的民族主义动乱。

然而仔细的调查表明，吸毒者和酒鬼作乱的说法是没有任何根据的。据共和国卫生部资料，经医学检测，被拘留者当中没有一个吸毒者，也没有一个酒鬼。根本就不存在什么指挥部，这一点也已搞清。还有一个说法：库纳耶夫身边的人有不少都同可疑事件有关联。他们利用了青年人的好冲动，是调唆破坏法制的人。有个普通工人就说："应该恢复共和国的秩序，大家在这里相处得就像兄弟，谁同谁都没有个人恩怨，这些暴行都是黑社会、刑事犯罪分子、贪污分子、受贿官员干的，他们害怕科尔宾上任后共和国形势会发生变化，那些藏在库纳耶夫背后的既得利益者，要为这一切负责。"

可以说，在阿拉木图事件中，某些大学中具有民族主义情绪的代表确实起到很大的挑拨作用。但不管怎么说，当时的动乱并没有明显的民族主义色彩。哈萨克人和俄罗斯人几十年来朝夕相处在一个大家庭中，此时这种影响还是起到了明显的作用。

关于这一点，纳扎尔巴耶夫是这样写的："我认为，促使莫斯科的代表把我们完全排除在监控广场事件之外的主要原因，是怀疑我们会利用群众的情绪牟取私利。尤其使他们不安的是游行群众纷纷递上条子，建议推举阿乌耶利别科夫、杰米坚科、米罗什欣、莫罗佐夫、穆卡舍夫、纳扎尔巴耶夫等人为共产党中央第一书记的候选人。可以说，单就这一列出的名单，也明白无误地证明，青年人根本没有反对俄罗斯族的人当共和国领导的意思。虽然如此，臭名昭著的'哈萨克民族主义'这张牌还是打出去了。在那些日子里，领导人都是用一种不容反驳的、有辱人自尊心的命令的腔调来同我谈话。"

在我看来，正是莫斯科领导人同地方干部交往中的这种盛气凌人的作风，成为先是学潮、而后转为骚乱的主要原因。恕我直言，中央那种不仅对共和国领导人，而且对共和国居民说一不二的作风，负责党的干部政策的利加乔夫简直是粗暴生硬的工作，还有那位遇事完全听他指挥的总书记的愚蠢——正是所有这一切，激起了那些充满青春活力的相信国内社会关系体制真正改革的人们愤怒的浪潮。他们觉得这是往他们心灵上吐了一口浓痰！关于发生的事件，苏联人民代表、著名诗人奥尔扎斯·苏列依缅诺夫说得好："国内政治环境的变化，业已开始的民主化进程，影响了这些事件的发生，此时的青年人相信了大多数人的意志将成为政府法令的这种宣言……说起话来满嘴新词，干起事来还是老一套，这种言行不一，尤其令相信改革的青年人、学生和年轻工人极度愤慨。"

可是来到阿拉木图的那些中央代表，莫斯科那些提议和组织实施共和国第一书记任命工作的人，能承认自己智能上和政治上的失败吗？当然不能，因为强制和说一不二的作风在他们身上是根深蒂固的。于是他们就又犯了一个不亚于前一个错误的错误：搬出民族主义这顶大帽子来吓人。

发布的第一批消息称，骚乱是"觉悟不高的青年人在民族主义分子的调唆下"组织的。报纸连珠炮似的射出了一颗颗炮弹："黑社会、被收买的三 K 党分子、地下民族主义组织……"首次出现了一个新词儿——"反改革势力"。最后，苏共中央通过决议，内中有几段谈到了“哈萨克民族主义”。

阿拉木图事件证明，民族主义是一把双刃剑，会使双方受到伤害——不论哪一方，也不论使用这一武器是否出于美好的愿望。我有时甚至觉得，中央关于哈萨克斯坦事件性质的错误结论在某种程度上起到了煽动国内民族主义情绪的挑拨作用。这再明显不过地证明，借助错误结论也能激怒群众，促使他们走上街头，从而收到某种政治效果。

当然，这在共和国引起了起初是没有声息的、而后便是公开的负面的反应。3 年以后，哈萨克斯坦最高苏维埃第十五次会议一致谴责苏共中央决议没有客观地、合乎原则地评价十二月事件，却把它称之为“哈萨克民族主义的表现”。在共和国党中央例行全会上通过的声明说：“应该完全肯定地指出，青年人走上广场，目的不是反对其他民族。”

阿拉木图 12 月事件——这是国内年轻民主的稚嫩幼芽同当时依然遵循陈规旧矩和老标准解决政治问题的那套制度之间发生的第一次冲突。公开性的宣布，人们接受它并实际运用它的决心，同旧思维以及党和国家机关工作习惯之间的矛盾这时便初步公开显露出来。

在高调宣布“公开性”和“改革”的同时，倡导“改革”的戈尔巴乔夫并没有考虑过渡阶段的复杂性。然而社会生活的这两个内容却同几十年来根深蒂固的制度发生了冲突。戈尔巴乔夫固有的易冲动性和解决问题的浮躁和肤浅，成为 80 年代后期发生这些事件和许多其他事件的原因。

1986 年 12 月的阿拉木图事件，事实上是对“改革”的第一次考试，遗憾的是“改革”没有及格。更糟的是以戈尔巴乔夫为首的党和国家领导人并没有汲取内中深刻的教训。他们在彼时彼地看到的所谓民族主义表现，其实并不存在。而真正民族主义复活的危险和利用反社会主义、反苏维埃、反改革势力来消灭党、国家和我国社会政治制度的危险，他们却并没有看清楚。

此后不久，我们便会遇到货真价实的民族主义了。

第三章

第比利斯：颠倒黑白的审判

民族主义狂热

1989年4月7日，戈尔巴乔夫深夜从英国飞回。陪同他访问的有外交部长谢瓦尔德纳泽。按当时的规定，全体政治局委员和中央书记在伏努科沃机场迎接总书记。总书记只是出国访问时才有这种欢迎仪式，国内访问时，中央书记不参加迎接。

也是按照传统，大家聚集在机场大楼，由戈尔巴乔夫简略地讲了讲出访的成果，同时询问了我们这里的情况：在他从希思罗机场起飞后那段时间有什么非常事件发生？

真的，就在此前，共青团员号潜艇在斯堪的纳维亚半岛海岸附近沉没。全世界都在议论纷纷。亚佐夫和巴克兰诺夫依次报告了正在采取的措施，包括建立调查委员会。戈尔巴乔夫简短地做了结论："你率领这个委员会，"他对巴克兰诺夫说。"物色人选，马上去现场。"

我向总书记讲了一件非常事情。在诺里尔斯克发生了矿工的第一次大罢工。他们在矿井里已静坐多日，不肯升到地面，除非政府满足他们的要求。还没有关于罢工的法律，政府不想在黑暗的巷道里，而是要在桌面上讨论这些要求。奥列格·舍宁，当时苏共克拉斯诺亚尔斯克边区委员会第一书记，下到矿井，但是没有说服矿工。他们至死不让步。我同工会领袖沙拉耶夫拟定了一个致矿工的电文——可以说，是很强硬的。我给戈尔巴乔夫读了，他总体同意，只是做了些不大的修改。

然后，利加乔夫谈了第比利斯动乱的情况，告诉大家他在中央召集会议讨论了这个问题。可是我只是在机场时才得知召集会议之事。看来是不认为有必要邀请我参加会议。我说明一下：据我的总理地位，只有总书记有权邀请我参加任何中央会议，但如果他不在，政治局召开的正式会议我则必须参加。但利加乔夫没有召集政治局，只召集了部分人开会。而他在那次著名的发言中说到政治局关于第比利斯问题的会议，而且要求我作证。如果真开过这样的会，那就是4月7日晚在伏努科沃2号机场的会议，可那不叫“政治局会议”，而是“迎接总书记从伦敦归来”。

戈尔巴乔夫马上说：

“应该飞到格鲁吉亚去。”

他提议谢瓦尔德纳泽和拉祖莫夫斯基周六晨起程。然后我们就分别了。

星期六8点，我同往常一样，开始工作，注意观察诺里尔斯克局势：矿工们在看到我和沙拉耶夫的电报后，立刻升到地面。我为一个什么问题打电话给苏共中央书记梅德韦杰夫，助理回答：

“他正在开会。”

“是什么会议？”我想知道。

“讨论格鲁吉亚事件。”

“谢瓦尔德纳泽和拉祖莫夫斯基不是要飞到那边去吗？”我奇怪了。“现在讨论是不是早了点？没有出什么事吗？”

1989年4月10日，部署在格鲁吉亚首都第比利斯一条大街上的装甲车。4月8日发生了示威者与军警之间的冲突后这里实行了戒严。(新华社稿)

“什么事也没发生，”梅德韦杰夫的助理安慰我。“帕季阿什维利（格鲁吉亚共产党第一书记）控制着局势，谁也没去格鲁吉亚，没有必要……”

那次会议上究竟讨论了些什么，我至今不知其详。但我认为总书记不可能不知道。谢瓦尔德纳泽和拉祖莫夫斯基没有履行他的委托。我不理解两位有多年领导资历的党的工作者怎么就这样破坏了下级服从上级的制度。我想，在谢瓦尔德纳泽当格鲁吉亚共产党领导人的时候，他恐怕未必忘得了游行示威者，但也未必会急于去纠正局势，更何况帕季阿什维利正在“控制着”局势。他是怎么控制的，我第二天才知道。我接待室的值班员往别墅来了电话，激动地给我读了关于第比利斯深夜事件的密码电报。我只问了一句：

“要开政治局会议吗?”

“不知道，”值班员小心地回答。“没来电话，没有邀请……”

4 月 9 日事件不是一次自发的、随意之间发生的行动，而是一次精心策划的、经过长期准备的行动。

还是从苏共第十九次党代表会议说起。在格鲁吉亚，仿佛是随着魔棒的一挥，形形色色的“民主”党派、组织和团体就纷纷出笼了。如果说在波罗的海沿岸国家谈到地区经济核算和自我管理原则时还是相当注意使用外交辞令的话，在格鲁吉亚一切都是立刻摆到政治层面上来谈了。出现了“打倒克里姆林宫的帝国式狂妄自尊!”“打倒苏共的无上权力!”“独立的格鲁吉亚万岁!”等口号，紧接着又出现了“格鲁吉亚是格鲁吉亚人的格鲁吉亚!”“用笤帚把一切非格鲁吉亚人清扫出去!”等等，不一而足。出现了加姆萨胡尔季阿、科斯塔瓦、昌图里亚等领袖人物。实质是格鲁吉亚成了操练反苏活动的演兵场。西方“民主中心”人数众多的密使走马灯似的来到第比利斯。

1987 年末成立了“伊里亚·恰夫恰瓦泽协会”，在共和国的社会政治生活中，民族主义和孤立主义倾向日益严重。争夺领导权的斗争导致多个“领袖”都建立了自己的组织：

圣伊里亚真理会，领导人为加姆萨胡尔季阿、采列捷利；

伊里亚·恰夫恰瓦泽自由主义者协会，领导人为奇亥伊泽、马穆利亚、恰夫恰瓦泽；

格鲁吉亚民族正义联盟，领导人为尚格拉亚等人。

同时成立了以尚格拉亚、奇亥伊泽和其他文化活动家为首的人民阵线。他们掌握了面向青年人的报刊和电视。在改革口号的掩盖下开始以批判的态度重新评价格鲁吉亚历史，揭露俄罗斯“帝国”的政策等等。

1988 年这些团体的领袖们开始积极活动，发起和发展了共和国内反对苏联共产党和现存制度的政治运动。他们把重点放在青年大学生身上，大学生的群众集会在他们眼中是人民积极性和民族自我意识觉醒的表现；他们还把重点放到了相当一部分文艺和科研知识分子身上，这些人在当时被波罗的海沿岸国家动乱中的民族主义口号所迷醉。

格鲁吉亚反对派势力得到了一部分接近谢瓦尔德纳泽、在其格鲁吉亚共产党中央第一书记任期内同他合作过的人物的支持。这些人宣称，格鲁吉亚是20年代被布尔什维克占领的，他们在所谓的权利捍卫者和起劲反对格鲁吉亚苏维埃制度的人当中寻求支持，以求证实自己的论点。这一部分人中就包括加姆萨胡尔季阿、科斯塔瓦、昌图里亚等人。

1989年4月第比利斯，政府大楼前。(施拉莫夫摄)

我不可能对他们当中的每个人都作出政治鉴定。我只想谈谈当时反对派中最活跃的领袖之一——加姆萨胡尔季阿。格鲁吉亚后来的命运同这个人有关。加姆萨胡尔季阿为1939年生人，毕业于西欧语言系，语文科学副博士，是卢斯塔维里研究所的研究员。1956年因组织非法的旨在争取格鲁吉亚独立的戈尔戈斯拉维利协会而第一次被捕。

这个人之所以有名是沾了他父亲——格鲁吉亚文学经典作家老加姆萨胡尔季阿的光。儿子赢得了维权运动受难者的光环。无限的虚荣心强烈地控制了这个人的一生。他比别人更有权力欲，甚至企图赢得大选……成为格鲁吉亚东正教会的大牧首。1979年他再次被捕，并被送交法庭审判。在法庭上他完全认罪，并就此专门发表了一个声明。他被判三年流放，由于共和国领导说情，服刑地点定在高加索阿尔卑斯山牧场。刑满归来后，他实际上与积极的政治生活隔绝，直到80年代末才又重新登台。

民族主义者的主要活动形式是群众集会、会议、游行。

1988年11月，共和国首都形势趋于紧张，当时在政府大楼（格鲁吉亚加盟共和国最高苏维埃主席团和部长会议大楼）前连续举行有几千人参加的群众集会。会上高呼口号，要求立即给格鲁吉亚以完全独立，退出苏联——人们把苏联称之为“继承了罗曼诺夫王朝大国沙文主义方针的苏维埃俄罗斯帝国”。在一次群众集会上，他们把格鲁吉亚苏维埃社会主义共和国的国旗从政府大楼楼顶扯了下来。运动领袖们的最终目的是推翻“被莫斯科牵着鼻子走的”共和国现政权。

在第比利斯市检察长通过格鲁吉亚电视台讲话和苏共中央总书记发出呼吁后，从11月末起，未经批准的集会停止了，所谓的“杂牌军”的领袖们在格鲁吉亚其他城市组织群众集会的企图，没有得到当地居民的支持。

下面我引用一段前格鲁吉亚共产党中央第二书记尼科利斯基关于共和国1988年12月事件的表述：

……极端主义组织的领袖们，尤其是加姆萨胡尔季阿、科斯塔瓦、采列捷利、昌图里亚等人的活动，其反苏维埃、反社会主义、反共产主义的性质已经暴露无遗，但我们却始终没有采取任何实际措施消除他们对青年、学生、知识分子的负面影响。这是一个不可原谅的重大失误。

……十月的日子证明，在极端非常的条件下，苏维埃和党的机关、基层党组织、党的和经济工作的积极分子在劳动群众、居民、青年中的思想工作是软弱无力的。虽然后来也采取了一些措施，但正如事件进程所证明，这些措施是不够的，不彻底的。

……在当时的环境下，护法机关的表现也不佳。因为没有足够的经验和明确的指示，不知在这种复杂的环境中该如何作为，他们基本上是采取了一种消极的立场。这就破坏了劳动群众对法律威严的信任。与此同时，极端分子和教唆者却更加肆无忌惮，他们更加相信他们的违法活动和行为不会受到惩罚。

……所有这一切没有成为共和国党组织深入全面分析的课题，没有对党的组织工作，尤其是思想、教育工作作出相应的修正，结果使形势进一步恶化……

这些事件还有更深远的根源。存在一种说法，认为谢瓦尔德纳泽本可以在10月使格鲁吉亚紧张局势缓和。直到今天，也很少有人知道这位苏共政治局委员同那些“杂牌军”领袖们谈判了些什么，但这之后却有命令“不许触动‘杂牌军’成员”！而他们的政治分量日益加重——这却是事实！

为数众多的关于4月9日的文件有意避而不谈当时在格鲁吉亚形成的社会政治形势。在改革的“设计者”之一谢瓦尔德纳泽领导时期，格鲁吉亚贪腐现象达到了不可思议的程度。一切都可以出卖——从官职到司法判决。甚至每个下级机关都按月有“贡金”上缴给上级机关。人们并不避讳地公开谈论这种事，而且如果有人没有凑足这笔“贡金”，还可以借给他钱，以表同情。

谢瓦尔德纳泽之后，掌权的是帕季阿什维里——一个诚实的、正派的人，国际主义者，他决定同这种现象开展斗争：逮捕了一大批党和苏维埃工作人员，其中有谢瓦尔德纳泽的左右手、格鲁吉亚共产党中央负责组织工作的书记哈别伊什维利。这些人的供词很值得玩味。

共和国检察长巴拉巴泽在中央委员会大院内自己的汽车里开枪自杀了。库塔伊斯克市党委第一书记阿斯拉尼卡什维里在自己的办公室内也开枪自杀了。两个人都是谢瓦尔德纳泽提拔起来的干部和亲密战友。据南奥塞梯州党委第一书记、格鲁吉亚党中央政治局候补委员切霍耶夫掌握的材料，案子越来越不简单：谢瓦尔德纳泽的名字已经相当公开地被人提起——形象一点说，再跨出一步，铐子也可能戴上他的双手。而且，在这个问题上，苏共中央已经管不了帕季阿什维里。事情明摆着：如果他当时停下来，案子一刹车，他自己也就难逃戴上手铐的下场。

不过莫斯科也得以采取了一些措施，责令格鲁吉亚克格勃主席伊纳乌里退休，争取到了一个喘息的机会。取代他位置的是意志薄弱的官迷古姆巴里泽。（有一个事实很说明问题——他在向人民代表大会成立的以索布恰克为首的4月9日事件调查委员会汇报时说，关于强力部门准备采取的行动，他只是在开始前15分钟才得知！这就是——中央局委员，克格勃主席！）

格鲁吉亚党中央发生的事，戈尔巴乔夫当然是知道的。对他来说，失去谢瓦尔德纳泽不仅是失去指挥部的一个成员、一个他信得过的人物，而且还意味着大大损害改革方针的信誉。党内反戈尔巴乔夫的情绪日益强烈，一旦改革的主要“设计师”之一被关进大牢，他个人的命运又将怎样，实难预料。

如上所说，1988年11月谢瓦尔德纳泽同人民阵线的领袖们究竟谈了些什么，我们只能猜测。但事实终归是事实：他们无非是想要动摇格鲁吉亚的局势，赶走帕季阿什维里。而在这个问题上，加姆萨胡尔季阿、科斯塔瓦、昌图里亚等人就成了同盟者，严格说来是成了谢瓦尔德纳泽的救星。

1989年2月末，抗议活动又连续发生。人民阵线指挥部已经开始发挥经常职能。正是从这里控制了大众传媒和共和国电视，党和国家的某些工作人员也跑到这里来表明自己拥护格鲁吉亚独立的决心。当时民族关系的局势对人民阵线来说也是天赐良机。格鲁吉亚人总是兴高采烈地谈论自己民族的独特性。民族主义经常存在于格鲁吉亚社会政治生活中，尤其是干部政策中。

在这个550万人口中只有300万是格鲁吉亚人的共和国内，中央机关、各部、各局实际上95%是单一民族。所以民族问题很容易被挑动，也很容易把大多数格鲁吉亚人吸引到“杂牌军”的旗下。更何况戈尔巴乔夫在苏共27大上发出金牌，宣布必须根本改革民族关系。

居住在东格鲁吉亚的阿塞拜疆人和贾瓦赫季的亚美尼亚人率先遭到民族主义者的攻击。但巴库和埃里温的强硬立场向那些发热的头脑泼了冷水。紧接着发动了对奥塞梯人和阿布哈兹人有计划的长期攻击。在许多群众集会上，他们把阿布哈兹和南奥塞梯称为俄罗斯的第五纵队，各部、局都向这些自治共和国发出了把公文译成格鲁吉亚语的指示。克万奇拉什维里教授的一篇文章说得更加露骨，实际上竟然建议所有非格鲁吉亚人绝育。格鲁吉亚教堂也为“民族关系改革”增添了一份贡献：它的首领伊里阿二世在自己的呼吁中承诺，杀害格鲁吉亚人的格鲁吉亚人将遭诅咒。

格鲁吉亚共产党中央在讨论局势时，更经常地提到了武装对抗的危险。需要采取非常措施。但莫斯科却仿佛被催眠了，只是一个劲地说：要忍耐、要对话。放纵恣意妄为使这些人得其所哉——在那些日子里就差没把中央第一书记从群众大会上一脚踹出去了。

掀起下一轮群众运动的借口和造成格鲁吉亚局势紧张的原因，就是所谓的“阿布哈兹问题”。

1989年3月18日，共和国古达乌茨克区雷赫内村的3万阿布哈兹族人经批准集会，通过了致阿布哈兹公众的呼吁书，内称：“请求苏共中央，苏联最高苏维埃，苏联部长会议恢复阿布哈兹苏维埃社会主义共和国1921年宣布成立时所具有的地位。”

通过这一决议的理由，正如呼吁书中所说，是“阿布哈兹民族问题被逼进了死胡同。自治共和国土生土长的居民正处于民族大灾难的边缘，他们正在被强迫迁出……阿布哈兹语言、阿布哈兹文化和历史、共和国的民族国家地位、自古便有的地理名称、阿布哈兹文字……一切都在遭受迫害。沙文主义者撤销了阿布哈兹学校，用格鲁吉亚语授课……”改革、民主化和公开性使民族关系中的禁区暴露无遗。带有民族主义情绪的分子，利用这一时机，展开了更加积极的活动。比如，在第比利斯和格鲁吉亚某些城市，展开了公开的“民族社会主义”思想宣传，人们打出格鲁吉亚孟什维克的旗帜，要求把共和国内的非格鲁吉亚人格鲁吉亚化：“在格鲁吉亚不应有任何非格鲁吉亚事物存在……”

杂牌军领袖们巧妙地利用了“阿布哈兹问题”，煽起了民族主义之火，一步步改变了他们在第比利斯群众集会上的标语口号和要求的性质。从强烈谴责阿布哈兹自治共和国领导的“分立主义”政策，转向了公然诋毁苏联共产党，诋毁全苏政府，号召消灭格鲁吉亚苏维埃政权和退出苏维埃社会主义共和国联盟。

情况日趋严重。3 月 27 日在第比利斯国立大学大楼前举行群众大会。大会组织者之一采列捷利看准可以为所欲为而不受惩罚，在会上竟宣布成立一个新党——“格鲁吉亚民族独立党”。党纲的基本内容当场宣布出来，其中包括废除格鲁吉亚苏维埃政权、退出苏联、从共和国领土上撤出苏联军队、引进外国军队。大会宣读了格鲁吉亚成为独立国家的要求：它应拥有本民族军队，使用格鲁吉亚货币，建立国家银行。而且这个新成立的党的要求还不止于此：它还要求归还“苏维埃化”之后被兼并，然后又转划给土耳其、俄罗斯、阿塞拜疆和亚美尼亚的格鲁吉亚土地。集会上讲话的加姆萨胡尔季阿则号召撤销阿布哈兹自治共和国和南奥塞梯自治州。

1989 年 4 月 4 日，集会群众赶走民警，擅自占领了政府大楼和电视广播委员会的广场。从这一时刻起，在第比利斯和其他一些城市便不断举行未经批准的有成千上万人参加的大会，大会明显具有反苏联的民族主义、极端主义性质。为了吸引更多人们的注意，他们在广场上安装了扩音设备和话筒。

政府大楼前参加集会的基本上是科研所、出版社、制片厂的职工，各机关、团体、工业企业的职员，高校学生和普通中学高年级学生。

集会的参加者，包括中学生，都宣誓要积极抵抗，“不怕流血”，决不向法律秩序的保卫者们让步，要留在广场，直到他们提出的那些实质是反宪法的要求得到满足为止。

加姆萨胡尔季阿、科斯塔瓦、采列捷利、昌图里亚以及该党积极分子一个接一个向集会群众讲话，号召人民举行全国政治大罢工和绝食抗议，建立“人民运动统一委员会”和罢工委员会。他们鼓动群众不服从合法当选的政权机关，建立“临时政府”，在工业、交通企业、学校和机关组织纠察队。他们的目的是要组织一支青年队伍，控制公共交通，在群众集会地附近街道构筑街垒，组织对法律秩序保卫者的积极抵抗，“直到流血”。

这些政治“活动家”们煽动与会群众大搞民族迫害，先是4月9日在苏胡米市对阿布哈兹人，后又对奥塞梯族人。大多数演讲者的讲话除谈及“阿布哈兹问题”，主要的注意力都放在必须采取实际可行的措施对共和国党政机关施压（政治罢工、群众大会、向其他国家政府呼吁），目的是推翻格鲁吉亚苏维埃政权，建立“独立的格鲁吉亚共和国”，脱离苏联。为了保证这些反宪法要求得以实现，加姆萨胡尔季阿、科斯塔瓦、采列捷利及杂牌军的其他头头们，以“格鲁吉亚人民”的名义，向一些外国政府呼吁协作，请求它们给予相应的帮助，邀请联合国部队进驻格鲁吉亚共和国领土。

从4月5日清晨起，政府大楼和电视广播委员会大楼前的群众集会继续举行，人数达到五六千人。4月5日晨近5点时集会结束。会后约30个年轻人宣布在政府大楼前绝食，直到“格鲁吉亚成为独立的国家”。随后几天人数增加到约150人。

群众大会的气氛越来越明显地具有反苏、民族主义和极端主义性质。集会群众中间首次出现了杂牌军头头们事先准备好的反宪法的极端主义口号标语牌。在举行群众集会的地点，公共交通全部瘫痪。

在苏胡米，格鲁吉亚大学生和中学生的罢课在继续，机务段的包车组没有上班，导致客运和货运列车有一段时间停止运行。在加格雷市，未经批准的群众集会也在举行。

加姆萨胡尔季阿鼓动第比利斯集会群众和格鲁吉亚居民继续开展反社会行动，而且宣称：“阿布哈兹民族在历史上根本就不存在。如果这些部落懂事，我们还可以平等待之，但得有一个条件，就是他们要恢复历史的公正，把我们的土地还给我们，他们从哪里来，就回到哪里去安家落户……他们同格鲁吉亚人和格鲁吉亚展开斗争的目的，只是为了变成俄罗斯人。他们的目的是俄罗斯化，而不是民族自决。他们并没有争取民族自决权的愿望，只不过是想要归附俄罗斯，在俄罗斯找到一席之地而已……”

“格鲁吉亚人要在共同的民族斗争中团结起来。第比利斯开始的罢工是全国民族大罢工的开端。我们宣布，要同苏胡米和阿布哈兹罢工的格鲁吉亚人团结一致，那里的交通部门、学校、许多企业都在罢工。昨天和今天都在继续，第比利斯也应该如此……我们号召格鲁吉亚人民参加到全国大罢工中来……”

杂牌军头头和活跃分子们试图让首都工人阶级倒向自己一方，为此向市里的工业企业派出了一批宣传员。由于杂牌军成员的努力，那些日子科学生产联合公司和以季米特洛夫命名的航空生产公司的部分工人，国立第比利斯大学和工业学院以及其他学校的多数学生和教师附和了集会者，他们的代表有组织地来到政府大楼前的广场。

4 月 6 日在政府大楼前的群众集会上，宣读了致美国总统、国会和北约成员国的呼吁书，请求帮助格鲁吉亚脱离苏联；把联合国的一次会议日期定为主权的格鲁吉亚日，把 1921 年 2 月 25 日宣布为“俄罗斯布尔什维克势力占领格鲁吉亚日”。

格鲁吉亚领袖谢瓦尔德纳泽的手法我们怎么会不熟悉呢？他又想投入北约怀抱，又想撤除俄罗斯军事基地，又想把美国部队请进来，可就是忘记了他早已不是伟大国家的外交部长，却是促成苏联崩溃的主要黑手之一。现在他成了一个四分五裂的国家的首脑，西方国家要想在地图上找到他，还真得费点力气才行。更何况格鲁吉亚还要靠向俄罗斯借债度日。

那一天在群众大会上采列捷利发表讲话，宣布成立中央罢工委员会，实际上杂牌军的所有代表都参加了。

当天下午，英雄广场聚集了约三四千人，傍晚向共和国电视广播委员会大楼进发。示威游行人群要求电视广播委员会领导在电视上直播政府大楼广场上的群众集会。

4 月 6 日召开了中央局会议，通过决议，在当天格鲁吉亚最高苏维埃会议上讨论形势问题。但是非常遗憾，帕季阿什维里的讲话没有人支持。干脆就没有人发言。这也不难理解——政府大楼处于几千人大会包围中，会上公开提出要推翻现政权，脱离苏联，宣布独立和向西方请求援助和支持。就在当天，中央委员会召集党和经济工作积极分子开会，谈话更为具体：形势具有爆炸性，中央委员会应该行动！这时对高加索军区部队司令罗吉奥诺夫曾发出呼吁，要他立刻派军队进驻第比利斯，但将军明确表示，这不在军队权限之内，应该让内务部和内务部队解决问题。

4 月 7 日整天市内形势仍很紧张。政府大楼前集合的群众人数已达到 1 万到 1.5 万人，电视广播大楼前和其他地方的集会上，民族主义的、反苏的声音越来越高。参加游行示威的中学生、知识分子、工人阶级代表和来自共和国其他地区的代表越来越多。鼓动工业企业集体参加罢工的宣传攻势加强了，造成了机床厂、航空工厂和车辆修理厂部分停工。

4 月 7 日帕季阿什维里的广播电视讲话在政府大楼广场直播，他表示愿意同杂牌军代表对话，并警告说“事件的进一步发展会造成灾难”，但讲话没有取得良好效果。杂牌军头头们拒绝同政府谈判，号召不信任领导，宣称将“代表自由的格鲁吉亚只同克里姆林宫对话”。

采列捷利在群众大会的讲话中提出了当前纲领：

……亲爱的同胞们！我代表格鲁吉亚统一民族运动向你们讲话。你们每个人刚才都听到了格鲁吉亚共产党第一书记帕季阿什维利的讲话。朋友们，我要向你们宣布，所谓的格鲁吉亚共产党已经不存在了。存在着进步的法国、意大利共产党，同他们并列的却是一个腐朽的苏联共产党。苏联共产党是有的，但不存在格鲁吉亚共产党，因为它不反映、不保卫格鲁吉亚的利益。帕季阿什维利认为不可能脱离苏联，然而这个问题已经提到日程上，而且完全可以解决。

我们不应该留在被称做苏联的这个共产主义帝国联盟中……第一次世界大战后，俄罗斯帝国崩溃了；第二次世界大战后，共产主义帝国根基动摇了；而经过第三次战争，它就会完全崩溃。这个帝国必然崩溃，这将是世界上最后一个帝国的崩溃，人类可以因之完全松一口气了……

……格鲁吉亚苏维埃社会主义共和国并不存在，存在的是格鲁吉亚——历史上的主权国家，但它受到了俄罗斯共产主义帝国的奴役。我们要求立刻退出俄罗斯共产主义帝国苏联。脱离苏联之后，俄罗斯帝国的军队应立即从格鲁吉亚撤出，要立即废除格鲁吉亚傀儡政府的权力。联合国部队应进驻格鲁吉亚，以便暂时保卫我们的安全……而后，格鲁吉亚应作为军事盟友加入北约。这是格鲁吉亚所有非官方组织的立场。美国是和平、保卫人权和民主的象征。独立的格鲁吉亚应该以美国为发展方向……格鲁吉亚人将拥有一个独立、自由的国家，这一时刻正日益临近。我们应该为之奋起斗争。世界舆论会支持我们，我们能够摆脱帝国……

我希望我们大家团结起来，为格鲁吉亚的解放斗争到底。我号召所有的格鲁吉亚人和其他民族的代表举行全民大罢工……

由于形势的复杂，共和国领导和格鲁吉亚共和国内务部长向联盟机关求助。

1989年4月7日，格鲁吉亚共产党中央委员会全会上通过了“必要时应宣布第比利斯进入紧急状态”的决议，并致电苏共中央，评估了急剧恶化的形势，同时告知了中央局通过的决议。为了付诸实施，要求内务部和高加索军区补充一部分力量。有一个事实值得注意：积极要求在格鲁吉亚实行强制性决定的，首先是谢瓦尔德纳泽的人，这些人在领导岗位上为数甚多。

最后通过决议，4月8日至9日的夜晚，把集会群众赶出卢斯塔维里广场。届时谢瓦尔德纳泽应乘飞机到来。但此刻却从莫斯科来了一道命令：第比利斯从22时起开始宵禁，高加索军区司令被任命为卫戍司令。

罗吉奥诺夫离开党中央大楼，去电视台宣布对自己的任命和宵禁令，心中嘀咕："……你们以后会把什么事都推到我身上！"令人不解的是罗吉奥诺夫的讲话19时30分便已录毕，但播出时间却是23时。

同一天，高加索军区司令罗吉奥诺夫上将向苏联国防部长亚佐夫大将发出密码电报，通报了事件的情况和杂牌军的违法行为：

……所有正在举行的群众集会都未经批准，共和国领导没有采取措施驱散他们。对集会的领导者（组织者）也没有采取果断措施。

内务部队扮演着旁观者的角色。

共和国领导试图借助部队的积极行动稳定局势，但这样做又会激化已存在的对军队的负面态度。攻击、殴打、侮辱军人和硬闯他们住宅的情况已有发生。

在格鲁吉亚共产党中央第二书记尼科利斯基眼中，军队的作用只是履行民警职能。

由于格鲁吉亚政治形势恶化，共和国领导向全苏强力机构寻求援助，1989年4月7日苏共党中央召开了会议。参加会议的有政治局委员利加乔夫、麦德韦杰夫、斯柳思科夫、切勃里科夫，政治局候补委员卢基扬诺夫、拉祖莫夫斯基、亚佐夫，还有苏联安全委员会主席克留奇科夫，苏联内务部副部长特鲁申以及其他有关人员。

在讨论过程中与会者得出结论，必须给予共和国政府以帮助，运用苏联内务部、国防部的兵力和装备维护法律秩序，为此建议上述各部领导研究这一问题，并在自己的职权范围内采取相应措施。同时特别强调，共和国领导必须尽力采取一切措施，用政治手段恢复局势正常化。在利用两部拨出的兵力和装备时，必须极端谨慎。并建议：在目前状况下，在第比利斯不宜宣布宵禁。

同一天，根据苏联内务部副部长希洛大和苏联国防部参谋总长莫伊谢耶夫的指示，下达了相应的命令和指示，将内务部机动部队和高加索军区的野战部队调往第比利斯地区。

除此之外，遵照苏联国防部的命令，1989年4月7日苏联国防部第一副部长科切托夫大将也随同罗吉奥诺夫上将由列尼纳坎来到第比利斯，副部长的任务是弄清目前局势，必要时协助罗吉奥诺夫将军。

在此期间首都第比利斯的形势已经接近危急关头。4月8日清晨，游行示威者的队伍开始向政府大厦，国家电视广播大楼，第比利斯国立大学，师范学院进发。普通学校的中、高年级学生在教师陪同下，有组织地向政府大厦进发。集会的组织者向与会者发出号召："各校的老师校长们！不要阻止学生参加罢工和示威，不要在他们面前威信扫地。”

这一天还有过一次试图不借助非常手段影响事件危机性发展的努力，以制止集会群众和他们的头头继续从事违法活动。依据决定，4 月 8 日清晨两个军用直升机航空大队在城市上低空盘旋。而后 12 时许，三列军车按不同路线从第比利斯大街上驶过，其中两列要驶过卢斯塔维里大街。

关于把军车示威作为警告集会者手段之一的问题，事先于 4 月 7 日在共产党中央局讨论过，对此帕季阿什维里、尼科尔斯基和马哈拉什维里（第比利斯市党委第一书记）都做过解释。

在一个由 10 辆步兵战车组成的纵队在大街上行驶时，集会群众向它们投掷石块、金属罐及其他东西，有人还跳上战车，遮住驾驶员的瞭望孔。在卢斯塔维里影院旁，一组肆无忌惮的年轻人抢下一辆交警的田野牌巡逻车，把它推倒，横在行驶中的步兵战车正前方的通道上，挑逗战车轧碾这辆“田野”车，而巡逻车司机——民警中士马加尔达泽被殴打之后还被迫躺在了步兵战车下。

由于集会者的流氓行为致使 7 名军人受伤，包括多处挫伤、皮肉伤和淤瘢。两辆伴随纵队前进的汽车被损，交警队的巡逻车则完全报废。

此外，政府大厦前参加集会的人群中，一群流氓分子还对多名交警进行辱骂和殴打，指责他们没有阻挡战车从大街驶过。还有人撕扯民警的肩章、制帽，企图殴打他们，交警大队的许多工作人员不得不赶紧逃跑。

第二装甲车纵队未能完成穿越大街的行动，因为大街入口处的通道被来自共和国广场的游行示威者占据，不许战车前进。

就这样，1989 年 4 月 8 日尝试以军车示威稳定第比利斯局势的办法，未能达到警示的目的。

第比利斯和整个共和国的社会政治形势，4 月 8 日白天已达到白热化程度，而且还在升级。反苏的、民族主义的、极端主义的性质更加露骨。破坏社会公共秩序的行为越来越常见，也更具挑衅性。这就证明，在共和国首都和阿布哈兹，实质上正在酝酿着一场未来可能引发后果难以逆料的反社会大行动。

政府大厦前集会的人数已达到 2.5 万—3 万人。卢斯塔维里大街艺术家之家大楼前的格鲁吉亚苏维埃社会主义共和国国旗被集会者示威性地扯下践踏，升起了一面格鲁吉亚在资产阶级民主主义统治时期的旗子。人数为三四千的许多群众集会依然在国家电视广播大楼前，在一些学院和市里其他地方继续举行。

有约 3000 妇女参加了示威游行以及在格鲁吉亚共产党中央第一书记楼前的静坐罢工，要求把苏联内务部队撤出首都。政府大楼前绝食的大学生和高年级中学生已达 400 人。在第比利斯其他地方，也组织了青年绝食。

由加姆萨胡尔季阿、科斯塔瓦和采列捷利建立的机动宣传小组继续在首都和其他城市煽风点火，制造舆论，组织“自发的”群众集会和绝食，在工业、交通企业、机关、学校建立纠察队，拼命煽动这些单位的工人停止工作，参加集会群众队伍。高校、中学、普教学校都没有复课。又有一批工厂、机关和团体的工作人员参加罢工。青年小组强制迫使一批通信枢纽的职工也参加到罢工中来。

劳动集体的代表同鼓动小组的冲突时有发生，侮辱、威胁和攻击民警和军人的事件也未有间断。宣传员积极散发反苏传单。

但是到头来杂牌军的头头们也并没有得到工人阶级和农村劳动者对他们反社会行动的全力支持。首都大部分企业和机关依然照常工作，虽然工作负荷不满。

不过，共和国其他城市和地区的罢工代表团有组织的队伍仍在向政府大楼汇集，集会群众人数达到数千人。

在这种形势下，4 月 8 日格鲁吉亚共产党中央局召开会议，讨论第比利斯形势和“政治组织措施紧急计划”，其中包括恢复秩序的措施。然后，召开了共和国党和经济工作积极分子会议，计划得到了会议的赞同。积极分子会议结束后，中央局会议继续进行。考虑到当时一触即发的爆炸形势，会议通过决议，取缔政府大楼前未经批准的群众集会，“动用警察、内务部队和苏军部队”，采取这一行动时，由高加索军区司令罗吉奥诺夫上将指挥。

应当指出，苏联国防部并没有下达任何委任罗吉奥诺夫为行动指挥的命令，但是按苏联武装力量卫戍勤务条例要求，罗吉奥诺夫上将在当时的情况下，理应担任为恢复城市秩序分拨出来的所有的军队、兵力和装备的指挥官。

依据苏联最高苏维埃主席团令批准实施的条例，在苏军部队、苏联安全委员会和苏联内务部队协同配置担任卫戍任务时，它们均应服从由军区部队司令任命的卫戍司令的指挥。

因此，作为高加索军区的司令的罗吉奥诺夫上将，其军衔最高，理应拥有卫戍司令的全部权力，担任这次行动的领导。格鲁吉亚共产党中央局就这一问题的决定是完全合法的。

那一天的 17 时 30 分，召开了国防委员会会议（成员由帕季阿什维里、尼科尔斯基、切尔凯济亚、奇赫伊泽、古姆巴里泽），参加会议的还有军事指挥部的代表（科切托夫、罗吉奥诺夫、诺维科夫）和护法机关的领导（戈尔戈泽、卡兰纳泽、沙拉舍尼泽、绍舍阿什维里），会上一致认为共和国的政治形势极端尖锐，“已濒临灾难边缘”。会议进程中与会者又一次一致表示，必须“在法律框架内迅速采取坚决措施，恢复共和国的正常生活和活动”。当时规定了开始行动的大致时间——1989 年 4 月 8 日深夜。这是因为考虑到之前几日这个时间逗留在政府大厦广场的人较少。会上建议格鲁吉亚共和国部长会议草拟和发布相应的决议，作为内务机关和调来的部队整顿秩序行动的法律依据。

依照格鲁吉亚共和国部长会议颁布的命令，共和国内务部“派出内务部队和苏军军人”，奉命采取维护社会秩序的补充措施——从政府大厦广场上驱散集会人群，关闭公民前往政府大厦的通道。对那些“未经批准的群众活动的组织者和积极分子，采取既定的法律措施”。在共和国电视广播大楼毗邻地域，必要时，亦可在城市其他地方，奉命采取同样措施。

作为共和国国家权力的最高执行机关和指挥机关，格鲁吉亚苏维埃社会主义共和国部长会议依据格鲁吉亚共和国宪法，实行保卫国家利益、维护社会秩序、保证和维护公民权利和自由的措施；同样根据宪法，其决议和命令，也必须在共和国领土上付诸实施。

苏联内务部的机动部队和苏军各部队由相应的全苏各部派遣，帮助共和国政府维护社会秩序。至于如何使用它们的问题，已同苏联内务部和军事指挥部代表专门协商过。

在这一段时间里，一批年轻人在市内开始抢夺装碎石和其他建筑材料的大卡车、公共汽车、无轨电车，把它们开到卢斯塔维里大街，封锁了列宁广场和共和国广场通向各条街道的出口，同时也封锁了由毗邻各街道通往广场的入口，作为街垒。为了这一目的，他们利用大量的交通工具，而且在抢夺时还威胁司机。交通警察想把卢斯塔维里大街和毗邻街道上的汽车清除，但却遭到集会群众阻止，这些人嚣张地对抗民警，对之进行威胁和侮辱。

对军人要流氓，肆无忌惮地以武力抢夺国家的汽车，反抗民警履行职责维护社会秩序，再次证明局势有爆炸危险。

傍晚，集会群众中有越来越多的人出现醉态。后来在事件调查中有许多人证明，当时曾向群众大会大量供应酒精饮料，会上有为数众多的醉鬼。

1989 年 4 月 8 日深夜，第比利斯附近一个共和国重工业中心卢斯塔维市的局势也紧张起来了。这里跟第比利斯一样，也举行了未经批准的群众集会，也是杂牌军的代表们组织的，内容和倾向也和第比利斯一样。

4 月 8 日下午，杂牌军组织的几千群众（主要是青年）向卢斯塔维冶金厂进发。此前他们曾在市中心集会。在厂行政大楼广场集会又继续进行。演讲者讲话中除要求格鲁吉亚独立和脱离苏联外，还出现了要求工厂停工，工人放下工作参加集会的呼声。听到了这样的叫喊：“你们炼钢献给俄罗斯，而俄罗斯用它来造武器消灭你们。”随后有人提议冲击工厂，在马丁炉车间举行集会，受到与会者的热烈响应。工厂工作人员和前来的民警呼吁要理智，建议集会解散，但是都没有奏效。

将近24时，行政大楼广场上的形势恶化了，一大批人高喊："不要听他们的！冲破炼钢厂防线！"涌向正门，想强行冲入厂区。当时为了对付胡作非为的人群，工厂开来了消防车，堵住了正门。水龙头喷射的水流让攻击者清醒了一下，可是很快储水用完，对大门的冲击又加强了。在这紧急关头，厂保卫部副主任向天空放了5枪，阻止了集会群众进一步深入厂区的企图。他们逐渐离开大门，回到行政大楼广场，夜里3点才离开。

在卢斯塔维冶金厂举行集会，目的是想鼓动大部分城市居民和工人，把他们拉过去。第比利斯特使们的标语和口号并没有收到预想效果：工人们没有允许集会者进入厂区破坏生产，在城市造成无法控制的局势，引起混乱和恐慌。

恐怖之夜的真相

依照已作出的决定，罗吉奥诺夫上将作为取缔政府大楼前未经批准的群众集会这一行动的指挥，责成少将叶菲莫夫（苏联内务部军事作战组的首长）协同格鲁吉亚共和国内务部中将戈尔戈泽拟订行动计划，并于4月8日24时许经上将正式批准。可惜的是那些作出决定的人没有在文件上留下自己的"亲笔签名"，于是罗吉奥诺夫将军便正如他预料到的那样，此刻便独自成了第比利斯事件中的"极端分子"。

取缔政府大楼前群众大会的行动预定在1989年4月9日4时开始。

根据当时的标准，内务部队的装备如下：钢盔、防弹衣、警棍、塑料和金属盾牌，军官们配备个人武器。按编制配属的伞兵分队配备有钢盔、防弹衣、小型步兵铲，军官和准尉们配备有编制规定的武器。

参加行动的除民警人员外，共2300人，另6辆装甲运输车、8辆步兵战车、2辆救护车和4辆消防车。行动计划还规定必要时可以喷射消防水龙对付集会群众，但后来决定只是在行动中遇有焚烧车辆或发生火灾时，才使用消防手段。

3时许，戈文察泽中校依照戈尔戈泽中将的命令，在政府大楼前向集会群众讲话，建议他们离开广场，并警告说，未经批准的集会不得继续进行，为此将动用军队。但是集会群众对这一警告未予理睬。接着，3时16分，应中校请求，格鲁吉亚最高主教伊利亚二世向集会群众讲话，请求他们停止集会，并警告他们存在确实的危险，"只差几分钟了"。

听到这一呼吁，集会组织者之一，身在艺术家之家医疗站屋内的采列捷利，大喊“是谁给他的权利命令人们?”跑到广场，夺过麦克风，开始鼓动人们不要离开广场，要忠于誓言。

在多次警告将动用武力之后，眼看着部队和军车就要沿大街向政府大厦进发时，3 时 50 分，广场的扩音器响起音乐、歌声，大街有些地方人数不多的游行示威者跳起了舞。

舞曲录音带是专门准备的，一些地方同时开始跳舞是事先定好的——在面临危险的时刻，这种娱乐是不自然的，显然是装给人看的，这一切都是杂牌军头头们事先排练好的一出戏，想以此证明他们的集会、游行是和平的、无可指责的。

1989 年 4 月 9 日 4 时，按计划规定，第 4 摩托化步兵团分队缓慢地向政府大厦开进。

实际上从部队移动的最初几分钟起，空降部队的官兵就已受到集会群众的攻击。战斗部队还没有同集会参加者接触，就已有 6 名空降兵因集会参加者投掷石块、瓶子和其他东西而身体受到不同程度的伤害。

放过战车后，在装甲运兵车行进时，集会群众又重新聚集到一起。第四摩托化步兵团的散兵线走走停停。中校巴克拉诺夫通过扩音喇叭呼吁集会参加者离开大街，否则将使用武力。4 时零 6 分，摩托化步兵团在政府大厦右侧地区接触会众，试图在盾牌的帮助下沿大街把他们挤出去。

经查明，集会组织者于 4 月 8 日即已做好准备，对维护法律秩序的力量进行积极反抗。为此，他们成立了由掌握格斗技巧的运动员、身体强壮的男人组成的许多小组。这些人在行动开始前就站在集会群众的最前列直面部队，在同内务部队军人冲突前，先下手投掷瓶子、石块等物，然后使用木棍、金属器件、刀子、标枪等等，开始进行猛烈顽强的抵抗。

第四摩托化步兵团的军人克服了会众的顽强抵抗，继续缓慢地沿着通往共和国广场的大街把集会者挤出去。可能引起人员伤亡急剧增加和导致行动中断的危急形势，以及内务部后备力量的缺少，迫使罗吉奥诺夫上将应叶菲莫夫少将的请求派出 59 人空降兵连，支援执行挤压任务的部队。

空降兵连人员同集会群众发生了短暂的（没超过 10 分钟）肢体接触。他们按计划规定只履行保卫任务，没有进一步参加往外挤压群众的工作。

军人沿通往共和国广场的大街继续缓慢地往外挤压人群。会众的反抗越来越激烈。下面是工学院四年级一个在场学生的叙述：“……我当时正站在政府大厦正门附近的麦克风旁……士兵们很快地靠近，约 4 时许开始清除人群……我们被眼前的景象激怒得发狂，拼命殴打士兵。我们的手中是棍棒。我把第一中学旁的长椅拆毁，拿着长椅的木方去痛打士兵的脑袋。可惜，他们却戴着钢盔，要不然我定会送他几个上西天……部分士兵被我们格鲁吉亚小伙子围住了，其中有练空手道、柔道、拳击的运动员，这些人很快就把士兵制服了。殴斗是你死我活的，流了不少血——有我们的，也有士兵的。我也加入这一伙。我练自由式摔跤有10年了。小伙子们夺警棍，砸盾牌，士兵成堆地倒下……”

这些怀有极端主义情绪的部分集会群众，不但有事先准备好的进攻性武器钢筋、标枪、刀子等，还有射击武器。

第四摩托化步兵团的官兵继续克服肆无忌惮的人群的顽强抵抗，约在4时30分前终于将广场人群完全挤了出去。此刻在台阶上，在平台上和政府大厦入口前的草坪上——大楼左侧正面发生过挤轧的地方——发现16人死亡，伤者无数，受伤者即刻得到了民警、军人和应召前来的急救人员的救护。

清理政府大厦广场的任务完成以后，内务部队继续完成既定任务，逼近焦尔德日阿什维里和列霞·乌克兰英卡街的交汇处。在这一地区他们又遭到一大群游行示威男子（从1000人到几千人）有组织的、激烈的反抗。他们除了向部队的战斗队形投掷石块、瓶子和其他杂物外，还对军人使用标枪、刀子、金属管截头、燃烧瓶，从窗口、阳台和屋顶向士兵投掷各种重物。结果部队横队的行进不得不停止，士兵为防御大量飞来的重物，不得不集中起来，用盾牌遮住自己。不少于40名军人身体遭到不同程度的伤害。

在这军人的生命和健康受到了实实在在威胁的特殊情况下，为防止更加严重的后果，叶菲莫夫少将完全依据内务部队战斗勤务条例，下达了使用特殊制剂“稠李树”的命令。

巴克兰诺夫中校通过大喇叭呼吁集会群众停止抵抗，并警告他们说，否则将使用催泪瓦斯。但是毫无用处。这之后经精心计算，使用了16个单位的“稠李树—6”，才把胡作非为的人群驱散。

在卢斯塔维里大街以及卢那察尔斯基和恰夫恰瓦泽两街地区，形势也大同小异。经叶菲莫夫少将和巴克兰诺夫中校的决定，使用了3个单位的“稠李树—4”和7个单位的“稠李树—5”。

进入共和国广场时，又遭到集会群众的猛烈反抗。他们凭依大卡车、无轨电车和公共汽车构筑的街垒，躲在街垒后面向军人们投掷石块，金属和木制物品。用了两个单位的“稠李树—4”竟然也不起作用。于是巴克兰诺夫中校下命令使用特殊化学制剂“K—51”，人群才散去。

5时10分，把集会者挤出卢斯塔维里大街的任务终于完成。因集会者有组织的违法行动而受伤的军人达187名。

后来查明，集会群众中的挤轧现象是在广场出现第四摩托化步兵团战斗队形那一刻发生的，后来由于恐慌，越来越严重。

集会群众前列的积极抵抗，使后面广场上的人难以通过战斗队形中特设的通道离开广场。

大部分集会群众（尤其是政府大厦台阶旁的）想要经由共和国广场方向的大街离开也很困难，因为有一大批集会群众正从那里涌来。再者，政府大厦的台阶上坐着和躺着一些人，他们响应集会组织者鼓动，决不离开广场，于是在拥挤时便有人跌倒在他们身上。正是在这里发生的挤轧，使游行示威者有了伤亡。

政府大厦前和共和国电视广播大楼前的群众集会被取缔之后，4 月 9 日一整天第比利斯的形势仍然紧张。城里传说死了很多人，极端主义分子号召“复仇”和惩罚军人，妄图对抗部队和民警机关恢复秩序的措施。

为了稳定局势，依据格鲁吉亚共和国最高苏维主席团的命令，当日在第比利斯实行了宵禁。

中央采取了奇怪的，不一贯的立场。政治局，尤其是戈尔巴乔夫，要求共和国局势正常化——同时又指责格鲁吉亚共产党中央（先是帕季阿什维里，而后是古姆巴里泽）把事情搞得过分紧张。

顺便说一句，在那些日子里，政治局始终没有开过全体会议。只是几位政治局成员碰头研究一下局势。苏联部长会议根本没有被吸收参与此事。

总书记有一句最爱说的话：“不要把事情搞得太紧张。”这句话捆住了领导者的手脚，无法自行采取决定，而大众媒体，实际上就是苏共中央的喉舌，却害怕披露事件的真相。结果人们得到的是明显具有倾向性的报道，看到的是虚假的一面，相信小道传闻。

在第比利斯事件中显示出的这种作风，恰恰是戈尔巴乔夫的特色。他不参与不得人心的决策，尤其是涉及恢复秩序问题的时候。结果地方政权瘫痪了，对驾驭事件无能为力。戈尔巴乔夫喜欢说：“过程开始了。”这句话可以做各种解释。针对上面描述的事件人们不禁要问：过程到底开始朝什么方向发展了？后来的事实证明，是朝着伟大国家解体和现存制度灭亡的方向发展。

莫斯科总是说不要造成对抗局面，不要为“过程”灭火，同时下令让军队待命，要制止抢劫和占领政府机关的现象发生。这就是戈尔巴乔夫的指示，他当时正在英国，同莫斯科保持不间断的联系，完全了解情况的进展。给第比利斯下达的命令，没有一条没同他商量过。

直到现在还有些问题没有答案：为什么谢瓦尔德纳泽和拉祖莫夫斯基没有按戈尔巴乔夫指示在 4 月 8 日飞往第比利斯？是谁为什么取消了 4 月 7 日晚间作出的这一决定？很难相信取消这一决定是应格鲁吉亚共产党第一书记的请求。就是现在，也未必有谁能弄清那些悲剧日子里的真实情况，但是我个人认为，这是谢瓦尔德纳泽和戈尔巴乔夫玩的把戏。谢瓦尔德纳泽不愿深陷事件之中，一到那边，他总会愿意不愿意地作出一些决定。戈尔巴乔夫让自己这位朋友从“事件”中脱身，实际上就是让格鲁吉亚领导独自面对问题，同时还可以把他不喜欢又有点惧怕的军队搅到这档子事里头去。

4 月 9 日，第一个到达第比利斯的是克格勃副主席博勃科夫。4 月 9 日 12 时应召开中央局会议，然后再开扩大的中央全会。切霍耶夫是这样回忆当时情景的：“我按时出发了。当汽车驶上通往第比利斯的大路时，在车中又接到通知说一切取消了，应该回去。不过我想进入市里，看看究竟发生了什么事。街道上有军人巡逻，但市内很安静，所有企业和组织都在上班，而且在中央委员会有人告诉我，各单位开了群众大会，承认当局的行动是正确的，对于逮捕杂牌军领导，制止暴徒胡作非为和最终开始重整秩序表示满意。”

“根据莫斯科的建议，中央局和中央全会改于谢瓦尔德纳泽和中央书记拉祖莫夫斯基到达之后，定于 4 月 10 日召开。这一改期在后来具有了重要意义。”

4 月 10 日傍晚，中央委员会代表来了，但是很快就搞清，原来他们是另有任务。第一，请求帕季阿什维里不要到机场去迎接；第二，谢瓦尔德纳泽和拉祖莫夫斯基先不到中央委员会，而是直接前往民主分子的牺牲地，代表莫斯科献花圈，屈膝下跪点燃蜡烛为亡灵祷告；然后，蜻蜓点水般到中央委员会逗留了一会儿，又去了大学——“民主分子”的巢穴，去会见知识分子。于是“丑剧”开始上演了：谢瓦尔德纳泽说，他为中央委员会（他特别强调了这个机构，却没提政府）、内务部、军队考虑不周的残酷行为表示遗憾，说他此番前来，是为了弄清事实，惩办罪犯！他明确地说，军队是奉帕季阿什维里之命，在夜里 4 时冲击和平跳舞的男女青年，用工兵铲砍伤他们，并当即根据社会舆论的要求发出指示，立刻释放被捕者。

夜晚召开了格鲁吉亚共产党中央局会议，决定揭露真正的挑拨者们所扮演的角色，查清是什么人召集人群，组织他们进行非法活动。

这是夜里谈论的内容，可是到了早晨，对事件的解释就完全不同了。整个矛头对准了军队。罗吉奥诺夫将军，一个大好人，一个精通业务的职业军人，一个忠诚履行职责的人，却成了替罪羊。大家闭口不谈加姆萨胡尔季阿及其同谋的责任。他们很快获释，甚至被允许竞选格鲁吉亚最高苏维埃代表。到头来各方面有错的倒成了莫斯科、军队和帕季阿什维里。

结果是“人民阵线战士”的威信得到了难以置信的增长。这回他们的活动受到保护，有民警陪同。而且他们居然召集共和国领导人前来汇报（!），还能左右中央新领导，决定任免事项。

谢瓦尔德纳泽被捧为英明地为第比利斯带来安定的伟大和平缔造者，在苏共中央全会上，戈尔巴乔夫以自豪的口气谈到此事。罗吉奥诺夫将军是一个守纪律的军人，当时他对总书记在这一段历史中所起的真正作用有口难言。戈尔巴乔夫却装作对一切毫不知情。这当然不是戈尔巴乔夫“双重人格”的唯一事例。从那时起戈尔巴乔夫又有了一个新的说法：“要整顿秩序。行动吧，我支持你们。”他是如何支持军队、支持格鲁吉亚和莫斯科领导的呢？在人民代表大会上根据“梭布恰克委员会”的材料讨论第比利斯事件时，我们就会看到。在会上将会揭露伪造事件经过、利用当天夜晚的死者投机的那些家伙的真面目，说明工兵铲和毒气的作用。但这一切都是后话。

颠倒黑白的审判

众所周知，第一届苏联人民代表大会是1989年5月25日开幕的。那天上午在克里姆林宫大会堂集合了两千多人民代表。

代表大会开幕当日，格鲁吉亚电影制片厂导演、人民代表尚格拉亚提出了4月9日第比利斯事件的问题，建议看一看反映这一悲剧事件的电视片。最后他把这一切责任推到了罗吉奥诺夫将军身上：“还有最后一点。由于这一军事讨伐行动——恕我找不到别的词来形容，截至今日已死亡21人，4000多人就医，3000余人中毒，伤残者数以百计。领导这次行动的便是罗吉奥诺夫将军。我认为，在我们队伍中有这样的人民代表，有损代表大会的体面。这就是我要声明的。”

这就是当天对事件的解释。没有格鲁吉亚当局什么事。只有残酷的罗吉奥诺夫将军！

最后通过一项决议，决定成立一个专门委员会调查第比利斯事件。31日的会议上，代表大会开始组建这一委员会。

气氛异常紧张。一些人说代表大会没有必要再成立一个调查委员会，因为已经有了一个苏联最高苏维埃调查委员会，而且一切情况都已调查清楚。另外一些人（哈萨克代表团）坚持让政治局委员雅科夫列夫任调查委员会主席。

人民代表波尔托拉宁是《消息报》通讯社的政治评论员，叶利钦当时的密友，建议选纳扎尔巴耶夫当委员会主席。当时，纳扎尔巴耶夫在发言中对事件做出了明确的、考虑周到的评价。

为了说明当时进行讨论的气氛，我想引用一段大会速记：

人民代表（没有自报姓名）：我的良心和信仰不允许我同杀人犯合作。（大厅哗然）。所以只要罗吉奥诺夫将军在我们中间，我就拒绝履行自己的人民代表权能。（大厅哗然）

结果是批准建立调查委员会，但主席由委员会成员选举。就这样，第一次浪潮中涌现的“民主主义者”、令人难忘的索布恰克，便成了委员会的头头。这个巧舌如簧的人招惹了不少祸事。历史已经对他作出了判决。

在讨论第比利斯事件的进一步发展并对之作出评价之前，我想回顾一下俄罗斯和格鲁吉亚相互关系的历史。

我们在思考上一个世纪 80—90 年代格鲁吉亚发生的事情时，不由自主会出现一个问题：格鲁吉亚是如何成为俄罗斯的一员，而后又成为苏联一员的？在什么条件下，经过哪些征服性战争，格鲁吉亚才并入俄罗斯版图的？

俄罗斯高加索政策的战略目标，也同样得到了高加索众多民族的响应，这些民族也希望从北方的邻居那里得到庇护，以避免伊朗和土耳其封建主的觊觎。

早在 17 世纪罗曼诺夫王朝第一个沙皇米哈伊尔·费奥多罗维奇时代，有些格鲁吉亚公国就已经开始了并入俄罗斯的运动。

彼得大帝的活动给俄罗斯接近高加索各民族带来了新的动力。同格鲁吉亚封建主的一系列谈判，向外高加索派遣部队等行动，迫使伊朗沙赫作出让步。

1763 年叶卡捷琳娜二世签署命令，在莫兹多克领地安置受洗改宗基督教的奥塞梯人。在这一带开始修建城堡，派驻俄罗斯军队。哥萨克从顿河和伏尔加河开始向这一地区迁徙，而后印古什人和卡巴尔达人也向莫兹多克地区迁移。这一切反映了高加索山地民族的亲俄罗斯情绪。

1782 年 12 月，卡尔特利—卡赫齐国王赫拉克利乌斯二世和伊梅列季亚国王所罗门一世向叶卡捷琳娜二世提出请求，希望他们的领地得到俄罗斯庇护。1783 年初，在北高加索的乔治城堡签订条约，确立了俄罗斯对东格鲁吉亚的保护关系。乔治堡条约长期有效。东格鲁吉亚的君王们许诺保护俄罗斯国民在其领土上的利益，并愿为俄罗斯利益提供契约关系的服务，包括给予俄罗斯管理权和贸易优惠。

18 世纪末伊朗沙赫入侵格鲁吉亚。格鲁吉亚诸王国的生存成了问题。俄罗斯的保护未能成为安全的可靠保障。

1800 年，赫拉克利乌斯二世的继承人乔治十二世向彼得堡请求合并入俄罗斯。1801 年 1 月 18 日，沙皇保罗一世签署了格鲁吉亚归并入俄罗斯的宣言。

杰出的格鲁吉亚社会活动家和作家恰夫恰瓦泽是这样述及俄罗斯军队进驻格鲁吉亚一事的：

信仰相同的伟大人民的庇护，永远驱散了对顽固不化的敌人的恐惧。这个早已不知安宁为何物的疲惫不堪的国家终于安静下来，喘了一口气，避免了破坏和毁灭，避免了连年不断的战争和争斗。敌人高举在我国和我们家庭头上的利剑的阴森的闪光已经消失。焚烧了我们的房屋和我们祖先的财产的烈火已经熄灭，留下了惊心动魄的可怕回忆的强盗的袭击也永远成为过去。新时代开始了。被钉上十字架的，面色惨白的格鲁吉亚过上安全、安宁日子的时代开始了。

5年以后，在俄—土战争中，依据圣斯忒法诺和约，俄罗斯赢得了阿扎尔和西亚美尼亚。这样，俄罗斯在外高加索的边界便最终形成。

1983年，我任苏共中央书记时，曾目睹格鲁吉亚共产党第一书记谢瓦尔德纳泽是如何坚持要在国内大张旗鼓地搞一次“乔治堡条约”周年纪念活动的。他的理由是无可争辩的——200年前格鲁吉亚自愿并入俄罗斯，从那时起开始了在苏联各民族友爱大家庭中的生活。

到了2003年，不知为什么谢瓦尔德纳泽先生已经只字不提举行220周年纪念活动的事了！这时他正忙于别的事情：在自己的峡谷里卵翼着恐怖主义者，同美国将军拥抱，头也不回地投向北约。这就是他所谓的“永恒的友谊”。

1917年的革命、内战、俄罗斯帝国的崩溃，激起了国家建设中急剧的离心力。分别成立了许多拥有自己的政府和国家体制的主权国家。

但是国内战争一结束，又开始了国家体制重组的艰难过程。1922年12月30日通过的苏维埃社会主义共和国联盟成立宣言和条约，宣告了这一过程的完成。

1921年3月12日，阿塞拜疆、亚美尼亚和格鲁吉亚苏维埃社会主义共和国的全权代表大会“根据伟大的无产阶级革命所宣布民族自决权，承认签约各方的独立和主权，认识到为了国防、经济建设的利益，必须团结自己的力量，兹决定从现在起阿塞拜疆、亚美尼亚和格鲁吉亚苏维埃社会主义共和国结成一个紧密的军事、政治和经济联盟”。

1921年11月，组建外高加索联邦的运动宣告完成。格鲁吉亚、阿塞拜疆和亚美尼亚苏维埃一致同意成立联邦。1922年2月，党的外高加索边区委员会全会通过决议，决定召开阿塞拜疆、亚美尼亚和格鲁吉亚中央执行委员会代表全权会议。

会议于1922年11—12月在梯弗里斯召开。会议通过了外高加索苏维埃社会主义共和国联盟条约和阐述联邦意义的致各国劳动群众书。

外高加索社会主义苏维埃联邦共和国存在到1937年2月。众所周知，俄罗斯苏维埃社会主义联邦共和国、乌克兰苏维埃社会主义共和国、外高加索苏维埃社会主义联邦共和国和白俄罗斯苏维埃社会主义共和国签署了成立苏维埃社会主义共和国联盟（苏联）的宣言。

在那些年代里，党的领导对外高加索国家建设问题的特别态度值得关注。它完全不同于在俄罗斯苏维埃社会主义联邦共和国内部就这一问题实行的政策。

在致外高加索共产主义者的信中，列宁就这个问题提出的论述如下：

在对待小资产阶级、知识分子、尤其是农民方面，应该更加宽容，更加谨慎，更多地让步。在租赁政策和商品交易政策中，应该从经济上积极地、千方百计地抓紧利用资本主义西方。应该想方设法广泛地、坚决地、巧妙地、周密地做到这一点，以改善工人和农民的境况，吸引知识分子参加经济建设。

慢一点，谨慎一点，一步步地完成向社会主义的过渡——这就是在高加索各共和国可能和必须做到的，不同于俄罗斯苏维埃社会主义联邦共和国。我们应当明白并善于实现这一目标，了解与我们策略的不同之处。

同年3月，在给奥尔忠尼启则的信中他表述了同样的立场：

在对待格鲁吉亚知识分子和小商贩方面，必须采取特殊的让步政策。应该明白，不仅不应该把他们国有化，还一定要作出某些牺牲让步，以改善他们的状况，给他们留出进行小规模贸易的机会……

请大家记住，格鲁吉亚的内外条件都要求格鲁吉亚共产党人不要运用俄罗斯的教条，而要巧妙、灵活地创造独特的策略，对各种小资产阶级成分作出更大让步。

大家知道，1922年后半年俄共（布）中央和格鲁吉亚共产党中央产生过尖锐的矛盾。冲突的基本原因在于斯大林、奥尔忠尼启则、捷尔任斯基发言主张建立一个严格的中央集权国家。格共中央的委员们则坚持民族地区应享有更大的自主性，并要求直接加入未来的苏联，而不是通过外高加索苏维埃社会主义联邦共和国。辩论双方采取了粗暴方式，互相扣大帽子，出言不逊侮辱对方。结果是奥尔忠尼启则对卡巴希泽大打出手，后者也辱骂奥尔忠尼启则是“斯大林的一头驴”。

众所周知，列宁对奥尔忠尼启则“俄罗斯式的动手动脚”，以及对调查此事的捷尔任斯基的宽容十分生气。列宁要求“保护俄罗斯异教徒，免受那个地道的俄罗斯人、俄罗斯大国沙文主义者，实质为卑鄙暴虐之徒的典型俄罗斯官僚的侵犯”。

在时称“格鲁吉亚事件”的强烈影响下，列宁于1922年12月发表了一封信——《关于民族问题或关于“自动化”》。他对自己对俄罗斯民族应有的国际主义理解，做了简洁的如下说明：

……必须区分压迫民族的民族主义和被压迫民族的民族主义，大民族的民族主义和小民族的民族主义。

在对待第二种民族主义时，历史实践告诉我们，有过错的几乎总是我们大民族的人——我们对小民族施以无数暴力，有时甚至在不知不觉中就施加了无数暴力和凌辱。

因此，压迫民族或所谓“伟大”民族（虽然只是因自己的暴力而伟大，像强迫命令的粗暴警察般的伟大）的国际主义，应该不仅仅是遵守形式上的平等，还应有一种不平等，即压迫民族、大民族给予补偿的不平等，这是生活实际所形成的不平等。

我在这里大段摘引列宁的文章，是因为在民族问题上，政治活动家们长期以来一直都是以这篇文章为指导的。

1923年4月召开了俄共（布）第17次代表大会。会上列宁对国际主义的阐释得到了完全的支持。“甚至以民族平等的观点来对待这一问题也是不妥的……”布哈林肯定地说。“正相反……我们作为一个曾经的大国民族，应该摒弃民族追求，将自己置于不平等的地位，也就是说，应该对民族潮流作出更大的让步……只有摒弃追求，只有实行这样的政策，即只有将自己人为地置于比别人更低的地位并付出这样的代价，我们才能赢得以前受压迫民族对我们真正的信任。”

列宁作出的对“被压迫”民族的倾斜，把“压迫”民族即俄罗斯民族放到了国家政治制度的一个不平等的地位上。

列宁的路线在苏维埃政权年代得到了认真的贯彻。俄罗斯苏维埃社会主义联邦共和国的居民大部分都是俄罗斯人，他们的处境比苏联其他共和国的俄罗斯人更差。俄罗斯生产了多于需求的物质财富。多余的财富用到了提高民族“边区”这件事上。可人们又是如何对此作出评价的呢？我们可以从第比利斯事件、从乌兹别克斯坦、哈萨克斯坦、阿塞拜疆、乌克兰、波罗的海沿岸国家以及其他共和国内的民族主义浪潮声中得出结论。

我专门从有关所谓俄罗斯帝国“占领”格鲁吉亚以及其他共和国的著作中引用了一些资料。时间将表明，格鲁吉亚将来会“依靠”到哪一个岸边。

苏联人民代表大会第比利斯事件调查委员会24位人民代表成员，选出了索布恰克为主席，同样出名的斯坦凯维奇为执行书记。真是难以置信，后来，两人在尝到了权力的甜头之后，一个在列宁格勒，另一个在莫斯科，都开了小差：一个逃到法国，一个逃到波兰。但这是几年以后的事了。当年，他们还都是推翻现存制度的带头人。

6月末委员会奔赴第比利斯开始调查。调查工作结束后，拟就了全体成员签字的结论和索布恰克向人民代表大会呈交的报告。

没有必要全部引证这两个文件。我只想谈谈文件中的某些论点，用我所掌握的结论对之加以评说。应当指出，调查委员会正式文件中的某些论点，有同索布恰克的发言提纲不相符合之处。比如，1989年12月24日在向代表大会的口头报告中他说，应把事件置于目前正在国内展开的统一的民族民主运动过程的大环境下加以考察。就这样，他把进行挑衅活动的民族主义者说成了几乎是“改革”的英雄。

委员会理应客观评价这些“和平游行”的实质和方法，游行组织者加姆萨胡尔季阿、采列捷利以及委员会成员尚格拉亚的作用。怎么解释儿童、少年，学生跟自己的教师一起有组织地参加群众集会这一现象呢？难道用钢筋、刀子、削尖了的棍棒等武装起来的人们是在追求和平？

可是委员会却完全同情和姑息这些人。它指出，“在调查过程中没有发现恐怖主义行为，也没有事实证明有人企图夺取政权、使用暴力或出于政治原因蓄意伤害党政机关工作人员。”

任何一种民主也不否认，为了维护秩序，必须有一个强力机构。但所有在代表大会上发言的人——从人民代表到最高检察院代表，都是在谈论解决这种问题绝不可使用军队。5年之后，1993年，那位主要的民主派人士叶利钦，却为炮打俄罗斯议会而召来了正规军队。

委员会得出结论，政治责任和造成悲剧的责任应由格鲁吉亚共产党中央书记（在当时已是前书记了）帕季阿什维里和尼科尔斯基承担。科切托夫、罗吉奥诺夫、叶菲莫夫将军也要负违反纪律和行为过失的责任。格鲁吉亚内务部长戈尔戈泽的职责是保证城市的秩序和安宁，但他只是轻描淡写地被责备了几句。为了体面，也提到了群众骚乱的主谋和组织者加姆萨胡尔季阿、采列捷利等人。但只是一笔带过，对他们的行为并没有认真的评价。在当时，尤其是到了许多年之后的现在，事情看得很清楚，委员会完全是站在偏袒一方的立场上。

索布恰克报告后，苏联军事总检察长卡图谢夫讲话。他在某些观点上不同意委员会的结论，并对之做了自己的说明。也许就是因此代表大会才决定不公开发表他的讲话。“索布恰克委员会”、格鲁吉亚领导、军队领导、总检察院及大量报道之间的最大分歧是在使用工兵铲、使用毒剂问题上，以及当天为何有人伤亡的问题上。让我们来看看这些事实。

关于工兵铲的神话。大家知道，当天夜间形成的局势，要求空降兵营采取行动。前面已经说过，有一个 59 人的连队同人群总共只有十来分钟的接触。指挥部下令不发给士兵步枪和刺刀。工兵铲是防身的唯一工具。

空降兵营指挥员下令用工兵铲防挡飞来的硬物。说空降兵追捕卢斯塔维里大街上四散奔跑的人们，用工兵铲殴打他们，这纯属捏造。挨打的只能是那些攻击空降兵的暴徒。而且经医生鉴定，发现遭工兵铲击打的只有 7 人。但空降兵中却有 30 人受到不同程度的伤害。

大部分证人提供了内容大致相同的证词，即：俄罗斯或中亚民族的士兵无缘无故地用工兵铲殴打姑娘，殴打试图用自己身体掩护妇女的男孩（或小伙）。所有证人的证言后来都进行了核查，上述事实没有一件得到确认。同其他证据放到一起进行分析后，调查人员认定证人在这方面的证词是不可信的伪证。

说军人用工兵铲残酷无情地砍打广场群众，这完全与实际情况不符，是在报刊、广播电台和电视台（包括某些全苏的媒体）广为散播的不实之词。这一关于工兵铲的神话直到现在还在报刊上以讹传讹，被政客们有心无心地利用着。这个神话至今不泯的主要原因，是有些人想以此表明俄罗斯人民和苏联军队的残酷无情。这一类宣传其实是经过深思熟虑和有计划的行动，其目的是破坏苏联武装力量在人民心目中的威信。

关于毒剂。第比利斯的医生在最初几天就已在医疗证明中指出，有 12 人死亡是由于窒息（由于挤压）。与此相反，根据病理解剖学家杰卡诺西泽的结论又出现了另一种说法，似乎死亡的原因是化学物质的毒害。由于结论明显不科学，调查人员便询问了杰卡诺西泽。还好，她有勇气承认自己在写死亡报告时听信了一些传闻，在写结论时超出了自己的职权范围。高科技鉴定令人信服地证明了她结论的虚假。调查人员严格依照法律从死者脏器上取得检验标本以及死者腹中的食物，一一标注送鉴定机关。鉴定人员完全否定了中毒的说法。

但是这一年的 11 月，经代表大会调查委员会，又有一批标本送到了检察院，宣称这些没有登记的标本是保存在那个杰卡诺西泽手上的。据委员会主席讲，专家在分析这些标本后，不排除中毒可能。于是再次进行鉴定。鉴定员再次报告，中毒的结论是不正确的。

这到底是怎么回事呢？上面已经说过，在遇到激烈的反抗后，军队领导决定使用化学专用制剂“稠李树”和“K—51”。关于这一点，事先曾用大喇叭向集会群众警告过，连续多次呼吁他们解散。但是警告未被理睬。

后来，巴克拉诺夫上校在解释为什么决定使用特殊制剂时说，暴怒的人群向我们投来冰雹般的石块、瓶子、钢筋头，向装甲运输车投掷长椅，捣毁了所有的车灯、轮廓灯。人员中30%的盾牌被捣毁……有一辆公共汽车挤满了伤者，无法无天的集会群众打碎了公共汽车和救护车的玻璃。我把这种情况向叶菲莫夫将军做了报告，根据他的命令，我给马斯洛夫少校下达任务，动用特殊制剂“稠李树”。

与传得纷纷扬扬的关于部队戴防毒面具使用毒气的传闻相反，部队根本没有使用毒气，也没有戴防毒面具。至于说到“稠李树”和“K—51”，它们并不是毒气，内务部部队有权使用这种特殊制剂，以“平息群众骚乱、集体破坏社会秩序和其他反社会活动”。

我们的“稠李树”和“K—51”属于警用瓦斯，是用来对付违法分子的。根据关于战时禁用有毒和窒息性气体的日内瓦议定书和联合国文件，这些制剂不属于化学武器。我想，一定有许多人在电视屏幕上看见过许多国家如何广泛使用这种“警用瓦斯”以平息群众性骚乱的场面。

据有联合国代表参加工作的专门司法—化学鉴定结论，4月9日使用的特殊制剂并未对集会群众的生命和健康构成威胁。专家们没有发现“稠李树”和“K—51”达到危险浓度，更没有发现什么其他的毒剂。

关于对人身伤害和某些死亡原因的评估。据格鲁吉亚共和国卫生部的资料，在行动期间和之后，第比利斯医院共收治251人，其中183人住院。据苏联总检察院资料，在这些事件中有189名军人受伤。悲剧性的结果是16名参加者死在事件现场，3人在医院不治身亡。

围绕这些死者，就像围绕工兵铲一样，出现了许多臆测和借题发挥。其实是有一部分集会者响应加姆萨胡尔季阿的号召，坐到政府大楼前的柏油路上、阶梯台阶上，发生恐惧推挤时，这些人没有办法站起来，结果遭到人群践踏。

将目击者的叙述和军人的证词加以比较，就可作出一个明确的结论：引起人员伤亡的推挤不是由于士兵采取行动，而是由于挑衅和越来越厉害的恐慌以及集会组织者及其身边的打手们乱成一团造成的。

死亡和人身伤害的原因被一些人充分地加以利用，他们企图操控人的感情来实现自己的政治目的，掩盖教唆者的作用。

就是这样一次可耻的审判发生在1989年的第一届苏联人民代表大会上。我想读者会明白，那是一次对国家现政权的审判，是破坏局势稳定的政治手段。第一次浪潮中急于夺权的“民主分子”们竭尽利用格鲁吉亚悲剧事件之能事。当时他们毫无顾忌地从“杜松子”酒瓶里放出了极端民族主义，使之成为统一国家解体的主要根源之一。领导政策多变，罢工者和暴徒得不到惩罚，所有这一切都明白地昭示，消灭苏联及其社会制度可以通过什么道路和手段，用什么方法进行。

由于这次代表大会的丑剧日夜在电视上转播，就给老百姓造成一种印象，似乎可怜的和无辜的格鲁吉亚人正在受到苏联“大叔”的欺侮。为了说明“讨论”这一问题的荒谬，我想再举一些民选代表的行为为例。

在第一届苏联人民代表大会上，帕季阿什维里发言后回到自己座位时，“民主派”的部分代表向他起哄，但当他们开始一字一顿地叫喊“杀人犯!”“可耻!”“恶棍!”时，帕季阿什维里突然停下，一个转身又朝讲台走去！此时应该注意戈尔巴乔夫和谢瓦尔德纳泽的表情。前者面色苍白地靠在椅背上，后者双臂拄着桌子，微微抬起身子，充满血丝的眼睛死死地瞪着帕季阿什维里。但是瞬间的情绪一闪而过，党的纪律起了作用……帕季阿什维里只好一挥手，沮丧地回到了自己的座位。

政客得势的代价

1989年4月9日的第比利斯悲剧事件已经过去不少年。许多俄罗斯政治家认为，第比利斯就好比是一个一心想破坏中央和地方国家政权机关威信、涣散部队军心的人们制定策略的演练场。

在过去的这几年里，格鲁吉亚发生了政治剧变。谢瓦尔德纳泽达到了自己的目的。推翻加姆萨胡尔季阿后，他成了国家总统。看来他是打算依靠他的外国朋友——那些著名的西方国务活动家的支持了。那些人是非常非常感激他和戈尔巴乔夫的。他原以为金元会滚滚流入格鲁吉亚，把它造就成为一方“繁荣兴旺”的乐土。但直到现在共和国的人民还在为自己领袖的政策付出代价。为了让加姆萨胡尔季阿掌权，格鲁吉亚付出的代价太惨重了；由于谢瓦尔纳泽的执政，付出的代价更惨重。我有充分根据认为，以萨卡什维利为首的“有色”革命，还会让普通老百姓付出代价。

我认识谢瓦尔德纳泽已有25年多了。这些年里我仔细观察过这个人。他是个不寻常的人。他的不寻常之处不是表现在才干、知识的渊博、政见的卓越上。

他是一只“白狐狸”——媒体就是这样称呼他的。他的与众不同之处就在于他总是能够不可思议地随机应变、看风使舵，对上级领导极尽阿谀逢迎之能事。他隐蔽了真面目成功地适应了苏维埃社会主义制度，又同样轻而易举地像变色龙一样换了一身资产阶级的外皮。

谢瓦尔德纳泽先生没受过专门教育，没有国际政治领域的工作经验，一门外语也不懂，却把苏联外交部门的最高职务弄到了手。

戈尔巴乔夫十分赏识这个人。是什么原因使他对这个人倍加宠爱——天知道。但在苏联崩溃和苏共解体后，在接受采访时，他们才流露出了真心话：在谢瓦尔德纳泽任格鲁吉亚第一把手时，他们就已经促膝交谈，公开表示了对现存制度的厌恶。所以戈尔巴乔夫才坚持要把这位志同道合者拉到自己身边，拉进中央，这绝非偶然。

为了印证我对这个人的看法，我想回顾一下 1981 年 2 月末 3 月初举行的苏共第 26 届代表大会。我是大会的代表。会上当选为苏共中央委员。我想说一说某些身居高位的党和国家干部在勃列日涅夫当政的最后一届党代会上的行为（勃列日涅夫在会后一年余去世）。时过不久，许多领导人就开始发表与他们此前的信仰完全对立的言论了。

斯大林时代我在乌拉尔重型机器制造厂工作了几年。我那时还年轻，政治修养不足，耳闻目睹的全是对斯大林的赞扬。当时有一条不成文的规定——所有的发言在开头、中间和结尾都要歌颂领袖。

在勃列日涅夫的最后几年，也发生了类似的事情。在我看来，这也是伟大强国解体的许许多多原因中的一条：对领导者、尤其是对党的领袖的赤裸裸的阿谀逢迎。喋喋不休的空话引起了人民、也包括苏共党员的反感。这也是促成我党悲剧的一连串现象中的一环。

在准备材料时，我读了谢瓦尔德纳泽在这次苏共代表大会上的发言速记稿。在这次发言中，他 13 次颂扬了勃列日涅夫！

也巧，谢瓦尔德纳泽讲话后的第二天，他便荣膺社会主义劳动英雄称号，直接在代表大会上被隆重地授予金星勋章。

我想，现在已无须我再说，在苏联和社会主义制度崩溃、格鲁吉亚同俄罗斯分裂、格鲁吉亚人民陷入赤贫、向北约投怀送抱等一系列事件中，谢瓦尔德纳泽究竟扮演了什么角色。这个当代的“邪恶天才”还会干出许许多多无法预料的事情。现在很难说清他什么时候说的话是谎话——是早已成为过去的 80 年代，还是 10 年以后当他背弃自己信仰和行动的时候。

格鲁吉亚现在的经济状况非常严重。

长期以来，这个共和国始终寄希望于西方投资，但实际毫无成效。在这一背景下，现代格鲁吉亚的“民主派”领导们个人却能从美利坚合众国领取美金！格鲁吉亚领导人这种对主权国家说来史无前例的行为并未受到惩罚（但愿这只是时候未到）。我常常想，假如 1989 年 4 月第比利斯群众集会上有人揭露帕季阿什维利和共和国其他领导人从外国领钱，那会是个什么情况？他们一定会被人撕成碎片！一场影响深远的政治运动肯定会因此而展开。

那么，在这种形势下，难道还不应该向历史上的邻国——首先是俄罗斯——去寻求相互理解，去发展同它们的政治经济关系吗？但他们的做法却完全相反。如果说谢瓦尔德纳泽用的是看风使舵、狡猾欺骗、溜须拍马的伎俩，那新的领袖萨卡什维利就是挥舞板斧了。

在政治方面，格鲁吉亚新领导的行为是极具挑衅性和无法预料的。2005 年夏天，俄罗斯军队开始从格鲁吉亚的基地撤出，计划于 2008 年完成。非常明显，格鲁吉亚在不久的将来会接纳北约的大兵，然后就加入这一组织。

在“颜色革命”中交下朋友的两个人——萨卡什维利和尤先科，正在进行由乌克兰取代俄罗斯，到阿布哈兹和南奥塞梯去维和的非正式谈判。格鲁吉亚领导人在调整国内政治状况方面，采取的政策非常僵化。在革命的狂热中，阿扎里亚的问题倒是很快就解决了，但在阿布哈兹和南奥塞梯进行的“闪电战”却失败了。

如果用一句政治语言来说，现在的格鲁吉亚是在对俄罗斯和高加索地区搞“冷战”。大家知道，在这种战争中，最主要的就是要尽量把对手描绘成凶神恶煞。今日格鲁吉亚的领导人正是利用这一点大搞军备，当然少不了要有欧洲新朋友和大洋彼岸朋友的公开支持。

第比利斯事件促成了苏联的解体。但这些事件也为格鲁吉亚自身造成了不稳定的局势：这片土地上多年没有和平，一直在流血，而格鲁吉亚人民则陷入暗无天日的贫困之中。

不由得想起圣经上的一句格言：“播种风的人，必遭风暴之灾。”

第四章

费尔干纳的黑色六月

第比利斯悲剧发生后，毁灭国家的下一个步骤就是在费尔干纳挑起事端。这些事件引起的反响要小得多，但其残酷性却远远超过第比利斯。

起初当地政权希望把流血冲突看成是共同居住在费尔干纳河谷的乌兹别克人同土耳其族梅斯赫蒂人之间由于日常小事而发生的冲突。然而过了没几天，事件的那种真正可怕的规模便开始显现出来。

1989 年 6 月 6 日，时任乌兹别克斯坦共产党中央第一书记的拉菲克・尼沙诺维奇・尼沙诺夫被任命为苏联最高苏维埃民族院主席。该议案在提交审议时，有过一次对话，从中不难得出结论：

主席（戈尔巴乔夫）： 尼沙诺夫同志，请讲。

尼沙诺夫： 首先我要说，最近这些天来发展成为具有全民族性质的事件，起初是从小的生活冲突开始的。说到土耳其族梅斯赫蒂人在费尔干纳河谷生活的历史，我想强调的是，在 45 年前乌兹别克人像亲兄弟姐妹一样接纳了土耳其族梅斯赫蒂人，为他们创造了一切生活福利条件和劳动条件以及受教育的条件。

主席： 住在那里的有多少人?

尼沙诺夫： 居住在乌兹别克斯坦的土耳其族梅斯赫蒂人有 6 万。在费尔干纳河谷地带的有 1.2 万。他们全都有相应的工作，受到关照，还参加国家各级政权机构的工作，其中有各级党委成员，还有地方苏维埃代表。一切情况都不错。

可是近些年来，大批土耳其族梅斯赫蒂人提出，要求把他们送回故乡。最近几年由于召开了代表大会，这些活动变得越来越频繁。不过冲突的产生完全始于市场上买卖农产品时发生的日常生活矛盾。有一个土耳其族梅斯赫蒂人由于嫌价格高，对待卖自产蔬菜的女贩子就有些粗暴。结果顾客把装麝香草莓的秤盘子给打翻了，当时在场的人觉得这是一种侮辱，就动起手来。后来打架被制止了，可过了一会儿，一群土耳其族梅斯赫蒂人袭击了当地的年轻人，其中一人被殴致死。经过工作，局势总算控制住了。可是过了一个星期，出乎当地公安机关预料，也出乎土耳其族梅斯赫蒂人和乌兹别克人的预料，一大批年龄在十五六岁和二十一二岁的青年，喝得醉醺醺的，也可能是服用了兴奋剂，手里拿着钢筋之类的东西，开始袭击土耳其族梅斯赫蒂人的住宅。与此同时，闹事的乌兹别克青年拿着铁链子、斧头、棍棒，见人就打，还纵火焚烧土耳其梅斯赫蒂人的房子。种种野蛮表现酿成了悲剧。

根据我们的资料，到今天为止，死亡大约 50 人，其中有 35 人，也许还要多，是土耳其族梅斯赫蒂人，10 人为乌兹别克人，1 人为塔吉克人，1 人为俄罗斯人——他是维持秩序的，遇难情况很偶然。在失去控制的那段时间，烧了几座房子。由于全苏和地方执法机构都采取了紧急措施，加之加盟共和国和全苏内务部门介入，现在局势已得到彻底控制。土耳其族梅斯赫蒂人现在都进入了他们的永久居住区，有些人还被我们撤进了军事防区，安置在兵营里。相应的生活条件和安全都有了保障。发生冲突的所有地区，都由乌兹别克社会主义加盟共和国最高苏维埃主席团发布命令，实行戒严。应有的秩序得到了保证。

昨天和今天局势没有进一步恶化，一直在控制之下。我们希望地方党组织、苏维埃和政府部门能够把局面控制在地方范围之内。我到那边去过，既会见了在聚居区居住的土耳其族梅斯赫蒂人，也会见了安置进军事防区的那部分人。我以党组织和共和国全体劳动人民的名义谴责了乌兹别克青年人的野蛮行径，并向我们的兄弟姐妹土耳其族梅斯赫蒂人表示深切同情和歉意。我想，我们一定要把自己的国际主义义务贯彻到底，为他们建立一切必要的条件。

总之，乌兹别克斯坦的劳动人民——所有居住在共和国土地上的乌兹别克人、俄罗斯人、塔吉克人、哈萨克人、卡拉巴赫人、土库曼人、吉尔吉斯人，他们都是好客的、热爱劳动的、谦虚的人。我认为，这次发生的野蛮行径已经引起了大家共同的谴责，同时也值得我们引以为戒，杜绝此类事件再次发生。

主席：请继续提问吧。

场内：尼沙诺夫同志，请您谈谈，乌兹别克斯坦过去发生过民族冲突的情况吗？您是怎么调整这些关系的呢？

尼沙诺夫：过去发生的冲突都是个别的，完全都是因为生活小事。这类在民族土壤上发生的事件从来没有过。在民族关系上出现问题这是第一次。

实际上这次由于市场上一盘浆果而发生的斗殴，并不是一桩酒后斗殴引起流氓闹事的普通小事，它是在库瓦塞城爆发的那场可怕事件的发端。但有些人总想大事化小小事化了，好像这只不过是乌兹别克青年和土耳其族青年为了鸡毛蒜皮吵了一架而已。

费尔干纳州民警局的工作人员用摄像机把5月23日发生在这座城里的事件详细记录下来。向人群发表演说的有州执行委员会主席、州检察长、州党委第一书记。而且，当天下午广场上挤满了一群群乌兹别克青年，一个个喝得醉醺醺的，有的还服用了毒品。他们不断叫嚷："土耳其人懂个屁，应该好好教训他们!"他们走向乌兹别克人同土耳其族梅斯赫蒂人混合居住的地区，投掷石块，挥舞铁棒、尖刀，还用上了炸药包。直到午夜两点人群才被驱散。

第二天也发生了类似情况。好事之徒开着车在大街小巷招摇过市，煽动百姓说，土耳其人在库瓦塞占据了经济贸易方面的主要职位，处处排挤乌兹别克人(实际上土耳其人主要在水泥厂当工人，在建筑业和果园工作)，杀害他们的孩子，强暴他们的妇女。

骚乱的浪潮波及土耳其族梅斯赫蒂人杂居的许多居民点。

煽动者全都汇聚到塔什拉克区。他们逢人便讲土耳其族人在库瓦塞的"兽行"。6月3日一早，愤怒的人群开始聚集。在这些具有敌对情绪的青年人中很少有塔什拉克人。外来人号召人群对土耳其族梅斯赫蒂人实施报复。暴徒们冲上街头，一路上又打又砸。土耳其族人的房屋烧着了，妇女们撕心裂肺地哭喊着。

从费尔干纳派来的民警试图阻止愤怒的年轻人，但暴徒越聚越多，最后达到3000人左右。他们在四郊东突西闯，晚上回到塔什拉克。打砸抢在继续发展。先是土耳其族人的家遭到抢劫，搞得人人担惊受怕，后来又发展到把燃烧的火把和燃烧瓶扔进窗户里。当局紧急把土耳其族梅斯赫蒂人撤进区党委大楼。几百名土耳其族梅斯赫蒂人——老人、妇女、儿童、残疾人——在区党委会议大厅找到了临时避难所。

第二天人群开始对区党委大楼发起真正的冲击，要求把土耳其族人交出来。区委第一书记和区执委会主席发现守住区委大楼已不可能，为了拖延时间，便提议由自己充当人质。区领导能够作出这种行动，很需要一点勇气——人质受尽侮辱，受到拳脚交加的待遇。人群威胁要把他们撕碎，要烧死他们。

同样的情况也发生在区民警分局。冲击一直进行了4个小时，15名民警都伤势严重，其中一位很快就死去。这些天烧毁的房屋有43处，遭到抢劫的170处，烧毁汽车10辆。

先说点后事。我要告诉大家，后来受到法律惩处的共12人。他们被控于1989年6月4日在塔什拉克区犯有谋杀罪。现在仅举出一桩野蛮事例。

6月3日至4日夜晚，这群年轻暴徒拦下一辆汽车，里头坐着四名从骚乱的奥拉奇村出逃的土耳其族梅斯赫蒂人，其中还有一位妇女。他们先是把这四人暴打一顿，然后放火烧汽车。对四个人的恣意凌辱持续达数小时之久，然后又把打得半死的人拖到野地里，捆绑起来，扔下不管。第二天早晨杀人凶手又跑了回去，给土耳其族人浇上汽油，把他们活生生烧死。

组织集体凶杀的头头被判处极刑——枪毙。

6月4日莫斯科得知土耳其族梅斯赫蒂人同乌兹别克人之间的冲突已经由地区行动发展为大规模骚乱。它席卷了该州好多个区。局势已经失控，变得难于掌握。暴乱有好几个发源地。暴徒们的行动都经过精心策划：先是肆无忌惮地给人们“洗脑”，为此聚集起500—1000的人群，然后是袭击土耳其族的住宅，抢劫、纵火、杀人。

由6月3日到4日的夜晚，苏联内务部的内务部队为维持秩序开始陆续抵达费尔干纳州。部队一到，就被投入杀人放火等暴行最为严重的地区。领导各小分队行动的是苏联内务部队首长沙塔林上将。

我不想再详细叙述当时别的区，各工厂、集体农庄、国营农场的情况，但是请相信我，它太可怕了。我在那里看到的情景，但愿别人永生永世也不要看见。

土耳其族梅斯赫蒂人究竟是什么人呢?

中世纪时，许多国家都曾有土耳其军队驻扎过，当时他们是残酷的占领者。但他们的后代早已完全是和平居民。这样的后代在梅斯赫蒂最多，那是格鲁吉亚的一个州，与土耳其接壤。

在格鲁吉亚苏维埃社会主义加盟共和国的阿哈尔奇赫区，一共有220个土耳其族村庄，居民成分主要是土耳其族，但也有叶梅尼亚族、格鲁吉亚族。生活大体上过得还不错，从事农业，种果园，编织地毯——这是土耳其人的传统手工艺。

20年代对这个族群开始施加压力。1926年之前，各村小学教的都是土耳其语，可是到了1937年，教学改成了格鲁吉亚语，而大部分土耳其族人并不懂这种语言。

这样一来，就变成了剥夺格鲁吉亚居民中穆斯林族群的民族认同感问题。土耳其族人，还有别的穆斯林，都被迫改换格鲁吉亚姓氏，改换族属。

土耳其族参加卫国战争的有4万多人，其中约有2.6万人牺牲在各个战场。8位土耳其族同胞荣膺苏联英雄称号。

有可能同土耳其爆发战争的危险，以及土耳其国境的近在咫尺（大约60—70公里），似乎又构成了一种把土耳其族从可能成为战场的地带强迁出去的客观理由。1944年11月14日深夜，按照斯大林的命令，梅斯赫蒂地区的全部220个居民点共迁走了10多万穆斯林信仰的居民。

列车一直朝东开。到了12月中旬，头几批土耳其族人开始抵达乌兹别克斯

在乌兹别克斯坦，发生暴行期间对土耳其族梅斯赫蒂人实施保护。(索洛维约夫摄)

坦。移民们主要安置在费尔干纳及其郊区——科坎德、塔什拉克、库瓦塞和马尔基兰。一般都是成建制地安置。在城里的人都进工厂、到基建上工作，主要是当工人。农村地区主要是种棉花，搞畜牧，种果园。大部分土耳其族都是农民。受高等教育的很少。塔什拉克区的 50 名土耳其人中，只有 8 人上过大学，18 人上过中专。

孩子们在乌兹别克斯坦的俄罗斯学校学习。日常讲土耳其语和乌兹别克语。但既不懂土耳其标准语，也不懂土耳其的科学语言。就连木民族的风俗习惯和礼仪也逐渐被遗忘了。

这种情况引起了土耳其族的惊惶不安，他们害怕被同化之后作为一个民族就再也不存在了。所以他们梦想回到自己历史上的祖国，其实倒并没有什么解放自己已经放弃了 40 多年的家园的想法。他们并不希望给格鲁吉亚造成混乱。

总之，战时的民族迁移成了民族冲突的一个因素，过了好几十年之后，到了和平时期，在乌兹别克斯坦又爆发出来。

很遗憾，这样的因素并不是唯一的……

随着时间推移，特别是在 6 月 4 日以后，越来越清楚地显现出来：乌兹别克斯坦的民族冲突具有更深刻的社会经济和政治根源。应该到当地去把问题搞清楚，去解决那些在内务部队和民警的保护下栖身军营的人们的命运问题。

乌兹别克斯坦部长会议主席卡德罗夫早就在6月3日从全会上直飞费尔干纳，他不时给我打电话，对着听筒喊：

“应该有所行动才行！他们随时都可能从这里动身，所有的1.5万人同时走，要回去，回到费尔干纳去。那该怎么办呢？……”

这时莫斯科的梅斯赫蒂人代表也找到我，看样子都是些常驻首都的，自称是“返乡委员会”的，要求我不必急于一时，也不必十万火急，但一定要把问题解决得彻底：

“请把梅斯赫蒂人送回梅斯赫蒂去。那是我们的土地，不是格鲁吉亚人的土地……我们明白，不可能所有的人一下子都迁过去，那就先从一小批开始好了。而且应该立即解决民族自治的问题。”

卡德罗夫在电话那头发火：

“哪来的委员会！我们这儿也有个委员会！就在军营里。您过来吧，跟他们见个面。他们非常明白，回格鲁吉亚是将来的事，忙不着。现在他们要求的是能过上人过的日子。这里可都是些孩子、老人……”

“那你就把他们弄出来，”我对卡德罗夫说，“把时间告诉我。马上给你派飞机。”

当时俄罗斯有好几个州已经做好了安置难民的准备。这个问题俄联邦领导解决得倒挺快。

“不行，”卡德罗夫挺固执，“他们不同意。他们希望能跟哪个国家领导人谈谈。他们希望了解以后的安排。”

一群苏联最高苏维埃代表6月9日正式找到我，提出了请求和建议：

“尊敬的尼古拉·伊万诺维奇，考虑到您生性仁慈，务祈飞临费尔干纳。相信大驾临幸之日，当为人民平静之时。受损的社会经济正立待恢复。”签名的是14位代表。

最后作出决定：6月12日一早飞往费尔干纳。跟我一块儿去的有苏共中央政治局委员、书记处书记，现已去世的切尔比科夫；苏联最高苏维埃民族院主席、当时还没有从乌兹别克斯坦共产党中央第一书记职务上退下来的尼沙诺夫。

说来也许是个巧合，当费尔干纳悲惨事件降临到我们头上的时候，总书记又跑到国外去了，这一次是到波恩。我的手头现在还保存着1989年6月15日乌兹别克斯坦出版的《东方真理报》，头版刊登着两幅照片，一幅是微笑的戈尔巴乔夫在波恩市政厅阳台上向德国人招手，还有一幅则是雷日科夫和切尔比科夫为眼前的悲哀所震惊，站在费尔干纳梅斯赫蒂人被烧毁的房子前面……

我们眼前的费尔干纳酷暑难当，一片寂静，街头是无数岗哨，梅斯赫蒂人的房屋被烧毁了，坍塌了，它们原本都是结结实实的好房子……

在我公布的照片里，死亡和血腥本来就已经够多的了，但我还是不能不说，那些被打死的人，那些被兽性折磨致死的人，他们的尸体都是在我们到来之前才好不容易找到的，而且直到我们走了以后还在搜寻之中。仇恨再次把人民淹没在血泊之中。代价是多么高昂啊!

晚上到达市里之后，我提议立即前往难民营，可是卡德罗夫坚决反对。这是因为当天正是埋葬死难者的日子。聚集在现场的人——那可是好几千土耳其族的梅斯赫蒂人哪——坚决要求开棺。被糟蹋得不成样子的和烧焦的尸体，使整个难民营处于极度激愤之中。据传来的消息，在这种局势下，根本就不可能正常地谈任何问题，而且，安全也大成问题。

但是我非常明白，不到难民营，不同他们的委员会见面，我这一趟费尔干纳就算白来。我向共和国领导宣布，明天上午 9 点我到难民营去。

整个一晚上卡德罗夫都在同难民营领导人进行电话交谈。他们作出共同决定，我们的会见明天上午在难民营进行。委员会为代表团创造谈判条件和保证代表团安全。

一大早我们乘大客车出发了。等到达目的地的时候，我震惊了：这里怎么能生活？完全是一片焦土，一片不毛之地，没有一棵树，营房到处是露着天的窟窿，架着军队的帐篷，水是用罐车送来的，晒得几乎到了快要沸腾的程度……

我下了大客车，走上了一道由许多壮小伙子挽着胳膊组成的特别长廊。别的男男女女、老人，还有无处不在的孩子们，都挤在他们身后。周围是一片令人毛骨悚然的哭嚎声。两名妇女立刻走上前来抓住我的胳膊，带我穿过人廊，朝营房走去。那边正在等着我们。那就是卡德罗夫所说的委员会。还有就是老人们、长者、议事代表。

谈判进行了大约一个半小时。讲话的是一个妇女，就是把我从大客车接过来的两位妇女之一。谈话进行得很生硬，但很安静，任何人只要想要叫喊，或是表露出一点点胸中澎湃的感情，都立刻被她严厉地喝止。没有一个人说一句乌兹别克人的坏话，没有翻老账。相反却说：

“当我们到这边来的时候，当我们挨饿的时候，他们把最后一块饼子分给了我们……”

然后又说：

“可是在乌兹别克斯坦上大学的人有多少？您知道吗？他们当中梅斯赫蒂人又占多少？这就是问题嘛！我们，是干活的牛马。我们只能在黄土地上打磨磨。

这就是人们指给我们的路，不是直截了当，但却是毫不含糊。我们再也不愿意这样活着了。我们要回格鲁吉亚。不一定要明天，或者后天，我们明白，那边已经有别的人把我们的土地占了。但一定要对这个问题做个原则性的决定……”

谈判中作出紧急决定，用军用飞机把难民营的人运送到俄罗斯腹地。早在我起程来到乌兹别克斯坦之前，我们就已经商量好，可以在俄罗斯联邦的8个州安置他们，而军用运输机也在费尔干纳机场做好了准备。

不过谈判结束后并没有让我们立刻就走。还是同样的一套办法：由壮小伙子组成的人廊，由两名妇女挽着苏联部长会议主席的胳膊。我真不明白，为什么我这么一个健健康康的人，需要由妇女们来挽着胳膊。后来才听有人对我说，他们有个风俗，就是如果一个男人跟妇女在一起，那么谁都不许动他。所以她们才从两面夹起来保护我。

临时用木板搭起来的讲台，1.5万群众——老人坐在晒得滚烫的土地上，妇女们穿着黑袍，还有孩子。下边一片嗡嗡声。不是交谈声。那是受苦受难的人民痛苦的呻吟。我从来没有听到过这样的声音，不管是以前，还是后来。仿佛是那晒得焦烫的土地发出的悲痛欲绝的心声。难怪这片靶场的名字叫做“仇恨和悲哀之营”。

一个与我同行的妇女——委员会的委员——没有任何开场白，就宣布让我讲话。全场一片死一样的寂静。讲话很短。宣布了跟委员会达成的协议。号召他们赶紧迁移到新住地去。这时从前排站起一位白胡子长老对我说：

“在接受您的建议之前，请您回答我们，雷日科夫同志：土耳其族的梅斯赫蒂人在40多年前背井离乡来到这里，是他们的错吗?”

“不，”我回答。“这是一个不公正的决定。对于这个决定，党已经有了相应的评价。”

又问：“在这次野蛮的大屠杀中，土耳其族梅斯赫蒂人有错吗?”

“不，”我回答，“不过乌兹别克人民在这个问题上也没有错。40年前他们收留了你们，把最后一块饼子分给了你们。有罪的是那些挑起民族纷争，肆意打砸抢和凶杀的人。”

我当场下了保证，同时也在共和国的其他场合下了保证，安全部门和内务部一定要找到罪魁祸首，一定要把他们绳之以法。对那些匪徒和暴徒绝不会有丝毫心慈手软。谁也逃脱不了自己的罪责，其中包括幕后的黑手。谁也逃脱不了法律的惩罚。

我信守了自己的诺言。

视察了难民营之后，我又同共和国以及中央机构的领导人商量了一些问题，听取了他们对局势以及刑事案件侦查情况的详细汇报，然后前往安吉让、纳曼冈等地，视察了一批国营农场和工厂，出席了多次同土耳其族梅斯赫蒂人、乌兹别克人的会见。

后来查明，参加暴行的甚至有苏维埃机关和党机关的工作人员。这就使得事件具有了另外一种色彩。下面引用一段共和国报纸上的报道：

……据雷日科夫称：要回答所有这些问题，必须先要搞清各种情况。这需要时间。不过即使在今天，有一些情况也还是清楚地显现出来。比方说，卷入暴行的居然有个别党和苏维埃机关的工作人员。苏联部长会议主席强调说：我要把那些向暴徒提供汽油、运输工具，用酒把青少年灌醉的人揭露在光天化日之下。我要迫使他们对那些无辜的人们作出回答。我这一辈子见过的事情不算少，可是要跟昨天在土耳其族梅斯赫蒂人难民营里的所见所闻相比，可就是小巫见大巫了。杀人犯和强奸犯可以按罪量刑，依照法律严惩不贷，可是那些玷污了党的威望、乌兹别克人民美好名声的共产党员呢？他们应该受到特别的惩罚！……

帮助暴徒作恶的党和苏维埃干部是极个别分子。他们受到了最严厉无情的惩罚。而绝大部分干部都是在想办法制止这次野蛮的暴行。至于塔什拉克区那两位领导人的功绩，前面我已经提到。

6 月 14 日在塔什干召开骨干分子大会之前，我们请了一些几十年在一起比邻而居的人过来，事先对这次残酷至极的民族冲突作了一次“总结”。

烧毁的房屋有数千座，到当天为止，共发现尸体 106 具，其中 43 具为土耳其族梅斯赫蒂人，12 具为阿塞拜疆人，35 具为乌兹别克人，5 具为俄罗斯人。以前多人受到人身伤害，其中约 150 人为军人。失踪者有数百人（其中有的在发现时已被悄悄掩埋）——这就是费尔干纳事件的可怕后果。

到 1989 年 7 月 1 日止，迁出费尔干纳州的人数达到 2.1 万，其中 1.6 万多是土耳其族梅斯赫蒂人。

当我在民族仇恨野蛮暴行肆虐的几个区视察时，并没有急于对这场惨绝人寰的悲剧下结论。我的任务在于立即解决那些迫在眉睫的问题，制止互相残杀，深入研究事件的真正根源。这一立场可以从我在乌兹别克电视台答记者问中得到证实：

我们来到乌兹别克斯坦的目的是就地搞清近来此地发生的一些问题。

我们是从视察土耳其族梅斯赫蒂人栖身的难民营开始的。那些梅斯赫蒂人丧失了自己的栖身之所、住宅，或者干脆抛弃了自己的家园，被迫来到部队的打靶场避难。我们跟委员会的成员们谈了话，他们是人民选出来跟我们对话的。对话进行得很艰难。

现在看来还很难下最后的结论。现在下结论还为时太早。应该对所有的问题进行更深入的调查研究，主要应该从政治层面上进行分析：我们这个加盟共和国发生了什么？为什么能够出这样的事？为什么突然之间，简直就是在几天之内，从5月23日到今天，在国内就出了这么大的事，产生了如此悲惨的后果？的确是悲惨的后果，别的词我实在找不到。为什么对45年来一直跟乌兹别克民族并肩生活在一起的一个民族，突然表现出如此的深仇大恨？

我还要说一句，就是尽管悲剧已经发生，尽管土耳其族梅斯赫蒂人精神压力很沉重，始终处于一种高度戒备的状态，但照我的观察，他们依然珍视乌兹别克人民长期以来为他们所做的一切。

他们至今依然在说，我们不责怪乌兹别克人民，他们不该负责任。这是一小撮别有用心的人在起作用。我们请政府，请我们的党要彻底搞个明白，这些人究竟是什么人？实际上对我们下狠手的是谁，搞得我们成了现在这个样子？

我想，对今天共和国国内局势，评价应该是这样的：它很紧张。尽管在费尔干纳州，以及在我们所处的科坎德，并没有出现6月7—8号那种事件，但人们的疑虑和恐惧还是存在。他们害怕这种情况不仅会发生在土耳其族的梅斯赫蒂人身上，也会发生在别的民族身上。

以我的看法，这是最可怕的事情。人们不能没有互信。大家比邻而居数十年，从来没有一个人问过对方：你是什么民族。我们跟人们谈心，到过两个工厂。那里的人都直言不讳地说，我们从来不问谁是乌兹别克人，谁是俄罗斯人，谁是克里米亚鞑靼人，谁是土耳其人。我们都生活在一个大家庭，但却突然发生了这样的事。

当然，从法律角度我们得出的结论，问题是非常严重的。我们把最优秀的检察人员派过来办案，他们已开始着手认真细致地调查分析每一个事件。

我们要对发生的事件进行评估。当然，对每个人都要按罪量刑。但最主要之点在于，这是个政治问题。必须对发生的过程进行深入分析。一群半大小子，哪怕汇集起来的有好几百号人，但若要他们在好几个州都造成这种简直是恐怖的态势，那是不可能的。以我们的看法，问题恐怕还有更深的根。

我想，共产国的党组织，将要召开的骨干会议，最终将会对事件作出正确评价。我相信，共产党人一定能查出在乌兹别克斯坦造成这类事件的原因。我绝不会放过共和国内发生的每一件事。一定有深刻的根源，没有根出不了这样的事。

问：现在土耳其族梅斯赫蒂人的迁徙工作开始了。昨天我在报道中说，他们是热爱劳动的人。不论他们迁到哪里，他们都会把农业搞起来，把村庄建起来。我不敢说他们到了那边就要定居。借此机会我想问一下，梅斯赫蒂人是不是临时迁居呢？请问，这个民族迁回格鲁吉亚故乡的事究竟将如何解决呢？

雷日科夫：情况是这样的。土耳其族梅斯赫蒂人在相当长一段时期一直要求迁回45年前居住过的地方，也就是迁回格鲁吉亚的某些区。我们解释说，这个问题解决起来不容易，原因有很多，而且格鲁吉亚也出现了一定的紧张局势。因此不能简单地回答说：咱们把这些人迁回去吧。要解决这个问题，还需要同格鲁吉亚领导人磋商。

雷日科夫和切尔比科夫视察费尔干纳州暴行发生的地点（1989年6月）。（列先科·尤素波夫摄）

最高苏维埃打算在民族院建立一个专门小组或委员会，由它同有关加盟共和国一道来负责开展这项工作。

当然，这就需要时间。我们绝对认为，要解决这个问题是急不来的，但它会得到解决。

明摆着，把这1.5万人继续留在难民营，天气热得这么可怕，住帐篷，没有任何生活条件，那是不可能的。

局势的发展使得土耳其族梅斯赫蒂人同乌兹别克人在他们共同居住的地方互信遭到破坏。我还要再重复一遍，发生这样的事，不能责怪乌兹别克人民。

俄罗斯联邦有8个州同意接纳土耳其族梅斯赫蒂人。但提出的申请是把他们分送三个州，同其他民族一道混居。现在把这些人送到俄罗斯联邦，是一个临时性措施。我们理解，迁徙到永久居住地的要求还会提出来，所以我们再次声明，不但在同委员会会见的时候，而且在会见后召开的群众大会上，我们都一再确认：这是个临时措施。只要问题一解决，人就迁走。眼前我们还看不到别的解决办法。孩子们应该过上正常的生活。

我们的立场得到了委员会和全体人民的支持。

我还要重申：要深入分析发生的一切，要建立信任，要心平气和。乌兹别克斯坦有许多民族，可是今天能感觉到他们之间存在着一定的摩擦。走到这一步自觉不自觉都是由缺乏互信引起的。我看，这件事需要时间。只要有了巨大的信任，只要有了相互尊重，看来事情就会有前途。我们坚信这一条。

自然，对于我们这些身处乌兹别克斯坦的人，以及对各加盟共和国政治领导来说，首先最令人感到不安的问题就是：这次野蛮的冲突背后，究竟隐藏着什么原因？

6月14日在塔什干召开的党的积极分子大会上，这个问题得到了部分回答。还有部分回答后来是靠补充分析才得出了结论。

总结了大量形形色色的说法，以及护法机关对事件侦察的结果后，可以得出下列结论：非常明显，费尔干纳事件绝不是什么部分居民搞起来的自发事件。领头闹事的是一些具有民族主义情绪的组织。

自1988年秋季起，该共和国内的民族主义情绪已开始露头。费尔干纳政治学院的教师和学生在大会上居然表示：“我们不应该学俄语，那些外来户早就让我们腻歪死了。”对此竟然报以暴风雨般的掌声。

有人专门散布谣言，说是到了一定时候就要把非穆斯林赶出去。口号是：“乌兹别克斯坦是乌兹别克人的乌兹别克斯坦！”还有，在许多城市，都经常能听到这样的口号：“把鞑靼人、土耳其人、犹太人、俄罗斯人……统统赶出乌兹别克斯坦”。

1988年12月，在塔什干有成千上万人参加的群众大会上，突然有人举起了标语牌：“俄罗斯人滚回自己的俄罗斯去，克里米亚的鞑靼人快滚回克里米亚去！”当时在安吉让还有人散发传单，上头有这样的话：“……不要对俄罗斯人让步……他们忘记了在困难年月跑到这边来的时候连裤子都穿不上……乌兹别克斯坦没有他们的地方!”1989年2月在塔什干，气势汹汹的流氓歹徒对电车上的乘客大打出手，嘴里喊：“杀死俄罗斯人！俄罗斯人让乌兹别克斯坦腻歪透了！应该把他们吊到电线杆子上!”

我写这些东西不是为了挑起乌兹别克人同俄罗斯人的对立。不过正如俗话所说，“小曲离不开词儿”，而且，这也不是乌兹别克人民的看法。他们知道俄罗斯人并没有压迫他们，也没有搞殖民主义，相反却倾其所有来提高这个共和国的经济和文化。

这就是对该共和国人民有计划地推行意识形态灌输的情况。再往后就是准备和发动各种事端了。早在1989年2月，乌兹别克斯坦内务部副部长迪罗连科在《塔什干真理报》的一篇报道中就曾透露过一些令人发指的事实。根据他的材料，仅最后3年，该共和国内务部门就破获了700个犯罪团伙，其人数几可组建一个整编师团。1988年，在马吉兰几乎是公开招募将来愿意参加骚乱的“志愿者”。12月份这些人又接到通知：“等待信号!”

在科坎德举行了宗教会议，参加的几乎有乌兹别克斯坦所有各州的人民代表。会上公开讨论了成立独立的乌兹别克斯坦伊斯兰共和国的问题。在这个城市，武装群众亮出了口号：“掐死土耳其佬！掐死列宁的孝子贤孙俄国佬！伊斯兰旗帜、穆斯林信仰和先知霍梅尼万岁!”

费尔干纳州从2月起就几乎已经是在公开制造武器——用钢筋打造长矛，还有自制炸弹，燃烧瓶。

难道共和国领导就不知道这些情况吗？难以想象。

参与闹事的有许多年轻人，有大量刑满释放分子和无业人员。他们常常喝得醉眼迷蒙，或者是吸食了毒品。

不仅有人要问：“怎么会如残忍和暴虐呢？真是难以想象！这难道是乌兹别克人的民族特点吗?”不，不是的。全世界都了解，乌兹别克人是一个具有伟大历史文化的民族。没有恶劣的人民，只有恶劣的个人。残忍的行动是隐藏在地下的指挥中心一手操办的。正是这个中心挑选了一批打手，在1989年6月犯下了令人发指的滔天罪行。

我和一些发言人在6月14日塔什干积极分子大会上，对所发生的一切作了评估和分析。许多问题都同现在说的这些有联系。我还试图把闹事同共和国的社会经济发展、政治局势联系起来。

最近5年来，那里的经济发展速度非常之低，它落在了居民人口快速增长的后头。居民食品供应的平均水平大大低于全苏平均水平，而农业生产的结构改革又进展得非常不尽如人意。

生产发展落后，它向单一棉花作物的倾斜，造成每 5 个成年劳动力就有 1 人不能参加社会生产。正如所知，居民的其他就业形式当时还不存在。这样，失业的人越来越多，对于犯罪群体来说这就是最好的资源。

对共和国领导层也进行了政治评估。

相当有意思的是国际上的反应。作为例子，我想引用 BBC 的消息。它对事件以及苏联政府当时的态度，作了比较全面的报道：

苏联部长会议主席尼古拉·雷日科夫向居住在乌兹别克斯坦的梅斯赫蒂人保证，对其想要回归历史故乡格鲁吉亚的要求将正式予以审议。二战期间被斯大林强行由格鲁吉亚撤迁的梅斯赫蒂人，成为乌兹别克斯坦当地土著居民袭击的对象。然而把梅斯赫蒂人迁回格鲁吉亚之举是否可行呢？请看 BBC 驻俄记者的报道。

斯大林在二战期间强行迁徙的大部分民族，在 50 年代末赫鲁晓夫揭露斯大林罪行之后，又获准迁回故乡。车臣人、印古什人、卡尔梅克人、巴尔卡尔人、卡拉恰耶夫人——所有这些人又在北高加索和俄罗斯南方草原地区恢复了自己的自治区。

但在通例之中却有四个特例，那就是苏联远东的朝鲜人、伏尔加流域的日耳曼人、克里米亚鞑靼人和梅斯赫蒂人。这些民族虽随着时间推移摘掉了叛徒的帽子，但却未获准返回故乡。官方从来没有解释过这种不公正待遇的原因，而且，在勃列日涅夫年代，强迁少数民族的问题一直在禁止讨论之列。但实际上发生这种现象的主要原因可能还在于被驱赶民族故土的地方当局坚决反对他们回归。因为经过这段时间，这些有争议的地区已经变得人口稠密，而当地居民同被强迁的民族在宗教信仰和民族归属方面都有很大差异。

如果把梅斯赫蒂人迁回原地区，最大的困难在于生存空间。梅斯赫蒂地区位于格鲁吉亚西南部，是一个高山深谷地区，耕地极少。战后大批格鲁吉亚人被强行迁入梅斯赫蒂地区。这样一来，在那里已繁衍了两代的农民，将竭力反对大批梅斯赫蒂人的归来。

然而也不排除另一种立场，就是从格鲁吉亚居民的整体来考虑民族归属问题。有些梅斯赫蒂人讲格鲁吉亚语，自称格鲁吉亚人。他们是土耳其奥斯曼帝国于 18—19 世纪占领梅斯赫蒂时期被迫改宗伊斯兰教的。

格鲁吉亚知识分子宣称，可以把这批梅斯赫蒂人接受下来，让他们在格鲁吉亚人当中同化。格鲁吉亚当局大概是同意这种想法的。但从另一方面看，许多梅斯赫蒂人讲土耳其语，认为自己是土耳其人。在 70 年代，其中一些领袖人物提出要求，如果不许他们回到梅斯赫蒂，就批准他们到土耳其侨居。今天他们希望能在格鲁吉亚建立一个伊斯兰民族自治州。

这些操土耳其语的梅斯赫蒂人大批返回格鲁吉亚，以及可能在当地建立异族实体的前景，已经引起格鲁吉亚公众的惶恐不安。应该看到，当局对待这种情绪特别敏感，因为他们知道，对格鲁吉亚领土完整的任何潜在威胁都可能多么迅速地引发群众的不满。

去年在格鲁吉亚东部发生的骚乱，起因就是有消息说阿塞拜疆的穆斯林在那边收购土地。4 月在第比利斯发生过示威游行，后被军队驱散，最初的原因也是抗议阿布哈兹从格鲁吉亚分裂出去的要求。

格鲁吉亚人同时也会把梅斯赫蒂人迁回一事视为对自己的威胁。许多回归格鲁吉亚的家庭已经遭到袭击。苏联政府最终恐怕还是会要求强迁出去的民族留在目前的居留地，以避免再次大规模迁徙居民，同时，在文化领域，将给这些民族以更大的自治权。

我作了保证：土耳其族梅斯赫蒂人的要求将正式得到审议。说老实话，我的确是打算跟格鲁吉亚领导讨论这个问题，讨论是否有可能让部分梅斯赫蒂人回去。其中就包括那些母语是格鲁吉亚语的人。他们同化起来比较简单。但大部分梅斯赫蒂人讲的是土耳其语，他们是穆斯林，格鲁吉亚未必能同意“异体”民族进入本国。还记得那个口号吗？“格鲁吉亚是格鲁吉亚人的格鲁吉亚！”我还记得。我想向读者介绍我在那些日子收到的已封存在我个人档案里的格鲁吉亚来电：

尊敬的主席：

我知道您博学，也知道您善思。然而您于 6 月 4 日在电视台发表的谈话还是使我感到惊讶。难道您没有发现，把一个民族称之为土耳其族梅斯赫蒂人不严肃么？为什么您也要跟别人犯同样的错误呢？您应该知道，有土耳其人，也有梅斯赫蒂人，亦即格鲁吉亚人。您也知道，一个人不可能同时属于两个民族。还有：两个起源相近，有同一信仰的民族，不可能生活在一起。可为什么要把他们塞给我们呢？您难道不觉得您作出的让步，会推动俄罗斯人、格鲁吉亚人、波罗的海地区的人、中亚地区的人和别的什么人从自己的土地上把同样的俄罗斯人、格鲁吉亚人、亚美尼亚人、阿塞拜疆人，也就是把我们这些加盟共和国土地上慷慨地住满了的外族人都驱赶出去吗？

主席同志，您要小心！您点燃了民族之间的火焰，您将会招来风暴。顺致深深的敬意。

《阿扎尔日报》记者帕特伊什维利于巴统

近年来，当类似的情况已经发生在格鲁吉亚北部的时候，这位记者不知又有何感觉？土耳其族的梅斯赫蒂人不是还没有迁到那边去吗？

招来风暴的不是我们，我们是同风暴作斗争的人。为什么现在又要把俄罗斯的青年士兵请到格鲁吉亚和阿布哈兹的中间地带去设立边防哨所呢？南奥塞梯的情况又怎样了呢？我看，我就不必再提醒尊敬的记者先生，他的故乡阿扎尔出了哪些事吧？

那么，我还能对什么抱有希望呢？我想起我坐在难民营的木头长凳上聆听那些人倾诉的情景。他们是那样的疲惫，就连哭泣的力气也丧失了。我的眼前又出现了我的那些格鲁吉亚同事们，他们不希望相信，但还是不得不相信！其实，我非常清楚地了解，梅斯赫蒂人一迁回去，格鲁吉亚人就会把他们看做对自身完整性的威胁。当阿布哈兹人和南奥塞梯人张嘴说希望分离出去的时候，不是也出现了这种情况吗？其实，已经出现过梅斯赫蒂人自发迁徙到格鲁吉亚去的事例，可是，唉，当遇到这种情况的时候，格鲁吉亚人的表现，说得客气点，真没有一点好客的风度……这些我了解得都很清楚，所以才不敢坚决下保证。

上帝可以作证，后来，我曾多次为此作出努力……当我彻底明白，格鲁吉亚绝不会给予梅斯赫蒂人以栖身之地的时候，我曾向我国立法部门的领导提出过一个特别的妥协办法：希望我们能选举哪怕一名梅斯赫蒂人的代表当苏联人民代表，并参加最高苏维埃。最好是能选两名或三名。日耳曼人也应该选。不是有代表出缺了吗？例如阿巴尔金就当了我的副手，可以补他空出的名额。也可以补别人空出的名额。这些人进了最高苏维埃后，可以代表自己的同胞说话。

此外，我还建议在苏联最高苏维埃或者政府下面正式设几个不具有区域自治权的民族的代表处。我要说，这实际不过是一个治标的办法。“是的，是的，您说得对，尼古拉·伊万诺维奇。”戈尔巴乔夫彬彬有礼地点头回答。但什么下文都没有。他没有到过费尔干纳的难民营。

现在梅斯赫蒂人在哪儿？有的回乌兹别克斯坦了。有的还生活在俄罗斯。

遇到重要节日，他们就到莫斯科聚会，到练马场站着。还是那个要求：还我故乡！他们的故乡在哪里？唉！太遥远了！现在，那个故乡格鲁吉亚可是没工夫理什么梅斯赫蒂人的事了。而且，格鲁吉亚自独立后就立刻开始迫害那些哪怕有一点点跟它意见不一致的人——奥塞梯人，阿布哈兹人，阿扎尔人。

现在那里的政权更迭了。不过，难道就比过去的强了吗？

“颜色革命”时过不久。人们不仅没有找到民族和谐的道路，反而响起了武器的碰撞声，弥漫着沙文主义的焦臭，人们沉迷在无边的权力欲之中。同俄罗斯的关系遭到不遗余力的轻率破坏，原来的历史、原来的经济联系都被遗忘了，几十万格鲁吉亚人生活在我们国家，并养活故土家人的事实也被遗忘了……现在哪有闲心去管什么土耳其族梅斯赫蒂人的事呢?

我经常会在国内旅行，特别是在中部的几个州。旅行中常遇到“高加索民族”模样的人走到我跟前，握着我的手说，他们就是那些土耳其族梅斯赫蒂人，在黑色的1989年6月，由于我的提议而被军用运输机送到了俄罗斯腹地。现在跟邻居们相处得很正常。不过眼睛里却流露出忧郁……他们这可已经是在第三故乡了……

这一章的内容血腥气太浓，有着太多的残酷和兽性。一切都实在是难以忘怀。似乎本该引以为鉴的东西，可是……

是的，这时你不由得会想到一句老话：“善恶到头终有报。”报应终于来了，遗憾的是报得还不够狠。

第五章

巴库：谁是罪人？

我现在要讲的1990年1月发生在巴库的事件，不应该看成是局部事件。它是一面镜子，反映出利用出民族牌和民族冲突来争夺政权的斗争。在纳戈尔内—卡拉巴赫已经好几年燃个不停的熊熊烈火，为阿塞拜疆和亚美尼亚激烈的民族主义情绪注入了营养。在这股浪潮中，带有民族色彩的两地政治势力都力图夺取政权。这不由得令人想起一句话，说：民族主义——这不是对本民族的爱，而是对其他民族的恨。在这两个共和国的政治斗争中，正如在这种情况下常见的那样，人命就几乎一钱不值了。

苏联最高苏维埃主席团1990年1月20日晨颁布命令，宣布阿塞拜疆共和国首都巴库市进入紧急状态。图为全副武装的士兵在巴库街头巡逻。(新华社稿)

本章所述事件，主要发生在阿塞拜疆。当时有关的各种版本在媒体上相当多，不过各自的结论却完全不同。现有的材料强调的重点主要是：中央斗争的目的是为了阿塞拜疆苏维埃政权，是反对肢解“帝国”，反对民族自决。然而暴行和破坏却被淡忘了——“小事一段”，何必大惊小怪！

有关当时的事件，出现了大量谣言和神话，它们逐渐掩盖了正式的说法。任何一个神话背后，总是能看出事实的影子，但同实情究竟有几分相似，那可就说不准了。凡是资料不足的地方，谣言和想象就会成为消息的来源。可是搞得不好，对历史的歪曲就会成为对未来的打击。所以我觉得有必要把巴库的一月事件说个明白，这样做大有好处。我不想像准确的记录似的一件一件地去说细节，那是研究人员和历史学家们的事。我的任务是把我国领导人当时的作为曝曝光，说出有关他们的真相。

1989 年的岁末和 1990 年的年初，阿塞拜疆的局势开始越来越紧张。人们的互相指责一天也没有停止过，早已超出了正常范围。两个共和国之间的口舌之争和纳戈尔内—卡拉巴赫地区的武装冲突，演变成为正式文件往来，有的还涉及阿塞拜疆的主权问题。纳戈尔内—卡拉巴赫的分裂主义运动加强了阿塞拜疆人民阵线的立场。在这个问题上，人民阵线比官方的立场更为激进。土壤已经有了，行动很快也就会跟上。未经批准的群众大会、游行示威和公民有意抗法的行动风起云涌，席卷全国。显然，阿塞拜疆正酝酿着一系列严重的事件，人民阵线不会善罢甘休。

就在 1989 年的最后几天传来消息说，在同伊朗交界的国境上有一段大约 200 公里的工程建筑被毁。根据克格勃主席克留奇科夫的报告，参加骚乱的数千人中还有妇女和儿童。这是那些不择手段要把和平居民推向同边防军人发生血腥冲突的势力所采取的有组织的行动，如果不明白这一点，那就蠢到家了。在边境担任防务的基本是俄罗斯小伙子，他们没有使用武器，这说明他们的勇敢和智慧。可是为什么现在那些发表文章的人却羞羞答答，有意不提觊觎政权的人民阵线分子驱赶妇女儿童，给边境设施破坏分子打前阵呢？情况不正是这样吗？国家领导人在处理这些事件的时候，旗帜鲜明地表明立场——绝不允许流血事件发生。要找出骚乱原因，严惩骚乱组织者。

可是组织边境暴行的人并没有受到惩罚，而在其后的三个星期中，首次出现的公民抗法行动居然就这么不了了之。国家边界在人们意识中始终是守土卫国的象征，而 12 月份对国境的破坏行动则是苏联存在数十年来的破天荒头一回，但它并没有得到应有的处理。

最近这些年来，媒体不断报道有关塔吉克斯坦和阿富汗之间的边境事件。数十名年轻的俄国士兵在那里牺牲了自己的生命。这难道不正是那个时期的后遗症吗？当时，为了对所谓的“民主力量”让步，就容忍了对高加索地区国境的无理挑衅，这样一来，别的国家还会把我们的国境当回事吗？有些玩弄他人思想的人是多么善于迅速见机行事啊。他们当时居然说：“一个极权国家，还用得着跟它谈什么边境吗？就连帝国本身，对我们来说不也是无足轻重吗?”既然这样，那么这些冠有地缘政治概念模糊不清的“独联体”称呼的国家，还有什么可值得保卫的呢？让我们再回头来说说阿塞拜疆。1990 年 1 月初，当地局势变得更加紧张了。比方说，纳戈尔内—卡拉巴赫自治州的国民经济发展规划一得到批准，巴库方面就立即作出了反应。所有这一切使得居民的反亚美尼亚情绪乃至后来的反俄情绪逐步升级，并为反对该共和国官方政权的政治斗争所利用。集会时愤怒的人群发出号召，要找军人算账，要找亚美尼亚人以及别的民族的代表算账：“阿塞拜疆是阿塞拜疆人的阿塞拜疆!”

破坏局势稳定的下一个步骤就是强行解散连科兰区和扎里拉巴德区的政权机关。武装暴徒力图制造混乱，赶走了那里的官员。虽说任何一个“文明”国家也不会容忍这种局面，可莫斯科还是没有采取有力措施。但第比利斯综合征、议会委员会主席、口若悬河的人民代表、律师索布恰克在第二届代表大会上的结论一直困扰着所有的人，我们军队的威信遭到媒体的肆意践踏。

在这些日子里，戈尔巴乔夫又跑到国外什么地方去了。事情总是这样，只要一出现民族土壤上的尖锐冲突，他一般总是会置身国外。当第比利斯事件眼看就要爆发的时候，他是在英国。当人们在费尔干纳为民族屠杀忙得焦头烂额的时候，他在德意志联邦共和国。当巴库开始闹事的时候，他也是不知在什么地方。那些认为一切麻烦都是政治局里的保守分子，而不是戈尔巴乔夫、雅科夫列夫、谢瓦尔德纳泽和麦德韦杰夫惹出来的人，就利用了这种局势，因为那些人也常常陪他到国外去跑。相信这种神话的人实在是太天真了！这样的事件岂是几天之内就能够组织得起来并实现得了的！它们都是前面的因种下的果，冰冻三尺绝非一日之寒。更何况总书记以及后来的总统（部长会议主席也一样）每时每刻都是同我国乃至全世界的任何一个地点保持着联系的。

我把海军将军切尔纳文——一位阿塞拜疆的人民代表——派往政权失控地区，要他同当地共和国领导一道调查所有问题，并以和平方式加以解决。他同当地政府以及运动领导人的谈判，以及每晚所作的态度客观的报告，证实了局势的确十分严峻，整个共和国正在失去控制。可以预感到，更大规模的民族关系事件和夺权事件正在酝酿之中。

戈尔巴乔夫不在国内的情况下，共和国中央第一书记维吉罗夫也把情况向我汇报。当时在巴库和阿塞拜疆其他地区实行紧急状态的问题还没有提出来。重点还在于对两个共和国之间以及两国内部爆发的冲突实行政治调解。问题的焦点就在纳戈尔内—卡拉巴赫。维吉罗夫始终坚持民族友好立场。这既是他的悲剧，也是他经受住历史考验的地方。毫无疑问，在那些日子里，如果能对纳戈尔内—卡拉巴赫采取根本性的果断措施，那将是唯一能使人清醒的行之有效的行动。但我国和两个共和国的领导人在这个问题上却有如身陷沼泽，越陷越深。话讲了一大堆，决议作了不老少，结果却是个零。

1 月 12 日是星期五，维吉罗夫报告说，星期六巴库要在人民阵线领导下举行一次群众大会。他对这次集会感到忧心忡忡。让人担心的地方是外地废除政权之风会刮到巴库来，会波及共和国的中央机构。13 号星期六上午是在等待中度过的。据克格勃和内务部收到的消息，群众大会召开了，但结果还不清楚。大约下午 3 点，维吉罗夫打电话向我报告，群众大会开完了，经过采取措施，人散了。心这才稍微放了下来——没有发生任何紧急情况，这回可以从总体上仔细衡量，就稳定局势作出决定了。

大约又过了两个来小时，维吉罗夫的电话铃又响了。听声音他非常激动，紧张得不得了：

“尼古拉·伊万诺维奇，群众大会散了之后，市里开始发生大规模打砸抢。主要针对亚美尼亚人，不过受害者也有其他民族。正在采取措施，但暴行正波及整个巴库。”

显然，反对势力决定采用极端手段了。

关于巴库的这次暴乱，存在着许多想象和猜测。有些媒体说，行动是刑事犯罪分子和逃出亚美尼亚的阿塞拜疆难民搞起来的。还有人说那是中央的刻意挑衅，似乎挑起卡拉巴赫冲突对它有利。

我能够说的只是我个人的意见。在刑事犯罪分子和由亚美尼亚逃出的阿塞拜疆难民背后，有共和国内部的某些力量在撑腰，正是他们导演了这一令人发指的事件。他们巧妙地利用了难民。根据当时的材料，巴库难民总数约为 8 万人，也就是整个从亚美尼亚逃出人数的 1/3。这些人主要来自农村，很不容易适应一个大城市的生活。没有住处，没有生活来源。这还不是现成的破坏法制行动的温床嘛！

从这一刻开始，对于这场撕裂共和国的斗争是否能以和平方式收场，是否能通过政治手段解决，已经再也没有信心了。人倒下去了，巴库陷入了罕见的暴乱之中。每个小时都有消息传过来——传到内务部（巴卡京），传到克格勃（克留奇科夫）。当然，那些用现在的说法叫做强力部门的部长们，也都收到了要控制局面，要对加盟共和国护法部门给予最大支持的指示。接着，又传来了对居民残酷施暴情况的更为详尽的报告。有个正在往自己的集装箱里放东西的亚美尼亚人竟被关进集装箱活活烧死。一名男子当着他妻子的面，被从五楼的窗子里扔了出来，后来妻子也被扔了出来。这些事现在就连写起来也觉得沉重。越往后双方斗殴的惨景变得越是可怕。现在，请不要再把这些打砸抢分子说成是民族英雄了。不论披上什么外衣，这些人都是刑事犯。

1988 年苏穆加伊特，从暴行中死里逃生的人。(作者提供)

显然，仅靠加盟共和国自己是难以平息暴乱的。我们还记得苏穆加伊特，那里也有 30 多人被残酷杀害。当时所有的人都指责中央政府，说它的行动晚了一昼夜。看来共和国和中央政府在评估苏穆加伊特地方局势时，稍有犹豫不决，行动略一迟缓，便导致了无法无天制造新一轮杀人惨案的机会。护法机关提出了自己的意见，认为只有宣布全市进入紧急状态，才可能制止暴行。而根据当时的法律，这样的决定只有苏联最高苏维埃才能作出。

正如以上所说，时任苏联最高苏维埃主席的戈尔巴乔夫当时正在国外，必须等他回国。1 月 13 日星期六晚间，全体政治局委员按规定到机场迎接他。他已经接到巴库发生变故的报告，了解到血腥屠杀正越演越烈，需要紧急召开苏联最高苏维埃主席团会议，商讨这一问题。于是当场决定，星期一，即 1 月 15 日，召开主席团会议。此外，按照通常的做法，又成立了一个工作组，准备直飞巴库。参加工作组的有苏联最高苏维埃主席普里马科夫、苏共中央书记基连科。他们于 1 月 16 日抵达巴库。

然而那边的局势已经恶化。死亡人数已上升到数十人。受伤的人不多。全是因殴致死。暴徒的血腥行动发动后，立刻出现了逃亡，主要是亚美尼亚人。13 日星期六有 90 人乘飞机离开，但暴徒们控制了机场和火车站，再没有允许一个人从这里撤走。人们在最严重的生死关头，在面对死神的时刻，作出了最不寻常的决定：第二天难民潮涌向渡船，仅当天渡过亚速海前往克拉斯诺沃德斯克的即达 650 人。

我星期天接到消息，得知大批难民开始逃亡，当晚找到正在外地出差的副手多古日耶夫，委托他紧急飞往巴库，组织那些想尽一切办法撤离的人逃脱。从 15 日起，这股难民潮开始多少进入了一点有组织的轨道。

苏联最高苏维埃主席团于 15 日晚开会。主持会议的是戈尔巴乔夫。主席团成员们得知了过去的两三周该加盟共和国内发生的情况，特别是最近两昼夜发生的情况。有人提出意见说，如果不采取紧急措施，当局将完全无法控制局势，那时相比之下，苏穆加伊特很有可能只是一个小插曲。建议在巴库和该共和国其他几个地区实行非常状态。但阿塞拜疆共和国最高苏维埃主席卡法罗娃对此坚决反对。然而当大家问她，共和国的领导能否保证公民安全，维护市内秩序时，她却无法给予明确的回答。看来她也想不出什么好主意来。

有关巴库事件的大量报道都特别强调，以最高苏维埃为代表的全苏领导没有采纳两个加盟共和国的意见。下面就是对这个问题的明确回答：1990 年 1 月 15 日，阿塞拜疆最高苏维埃主席团通过决议："请求苏联国防部、护法机构及其他执行机构按苏联宪法第 81 条向阿塞拜疆苏维埃社会主义加盟共和国提供一切必要援助。"

当天深夜，尽管卡法罗娃激烈反对，而戈尔巴乔夫又总是两面讨好，苏联最高苏维埃还是通过了实行紧急状态的决定，不过不是在到处发生流血惨案的巴库，而是在纳戈尔内—卡拉巴赫，还有阿塞拜疆和亚美尼亚的其他一些地区。这回我们俄罗斯人的"说不定"又在起作用了。说不定会过去呢？说不定那些暴徒和背后调唆的人会害怕了呢？可是他们并没有害怕，而是相反，坚信他们不会遭到惩罚。我很明白这个道理，毫不掩饰自己对这种说得好听点是莫名其妙的决定的反感态度。讨论的是巴库问题，可通过的决议却是关于纳戈尔内—卡拉巴赫。

我认为，如果主席团通过的是另外一个决议，那么就不会发生1月19日到1月20日夜晚的那场惨剧。和平居民就不会死，士兵们也不会死。参加会议的主席团成员难道不明白，正是他们纵容了暴徒？纯粹的政治上的两面见光，压倒了在国家大事上的理智行事。重要的是谁说了些什么，而不是将会发生些什么。苏穆加伊特并没有能让人们得到教训。当权者又做了事件的尾巴。

通过这么个半吊子决定，可以想见对任何事件的发展都难以起遏止作用。打砸抢在继续，匪徒们组成一支支队伍，开始封锁道路、机场。人民阵线的头头们把共和国一步步拖向混乱。莫斯科派去的人——普里马科夫和基连科——连同阿塞拜疆的领导一道展开防暴工作，试图同人民阵线的头头们找到共同语言。然而对话、和谐和耐心的召唤，变成了消逝在荒漠中的凄苦的呼喊。更有甚者，暴徒们开始袭击军人核武器仓库。局势日益趋于白热化。

在那些日子里，难民潮成了标示压力的压力计。对于政府来说，这是最主要的问题。管这件事情的在巴库是多古日耶夫，在莫斯科是部长会议主席。后者的副手经常把此事置于监控之下。我保留了撤离人数记录。巴库的撤离是有组织的。我要强调“有组织”这个字眼。15日——1200人；16日——2100人；17日——500人；18日——1600人；19日、20日——各1500人。有多少人是靠自己从城里撤离的，这只能估计了……

此外，在这些日子里用飞机撤离的有250人，用海军舰艇撤到马哈奇卡拉的有700人，用火车撤到罗斯托夫的大约有500人。抛弃家园的总人数大约为两万人。

从市里奔涌而出的大概就是这样一股难民潮。那些口口声声把自己称作“民主派”的人，正一步步把政权攫取到自己手中。我们这个时代总是离不开这样一副面具。如果换到从前，这种人难道能被冠以如此高尚的头衔吗？在21世纪初叶的时候，这些家伙肯定会得到一个非常明确的定义——他们就是匪徒。

最近这些年来，无数的出版物把这些“民主分子”捧成了英雄，说他们是在为反抗可恨的集权制度而斗争，而对于难民的问题不是缄口不言，就是将其归罪于所谓的集权制度。苏联政府当时不得不直接插手拯救被扔进水里的人。为什么不说说许多人为了躲避迫害而逃离故乡城市的事实真相呢？为了替所谓的“民主分子”辩解么？难道今天这些“辩护士们”真的不明白，如果“民主就是禁止和纵容之间所划的一道界线”的话，那些日子发生的事件岂不完全是纵容的结果吗？

只有那个世界闻名的象棋棋手、现在则在搞政治的卡斯帕罗夫，才能带着全家和他的亲戚舒舒服服飞离巴库，然而就是这个人却比别人更加起劲地朝拯救了他宝贵生命的当局大泼脏水。其他的人就只能穿着长袍、睡衣、背心和拖鞋逃离自己的家园了。大批难民聚集在克拉斯诺沃德斯克，没有食物、衣服，缺少最起码的生活条件。而那些高尚的“民主分子”们后来在两年之内却把共和国拖入内战，当人们一个个急得发疯的时候，他们却不许飞机和火车正常地把这些人运送出去。

许多分析家，其中也包括俄罗斯的分析家，都把基调定在中央政权是为了维护苏联的完整而斗争。我们并不隐讳我们反对它的解体，但斗争首先是指向搞血腥屠杀的暴徒，指向他们身后的势力。

在克拉斯诺沃德斯克为用飞机撤出居民做好了有组织的安排。局面之悲惨真是难以想象。大约有半数飞往亚美尼亚，1000 余人则投亲靠友分散到我国各个城市。那些混合婚姻的家庭，特别是亚美尼亚人同阿塞拜疆人结婚的，结合时谁也没有认真考虑过这个问题，可现在都陷入了更加绝望的境地。他们离开了阿塞拜疆，可是要想进入亚美尼亚吧，对于夫妇中的一方实际上这条路根本行不通。民族仇恨的鸿沟不仅出现在不同民族之间，而且还波及许多家庭。混合婚姻家庭主要都跑到了莫斯科。

15 日以后的第二波难民潮是由俄罗斯人以及其他民族组成的，这都是些军人家属。又出现了一些听风就是雨的猜测，说他们都是部队领导强迫撤出加盟共和国的。能够得出这种结论的人，要么是一点不了解情况，要么就是对自己的军队有病态仇恨。有哪个军官希望把自己的妻儿老小从巴库的住宅里撤出来，送到某个军区小镇的兵营里去呢？

再来先说点后事。我还要说，第二波的难民潮（第一波是 1988 年从亚美尼亚和阿塞拜疆出来的）造成的问题真是不计其数。在什么地方住？靠什么为生？莫斯科郊区的休假基地、寄宿学校、各部委办的少先队夏令营全被临时征用了。这一“临时决定”一拖就是几个月甚至几年。苏联政府的国家非常状态委员会紧急制订了解决难民问题的方案。到了 1 月末，终于通过了第一个方案。

俄罗斯联邦委员会也被拉进了这档子事里来。应该说句公道话，它的工作进行得很有成效，对人们的悲惨处境它也非常理解。努力把难民分散到俄罗斯各城镇，给他们安排工作。虽然一切并不尽如人意，但当局的态度跟俄罗斯人的性格还是一致的。不过，后来也有一位俄国总统的顾问——斯坦凯维奇先生声称：“他们”什么事都办得不对劲。应该修建专门的城市。当然喽，这位科学院某研究所的低级研究人员，是一位经过早期“民主”时代搞恶意宣传锻炼的人物，又在并非不知名的原莫斯科市统治者波波夫的副职上“学习”过，定是具有实际工作的“丰富”经验的：他曾保证要把莫斯科的街道铺设得光光荡荡，平平坦坦，可在他当权的时代，却变得简直没有了街道的模样，只是还保持着一定的“走向”而已了……

就在巴库出事的那些日子，准确地说，就是1月18日、19日，在克里姆林宫大会堂召开了全苏工农工程技术干部会议。这次会议的口号是：“把事业的活力注入改革”。仿佛改革就不是事业似的！

不过，这样的提法本身就是一个明显的标志，说明原定的改革已经进入死胡同，应该听听物质生产领域干部的意见，确保能得到他们的支持。出席会议的有全体政治局委员、所有苏共中央书记和苏联部长会议副主席。按照惯例，做报告的是总书记。当时他还不是国家总统，仅仅兼着苏联最高苏维埃主席。笔者在本书中没有必要详述这次会议的情况，现在我谈的是巴库问题，有关系的地方只在于时间的重合。

会议进行过程中亚美尼亚和阿塞拜疆的代表不断递条子，要求允许他们发言谈谈两个共和国的复杂局势。于是决定18号会议结束后跟这两个代表团会面。晚上，一半以上的与会者都留了下来参加会见。于是这两个共和国的代表又纷纷对全苏政权机构提出指责：“为什么破坏和屠杀发生在巴库，而非常状态却跑到亚美尼亚的几个区去实行？为什么中央没有制止暴行？”回答冗长而空洞无物。

19日上午，在第二天会议开始之前，大家聚在主席团休息室里讨论昨晚收到的有关亚美尼亚和阿塞拜疆的消息。局势仍然很复杂，但还存在着好转的希望。可是到了10点整，这种希望破灭了。按照惯例，国家领导人一分都不差地走向会议厅。这时，政府专用电话铃响了，戈尔巴乔夫的一个助手告诉他，是普里马科夫从巴库打来的，请求跟他通话。

“要开会了，推迟开会不大好，”戈尔巴乔夫说，“尼古拉·伊万诺维奇，你跟他谈谈吧，问问他那边的情况，然后再告诉我。这不，我们正要开会嘛。”

大家都走了。电话听筒放在那里。普里马科夫还在等着说话。一听他说，我就明白了，巴库发生了悲剧——共和国的政权没有了。早晨，武装暴徒包围了部长会议、最高苏维埃和党中央大楼。情况非常危急，局势已无法控制。需要采取措施。

跟苏联最高苏维埃民族院主席普里马科夫的通话情况大体就是如此。我又核对了几个问题后对他说，现在立刻把这个消息告诉戈尔巴乔夫，请他不要离开政府专线电话。然后走进大会主席团，非常简要地把谈话内容告知了总书记，请他立即与普里马科夫通话。

大约又过了半小时，有人把我叫到主席团休息室，戈尔巴乔夫比较详细地把巴库发生的情况又说了一遍，其中包括18日晚间人民阵线宣布当地实行非常状态。市内建起了街垒，老百姓的逃亡加剧了，暴行还在继续。苏维埃和党的机构实际上已经不再能控制局势。戈还说，他已邀请了国防部长亚佐夫、克格勃主席克留奇科夫、内务部长巴卡京到这里来。就在他传达电话内容的时候，这三个人都应邀到来了。

戈尔巴乔夫向他们通报了巴库的情况，建议他们立即飞往该处。克留奇科夫当时就说，他没有必要去，因为那里已经有了他的副主席。巴卡京则说，要想恢复市内秩序，就一定要通过实行非常状态的决议，也就是 1 月 15 日没有通过的决议。戈尔巴乔夫当场向助手们保证，要把他的第一副主席卢基扬诺夫找来。两座楼都在克里姆林宫内，彼此离得很近，也就是过了十来分钟，卢基扬诺夫就到了。又向他说了一遍巴库的情况，并告知现在亚佐夫和巴卡京都要飞到那边去，以防止发生后果难以逆料的混乱和群众骚乱。戈尔巴乔夫委托卢基扬诺夫解决苏联最高苏维埃主席团通过决议下达命令在巴库实行紧急状态的问题。卢基扬诺夫对立即通过决议的可能表示质疑，结果得到了一句回答：

“那就是你的问题了，不过决定必须立即作出，因为局势连一个小时也不能再等了。”

至于一切到底是怎么办的，细节我就不清楚了。主席团会议没有请我参加，一整天也没有人再跟我谈下令的问题。但苏联最高苏维埃主席团主席下令的事终于还是通过了：从 1 月 20 日零时起，巴库进入非常状态。有一个问题一直对我是个谜，就是命令签署后，为什么没有交中央和加盟共和国电台电视台播出。问题在于媒体工作不是由政府领导，而是由党中央和它的某些部领导。我想，那些日子的事件中存在的这个空白，迟早总会曝光的。这难道是通过和签署命令的人一时疏忽，还是有意保持沉默？也许回答已包含在侦讯材料中。

深夜 11 时左右我驱车回到家里。不等进屋，政府专用电话的铃声就响了。打电话来的是阿塞拜疆部长会议主席阿亚兹·穆塔利波夫。我跟他是多年的老朋友，原先他在共和国计委任主任，我则是苏联国家计委的第一副主任。他声嘶力竭叫喊说，部队正向市里开进，正在交火，他还请求停止派遣部队进入。我要他过半小时再打电话来，给我点时间了解真实情况。遇到这种复杂情况需要从不同来源了解信息。我当即又用电话要了普里马科夫和亚佐夫。是亚佐夫接的电话。我向他转述了穆塔利波夫打来的电话，请他说说当前市里的情况。国防部长以军人的干脆利落告知，根据苏联最高苏维埃主席戈尔巴乔夫的命令，部队和内务部队正向市内开进，以便在宣布非常状态（1 月 20 日零时）之前占据市内指定地点，维持社会秩序，制止群众性骚乱。他们是按计划行动的。但他报告说，在部队前进过程中，遇有卡车和公共汽车筑成的路障拦住道路。武装暴徒从墙脚和屋顶猛烈开火。部队已有伤亡。只有朝我们开火，我们才予以还击。

他报告以后过了不几分钟，穆塔利波夫又把电话打进来。我把亚佐夫报告的内容告诉了他，要他对人民阵线的头头及其国防军事总部（这个组织就是阿塞拜疆人民阵线）施加影响，要他们停止对部队开火，避免无谓的流血。在结束这次沉重的谈话时，我坚定不移地对穆塔利波夫说，考虑到共和国，特别是巴库出现的极为复杂的局面，我们不会停止派遣部队进驻市内。

在那个悲惨的夜晚巴库出现了什么情况，大家都清楚了。有关内容写得太多了。不过，遇到这种情况，对同一个事件免不了立场看法各有不同。死去的有士兵，也有武装暴徒，还有无辜的和平居民。

共和国的大众传媒，还有中央的某些媒体，把俄罗斯士兵说成是从地狱里放出来的恶魔，把他们描写成一群具有兽性的人。人民阵线非常善于操纵大众的社会意识，他们自诩为“民主思想”的体现者，处处都要与中央作对，特别是与俄罗斯民族为敌。而我们那些土生土长的俄罗斯族政治煽动分子这回又捞到了一个打击军队的机会。他们所攻击的东西，基本上都是我们国家最强大的东西：军队、军事工业部门、航天等。他们领到的是一个特殊的任务，而且也完成了这个任务。

每当回顾 1990 年 1 月那些日子的时候，我不由会把那些事件拿来同后来的主权国家阿塞拜疆发生的一些情况相比。过了不久，城市和乡村又冒出了烈火浓烟，有那么一位退伍上校居然宣布纳哈切万为独立的共和国，说来也巧，首都还是选在连科兰。那位“合法总统”在他那山村故乡只是抖搂抖搂胡子，于是那位原政治局委员、我的副手盖达尔·阿利耶夫就只好想方设法地挽救局面。不过，无论发生什么情况，也无论事情发生在阿塞拜疆人、亚美尼亚人还是俄罗斯人身上，又怎么能怪罪于人民，怪罪于普通百姓呢？如果这样，就实在是对所有那些自 1988 年以来高加索冲突中所有死难者的一种侮辱和亵渎，其中也包括 1990 年 1 月的死难者。任何罪恶行径的阴影都不应该落到人民头上，不管是在纳戈尔内—卡拉巴赫、苏穆加伊特还是巴库。有头脑的人总是会把兽性的人群同总体的人民相区隔的。极端分子和坏蛋只是其中的极其有限的一部分。

笔者在本书中谴责的，不是阿塞拜疆人民，而是阿人阵的那帮政客，是它的那些头头们。正是那些家伙，在那已经成为过去的 1990 年 1 月，把人民拖进了苦难的深渊。在那次可怕的冲突中，他们，唯有他们才是罪人。他们为了攫取政权，难道还会考虑什么阿塞拜疆人、亚美尼亚人、俄罗斯人或者犹太人的生命安全和福祉吗？

有个民主派撰稿人，大名叫努伊金，他在 1991 年年末毕生头一次来到纳戈尔内—卡拉巴赫，而且在那边的候机大厅仅逗留了几个小时。他在刊登于民主派报纸上的文章中，把这两个民族一个称为牺牲品，另一个称为刽子手。请问，这么一篇文章，能起什么作用呢？民族之间的纷争，无论是一次冲突，还是一场内战，总是会具有残酷和难以调和的特点。难道可以因此而归罪于某一个民族吗？被割掉的耳朵，当着亲人的面进行严刑拷打，号召俄罗斯同亚美尼亚人一起打一场反对阿塞拜疆人的战争——这些还远不是这位民主派撰稿人先生捏造出来的所有罪名。不过，难道他只是唯一曾经试图而且现在依然念念不忘想要把亚美尼亚和阿塞拜疆这两个民族推向冲突的人吗？还有一些类似的政客，他们总是企图把民族悲剧中宪兵的角色强加到自己人民——俄罗斯人民头上，难道这不是对俄罗斯人民怀有病态的仇恨吗？

下面就是前不久一个当天到过巴库的记者在中央报纸上写的一则报道：

……也就是在事件发动前的几个小时，我得以访问了位于施密特中尉工厂文化宫的人民阵线国防委员会的参谋部。当汽车驶近大楼时，扑入眼帘的是无数公共汽车和小轿车。一群群年轻人站在那里，奇怪的是他们都身穿苏军制服，好像是一些海员。一群彪形大汉，身穿保护色军上衣，臂戴阿塞拜疆人阵的臂章，特别引人注目。

“我们的队伍里有大约十多万民兵战士，”委员会参谋长努拉丁·阿卜杜拉耶夫滔滔不绝对我说，“他们有的在巴库，有的分散在共和国各居民点。必要的时候我们可以把自卫队从一个区调到另外一个区。如果出现紧急状态，我们完全有能力予以反击，或者使用必要的手段……”

果然，可怕的“反击”很快就出现了：响起了隆隆的枪炮声和爆炸声，天空飞舞着流星般的弹道。据亚佐夫报告，武装暴徒共有大约 4 万人。从哪里来的呢？难道这是孩子们在玩游戏，手里拿的全是玩具枪炮不成？这样的“游戏”直到现在还有人在玩，而受到这些千方百计只想夺权的坏蛋影响的，则是一批批跟政治根本不沾边的普通百姓。

国防部长把消息一告诉我我就明白，人民阵线的头头们是决不会住手的了。夜间传来的全面报告也证实了这种判断。疖子终于出头了。

沉重无比的不眠之夜就这样过去了。在这几个钟头里，我不断跟巴库的亚佐夫和普里马科夫以及莫斯科的克留奇科夫保持着联系。午夜时我又有两三次跟戈尔巴乔夫通了电话——他可是全国武装部队总司令。同他谈话使我得出结论，想要就当夜发生的种种事件得到他的准确指示或了解他的明确立场，那纯粹是徒

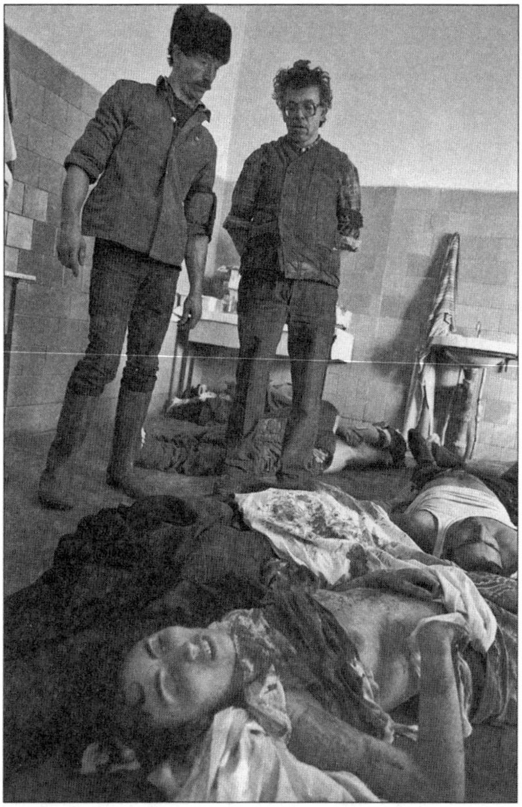

1990年1月巴库，悲剧事件的死难者。(索洛维约夫摄)

劳。最后他居然说出了这样的话："你觉得怎么合适就怎么办吧!"这叫什么话？是张皇失措呢，还是逃避做决定呢？正如在所有危机时刻所表现出来的那样，他的老"原则"又占了上风：事不关己……

20日上午，经过多轮电话磋商，决定当日中午共和国领导人乘飞机到莫斯科来。下午在苏共中央大楼，也就是现在俄罗斯总统办公厅所在地，在会议厅举行了戈尔巴乔夫同阿塞拜疆共产党中央局成员穆塔利波夫、加萨诺夫、马麦多夫以及已故的波利亚尼奇科的会见。莫斯科这方面除了戈尔巴乔夫，参加会见的还有7人，其中也有我。会谈紧张复杂，情绪激烈。气氛也不可能轻松——这可是人命关天的大事。

讨论主要围绕两个方面进行：目前应采取的措施，以及共和国领导问题。我们问，如果部队撤出，他们是否能保证市内恢复秩序？回答是断然的：不能。这样，紧急状态在市内一直持续到1991年的8月，也就是一年半还多。

讨论还涉及巴库生活正常化的问题。双方达成协议，为此将派部长会议第一副主席沃罗宁飞往阿塞拜疆，而多古日耶夫则在莫斯科负责难民问题，就这个问题起草政府决定。至于第二个问题——共和国领导的问题，阿塞拜疆共产党中央第一书记维吉罗夫应该离职，所以要作出决定，由谁来继任共和国共产党的领导。大家同意提名由穆利塔耶夫继任。部长会议主席一职一致同意推荐加萨诺夫担任。他在观点上与反对派相近，这样，共和国领导班子就能显示出一种别具一格的民族和谐。晚上戈尔巴乔夫在中央电视台就巴库问题发表了告全体人民书。

嗣后有好几个月都在努力恢复局势的稳定，不过亚美尼亚人没有再返回阿塞拜疆，阿塞拜疆人也没有再返回他们在亚美尼亚的家乡。在1988年，将近200

万人口的巴库居住着20余万亚美尼亚人。这是继埃里温之后亚美尼亚居民人数最多的城市。冲突爆发之前，阿塞拜疆总共居住着大约有50万亚美尼亚人。这是亚美尼亚境外该民族与其他民族混居人数最多的地方。可现在只有几千人继续住在巴库，主要是与异族通婚的妇女。

民族主义恶魔还在继续肆虐，制造牺牲品。难道不该想想这件事吗？应该。谁在脑袋里想着现在和未来，而在心里保存着现在和过去，谁就是智者。这段过往的恩怨主宰着两个民族已经超过15年之久，目前还看不出有化解之道。紧接着格鲁吉亚又开始对奥塞梯人和阿布哈兹人进行镇压，而“全民普选的”总统竟遭到了“民主派”的炮击。然而下一任总统，俄罗斯和格鲁吉亚的“民主之父”谢瓦尔德纳泽，竟非常可耻地被颜色革命掀下了他如此钟爱的权力宝座。

当我一次次分析全苏当局、共和国当局、许多苏联人民代表以及广大社会公众当时的所作所为时，我不由得会问自己：1990年1月发生在巴库的悲剧是否可以避免呢？如果我们认真地、老老实实地解决民族冲突，特别是外高加索的民族冲突的话，如果纳戈尔内—卡拉巴赫、苏穆加伊特等地的问题，阿塞拜疆各区的夺权问题，伊朗边境设施遭到破坏的问题没有被委员会里无数夸夸其谈的废话空话所淹没的话，那这些问题都是可以得到解决的。应该在这些问题刚刚出现苗头的时候立刻着手解决它们——既用政治手段，如果需要的话，也可以用行政手段。

至于说到公众，特别是外高加索的公众，他们对所发生的一切有的很冷淡，有的则显然支持武装暴徒。而且有的加盟共和国国家政权机关也并没有遵循国际主义原则。例如，阿塞拜疆苏维埃社会主义共和国最高苏维埃的一个委员会，于当年2月14日在苏联最高苏维埃全会上就1990年1月19日、20日巴库事件所作的调查发表过一个声明，现引一段如下：

……刑事犯罪分子利用这样的局势，于1月13日在巴库策动打砸抢和骚乱，导致大批人员死亡，主要受害者为亚美尼亚人。阿塞拜疆人民和共和国的劳动人民对罪行加以愤怒谴责，要求对组织者和肇事者给予严惩。

然而巴库以及共和国全国出现的复杂局势，不应评估为强行夺权的图谋……

居然是这样看。没有强行夺权的图谋。那是什么？是朋友们气氛和谐的约会？

如果连这样的问题都搞不明白，那要么是个彻头彻尾的政治废物，要么就是政治上的犬儒主义者。意图夺取政权的人们在民族主义狂热大发作的时候，同他们所仇恨的中央展开了斗争，因为阿塞拜疆的国家地位正是中央赋予的。

是的，这时你不由得就会想起，老百姓说的话真是充满了智慧：发动战争的是肮脏的政客和残忍的冒险分子，遭罪的却是普通老百姓。

当笔者写下这几行文字的时候，俄罗斯电视上正在播放巴库事件。护法机关的强大队伍正在平息人群的愤怒。这是阿利耶夫总统在现实地行使他的权力，制止国内出现混乱和破坏法制现象。任何一个正常的统治者都关怀他治下人民的安宁和国家的完整。

我们为了认识这样一个不可忽视的真理，付出的代价实在是太大了。

外高加索的熊熊烈火不能不影响到国家整体上的稳定。多年冲突造成的裂痕延伸到苏联所有的共和国。立志破坏国家的人们希望苏联衰弱，把它说得一无是处，希望搞得它道德扫地。人们讲起充当宪兵角色的苏联军队和它的将军来，一个个义愤填膺，说一定要把军队非政治化，决不允许利用它来消除国内冲突。所有这一切都是所谓“激进民主分子”口号中的内容。他们正是在这些口号的帮助下攫取了政权，然后又唱起了别的调调儿。在经过了第比利斯和巴库这两次事件之后，他们恨不得把亚佐夫元帅和罗季奥诺夫将军剁成泥，而“民主派”的将军格拉乔夫呢，他在北高加索视察的那些部队，虽说已经换成了俄罗斯部队，可完成的不还是同样的任务吗？就在不久之前，车臣牺牲的又都是些什么人呢？

“改换颜色”的沃尔科戈诺夫将军在进入“民主”俄罗斯掌权后，曾经斩钉截铁地说过：俄国军队起着“稳定国内局势的极为重要的作用”。那么，“宪兵”的概念又该怎么办呢？在一次俄联邦武装部队领导干部的集会上，叶利钦令人印象深刻地声称：

“今天的部队不仅是国家安全的保障。它还具有保障稳定、保障俄罗斯经济政治改革的天职。”

这些说过的话全忘了。这位“宪法保障”在他的讲话中，居然也公然号召要用军队来保障经济政治改革了。在人民和祖国最艰苦的那些年月，难道不正是他和自己的那伙人，在恶毒地诅咒苏联当局和军队领导的行动吗？

国家是一种非常复杂的机体。特别是在一个具有联邦体制的多民族国家，经常会出现各种特殊状态——翻起分裂主义的浊浪，出现民族冲突、恐怖主义等等。所有这一切不能不对国家的完整和人民的生活产生影响。

为了消除这种局面，当局有义务充分利用护法机关，而当危机来临的时候，还可以动用军队。我们都非常明白这一点，而且也这么做，为此，却遭到了一些人的疯狂攻击。可是，几年之后，这些人却让公众明白了：必须得这么干，只不过这一次他们却是为了一己之利。所有这些就是政治上的犬儒主义，别的定义我实在找不到。

1990 年悲剧过后，又过了一段时间。

阿塞拜疆民族主义分子制造的混乱局面已逐渐成为过去。这种局面之所以能够来临，只是多亏盖达尔·阿利耶夫成为国家元首之后。人民又要求他出来工作。国家的管理走上了正轨，国家的前途又变得可以预料。这位非同寻常的人物，他的才华和意志帮助他解决了许多问题，其中也包括民族问题。

我非常了解阿利耶夫。我们是 1982 年 11 月的同一天在苏共中央全会上当选的——他是政治局委员，而我是中央的经济工作书记。三年后，当我领导苏联部长会议时，他成了我的第一副主席。而且，工作非常出色。

现在阿利耶夫已经去世。但我们相信，他对阿塞拜疆的领导政策将由他的儿子继承下去。

本书叙述的 1990 年 1 月发生的巴库事件，只是其中的某些场景。我想，研究者一定会把阿塞拜疆与亚美尼亚之间发生冲突的情况全面真实地再现出来，并对其影响巴库的后果作出评估。而且，人民迟早会把一切恢复本来面目。无论人们怎么说，所有事件之间都是直接有联系的。不过，应该记住一位诗人的话："时代对历史学家越是有趣，当代人就觉得它越是悲惨。"

第六章

雪崩前奏：波罗的海三国

20 世纪 80 年代后半期我国在民族土壤上发生的种种事件，带有地区性。但它们却成了几年后造成雪崩式毁灭性发展过程的推动力。

在这些事件中，波罗的海沿岸地区几个加盟共和国起到了特殊的催化剂和起爆器的作用。立陶宛、爱沙尼亚和拉脱维亚率先宣布自己拥有国家主权，提出要退出苏联。而中央在处理这些事件时对策上的平庸无能，却向俄罗斯、乌克兰以及其他加盟共和国表明，任何破坏国家统一的行动，其组织者实际上都不必承担什么后果。

我要阐述的这些情况，都不是凭着道听途说得知的。

这些政治势力在人民代表大会和苏联最高苏维埃掀起了猛烈的风暴。其最终结果，就是戈尔巴乔夫于 1991 年八九月间签署了波罗的海沿岸地区三个加盟共和国退出苏联的命令。

民族主义运动坐大

1985 年戈尔巴乔夫上台执政时，国内积累的问题已经相当不少。因此苏共中央总书记倡导改革，实行对国家生活各个方面开展革新的方针，在社会上引起了广泛赞同。于是，涌现出不少支持这一方针的社会运动。显然，运动的参加者对当时的国家形势各有各的看法，而且各自开出了不同的药方。在这种形势下，许多地方领导人，特别是各州和各共和国的领导人，纷纷得出结论，认为在党和国家的中央最高权力机构中，改革派与“保守”派正在进行着尖锐的斗争。

戈尔巴乔夫本人也为这种结论的产生提供了口实。我想，许多老一辈的人都还记得他去视察西伯利亚时发出的号召：各地方应当“自下而上”对改革的敌人施加压力，而我们（指政权的“先进”部分）则要“自上而下”施加压力。这个号召一出台，全国各地形形色色的运动自然就更加积极地活动起来。“自下而上”

维尔纽斯大教堂广场上的群众大会。俄文标语写着："俄罗斯受蒙古鞑靼人的压迫，立陶宛也受俄罗斯苏联占领的压迫！"立陶宛文标语写："还立陶宛以自由和独立！"（克罗波夫斯基摄）

的压力当然就要触及苏共。普通党员和非党人士于是开始向"上层"——苏共的州委领导和市委领导施压。我还记得戈尔巴乔夫是多么兴高采烈地谈到在萨哈林发生的事情：那里的一个群众大会把党的州委书记赶下了台。总书记公开在电视上对此事加以赞许的第二天我对他说：这样的行动可能导致非常悲惨的结局。有问题，包括党内问题，应当用别的办法解决。而得到的回答却是："已经动手干起来了！"

但无论有意还是无意，戈尔巴乔夫确实是激发了不说上百，至少也有几十个反对现存制度的派别，包括党内和人民代表内部的小组乃至形形色色的小派别。对于"左派"和"右派"，他总是常常作出小小的或不小的让步，以此来求得他们之间的平衡。对于那些要求他要有明确具体行动纲领的人，总书记总是愤怒地进行驳斥。他没有，而且最主要的是他不想有这样的纲领。他是一个即兴做事的人，可以说这种即兴的办事作风过于经常地支配着他的行动。

以我看，改革年代（1985—1991）可分为两个阶段。

第一阶段是着手进行必要的民主革新，对社会生活多个领域放松硬性控制，实行公开化等等的阶段。

第二阶段我认为应该从1989年年中算起。它的特点是激进民族主义的抬头和夺权斗争的展开。这一阶段的“开篇”之作，是第一届苏联人民代表大会。应当指出，在波罗的海沿岸地区，这种“民族主义”的癫狂相对于全苏整体来，开始得更早，即从1988年年中就开始了。当时这是个非常重要的预警信号。正在开始实施改革的国家领导人不会看不到这一点。

第一阶段，戈尔巴乔夫正为头顶上的荣誉光环而得意洋洋。1986年他在远东的哈巴罗夫斯克宣布说：“如今的改革不仅是经济上的，而且还涵盖社会生活的所有其他方面——社会关系、政治制度、思想和意识形态领域、党的以及我们全体干部的工作作风和方法。改革是一个大容量的字眼儿。我们将推动改革……大踏步前进。”

绝大多数人民群众支持了他的行动。戈尔巴乔夫陶醉了，他忘记了，或者更准确地说，是没有考虑到最主要的东西——我国的特点。请注意，苏联有近三亿人口，民族和信仰的构成都非常复杂。国家的历史之所以不简单，还在于它虽强大而富饶，但相当一部分人民对此却毫无知觉。在这样的条件下，改革者必须得一步一个脚窝，无论是方向、规模、速度还是时机，都要找得特别准。也就是说，行动必须要有具体的、切合实际的纲领。但总书记却没有纲领。

戈尔巴乔夫着急了。现在很难判断，当时他是受到什么力量的推动，不知是出于性格，还是受到谁不断催促：时间不等人哪！我看是两方面的原因都有。那些“改革”的策划者们利用总书记性格中的某些特点，推行他们自己的路线，以更快地动摇国本，消灭他们所仇恨的社会制度。当雅科夫列夫及其一伙牵着总书记的鼻子走到对国家已构成危机的第二阶段时，总书记束手无策了。决定性的一步已经迈出。我想，他掉进什么圈套，他自己是明白的。于是就开始乱套了，权力也丢了，改革初期建立的威信也丧失了。这恰好应验了一句富有哲理的格言：“从爱到恨只有一步之遥。”

在这一阶段，具有民族主义情绪的激进反对派转入进攻，社会公众对改革的支持蜕变为民族主义运动，其代表性例证，就是波罗的海沿岸地区在80年代后半期出现的立陶宛的“萨尤基斯”，以及拉脱维亚与爱沙尼亚的人民阵线。正是它们引领了波罗的海沿岸地区三个共和国的“进军”：最初是要求波罗的海沿岸地区国家独立经济核算，而后就是退出苏联。

最具激进民族主义情绪的是“萨尤基斯”。它在夺取政权和争取立陶宛退出苏联的斗争中，显示出极大的破坏力。其实，“萨尤基斯”通过由它掀起的日益高涨的民族主义情绪的浪潮，在该共和国攀上政治巅峰之后，却并不善于解决具体的、日常生活中的问题，首先是社会问题和经济问题。仅仅过了三年多时间，它在道德上和政治上就遭遇了覆灭的下场。甚至连立陶宛取得独立也难以挽救它的危亡。类似情况实际上发生在所有民族主义社会运动身上。特别明显的是到了90年代，他们的领头人如叶利钦、克拉夫丘克、舒什凯维奇、彼得罗相等人纷纷淡出政治舞台。在各自国家的历史上，他们的活动都留下了否定的评价。

当然，客观地讲，“萨尤基斯”之类的大型社会运动，其产生的基础，都是广大居民对生活中的社会经济条件，对中央及地方官僚行政领导作为的不满，以及民族政策和干部政策中出现的偏差。改革的作用正是要解决这些迫切的问题，但为此需要时间，并应采用深思熟虑的方法。

“萨尤基斯”于1988年夏季开始举行一次次群众大会，其决议中提出了要求更多社会民主、独立自主、社会公平（“要对上级党任命的干部说不，要断了他们捞油水的路子!”）、恢复“历史真相”之类的口号。不过后来才明白，像“萨尤基斯”这样的运动，虽然提的是在各共和国开展改革的口号，但要达到的却完全是不同的目的：它们想要破坏现行社会制度，并夺取政权。

正是由于当时有立陶宛共产党中央和共和国克格勃高层领导的参与，“萨尤基斯”才相当迅速地发展成为一个以知识分子为核心的政治组织实体。该组织近95%的成员是立陶宛人，其行动特点是效率高，组织性强，战术步骤周密。在外国“朋友”的帮助下，财政问题和物质技术方面的问题解决得也不错。

运动迅速积蓄了力量。1988年6月初，它还是一个刚组建的只有36名成员的自发组织，仅过了10天，就掀起了一项政治行动：对1941年驱逐200人出境的决定提出抗议。全苏第19次党代表会议前夕，它在格底米纳斯广场举行了一次两万人的集会，为参加代表会议的代表们送行，并以新运动拥护者的名义向他们提交委托书。7月9日，又有好几万人前来迎接这些代表归来。“萨尤基斯”运动的积极分子以这样的姿态完成了在公众面前的亮相。1988年8月23日于维尔纽斯举行的万人大会上，这一运动得到了广泛的承认，并在组织上开始成形，这一天正是里宾特洛甫、莫洛托夫签署条约的纪念日。在这次群众大会上首次宣布了“萨尤基斯”的纲领性宗旨。

政治、社会经济和文化发展问题，开始越来越经常地被他们从民族利己主义和孤立主义的角度去审视。这一点使得“萨尤基斯”不仅与生活在立陶宛的俄罗斯人、白俄罗斯人、波兰人渐行渐远，而且也包括同一部分立陶宛人疏远。但激进民族主义还是占了上风。人民大众对于改革的结果很失望，为“萨尤基斯”在相对短暂时间内掌握群众造就了合适的土壤。

立陶宛共产党中央委员会极端摇摆不定的行动，也助长了“萨尤基斯”威信的提高及其民族主义性质的增强。实际上，党中央已经不再参与群众的事，开始退避，结果它的立场就变得非常具有两重性。例如，中央委员会书记布拉扎乌斯卡斯和舍佩季斯开始公开参与“萨尤基斯”的事务，并声称支持它的活动。

上面提到 1988 年 8 月“萨尤基斯”组织了一次集会，之前，苏共中央政治局委员、中央委员会书记雅科夫列夫来到立陶宛，会见了新成立的“人民阵线”的领导。当他了解到后者的主要目的是脱离苏联时，便耍了一个两面派手法。他一面发表演说，高谈人民之间的友谊，同时又向他的“学生们”详细说明，为达到主要目标须采取什么方略和战术。

后来，立陶宛共产党中央委员会站在苏共立场上的新领导得出的结论是：雅科夫列夫实际上为把该共和国引向 1991 年 1 月维尔纽斯街头发生流血事件，打下了思想理论基础。这位改革的“设计师”和“施工队长”，是中央的最高层政治活动家当中最先支持“萨尤基斯”分离主义倾向的人。这次到访之后，“萨尤基斯”开始觉得自己被委以担当首要政治力量的重任，而目标则是做一把攻城的大锤，以摧毁现存社会制度。

于是广泛开展了“萨尤基斯”思想的公开宣传。事变席卷全共和国，局势失去了控制。立陶宛领导层中不支持“萨尤基斯”分离主义的部分人士于 1988 年 9 月 28 日在维尔纽斯做了一次笨拙的尝试：用强力手段去制止未经批准的群众大会，示威性地出动了民警和特种部队。维持秩序的人同参加大会的群众发生了冲突。这一事件被“萨尤基斯”在宣传中巧妙地加以利用。手持橡皮警棍的士兵的形象被大量印制在宣传画上，引起立陶宛社会的巨大反弹。当局的行动被称为是“对改革派对人民显示民主意志的镇压”。

接踵而来的便是共和国的政权危机。意志薄弱、优柔寡断的党的领导人松盖拉从立陶宛共产党中央委员会第一书记的职位上被撤下来，接替他的是经苏共中央同意和批准的布拉扎乌斯卡斯。当时他赢得“萨尤基斯”很多积极分子的好感。局势部分得到缓解。

1988 年 10 月 22—23 日召开了“萨尤基斯”成立大会。这一活动的广泛群众性引人注目：在 4500 名参加者中，有 1122 人为大会代表。以嘉宾身份到会的有各侨民中心的活动家、苏联许多加盟共和国和城市的代表。

立陶宛人民诗人马尔钦基亚维丘斯宣布大会开幕。与会者当中有一位当时“萨尤基斯”领导人的父亲、90 岁的兰德斯别尔基斯—扎姆卡里尼斯。他曾叛变附敌，担任过亲德国法西斯的政府部长，在向希特勒效忠书上赫然列有他的签名。那份效忠书是在 1941 年 6 月 25 日，即伟大卫国战争爆发后的第四天发出的，名曰《立陶宛独立临时政府告人民书》。其中有这样的话：“……立陶宛临时政府感谢欧洲文明的拯救者、德国总理、伟大的阿道夫·希特勒和他无畏的军队解放了立陶宛的领土”。

“萨尤基斯”在维尔纽斯纳戈尔内公园举行的群众大会。白俄罗斯民族主义分子代表团打出标语牌。(克罗波夫斯基摄)

耐人寻味的是戈尔巴乔夫的举动。他委托布拉扎乌斯卡斯以他的名义向成立大会转达“衷心的问候和祝愿”，并且强调说，他从“萨尤基斯”身上，“看到了推动改革的积极力量”，相信他们“一定会更加提高苏维埃立陶宛的声望”。这里不禁产生一个问题：怎么了？是认不清这个滑向民族主义立场的运动的真面目，抑或是一位憧憬着权力但又正在失去权力的领导人的巧妙应对？我认为是后者。而且，在这种地方，雅科夫列夫手法的痕迹谁都能看明白。

“萨尤基斯”也没有欠下人情债。在成立大会上通过了给戈尔巴乔夫的信：“请您根据我们的具体行动作出评价，并在苏联自主的各族人民大家庭中，为立陶宛取得民族自决权起促进作用。我们信任您，米哈伊尔·谢尔盖耶维奇。我们把您的话写在宣传板上。我们的运动不会离开党指引的路线，不会离开在生活中实现建设性深刻变革的道路。”

同时又向莫斯科发了一通表示感谢的致敬电，其中特别强调说：“当我们说到和想到俄罗斯人民时，当我们谈到‘国际主义’时，我们指的是像您一样的人。您的一切活动，您不久前对立陶宛的访问，都使我们相信并证明您的这些话绝非空谈。”电报是发给谁的呢？当然是发给政治局委员、中央委员会书记雅科夫列夫的！这封信刊登在共和国各家报纸上，并通过广播和电视播出。

这条新闻不仅立即为立陶宛全国民众和密切关注这一行动的拉脱维亚人和爱沙尼亚人所知晓，而且事实上已成为整个国际社会的关注点。因为400名与会记者中，有103人来自全世界各家通讯社，代表了17个国家的大型报刊。对于“萨尤基斯”来说，这是政治斗争中的一种最强有力的支持，反对的不仅是地方“保守主义者”，而且也包括莫斯科。

会众全体起立，对中央政策的讨论和支持共和国主权思想的发言，报以暴风雨般的掌声和一字一顿的欢呼。反俄的、反苏的发言，“俄国人是占领者”、“从立陶宛撤走占领军”等口号，也同样赢得了狂热的掌声和“立—陶—宛！立—陶—宛！”的欢呼声。苏联国家元首对之表示敬意的就是这样一群人！

成立大会巩固了“萨尤基斯”作为共和国主要政治力量的地位，选举了领导机关：代表大会由220人组成，其理事会由35人组成。兰德斯别尔基斯教授当选为代表大会主席。此前，该运动争取到获准出版自己的报纸《阿特基米马斯》（《复兴报》），印数20万份，用立陶宛文和俄文出版。至此，“萨尤基斯”的建立在政治上和组织上已经完成。应当指出，大会所作的决定和通过的30个决议，在很多地方都违反了该国当时的法律和宪法。

“萨尤基斯”运动领导人兰德斯别尔基斯是何许人也？我想援引他过去的战友、著名的立陶宛作家佩特克亚维丘斯的话来做一个说明。这位作家几年前写了一本书，名叫《傻瓜的航船》，其中有这么一段：

> 您可别忘了有这么一句谚语：教授要是当家，百姓就要倒霉……我们的教授本想当一个钢琴家，跟德瓦里奥纳斯学过琴，三年级时老师给他下了个评语：“年轻人，别再折磨自己，也别再折磨我了。您成不了钢琴家。”于是年轻人成了个研究音乐的学者。从音乐学院毕业后，他写了一本关于丘尔立奥尼斯艺术特色的书。但他既不是音乐家，又不是音乐学家，也不是艺术家。搞阴谋他可是高手……他常说：“哎呀，缺了我多糟糕！”可他却憎恶自己的人民，什么狠毒的话都说过：下流胚、赤色坏蛋，等等，现在又骂他们是野蛮人……

克格勃少将施罗宁写了一本《克格勃—中情局——改革的隐蔽动机》的书，让我们引用其中的一些段落，为他的肖像再加上几笔吧：

为了给这个小兰德斯别尔基斯做一个全面评价，有必要提一提他与原立陶宛苏维埃共和国克格勃的接触。我在该共和国的同事们对我说，他曾主动找到国家安全部门的一位工作人员，要提供克格勃机关感兴趣的情报。提出的交换条件是准许他出国探望那边的父亲。当然，肃反人员是没有白吃干饭的。直到获得关于立陶宛侨民组织的有价值的情报、并在克格勃机关收到感兴趣的一系列人员的具体材料之后，他们才为小兰德斯别尔基斯的出国开了绿灯。无疑，有一种想法一直萦绕在这位活动家的心头，那就是一定要把自己主动接触克格勃的真相掩盖起来。所以当他步入政坛之后，就对同他保持工作联系的那位工作人员下了手。

但兰德斯别尔基斯想掩盖痕迹的企图未能得逞。1997 年 9 月，立陶宛议会下设的调查议员与国外特工机关联系的专门委员会，提出了关于议会议长兰德斯别尔基斯自 70 年代中期就开始与克格勃合作的问题。最后查清，即使是在最严酷的苏维埃年代，即在立陶宛被称为“苏维埃占领”的时期，兰德斯别尔基斯也不仅能够前往德国探望父亲，而且还可以到奥地利去，同在当地做生意的哥哥会面……

兰德斯别尔基斯作出的第一批国务决定当中，就有整肃立陶宛社会主义共和国克格勃的决定。他还要求把缴获的和查找出来的有关被强制押解到德国去的人员的文件上缴，似乎这些文件对于恢复名誉的委员会开展工作必不可少。我个人曾经有机会亲自率领苏联克格勃代表团就以上提到的问题进行谈判。恢复名誉是非常重要但又很敏感的事情。因此，所有必要的文件都交给了立陶宛方面。但我确切地知道，这些文件并没有用于指定的用途。经确认得知，与兰德斯别尔基斯家庭和亲属有关的文档已从这些文件中被清除掉了。

为什么要销毁这些文件？该书作者说出了缘由：

此外，另有 300 多名立陶宛公民，他们都参与了在法西斯占领立陶宛期间屠杀犹太人的行动，涉及他们的文件于移交立陶宛方面后也不知下落。但是可以想象，再想找到它们可就不那么容易了。

到目前为止，尚未听说维尔纽斯当局对大规模屠杀犹太人行动的参与者提起过什么公诉。众所周知，立陶宛民族主义分子正是在对待犹太居民的问题上，表现得特别残酷。被消灭的犹太人，其数量与立陶宛国内人口之比，在欧洲是占头一位的！当地居民充当法西斯帮凶参与屠杀犹太人的实例，数量也是占第一位的。

当然，立陶宛大屠杀的真实规模至今也搞不清楚，因为希特勒在这里消灭的犹太人，有从法国、意大利、挪威、丹麦驱赶过来的。此外，战争一开始，就有犹太人从波兰逃到这里来。这些人都被关进了老兰德斯别尔基斯的集中营，其中的绝大多数都被杀害了……

人们相信的是一些多么阴森可怕的人物啊！究竟何时才能不再被那些夸夸其谈的政治骗子牵着鼻子走呢？遗憾的是直到过了这么多年，有人才闹明白自己是被人骗惨了。立陶宛是这样，俄罗斯是这样，苏联的其他许多加盟共和国也是这样。

“萨尤基斯”：从口号到应验

“萨尤基斯”的成立大会使得立陶宛共和国本来就复杂的局势更加动荡，民族对立更加突出。反对“外来移民”的行动展开了。不耐烦的情绪在政治斗争中开始占上风，敌人也开始以新的面貌出现。在这场政治歇斯底里中，外国广播电台、各种媒体以及数不清的顾问和密使，都一齐掺和进来。

当时立陶宛共产党和该共和国共青团组织的领导人也没有袖手旁观。早在1988年的10月，他们就下令从党员和团员交纳的党团费中扣出几个百分点去支援“萨尤基斯”。共和国境内大型企业的领导人也接到了类似的指令。靠着这些，到1988年12月，“萨尤基斯”的领导人掌握的可支配资金已达数十万卢布。在当时这是很大的一笔钱，这些钱让立陶宛民族分离主义分子得以大展拳脚，发动宣传攻势。

成立大会引起了相应的反应。先是1988年11月在维尔纽斯，然后又在整个共和国，主要是在大型企业的工人集体中，开始形成国际主义者运动。后来苏维埃立陶宛共和国当局为该运动注册的名称是“争取立陶宛改革社会主义运动Vienybé—Единство—Jednosć”（“统一”一词的立陶宛语、俄语和波兰语）。对这一事实，至今民族分离主义的媒体都坚决避而不谈。该运动号召民族平等，主张使用两种官方语言（具体地说，就是俄语和立陶宛语，而波兰语可在两族混居地区作为民族间交流的语言使用），实行社会平等，争取立陶宛未来的经济与民主发展等，但不主张共和国脱离苏联。该运动领导人明白，只有苏联才能以其巨大的经济潜力，保障现代社会的创造性发展。

其实，他们本应首先得到以布拉扎乌斯卡斯和主管意识形态的书记舍佩季斯为首的立陶宛共产党中央委员会的起码的支持。但“统一运动”的国际主义者多次向该共和国共产党中央委员会提出呼吁，却得不到任何理解。立陶宛共产党领导不仅拒绝了这个运动，更糟的是开始迫害和诋毁它的成员。

在实际上得不到回应和帮助的情况下，反对瓦解苏联的该运动领导人这时便直接找了苏共中央和戈尔巴乔夫本人。这一事实更加有理由使人相信，戈尔巴乔夫对立陶宛民族分离主义分子的支持完全是自觉的和目的明确的。

新一轮政治对决出现在 1989 年的年初，当时围绕全苏人民代表选举展开了极为尖锐的斗争。首先是 1989 年 2 月 12 日在维尔纽斯体育宫附近，“Vienybé—Единство—Jedność”运动领导人伊万诺夫发动该运动支持者，召开了 10 万人大会，要求保障立陶宛所有当地族群的平等，坚持共和国的社会主义发展道路。“萨尤基斯”领导人深为左翼力量的成功所震慑，开始丧失他们从立陶宛共产党中央得到的支持。在随后召开的立陶宛共产党中央全会上，坚持原则的共产党员的意见占了上风，并在那个动荡的年代，第一次对共和国政治形势给出了明确的评价。会上对共和国领导所犯的错误和工作上的疏漏进行了分析，试图制订出一个具体行动纲领，并且明确宣告，共和国党组织未来的活动只能在苏共组织内部进行，而共和国切合实际的主权也只能存在于苏联内部。

在这种情况下“萨尤基斯”领导人开始孤注一掷了。他们专门发表了《声明》，号召抵制全会决议。该《声明》实际上成了他们大选中的思想指南。人民代表选举前夕，“萨尤基斯”在所有选区都提出了候选人。依靠巨额经费支持，加之国家媒体也在为他们宣传，在全苏国家最高权力机关为苏维埃立陶宛共和国分配的 41 个人民代表席位中，“萨尤基斯”有 34 人当选。

接着就开始了第一届苏联人民代表大会的筹备工作。立陶宛和另外两个波罗的海地区国家，对代表团的人员组成和活动纲领都考虑得非常细致。他们认为，由于自己人数较少，在全体大会上发言的机会不多，所以就把工作重点放到了各委员会和小组会上。就这几个代表团应起什么作用的问题，也都事先做了安排，优先照顾那些持民族主义态度，同时在工作中又具有权威地位的人。对于代表的一般文化水平、交往能力、演讲能力、是否善于说服他人，甚至外貌等条件，都给予了特别的关注。

如果不是为达到民族主义和分离主义的目的，这一切本都正常，甚至做得很好。

波罗的海沿岸地区国家的议员会同莫斯科和列宁格勒的代表，共同给代表大会定下了辩论的调子。他们在跨地区议员小组积极开展活动，而该小组的领导人就是叶利钦。正如所知，爱沙尼亚科学院院士帕尔姆进入了这个组合的领导机构。由于对大会的一切情况都进行电视转播，所以波罗的海沿岸地区三个加盟共和国的居民，就能够对本国代表的原则性、积极性和政治倾向性作出判断。

从第一届人民代表大会开幕之日起，波罗的海沿岸地区三国代表就采取一切可能的步骤，力图使这几个加盟共和国退出苏联。每个议题只要稍有涉及这个问题，他们便马上加以利用。这样一来，代表大会不仅对波罗的海沿岸地区各加盟共和国，而且对苏联的其他一些加盟共和国的分离主义情绪的发展，都起到了催化剂的作用，而这一切，又离不开三国代表的帮助。我身处冲突漩涡的中心，常常扪心自问：作为一个伟大国家的代表，我们这些人干吗要忍受一小撮民族主义分子政客的侮辱？我虽然明白，他们的那种所谓民族自我意识在特定条件下定会以极端民族主义的形式表现出来，但依然无法想象后来的一切竟会发展到如此地步。

波罗的海沿岸地区三个加盟共和国的民族主义运动，使出了浑身解数去实现他们的主要目标——脱离苏联。这里需要提到的是，他们对1939年8月23日签署的苏德互不侵犯条约（即所谓的里宾特洛甫—莫洛托夫协定）中的秘密议定书特别感兴趣。他们首先加以利用的正是这份文件。它成了摧毁苏联的某种政治杠杆，成了把苏联归入“占领者”一类的一个借口。

分析波罗的海沿岸地区国家以民族主义为目标的组织及其多数领导人的社会政治活动（如群众大会、“圆桌会议”、游行、在媒体上发表意见等等），就可以得出明确的结论：他们的一切努力，都是朝着一个方向，即要求对苏德之间的这份条约，特别是对其附加秘密议定书给出政治和法律评价。

苏联的这次人民代表大会，恰好在这方面为波罗的海沿岸地区国家的民族主义分子提供了一个极好的讲坛。出现了一次天赐良机，可以在入骨三分的电视摄像机面前，完全合法地把条约的问题提出来了。当时，电视正日夜不停地向全国转播那次被炒得沸沸扬扬的代表大会。这样的好运道真是千载难逢。在叶利钦的“民主”时期乃至后来，社会活动家们（不论你是国会议员还是什么候选人）的电视讲话都是按时间分配的。想要延长出镜的时间吗？掏钱吧，而且还不是小钱。可当时一切都很简单。到了1989年6月1日，爱沙尼亚科学院院士利普玛提出了一个决议草案，建议针对1939年8月23日苏德条约及其秘密议定书成立一个法律评估委员会。得到推荐担任该委员会委员的人选，有波罗的海沿岸地区国家最激进的代表，也有莫斯科的，乌克兰的，摩尔多瓦的，以及亚美尼亚等地的代表。

围绕这一提案展开了辩论。头脑清醒的意见得不到正面的回应——例如议员伊·亚罗威和塔林市一家企业的经理就指出，讨论这个问题是不恰当的，因为从他们的共和国开展清理本土居民工作一年半的结果来看，非爱沙尼亚的那一部分人居然成了“占领者”和“殖民者”。持类似意见的是科学院院士、后来获得诺贝尔奖的阿尔菲洛夫。他建议不讨论这个问题，因为1941年6月22日德国入侵苏联后，该条约对双方均已失效。可是发言赞成设立委员会的有立陶宛和拉脱维亚共产党中央委员会的书记、莫斯科和波罗的海沿岸地区国家的科学界代表，以及以活跃著称的俄罗斯代表们。而如今，这些人也都为波罗的海沿岸地区三个主权国家的领导人对俄罗斯和俄罗斯人民的行为感到极大愤慨。

戈尔巴乔夫要求讲话。他的发言总是那么颠三倒四：他告诉大会，无论在我们这边还是在德国，都找不到秘密议定书的原件。而且还援引了与德国总理科尔的谈话。接下来他却……又支持设立调查文件的委员会，可是据他讲，文件的原件并不存在，但他还是推荐了雅科夫列夫进入委员会！一天后，决议以压倒性多数获得通过。反对6票，弃权7票。苏共中央政治局委员雅科夫列夫当选为委员会主席。

应该指出，与秘密议定书相关的情况可不简单。政治局委员们不止一次问戈尔巴乔夫，里宾特洛甫—莫洛托夫协定的秘密议定书文本是否存在，也问到卡特诺事件。回答斩钉截铁：我们手上没有这个文件。大部分政治局委员认为，既然原件不存在，那么对议定书的法律评估就无从谈起。雅科夫列夫则持不同看法。他认为有副本就足够了，因为从1948年美国国务院公布《1939—1941年间苏联与纳粹的关系》文件汇编之日起，这个情况就清楚了。其中就有1939年苏德条约的附件——所谓的秘密议定书。

我本人不止一次问过戈尔巴乔夫：是否真的没有原件？有一次他叫人把一张画在高级绘图纸上的地图送到他的办公室。那是一张手绘的地图。上面画着1939年军事行动之后的疆土边界。地图上有两个签名：里宾特洛甫和斯大林。除此之外，上面还有斯大林用红铅笔做的几处有利于我方的改动以及他的铅笔签字。在这张“地图”上，恰恰没有波罗的海沿岸地区三个国家。无论是我还是其他的政治局委员，都再没有见过任何其他有关这个问题的文件。几年之后才知道，戈尔巴乔夫竟然欺骗了中央政治局的战友，欺骗了苏联人民代表，欺骗了我国的所有社会公众。

实际上究竟发生了什么情况呢？1985年戈尔巴乔夫就任苏共中央总书记后，时任苏共中央综合部部长的卢基扬诺夫根据当时形势，向他报告了一个情况：在一个专门的处里，保存着一些严格保密的文件袋。大约一年后，新任综合部部长博尔金也向总书记报告说：在政治局的特别档案室里存有一些文件，装在密封的文件袋里，其中就既有关于1939年苏德条约的，也有关于卡特诺事件的秘密文件。

按博尔金的说法，他将这些未启封的文件袋交到总书记那里。虽然按条例规定，做启封之类事情的应该是中央综合部部长，但戈尔巴乔夫亲手拆开了这几个文件袋，里面就有条约文本和上面我提到的地图。就这样，包括我在内，还有其他政治局委员，也包括雅科夫列夫，从秘密文件袋里看到的就只有地图。博尔金请示，要不要让哪一位政治局委员了解一下这些文件，或在会上向政治局通报一下。戈尔巴乔夫回答说不用，还补充说，必要时他会亲自拿给有关的人看。总书记亲自将几个文件袋封固后，退还给中央综合部下属的政治局特别档案室保存。顺便说一下，有消息说，在50年代以前，这些文件曾存放在外交部，后来才转到苏共中央。

就这样，戈尔巴乔夫知道这些文件，博尔金也知道。但前者有意识地隐瞒了这个消息，而后者则按总书记的要求，也没有扩散消息。由此可以得出结论：人民代表大会特别委员会的主席雅科夫列夫也不知情，他只是见过那张地图，并报告了大会。

苏联解体和苏共被取缔后，包括政治局档案在内的所有档案，都归俄罗斯总统叶利钦管辖。这时，文件被公开了，某些文件甚至还转给了其他国家，如波兰。

就波罗的海沿岸地区国家的秘密文件问题，我想谈谈自己的看法。从世界历史和本国历史的经验来看，可以得出一个普遍的结论，就是无论哪朝哪代哪个国家，都会利用秘密条约或协定来保护或满足本国的利益。这永远是任何一个国家在政治上和外交上不可分割的一部分。

第一次世界大战期间，参战国都订有双边秘密协定。1917年11月列宁公布了协约国的《秘密条约》，其中明确规定英法两国将会得到什么。答应划给俄罗斯的是奥匈、土耳其、波斯和阿富汗等国的部分领土。

这里需要一提的是，立陶宛代表团为脱离苏联而展开活动时，总是以1920年7月12日的《莫斯科和约》为依据，说其中规定给予它主权。可就是这个条约，其中也含有一个秘密协定！其中规定了立陶宛在“俄罗斯苏维埃社会主义联邦共和国工农政府俄罗斯军队”对抗波兰行动中的参与程度，允许使用立陶宛领土，同时规定该国须保持中立。这一协定保证从波兰撤出的红军得以经由立陶宛领土通行无阻地回到俄罗斯。立陶宛遵守协定的行动也得到了布尔什维克方面相应的回报。当时的苏维埃俄国虽饱受战争折磨，正处于饥饿之中，但仍于1920

年 10 月 16 日向立陶宛政府划拨了相当于 300 万卢布的黄金。此前于 1920 年 8 月 14 日，红军统帅部依照《莫斯科和约》，已将维尔诺市及其相邻地区移交给立陶宛军队。对于这些事实，如今的当权者却全都忘记了，反而肆无忌惮地利用里宾特洛甫—莫洛托夫秘密议定书大做文章。

各种各样的秘密条约和协定在现代史上本是一种司空见惯的现象。大约也就在苏联同当时的德国签订和约的同时，在德国向苏联发动进攻的两周之前，即 1941 年 5 月 10 日，希特勒的代表、纳粹党“老党卫军”的缔造者鲁道夫·赫斯乘飞机飞往大不列颠。英国人给赫斯一案规定了 60 年的保密期，可是接近到期的时候，又把它延长了 60 年。看来我们二战中的盟友由于许多特殊原因，还不能公开这些档案。

让我们再回来谈 1939 年 8 月 23 日里宾特洛甫—莫洛托夫协定及其秘密议定书的问题。这其中没有任何有关苏联进犯波罗的海沿岸地区国家，或以其他方式对它们施加影响的意图。今天，每个人在文件中都能看到这些内容。而且，议定书的第一条就说，立陶宛在维尔诺州的利益为双方所承认。这件事发生的时间是在 1938 年 3 月，也就是立陶宛共和国领导人在首都考纳斯作出了对波兰有利的决定，从法律上放弃对维尔诺和维尔诺州主权要求的一年半之前。

这些文件所提到的划分“利益范围”的问题，既不是瓜分主权国家，也不是达成侵占它们协议。事实上这是谈判双方为军事和政治活动划定分界线的协定。

如果当时没有这样一条分界线，那么，由于西方国家的默许，早在 1939 年，波罗的海沿岸地区三国就被德国占领了。那么，世界也早就会是另外一个样子了，那现今波罗的海沿岸地区主权国的政治家们又向谁去质询这个条约的问题呢？也许只有去问希特勒了？他们敢这么做吗？苏联挽救了这些国家，挽救了它们的人民免遭德国纳粹真正的军事占领之苦，然后又尽其可能帮助被它解放了的波罗的海三国加速发展。没有良心的人咒骂解放了他们的国家苏联和红军是“占领者”，而这些国家人民的子弟，他们的父兄，却同苏联各族人民一道，为反对法西斯侵略者而并肩战斗过。

我深信，总有一天，客观的历史学家会对二战前夕欧洲的态势，以及那时斯大林的作用作出评判。很多人是从本世纪初和上世纪末而不是 1939 年的立场观点去审视苏联领导人所采取的步骤的。当时法西斯德国发动的战争已经逼近我国大门，我们迫切地需要赢得哪怕是几年的和平时间，以便准备应对即将到来的极其残酷的搏斗。不仅对我们，而且对波罗的海沿岸地区，对被希特勒安排了极其悲惨命运的那些国家和人民乃至对全世界来说，如果苏联的疆界没有向西推移，那么伟大卫国战争的进程将更加惨烈。这也就意味着二战的过程将会更长，更加血腥，更具破坏力。

我们再回过头来看雅科夫列夫领导的委员会的工作。按他的话说（《记忆的漩涡》一书），工作枯燥而沉闷。波罗的海沿岸地区国家的代表持极端立场，积极支持他们的是苏联人民代表尤利·阿法纳希耶夫。委员会主席雅科夫列夫个人的观点耐人寻味，他说："其实，波罗的海沿岸地区国家的代表提出的很多意见和要求都是可以赞同的，但若要对苏联提出指控性的决议，大会终归还是不会通过。"

雅科夫列夫在他的回忆录中避而不谈，1989 年 7 月委员会的建议并不是提交给人民代表大会的，而是提交给苏共中央政治局的。他在附函中谈到了人民代表包括苏共党员坚持不让步的情况。为了赋予自己在与"好斗的波罗的海分子"进行斗争中以坚定的"党性立场"，雅科夫列夫向政治局汇报说，他成功地拿掉了阿法纳希耶夫及其同伙提出的"谴责同法西斯签订协议"的要求，否定了秘密议定书与爱沙尼亚、拉脱维亚和立陶宛三国 1940 年加入苏联有直接关系的看法，等等。

在雅科夫列夫的附函中，就这位或那位人民代表持什么立场，提供了大量消息。但主要的、关键的问题却并没有解决。他在附函中这样说：

"本可以作出努力，以求在委员会结论的草案中加进这样的观点，即欧洲领土的现状是第二次世界大战的结果，因此应该以既成事实为准，而不是以 1939 年与德国的协议为准。如果能达致这种共识，那么，主张恢复三共和国'独立'的人士，就只好改变自己的战术了。"

道理的确如此，但接着就产生一个问题：为什么雅科夫列夫在附函中使用的字眼儿那么谨慎，像"作出努力"，为什么用"本可以"，而不用"应该"？况且他清楚地知道：从法律的角度来看，承认不承认议定书的存在并没有任何意义，因为该议定书并未包括在条约批准程序之内，而且就纯法律的角度而言，该议定书也无权决定一个国家的命运。再有，整个这份"友好"条约，正如前面所说，经过 1941 年 6 月 22 日的一把战火，早已被烧得一干二净。因此，附函的作者只不过重复了一个公认的道理，即战后欧洲的重建具有完全不同的基础，这就是它要符合联合国宪章以及 1975 年赫尔辛基全欧会议结论性文件所规定的国际法准则。

1989 年 12 月 24 日，在第二届苏联人民代表大会的最后一天，雅科夫列夫就委员会工作做了总结报告。同一天，大会就此问题通过决议。下面让我引用其中的一条：

苏联人民代表大会谴责1939年8月23日签订《秘密补充议定书》的事实以及与德国签订的其他秘密协议。大会认定秘密协议自签订之时起在法律上无效，不具约束力。

这些议定书并不能为苏联同第三国的相互关系构建新的法律基础，但却被斯大林和他周围的人用来向其他国家提出最后通牒或施加压力，以破坏对它们的法律义务。

表决这项决议的结果是：1435票赞成，517票反对和弃权。

虽然措辞模棱两可，但第二届人民代表大会凭借这样的决议，还是从法律上肯定了波罗的海人的胜利。而且，从时间上来看，这种情况恰好与1989年12月立陶宛共产党20届代表大会上发生的分裂相呼应。独立的立陶宛共产党的建立，加之人民代表大会对历史上立陶宛据以加入苏联的文件提出正式谴责，这一切仿佛汇成了一股越来越汹涌澎湃的潮流，把主张立陶宛脱离苏联的人引上了一条直通目的地的道路。

由于雅科夫列夫领导的委员会工作迟缓，促使围绕该问题出现的政治局势日益紧张。在第一届人民代表大会上成立该委员会的时候，曾经提出过一个非常明确的要求：在对有关议定书的历史情况进行研究之后，应在该议定书签署50周年时，即1989年8月23日之前，向大会作出答复。提出要求的同时，还通过了许多威胁性的决议案，举行了多次群众集会，甚至出现了多次绝食行动。可是，在这最紧要的关头，委员会主席却跑去休假去了。这被认为是克里姆林宫方面再次蓄意逃避回答实质问题。紧接着就有了反应：1989年8月23日，发生了名为“波罗的海之路”的规模庞大的政治行动（稍后将加以说明）。根据波罗的海沿岸地区后来发生的一些事件可以断定，雅科夫列夫拖延委员会的工作是有预谋的，其目的就是在此期间为进一步加剧波罗的海沿岸地区国家的破坏性力量打好基础。

本章笔者将对此人在苏联解体前最后几年中的活动给予更多关注。不久前雅科夫列夫去了黄泉世界。民间有句话：人死了，要么只能说个“好”，要么说声“还可以”。看来这其中含有深刻的道理。如果活着的时候做了太多的坏事，那么你就要面对上帝的审判，为你在人世上造的孽接受上帝的惩罚。

雅科夫列夫不是我们社会中的一般人，也不是政治局的普通成员，他在摧毁苏联和苏联共产党的事情上，留下了极为浓重的一笔。因此，还有必要在我们这个罪孽的人间，对他的所作所为再作一点评判。许多活在纪元前的和其后两千多年间的政治家和社会活动家，不是都在受到人们的评判吗？关于个人在历史上地位的争论，至今也没有平息过——像拿破仑和希特勒，列宁和斯大林，还有伟大国家的破坏者叶利钦，统统都在被评判之列。

关于雅科夫列夫的情况，最近 20 年来已经谈得很多，但是依我的看法，还有不少“画外音”没有收进来。比方说，人们只能凭猜测来确定他在把戈尔巴乔夫推上苏共中央总书记的位置上起到了什么作用。他们之间的交往密切，是从 1983 年开始的，当时雅科夫列夫任苏联驻加拿大大使，对到加拿大正式访问的当时还不起眼的政治局委员、分管农业的中央书记戈尔巴乔夫表现得关怀备至。

与此相关，我想起了自己在苏共中央生活中的一件事。一次，当我与安德罗波夫单独会见后，有人向他报告说，戈尔巴乔夫正等在接待室，应约来见他。我收拾起文件打算离开，可安德罗波夫请我留下。戈尔巴乔夫开始详细向总书记汇报他出访加拿大的情况。他肯定了这个国家的农业技术、肥料、储存和农产品加工。安德罗波夫认真听取汇报后，平静地说：如果您喜欢加拿大的农业，就想一切办法把咱们的也搞成那样吧。

戈尔巴乔夫见总书记心情很好，于是决定向他建议，意思是我们的大使雅科夫列夫在加拿大已经待了 10 年，在那里待够了，也许该把他召回莫斯科了？我并不认识雅科夫列夫，但在中央委员会的机关里没少听到关于他的事。他曾在《文学报》上发表过一篇轰动一时的文章，这才成为把他派到加拿大的因由。那篇东西我是在乌拉尔看到的。因此我自然有兴趣知道，安德罗波夫对这个人是什么看法。安德罗波夫突然严肃起来，很不客气地对戈尔巴乔夫扔下四个字：“让他待着!”就这样，戈尔巴乔夫想要把雅科夫列夫从“流放”中——后来这个人常这么说——召回的意图也就落空了。愿上帝保佑每个人都能得到这种“流放”的机会！不久安德罗波夫死了，雅科夫列夫也就回到了莫斯科。

此人对自己国家持否定态度：认为它是个帝国，其中的加盟共和国似乎被剥夺了一切自由。他的思想、主张、全部活动，表明他对养育他的俄国以及这个国家的人民，其中包括俄罗斯人，没有一丝的尊敬。本章已经详细谈到了他在波罗的海沿岸地区事变中扮演的反面角色。在高加索的时候，他也助长了纳戈尔诺—卡拉巴赫地区事态的白热化，实际上煽起了亚美尼亚同阿塞拜疆之间的战火。他把中亚各加盟共和国完全视为异己。大家都清楚，与阿富汗的边界对于我国的安全具有什么样的意义，可是他却认为，跟阿富汗的关系仅仅是那几个加盟共和国的事。

我们追踪雅科夫列夫的生平和活动，不能不看到他性格的基本特征就是伪善。对他来说，我国历史的整个苏维埃时期就是一团漆黑。直到 20 世纪的 90 年代，当直言不讳成为时尚的时候，雅科夫列夫才开始讲真话：他彻底否定 1917 年的十月革命和列宁。他混迹苏共达数十年，爬到中央书记和政治局委员的地位，但对待苏共却完全抱仇视态度，全然看不见它在我们生活中的地位。1991年8月之后，他公开和示威性地谈论自己在把党赶下政治舞台过程中个人的功劳。

自诩为“改革”创始人的他（当然不止他一个人），强烈地仇恨苏维埃社会主义制度。雅科夫列夫谈到集体农庄时总是怒火冲天，毫不掩饰自己对国家所有制所持的绝对否定态度。关于这一点，斯塔罗杜布采夫曾对我说起过——当年他在加拿大旅行时，有过机会与雅科夫列夫大使一对一地交谈过好多个小时。

但是令所有人特别震惊的是他对我国在伟大卫国战争中的胜利所持的无耻态度。之所以令人震惊，是因为他本人就是那场战争的参加者，并在战场上受了重伤。这个人为诋毁反德国法西斯的第二次世界大战的结局，作出了很大“贡献”。在那场战争中，人类，首先是苏联人民，付出了巨大的血的代价。

戈尔巴乔夫和雅科夫列夫是我们现实中的一对凶狠的家伙，他们整个一生都在以虚伪的面目示人。他们一个是改革的“设计师”，还有一个是改革的“施工队长”，无论在阴险的“创意”上还是在创意的实行上，都是狼狈为奸，互为补充。直到苏联垮台之后，党被禁止活动，这两个家伙才抛去假面。正是党指引了他们的生活道路，而他们却毁掉了党。这两个政客全都背叛了自己伟大的国家和人民。历史已给予他们以符合实际的应有评价。而那个充满悲剧色彩的年代离我们越是久远，社会就越是能够深刻而客观地评估我们祖国的这两个“该隐”的所作所为。

1989年夏末立陶宛形成的局势在莫斯科引起了巨大恐慌。加之，如前所述，8月23日正是里宾特洛甫—莫洛托夫协定签署50周年的日子，“萨尤基斯”搞起了名为“波罗的海之路”的政治行动。其规模之巨大，政治情绪之炽热，很大程度上都同前述雅科夫列夫主持的委员会对1939年德苏条约定性工作的拖沓有关。有人一而再再而三地向立陶宛、爱沙尼亚和拉脱维亚民众灌输，委员会在有意拖延时间，目的是掩盖苏联领导人在二战前夕几年间的真实意图。

“波罗的海之路”在维尔纽斯的行动是从大规模示威游行开始的。这一行动由立陶宛独立联盟发起组织，参加者有共和国各地区人民阵线的代表。

游行者手持标语牌，上写：“戈尔巴乔夫，从立陶宛撤走红军”，“俄国占领者，回家去”，“立陶宛人和波兰人，团结起来与共同的敌人斗争!”发言的人都声言立陶宛受到“占领”，号召立陶宛退出苏联，等等。演说者当中有拉脱维亚、爱沙尼亚、乌克兰、摩尔多瓦、白俄罗斯等国的民族主义组织和莫斯科“民主联盟”的代表。当天，全国性的联盟“青年立陶宛”在一些区的中心，在维尔纽斯市和帕涅韦日斯市，号召青年人公开退缴了军役证。

一个叫做“手牵手”的行动达到了空前规模。几万人手牵手组成人链，沿维尔纽斯到塔林的公路排开，蜿蜒好几百公里。在这一行动中，动用了大量大客车和多达3万辆的私人小轿车。群众集会沿着整条公路展开。而且大众传媒，包括外国媒体，对之做了大力宣传，共和国的广播电视对之进行了直播。种种情况表明，这一切对波罗的海沿岸地区各国民众无疑产生了巨大的思想影响。

要发动这样的行动，必须有大量时间进行准备，如果认为莫斯科对此毫无知晓，那就太天真了。但总书记那几天正在克里米亚的福罗斯。处理波罗的海沿岸地区各共和国事务的专门委员会主席梅德维杰夫也跑到南方疗养去了。而代表大会上对苏德条约作法律与政治鉴定的委员会的主席，也跑到瓦尔代疗养去了。

当身在克里米亚的总书记从电视上看到波罗的海沿岸地区发生的事件后，立即指示苏共中央紧急准备一份声明。很快这个声明的全文就通过媒体传达到全国居民。文件的署名是“苏联共产党中央委员会”。波罗的海人开始核对，苏共中央全会是什么时候召开的。结果发现，波罗的海沿岸地区各共和国的苏共中央委员没有人与会——这是当然，因为这个会根本没有开过。而且负责波罗的海沿岸地区各共和国事务的梅德维杰夫和雅科夫列夫只是在报纸上才见到了这份声明。现在真相大白，原来这份苏共中央委员会的声明是戈尔巴乔夫及其助手们起草的。他们只靠几个人的力量，就把中央委员会的紧急委托搞定了。

声明在全国引起两种不同的反响。很多共和国和州的民众，由于搞不清楚波罗的海沿岸地区究竟发生了什么事，把对这些事件作出的惊恐反应，误认为是一种应得到全社会支持的行动。而在波罗的海沿岸地区，人们的情绪却是另外一种样子。分离主义圈子里的人由于自己那些不体面的事情被直接点名而出现短暂的休克之后，开始群起而破坏这份声明的声誉。立陶宛共和国的很多社会团体，包括立陶宛共青团中央、文艺界各协会、妇女联合会、某些全国性文化团体，均对它采取指责的立场。波罗的海沿岸地区的媒体也加入了诋毁声明的大合唱。在声明发表后的仅仅几天时间里，“美国之音”广播节目就提到它39次，BBC25次，“德意志之声”27次，法国国际广播电台21次，加拿大广播电台8次，瑞典广播电台4次。

这些消息都不是由通讯机构的记者发布的，被发表出来的全是议员、社会活动家及其他知名人士的发言。在此期间“萨尤基斯”创办了一份新报纸——《共和国报》，为此兰德斯别尔基斯从美国运来了最新的印刷设备。报纸用立陶宛文、俄文、波兰文、英文出版，后来又出了德文版和法文版。

这里应该提一下，戈尔巴乔夫在回忆录中，是如何评估他个人在这些复杂而矛盾，并对后世全国政治形势产生巨大影响的事件中所起的作用的。他写道：“抛开我在制定该文件（指《苏联共产党中央委员会声明》）时所起的作用不谈，应当承认，我对事件采取了过于情绪化的反应。”我们在这里又看到了戈尔巴乔夫的文字游戏：“抛开……不谈”。离开政治舞台后，他有义务诚实面对历史，承认国家所发生的一切与他直接有关。他可不是一名旁观者，或者口中念念有词但不知说些什么的布道者，而是一个大国的一把手。

与此同时，反对军队的宣传也高涨起来。在考纳斯等城市发生了试图袭击部队仓库的事件，出现了抵制秋季征兵的号召书，在共和国的主要城市继续开展退还军人证和征兵通知的运动。许许多多的人都在要求苏联从波罗的海沿岸地区各共和国撤军的号召书上签了名。民主党和“立陶宛自由同盟”在克莱佩达组织了一次群众大会，会上提议组建民族军以“抗击俄国坦克”。要求以“背叛人民利益”罪审判支持《声明》和发言反对分离主义的人。

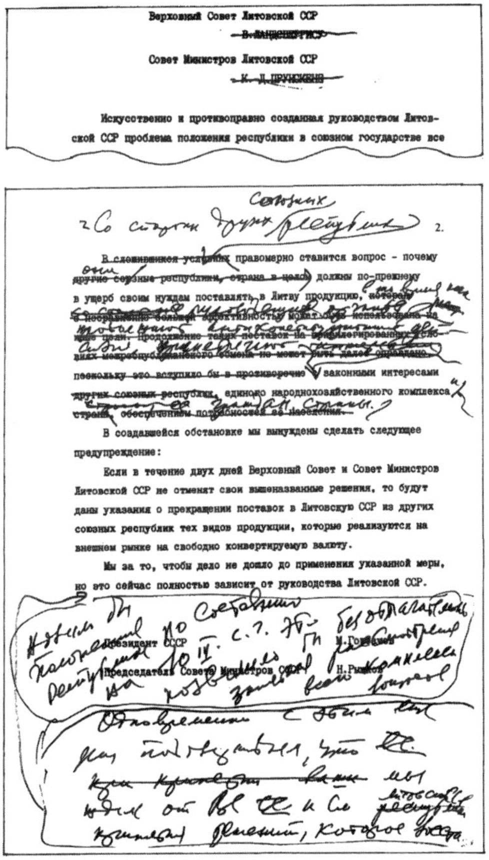
Верховный Совет Литовской ССР
~~В.ЛАНДСБЕРГИСУ~~
Совет Министров Литовской ССР
~~К.Д.ПРУНСКЕНЕ~~

Искусственно и противоправно созданная руководством Литовской ССР проблема положения республики в союзном государстве все

Союзных
2.

~~В сложившихся условиях~~ правомерно ставится вопрос - почему ~~другие союзные республики, страна в целом~~ должны по-прежнему в ущерб своим нуждам поставлять в Литву продукцию, ~~которая с несравненно большей эффективностью может быть использована на иные цели. Продолжение таких поставок на привилегированных условиях межреспубликанского обмена не может быть далее оправдано, поскольку это вступило бы в противоречие~~ с законными интересами ~~других союзных республик,~~ единого народнохозяйственного комплекса ~~страны, обеспечением потребностей ее населения.~~

В создавшейся обстановке мы вынуждены сделать следующее предупреждение:

Если в течение двух дней Верховный Совет и Совет Министров Литовской ССР не отменят свои вышеназванные решения, то будут даны указания о прекращении поставок в Литовскую ССР из других союзных республик тех видов продукции, которые реализуются на внешнем рынке на свободно конвертируемую валюту.

Мы за то, чтобы дело не дошло до применения указанной меры, но это сейчас полностью зависит от руководства Литовской ССР.

Президент СССР М.Горбачев

Председатель Совета Министров СССР Н.Рыжков

戈尔巴乔夫亲手修改的致立陶宛最高苏维埃及部长会议的信件。(作者提供)

戈尔巴乔夫在回忆录中承认《声明》的效果“同预想南辕北辙”，他援引爱沙尼亚共产党中央委员会第一书记维亚里亚萨的一句话，后者在与戈尔巴乔夫电话交谈时说，爱沙尼亚人对文件基调的领会非常不正常，很多人为了表示抗议而交回了党证。“在爱沙尼亚，”他说，“除了极端主义者，从来没有任何人提过退出苏联的要求”。

不想听到的回答

随着 1990 年 1 月的到来，出现了令人惶恐不安的新情况。不能排除这样的可能性，即在立陶宛苏维埃社会主义共和国最高苏维埃的例会上，将通过一项关于共和国脱离苏联的正式决议。梅德维杰夫、马斯留科夫、斯留尼克夫、雅科夫列夫、卢基扬诺夫和拉祖莫夫斯基受总书记的委托，准备了一份提请苏共中央审议的建议：《针对立陶宛苏维埃社会主义共和国最高苏维埃可能作出该共和国脱离苏联的决定所应采取的对策》。文件中规定了应优先采取政治和法律手段，排除使用武力。但与此同时也讲到驻扎该共和国的部队必须做好准备，以便可靠地保护公民，保卫国家安全，维护国家利益。

此外，还提出了发挥经济影响力的建议，预定了可能采取的应对措施，以回应可能对统一的国民经济体系造成损失的单方面行动，其中包括限制向立陶宛供应紧缺的能源、原料等一系列产品。又明确规定，不得向共和国移交联盟所属的企业和单位；也不排除提出苏联当年向立陶宛移交的领土的归属问题，包括克莱佩达、维尔诺州和白俄罗斯的几个区。施加影响的办法还有：支持在共和国建立几个波兰民族区的要求。

然而，中央研究制定的所有这些措施，都仅仅停留在纸面上。在这种情况下，总书记再次采取了一个对事件施加影响的绝望的尝试。他预定于 1990 年 1 月初前往维尔纽斯。但事先又派出了一个以梅德维杰夫为首的庞大队伍。其中有政治局委员、人民代表、中央主管部门的领导人，以及乌兹别克斯坦、沃罗格达州和维捷布斯克州党的领导人。

1 月 11 日，戈尔巴乔夫偕夫人赖莎抵达立陶宛。他们尽量展开多方接触，其中包括同市民会见。戈尔巴乔夫原抱着一腔不切实际的希望，但在报业大厦同立陶宛知识分子会见时，遭到了严重打击。戈尔巴乔夫面对听众提出一个问题："立陶宛真的想脱离苏联么？"得到的是众口一声的坚决回答："是"。他在立陶宛各地巡视时听到的调子虽有所不同，但决定都是一样的。在他访问的末尾，在共和国党中央大楼的见面会上听到的也是同样的回答。可以肯定地说，在这次访问之后，总书记终于明白，必须考虑该加盟共和国退出苏联的机制了。

原立陶宛共产党中央局委员叶尔马拉维丘斯教授，因拥护苏联共产党的立场，而遭到立陶宛"民主"新政权以参加 1991 年 1 月维尔纽斯电视塔事件的莫须有罪名判处 8 年监禁。他说：

1990 年 1 月当戈尔巴乔夫来访会见立陶宛共产党中央局的委员们时我就明白，对这一套搞垮苏联的机制他知道得一清二楚。而且越往后越让我确信，他是在谨慎行事，避免妨碍这些机制的运行。加之他本人也是按着国外势力操纵下的国际上反动的反共逻辑在行事的。整个这套把戏我们在立陶宛的人看得特别清楚。就仿佛在看木偶戏表演：演员和导演在大洋彼岸牵线，而我们的木偶则在自己家里按照他们搞垮这个国家的意图行事。

我想读者已经注意到，在波罗的海沿岸地区各共和国，特别是立陶宛，在形势风云变幻的发展过程中，看不到共和国党组织表现出一点点正面立场，起一点点实际的作用。可当时苏共还是全国，特别是每个地区生活的主导力量。以我的看法，这些共和国党的领导人的威信急剧下降，是两个主要原因造成的。

首先，是因为他们面临着极其严峻的政治形势，而当民族主义运动全速运转起来的时候，他们实际上只好无所作为，退居一旁。自然，在相当一部分民众的眼里，他们也就成了民族利益的背叛者。

其次，中央，特别是苏共中央所犯的严重错误，他们无能的行动、拙劣的声明、加上几名书记的言论和两面派手法，将各共和国共产党领导置于非常尴尬的境地。客观地说，苏共中央没有完成遏制波罗的海沿岸地区各共和国民族主义行动的任务。

前面已经说过，立陶宛更换了党的领导。第一书记由布拉扎乌斯卡斯担任，后来，在前面提到的立陶宛共产党代表大会上，这个党又发生了分裂。原来统一的共和国党组织，其中大部分都由以布拉扎乌斯卡斯为首的民族分裂主义分子组成，在代表大会前夕，他们公开迈出了脱离苏共的步子，这完全是由于总书记戈尔巴乔夫的不作为造成的。立陶宛共产党中的少数派主张留在苏共内部，他们的带头人是历史学博士布罗基亚维丘斯教授。结果，他因为忠实于苏共而尝到了12年严酷的铁窗风味。

在苏联政权的最后几年，立陶宛共产党第一书记是鲁比克斯，他也因自己的坚持，在“民主的”立陶宛坐了6年多的牢。

在爱沙尼亚，党的领导人是维亚利亚斯，他是爱沙尼亚共和国共产党第一书记凯宾培养的干部。按照戈尔巴乔夫的指示，维亚利亚斯从尼加拉瓜被召回，他当时正担任苏联驻尼加拉瓜大使。我还清楚地记得他在克里姆林宫举行的第19次党代表会议上的发言。他讲到自己对马克思列宁主义思想的信仰，讲到与俄罗斯在一起的统一才是爱沙尼亚的正确道路。他将自己的意见递交给会议主席团，结果却发现在这些建议中早就明确地包含着将爱沙尼亚从苏联分离出去的路线。

1990年3月10日，立陶宛苏维埃社会主义共和国最高苏维埃新一届代表的选举还在进行，可是却已经决定当天晚上就要举行第一次全会。这种急促的原因，是由于3月12日要在莫斯科提前召开苏联第三届人民代表大会。大会的主要议程，是审议设立国家总统职位的法律草案，并对苏联宪法作相应的修改和补充。

以当选为立陶宛苏维埃社会主义共和国最高苏维埃主席兰德斯别尔基斯为首的立陶宛新领导，无论如何都必须将立陶宛最高苏维埃代表大会通过的关于恢复立陶宛国家独立的决议提交本届大会讨论。与此相关的还有1990年3月11日深夜立陶宛苏维埃社会主义共和国最高苏维埃匆忙作出的关于国家独立和退出苏联的决定。结局是一个强大的多民族国家，底部已形成穿孔，任你用什么办法也难以修补了。通过了共和国新国家名称和新国徽的法令，立陶宛苏维埃社会主义共和国更名为立陶宛共和国或立陶宛，国徽上有一个白马骑士的形象。

这次会议还通过了一个法令：共和国所有原来的国家管理机关、原有的部、委和主管部门，只隶属于立陶宛共和国。普伦斯克涅当选为立陶宛部长会议主席。立陶宛最高苏维埃的代表们通过了致戈尔巴乔夫和雷日科夫的信，特别要求将该信视为双边谈判的正式建议。信中向苏联部长会议主席表示，希望在双方缔结双边条约之前，仍保持现有的经济联系。

人民代表大会开幕后第二天，在上午会议上，戈尔巴乔夫向人民代表通报了立陶宛最高苏维埃的决定。他提请大家注意，立陶宛人，还有爱沙尼亚和拉脱维亚的代表也附和他们，提出关于谈判的建议。他说："我认为谈不上什么谈判，我们只同外国谈判。"这是那天上午他发言中的原话。

第二天，即1990年3月15日，代表大会专门就立陶宛苏维埃社会主义共和国最高苏维埃3月11日的决议作出决定，认为该文件不具备合法的法律效力。该决定委托苏联总统、苏联最高苏维埃、苏联部长会议负责保障立陶宛境内每一个居民的合法权利，在该加盟共和国领土上维护苏联以及其他加盟共和国的权利和利益。

与此同时，立陶宛最高苏维埃开始以一个主权国家的资格加快出台新的法令。在立陶宛共和国境内废止了有关义务兵役制的苏联法令，同时又停止了兵役委员会的工作。立陶宛内务部甚至紧急定制了带有民族特征的制服。运动员们也急急忙忙采取措施，拒绝参加苏联举办的正式赛事。几天后还通过决定，组织实施立陶宛商品外运的控制工作。为此决定设立37个边境检查站。

当选的立陶宛最高苏维埃主席兰德斯别尔基斯发表的声明一天比一天强硬和无礼。有人问：应如何对待苏联第三届人民代表大会就立陶宛最高苏维埃所作的决议？他回答说，这是别国的决定，我们对之不承担任何义务。

立陶宛共和国最高苏维埃通过决议，任命了参加立陶宛与苏联两国间谈判的全权代表。几天后，兰德斯别尔基斯致信戈尔巴乔夫，表达了该共和国最高苏维埃对苏联人民代表大会1990年3月15日决议的态度。信中说，代表大会的决议没有法律依据。至于该共和国居民的公民权利问题，一切将按国际标准和规则办理。那么，这个声明——不仅在立陶宛，也包括在波罗的海沿岸地区的其他主权国家——又信守得如何呢？后面我还要讲。该共和国的领导实际上是拒绝了苏联最高权力机构的决定。

立陶宛新领导在该共和国退出苏联问题上所采取的破坏性行动愈演愈烈。每天都会有这样那样的新消息。1990 年 3 月，任命了立陶宛银行行长，决定该行有国家货币发行权。在一个具有统一经济的统一国家，这是一个不可容忍的行动。为走出这一步，立陶宛早在上述种种事件发生的半年前就开始作准备。三个共和国——爱沙尼亚、拉脱维亚、立陶宛——的领导人签订了三国经济独立后银行业务与货币体系协定。可悲的是这个文件竟然由苏联外经银行和苏联国家银行的代表签了字。此事不仅使两家有名望的全苏金融机构声誉蒙污，同时也是我的政府犯下了过错。政府未能否决该文件，也没有追究银行领导的行政责任。在立陶宛境内有 150 多家苏联国有直属企业。这一年 3 月，立陶宛议会通过决议，规定了它们的新地位。这些企业改变了法定归属地位，被纳入由立陶宛共和国控制的序列。这一来，它们的经理厂长将不再由全苏任命，而是改由该共和国的相应关机关任命了。

将企业由全苏辖属转变为由共和国当局管辖的"宝贵经验"带有传染性。1990 年夏天，叶利钦在俄罗斯苏维埃社会主义联邦共和国掌权之后，立即也如法炮制。更有甚者，他居然免除了企业的税负。不过，看来似乎都是跟一个师傅学出来的，那就是远在大洋彼岸的那些人。

现在可以再说说那些人的所作所为了。一般说来，这些人都是些业务修养很差的贪婪无耻之徒，民族主义的情绪很严重。他们丧失了起码的正派人格，很快就忘记了大家曾共同生活在一个使他们摆脱了贫困的多民族大家庭，曾围坐在一张桌旁吃喝，同在一起学习，同在一道发展文化等等。俄罗斯与他们平等分享各种资源，有时甚至还要让那些身处遥远腹地的俄罗斯人吃点儿亏。

最令伟大卫国战争的老兵们不能容忍的是：他们曾经为这片土地而战，无数自己的战友长眠在这里，可是现在，这些人却忽然变成了"侵略者"。上了年纪的人也弄不明白发生了什么，战后他们在废墟上建成了一座座共和国的城市，亲手建造了工厂，可如今又怎么会变成了"占领者"？很多的俄罗斯人，当然不仅是俄罗斯人，也包括居住在拉脱维亚和立陶宛的人，都已经意识到，他们在这些主权国家的日子将不会过得很滋润，尽管其中的一部分人为了表示自己持客观态度，曾经支持了这些共和国争取主权的运动。

然而，立陶宛的局势正在继续白热化。看到立陶宛社会的骚动和对立后，兰德斯别尔基斯发表了《立陶宛人要和睦相处》的呼吁书。这个文件很有意思，但生活表明它说的全是假话。它劝人们忘掉旧恨，宽恕所有的人，“甚至那些说谎犯罪，不能自拔的人和做过奸细的人”，尽管“复兴之路”并不是他们的希望。这位议会首脑号召说：“独立不是进行严酷审判的日子，并不想进行盲目的报复。把自己的亲人按档案分成‘好人’和‘坏人’，或按党派民族来划杠，都可能造成灾难性的后果。”

立陶宛宣布独立后过了10天，1990年3月21日，戈尔巴乔夫颁布了一项关于在立陶宛苏维埃社会主义共和国境内保障苏联公民权利和维护苏联主权的命令。这项命令授权苏联部长会议、苏联护法机关和地方政权保障苏联公民在立陶宛境内的安全和权利，而边防部门、苏联外交部、苏联内务部要保证外国公民在进入该共和国和在该共和国居住时遵守秩序。从那时起许多年已经过去，现在重读这份文件，不由得想到一个问题：为什么里面说了那么多关于猎枪的问题，但却一点没有提到俄罗斯人和持不同政见的公民比如“统一”运动成员在该国受到的迫害？

立陶宛对这个命令根本不予理会。苏联领导人曾多次试图阻止他们作出反苏决定，但都或是遭到坚决抵制，或是干脆置之不理。

苏联领导处于非常尴尬的境地：又是下命令，又是作决定，得到的回应不是直接反对，就是公然遭到藐视。到了4月，中央总算彻底明白：必须采取严厉手段，让那些胆大妄为的政客们有所感觉才行。于是通过了一项决议，对立陶宛共和国领导提出严重警告。

为此，准备了一封致立陶宛苏维埃社会主义共和国最高苏维埃和部长会议的信。在20世纪90年代，媒体上出现过一些报道，说这封严厉的信出自“保守分子”雷日科夫和马斯留科夫之手，而戈尔巴乔夫则是在他们和其他政治局委员的压力下才签署的。不错，文件是我和马斯留科夫起草的，但戈尔巴乔夫也积极参与了起草工作，而且只是经他最后定稿之后，才于1990年4月14—15日在报上发表。我手中还保存着信件的底稿，上面有总统亲自作出的重大修改。考虑到这份文件不仅在波罗的海沿岸地区各国，而且在全世界都引起了反应，我将它的全文引述如下：

由立陶宛苏维埃社会主义共和国领导者以违法手段人为制造的共和国局势，在联盟国家已成为越来越无法解开的死结，正走向政治死胡同的绝路。尽管苏联最高国家权力机构已采取了建设性的和周密权衡的措施，以设法将加强立陶宛苏维埃社会主义共和国主权的问题纳入宪法轨道，但该共和国领导仍不断采取新的法律行动，通过决议，致使立陶宛苏维埃社会主义共和国与其他加盟共和国乃至苏联整体处于对立的地位。例如，4 月 5 日颁布了《立陶宛共和国公民身份证法》，对愿意遵守苏联宪法和法规生活和工作的苏联公民加以歧视。立陶宛苏维埃社会主义共和国最高苏维埃关于在该共和国停止招募公民服兵役的决定，是一起严重违反苏联《全民义务兵役法》的事件。该共和国当局还违抗苏联部长会议《关于保护苏联共产党在立陶宛苏维埃社会主义共和国境内财产的办法》的决定，试图以违法手段侵吞上述财产。

类似的行动不胜枚举，今后决不能容忍。这些行动的目的，是为了破坏国家政治经济的安定，破坏我国正在开展的民主进程，对苏联公民的权利造成严重损害。

其他加盟共和国方面会理所当然地提出问题：当立陶宛领导机构继续不断违反宪法，藐视统一的国民经济体系和全国公民合法利益的时候，我们为什么还要像以前一样，不顾自己的需求向立陶宛供应产品？

局势既已至此，我们也不得不提出以下警告：

如果两天内立陶宛苏维埃社会主义共和国最高苏维埃和部长会议不撤销上列决定，将下令停止由其他加盟共和国向立陶宛苏维埃社会主义共和国提供销往国外市场换取外汇的产品。

我们希望事态不要发展到采取上述措施的地步，但现在一切完全取决于立陶宛苏维埃社会主义共和国领导。

同时还要再次强调，我们等待立陶宛苏维埃社会主义共和国最高苏维埃和部长会议作出决定，以恢复 1990 年 3 月 10 日以前共和国的状态。唯有如此，我们才可能立即着手处理其他一切问题。

1990 年 4 月 13 日，苏联总统戈尔巴乔夫和部长会议主席雷日科夫签署了这份文件。

在那些年以及嗣后的许多年，人们在指责我们时总是要提一个问题：为什么我们要走出这一步？现在我的回答和当年的回答一样：是由于立陶宛当局不负责任的举动，才导致把这些无可避免的措施提上议事日程。这些措施可能会给立陶宛居民造成严重的、不公平的困难。我国领导人已经用尽了一切办法进行劝诫和呼吁，出于对苏联各族人民未来的担心，也是为了保护其他加盟共和国免受立陶宛政治和经济混乱后果的影响。一切都到了刻不容缓的地步。而且所有这一切都有一个背景，即立陶宛居民的生活水平多年来明显高于苏联其他各加盟共和国和地区。成千上万到立陶宛暂住、工作或移居立陶宛的苏联公民，都可以证明这一点。这个共和国处于一种特别优惠的地位，它从“共同的大馅饼”中分得的份额，比它所贡献的要多得多。由于在提高劳动生产率方面作出了成绩，该共和国有相当一部分能源、机器制造业产品和工业产品的供应都是作为奖励按优惠价格取得的。但这种同其他共和国经济关系上的有利于立陶宛的不平衡状态，被维尔纽斯的新领导人蓄意歪曲了。

在整个战后时期，立陶宛同其他加盟共和国之间的商品交换发展得很顺利。它促进了共和国生产力的发展，其结果是在立陶宛境内出现了许多全苏的和跨地区的建设项目。

上面提到，1990 年 3 月，在“萨尤基斯”领导人的影响下，立陶宛最高苏维埃通过决议，改变了全苏和其他加盟共和国所属企业、机构和单位的地位。无疑，这种单方面的决定不仅违反苏联宪法和所有制方面的法律，而且也破坏了起码的规矩和逻辑。如果立陶宛领导出于利己主义的意图，无视本国以及全苏人民的根本利益，那么苏联政府绝不能与他们的这种立场妥协。

立陶宛当局宣称，他们之所以这样行动，是为了争取独立，并且还要加速行动，不必顾及对本国人民会产生什么后果。特别是他们觉得，根本用不着去问问老百姓他们是否愿意，是否准备付出沉重代价以换取其结果为宣布独立和退出苏联的虚幻自由。其实，同该共和国居民已经享有的或在不久的未来因国家在民主方面的改进和苏联法律的完善而进一步获得的权利相比，立陶宛领导人又能向民众许诺多少自由和权利呢？关于这些问题，立陶宛领导人认为，还是避而不谈的好。

在那段时间，立陶宛居民对于越来越沉重的困难刚刚开始有所感觉。苏联政权中央机关对立陶宛加盟共和国最高苏维埃和政府的决定和措施所表现的容忍，使立陶宛领导人有可能宣称：共和国的局势是平静的，独立宣言并未引发任何严重的动荡。

至于谈到当局对保持以前经济联系表达了肯定意愿的问题，那么所说的经济联系，具有非常虚伪的性质，实际上这意味着是要利用其他加盟共和国的条件来建立立陶宛的出口优势。这种情况全苏政府是不能允许的。即以立陶宛共和国所应承担的外债份额为例，它大致相当于 6 亿卢布的可自由兑换外币（当时还没有美元结算制度）。而在国内债务总额中，立陶宛加盟共和国应占 58 亿卢布。

全苏总统和部长会议主席致信立陶宛领导提出要求，对他们的理智和愿意关心共和国居民需求的态度寄予希望。这个要求也是一种警告，就是说，立陶宛领导人要对他们错误行动的严重后果负责。

那些日子，越来越频繁地从立陶宛当局口中听到：他们指望得到国外的支持和帮助。头脑健全的人未必相信，西方政治家和垄断集团会去填补空白，向立陶

“萨尤基斯”在维尔纽斯文吉斯公园举行的反对“里宾特洛甫—莫洛托夫密约”的反苏群众大会。1989年8月23日。台上是俄罗斯“民主”派领袖阿法纳西耶夫、立陶宛科学院院士“萨尤基斯”领导人之一奥佐拉斯。（克罗波夫斯基摄）

宛供应它从各加盟共和国得到的东西。因为立陶宛所需产品的27%是从其他加盟共和国输入的。1988年立陶宛调进了1670万吨煤炭、1300万吨以上的石油，得到49亿立方米天然气。除此之外，还向立陶宛提供了78万吨轧材，82.4万吨纸浆用材，49.6万吨矿物质肥料，270万吨粮田种子。如果这样的经济联系一旦断开，那么立陶宛“相对幸福的”生活也就走到了头。因为它的产品在外贸市场上没有竞争力，而生活保障储备需要大笔外汇资金，但立陶宛无从取得它们。在经济前景问题上欺骗民众，将使立陶宛经受严重的考验。

西方迅速作出了反应。我们十分清楚，西方国家，特别是美国，会毫不迟疑地利用苏联领导向正在为独立而“斗争”的立陶宛发出警告的机会，在政治上掀起一阵吵嚷，以便再次向它所仇视的苏联踹上一脚。我当时就已经明白，这些非常“民主的”国家是按照双重标准行事的：只要对他们有利或需要，他们就会实施禁运。可不是像我们这样口头上威胁威胁而已，而是真的会那么做！1979年苏联出兵阿富汗时，不就发生过这种情况吗？还有南斯拉夫、伊拉克……还需要数下去么？可是，我们国家的领导哪怕是威胁威胁自己的一个共和国，也会立刻在全世界引起轩然大波！

美国总统老布什立刻对此事作出反应，而国务卿贝克尔则警告我们的外交部长谢瓦尔德纳泽说，对立陶宛采取严厉措施即使不流血也会破坏同美利坚合众国的关系。甚至日本、法国、芬兰等国也没有袖手旁观。

立陶宛方面很快也给我们送来了回信。1990 年 4 月 18 日，立陶宛共和国最高苏维埃主席兰德斯别尔基斯对全苏领导答称：

立陶宛共和国最高苏维埃认真阅读和研究了你们的来函，其中提出了可能实行经济制裁的警告。同时，我们也准备了一份回函，其中附上了事先即已拟定的建议。遗憾的是昨天在接到有关制裁的具体通知后，我们对 1990 年 4 月 16 日立陶宛共和国部长会议的声明已无法再做什么补充，剩下的似乎只有对苏联的做法和立场表示遗憾了。我们一如既往，愿意讨论任何问题，并愿意考虑苏联的合法利益，首先是它的公民的利益以及战略利益。

如果议会之间的事先磋商能在 1990 年 5 月 1 日之前举行，在此期间我们将不再出台新的政治性法律行动。

为举行磋商，我们将组成议员代表团于近期赴莫斯科，希望能与你们的全权代表会晤。

此信附有立陶宛共和国最高苏维埃《关于发展立陶宛共和国与苏维埃社会主义共和国联盟关系的决议》，由兰德斯别尔基斯签署。

兰德斯别尔基斯来信之前两天，还收到一封给雷日科夫和戈尔巴乔夫的内容和调子都相似的电报，是由已经批准上任的立陶宛共和国总理普伦斯克涅发来的。

苏联政府等待的是对苏联总统和苏联部长会议主席信中所提建议的具体答复。因为他们在信中以最坦率直接的方式，谈到了苏联人民的权利和利益。但立陶宛当局却没有对其中的任何一点作出答复。这种对话的确有点各说各话的感觉。

由于立陶宛共和国领导在信中规定的期限内，并没有废止涉及苏联财产、向立陶宛公民发放身份证件以及苏联义务兵役法效力等问题的非法文件，国家下达了停止向立陶宛供应石油和减少天然气输送量的指示，将其减至只能满足居民生活和城市公共事业所需的数量。

我们对立陶宛领导人的行动导致对该共和国产品供应受限表示遗憾。希望这些措施将具有临时性。破坏立陶宛加盟共和国与其他加盟共和国之间的经济联系，不仅不符合立陶宛人民的利益，而且也同我国各族人民的利益相抵触。眼下还抱有一线希望，但愿能在立陶宛共和国与其他各加盟共和国之间，以及与苏联整体之间的相互关系上，恢复善意的精神和健全的理智。

在此期间事态也急速在另外两个波罗的海沿岸地区共和国发展。1990 年 4 月，戈尔巴乔夫会见了爱沙尼亚和拉脱维亚领导人。他们也采取了争取独立的步骤，尽管比立陶宛走得慢些。爱沙尼亚领导人已经受到警告：只要他们还认为共和国法律高于全苏法律，莫斯科就不会与塔林进行任何对话。顺便提一下，这一情况发生的时候，离叶利钦宣布与爱沙尼亚和立陶宛类似的决定还有两个月。叶利钦是在俄罗斯苏维埃社会主义联邦共和国第一次人民代表大会上宣布这个决定的。于是再次出现一个问题：他们会不会有一个相同的“顾问”？我想，是的！

戈尔巴乔夫还会见了拉脱维亚议会主席戈尔布诺夫。会见后后者对新闻界说，他被告知：“如果拉脱维亚想要脱离苏联，那么就应该依全苏的法律办”。我要提醒大家，1990 年 4 月曾通过一项法律，各加盟共和国只有在全民公决中得到该国 2/3 公民的同意，方可退出苏联。

这段时间立陶宛领导人对记者发表谈话、出访各国，解释共和国出现的局势并寻求帮助。兰德斯别尔基斯在接受美国有线电视新闻网 CNN 的采访时说，立陶宛人有能力渡过难关；又对法国电视台“透露一个秘密”说，立陶宛没有天然气和石油也能活一百年。在同一时间，普伦斯克涅在挪威首都奥斯陆试图与一些石油公司商谈签订合同。挪威政府就停止向立陶宛供应燃料一事向苏联提出抗议，它的总理说，挪威将在商业框架内与立陶宛建立贸易关系。瑞典政府也采取了相仿的立场。

与此同时兰德斯别尔基斯还采取了外交行动。他请求老布什总统承认立陶宛新政府。类似的请求他还向波兰部长会议主席马佐夫舍提出。挪威打算率先承认立陶宛独立。兰德斯别尔基斯还邀请罗马教皇访问立陶宛，以便借助他的力量压莫斯科作出政治上的让步。

缩减供应当然给立陶宛企业的生产带来打击。上面我提到，立陶宛总理试图通过其他国家解决这些问题。但正如古老的俄罗斯谚语说的那样：“朋友归朋友，烟还是各抽各的。”这里也是一样：政治上可以支持，可是供给你的原料要全额付费。

普伦斯克涅在斯堪的纳维亚得到的唯一收获，就是在斯德哥尔摩的一家银行开了个账户，为救援立陶宛基金筹集款项。根据兰德斯别尔基斯提供的情况，世界各地进账的善款，总共也只有区区几百万美元。而实际上仅石油和天然气立陶宛每天就需要付出 500 万美元。这样一来，立陶宛新政权指望西方资助它独立的打算也就完全落空了。

立陶宛领导人开始与莫斯科、列宁格勒乃至个别企业直接谈判。这期间在立陶宛共和国发生了抗议行动，人们指责立陶宛领导人将老百姓置于困难的境地。于是在 4 月末，维尔纽斯汽车运输企业的司机举行了两小时的警告罢工。此事发生后，已经宣称是“民主的”共和国的交通部长立即指示，开除发起这次行动的“统一行动”组织的成员。

当然，对立陶宛限制供应，首先受到影响的是工人——不管是立陶宛人、俄罗斯人还是波兰人。但对此应承担责任的却是该共和国领导人，是他们违反了生活已达几十年的国家的法律和宪法。尽管如此，他们还继续推行自己的路线，向国外社会寻求同情和帮助。我真想看看，要是美国有一个州，譬如加利福尼亚，作出类似举动的话，它会怎样做。我相信当局肯定会采取迅速而严厉的行动，即如今常说的——相应的行动。

平心而论，立陶宛议会也有清醒的声音。政府的反封锁措施委员会提出，应当首先寻求相应的政治解决。也有过切合实际的建议，例如立陶宛驻莫斯科的新任全权代表比奇卡乌斯卡斯就提出了“谈判期间暂缓作出决定”的建议。但激进和好斗的共和国议会没有采纳。

1990 年 5 月 17 日戈尔巴乔夫和我在克里姆林宫接见了立陶宛总理普伦斯克涅。她向我们递交了一些文件，其中包括许多使形势正常化的合理建议。但这些建议未能解决主要问题——立陶宛苏维埃社会主义共和国最高苏维埃 3 月 11 日的决议并没有撤销。这个情况普伦斯克涅是知道的。我们再次强调，要撤销这个决议，或者最起码也要停止执行该决议，否则就不能讨论正在使立陶宛焦急不安的问题。这些问题也是全苏联社会和全世界严重关切的焦点。总理普伦斯克涅答应将所说内容转达给立陶宛苏维埃社会主义共和国最高苏维埃。

经过一个半小时在克里姆林宫的会见后，普伦斯克涅在立陶宛常驻代表处召开记者招待会。她相当谨慎地评价了与苏联领导人的关系。然后，又准确地转述了我们对于当时使对方最为痛苦之点的态度：“雷日科夫认为，不存在任何经济封锁，只存在个别项目的供应不足”。我很想知道，现在普伦斯克涅对我们的立场又作何评价呢？如今，世界已经经历了对南斯拉夫的 10 年禁运、对伊拉克的多年封锁，在那些地方，成千上万的儿童因缺少食物和药品而死亡。也许她现在才明白，我们当时真的没想以任何方式去惩罚立陶宛人民。

长期以来，在立陶宛政治家们的声明中一直有一种调子，说苏联已经以这种或那种形式走向了谈判，而且说既然苏联总统与立陶宛在进行对话，那就意味着他承认我们是一个独立国家。但普伦斯克涅在记者招待会上说，这不是谈判，只是交换意见。可见立陶宛领导人以前就很懂得怎样拿捏分寸，但他们却有一种愿望，就是在本国人民和国际社会公众的眼里，要显得比较重要，这远比实实在在的东西更重要。

不久，应立陶宛领导人的请求，戈尔巴乔夫、雷日科夫同兰德斯别尔基斯、普伦斯克涅及三名立陶宛共和国最高苏维埃代表又举行了一次会晤。一开头兰德斯别尔基斯就申明，他认为此次会晤的主要目的是讨论立陶宛和苏联谈判的问题。他的说法就是必须解决主要议题——确定谈判主体，而且强调说，这个独立的政治主体就是立陶宛。“我们不想把苏联视为敌国。我们视它为友好的国家”。他还向我们提出一个问题：是与立陶宛单独谈判，还是立刻同波罗的海沿岸三个共和国一起谈判？

戈尔巴乔夫和我都坚决表示，立陶宛共和国最高苏维埃 3 月 11 日的决议是一个违反宪法的文件。至于同波罗的海沿岸三共和国同时谈判的建议，是绝对不能接受的。会晤最后确定：未来可能进行的谈判，在其预备阶段应为进行磋商、交换意见、制定“一揽子思路”。

同一点儿也不友好的人进行的“友好”会谈，就这样结束了。

为了与立陶宛讨论相互之间的一系列问题，苏联领导人于 1990 年 7 月 9 日组成了代表团。立陶宛代表团的组建则晚了许多，所以第一次会谈拖到 10 月 2 日才得以举行，差不多耽搁了一个半月。众所周知，针对立陶宛共和国最高苏维埃的行动而采取的一切经济限制，在立陶宛共和国宣布暂缓出台新的政治决定的当天即已取消。10 月谈判中全苏派出的代表团，其代表是苏联国家计划委员会主席马斯留科夫。第一次会议表明，双方都采取了相当强硬的立场。谈判涉及程序问题、名词术语问题，甚至双方使用的语言问题。苏联代表团坚决贯彻第三届人民代表大会的决议。接着是敲定讨论的问题清单，包括礼仪问题、工作小组组成问题等等。会谈确定了工作小组数量，共设 9 个小组。

1990 年 10 月 20 日苏联代表团与立陶宛代表团举行第二次会议。我作为苏联政府首脑和苏联代表团团长参加会议。现在手头还保存了一家中央报纸对这次会议的报道：

苏联部长会议主席雷日科夫答记者问。

虽然是星期六，但仍是一个几乎满负荷的工作日——由苏联部长会议主席雷日科夫率领的苏联代表团与由立陶宛共和国最高苏维埃主席兰德斯别尔基斯率领的立陶宛代表团之间的第二次会议于 10 月 20 日 11 时至 18 时举行。会谈结束后，苏联政府首脑立刻召开记者招待会，讲到会谈的一些结果。

实质上这是一场真正的谈判，尽管立陶宛方面宁愿称之为磋商。看来，立陶宛共和国的新领导非常想保持一种形式，按国际礼仪将双方作为高端谈判的代表来对待。雷日科夫对记者提问所作的回答表明，对于另一方——苏联政府领导来说，会谈的实际结果更为重要。

结果已经有了。在许多至今尚存争论的问题当中，有一项已得到了解决。这就是现居住在立陶宛的伟大卫国战争参加者，将享受与苏联居民同样的优惠待遇。立陶宛代表团对此作了保证。

另一个严重的问题暂无可接受的解决办法，这就是征召立陶宛公民加入苏联武装力量问题。立陶宛方面提出，从今秋征兵开始，共和国全境实际上已经实行自愿兵役制，对于拒绝入伍的青年不采取任何措施。苏联政府的回答是：立陶宛共和国仍为苏联的一个加盟共和国，而苏联有宪法和全民义务兵役法。据雷日科夫称，苏联政府可以稍作让步：比方说，考虑让立陶宛的应征青年就近在立陶宛共和国服役。但最主要的是不能破坏基本原则。

就此问题将继续进行谈判。

对 1991 年苏联与立陶宛的经济关系问题，双方进行了非常仔细的研究。雷日科夫认为，立陶宛领导人虽多次谈及共和国明年的经济状况令他们担忧，但实际上对解决问题却并未提出任何措施。此次立陶宛被告知：它或是留在苏联国民经济体系之内，由苏联国家计委和其他中央经济主管部门来解决；或是提出不加入，然后独力解决自己的问题。

正如雷日科夫所说，立陶宛方面提出的意向是仅仅要绕过同 12 个加盟共和国（波罗的海沿岸地区国家除外）的“横向联系”，并在与联盟直接谈判的基础上进行经济运作。但它又提出一个问题：苏联政府是否保证这种直接联系的可靠性？这遭到了拒绝。结果是：近日立陶宛代表将来到莫斯科，协调该共和国与苏联经济联系的一切问题。

但所有这些问题都只是眼前的问题，并不能解决最主要之点：苏联和立陶宛共和国的相互关系将如何发展？按雷日科夫的话说，有近十个原则性的问题需要协调利益。其中包括财产、边界、公民的权利和自由等。因此苏联政府关心的是尽快进行内容充实的谈判。但莫斯科得到的印象是，如果说此前维尔纽斯非常着急，那么现在立陶宛方面却在以各种借口拖延。

不过，在今天的会谈中，双方还是达成了一个协议：立陶宛与苏联的正式谈判将在 11 月下旬举行。

当然，双方还面临着要就议定书达成一致的问题，而且这里同样会产生复杂的情况。其中，莫斯科会坚持谈判时要有立陶宛各界代表作为无表决权的观察员出席，其中应包括各社会运动、各少数族群、国营企业劳动集体的代表。但却遭到维尔纽斯的断然拒绝。

“我们不明白，立陶宛方面为什么要采取这样的强硬立场，”雷日科夫说，“为什么不可以有三四个人作为观察员参加？他们可以没有表决权，但至少可以听一听都在说些什么，还能说出自己的想法。而采纳或不采纳这些建议，则是正式代表团的事。”

记者被告知，苏联政府认为立陶宛这种强硬的立场是不能被接受的。

在回答记者提问时，苏联政府领导人指出，按照他的看法，议会所确定的《稳定国民经济向市场经济过渡的基本方向》，可能成为加强苏联各共和国之间联系的要素。现实生活表明，政治上的狂妄自大只要一碰上现实的经济问题，就会无法立足。而各加盟共和国的国民经济早已一体化，单独生存将非常困难。《基本方向》确定的原则适合于所有加盟共和国，也包括立陶宛。

但是，当谈到有消息说立陶宛准备发行自己的货币时，雷日科夫说：“如果那样，则立陶宛的经济就不能与我国同存于一个经济空间之内。如果他们实行自己的货币单位，那么他们与其他加盟共和国以及全苏的关系，将转变为完全不同的关系。”

苏联部长会议主席强调说，在当前局势下，无论立陶宛、其他加盟共和国还是全苏，都需要哪怕是稍许的稳定，需要一点喘息的时间，以便改革经济，向市场进行切合实际的过渡。

谈判的消息通过广播、电视和报纸报道之后，克里姆林宫开始收到很多来信，对我个人在这种复杂的问题上采取的立场表示感谢，同时还就我作为国家领导人应当如何应对分离主义提出建议。让我仅引用其中的一封如下：

尊敬的尼古拉·伊万诺维奇，我们什文乔尼斯区的居民（俄罗斯人、波兰人、白俄罗斯人、立陶宛人及其他族群的先进部分）被您的关怀和厚意所深深打动，也感佩您为保全苏联而流露出的关切。

我们以极为关注和赞许的心情，看到您就苏联代表团与立陶宛代表团第二次会谈的结果向苏联记者组发表的谈话，并拥护您在谈判中的坚定立场。

伟大卫国战争参加者和游击运动战士衷心感谢您在困难时刻没有忘记他们，并要求立陶宛代表团答应居住在立陶宛的战争参加者享有苏联法律所规定的优惠待遇。

本地区居民热烈支持您的要求，立陶宛代表团应包括各种不同成分的立陶宛居民作为观察员参加。

我们也热情称赞苏联代表团在征募立陶宛青年加入苏联军队问题上的明确立场。这样的立场将有助于青年人，使之不致玷污自己的荣誉和自尊。

您判断立陶宛领导人不想进行正式谈判的意见已得到证实。他们在等待苏联的瓦解。（看得多么准！——雷日科夫）还有一点也是事实，那就是立陶宛领导人根本不考虑发展经济和改善人民生活，而是忙于无尽无休地发布法令，目的是让一小撮冒险分子篡夺政权，侵犯立陶宛人民的权利和自由。

立陶宛的货币正在国外印制已是事实。立陶宛银行董事会主席维留斯·巴尔基希斯面对《基姆塔西斯克拉什塔斯》周刊第42期的记者采访时说："是的，工作正在进行。但具体情况我不能告诉你。这是商业秘密，也是国家机密。什么时候做，怎样做（指立陶宛币取代卢布），同样也都是秘密。我们当然有自己的方案，但这将由最高苏维埃来决定，会出台法律。"

立陶宛人民正在清醒起来，但立陶宛最高苏维埃、立陶宛政府、已改组的立陶宛共产党以及其他政治党派的领导人并不清醒。

尊敬的尼古拉·伊万诺维奇，我们祝愿您身体健康，祝您在苏联同立陶宛共和国的谈判中为捍卫苏联的利益、保护立陶宛苏维埃社会主义共和国公民的权利和自由，取得成功。

受立陶宛共和国什文乔尼斯区公民委员会委托

拉甫连尼约夫

至今我还记得那些会谈造成的沉重的感觉，特别是同代表团团长兰德斯别尔基斯的交谈。这个人连一点点有关经济和国家体制的知识都不懂，给人留下的是一种非常压抑的感觉。面对他坐着，心中不免要冒出一个问题：是什么把他推上了国家领导人的位置？当民族主义的狂热过后，这个国家能期待他什么，又会怎样看待他？

不过，波罗的海沿岸地区各国国内发生的事件，以及同事件组织者个人的接触，情况也好不到哪儿去。譬如，叶利钦从第一届人民代表大会召开的头一天起，特别是在成立跨地区代表小组之后，就一直在支持波罗的海沿岸地区国家代表的分裂行动。我想，这些共和国闹独立的斗争，对支持他个人实现掌控俄罗斯政权的目标，是必不可少的。他未必会把这些国家取得主权作为自己生活的目标，这些东西对他来说本来就是无所谓的事情！

1990年8月他在拉脱维亚的尤尔马拉休假（尽管国家的政治形势激烈动荡，疗养的事还是少不了！），接受了一家日本报纸的采访。这里仅引用他对有关维护国家完整问题所作的回答：

问： 您是否有意今后在联邦体制改革方面向戈尔巴乔夫总统靠拢？

答： 俄罗斯共和国有意朝着同苏联 14 个加盟共和国每一个都缔结双边协议的方向前进。我们与总统在经济改革问题上有协议，但是在联盟条约的问题上有很大分歧。我们所坚持的是应在更高的层面上享有充分独立和国家主权的权利。简单地说，就是只有在具有完全主权的国家之间，才能达成协议。总的来说，没有俄罗斯共和国的同意，总统大概也做不了什么。

这就是说，1990 年叶利钦的目标已经不是要各加盟共和国在不脱离苏联的情况下取得最大的独立性了。关于这一点，我们，苏联政府，早在 1987 年就先提出了问题。叶利钦的目标是破坏统一的国家和它的中央政权。他行动的基本含义就是如此。为个人的权力而进行斗争，付出的代价是骇人听闻的：它导致了一个伟大国家——苏维埃社会主义共和国联盟的毁灭。

悲惨星期日

1991 年 1 月，发生了维尔纽斯电视塔广场事件，将立陶宛和波罗的海沿岸地区另外两个共和国甚至全苏已经酝酿成熟的问题，推向一个全新的阶段。

悲剧发生时，我正躺在医院。1990 年 12 月底，正值苏联第四届人民代表大会召开期间，我因心脏病发作住进了中央临床医院。心脏禁不起两年来无所顾忌的折腾。如今很难想象，正常人会以这种虐待狂的办法来折磨国家领导人。但那些人向权力冲刺的时候，完全是不择手段的。发病前一周，我最后一次在代表大会全体会议上发言。我作了长时间的准备，分析了这些年的改革、这一时期的得失以及自己作为政府首脑所起的作用，力图实事求是地给自己作出评价和结论。我清楚地知道，这是我作为苏联部长会议主席的最后一次发言。实际上也是我为后人留下的遗言。他们会在未来的某一时间，冷静地研究这些过去的年代，并给这个时代和我们所有的人以客观的评价。

1991 年 1 月 12 日，一个星期六的晚上，戈尔巴乔夫来到我的病榻前。他肩负着一个不愉快的使命来见我：必须得到我个人同意，让我从苏联部长会议主席的岗位上退下来。对于我来说这并不意外，因为早在 1990 年 12 月初我就告诉他，在代表大会之后我要退休。我无法同意他的许多有关国家经济改革政策的观点，它们将最终断送苏联。现在，我在病房里再次向戈尔巴乔夫重申我将退休，和一个多月前表示的一样。

我向他提出两个请求：第一，不是现在交权，而是大约 10 天以后，当我出院的时候。我寄希望于那时我能够摆脱病魔的纠缠。我天真地以为，解除一位身卧床榻的病人的职务，总统会觉得有所不便，而且我也不至于应该受到这种对待。第二个请求是，在我恢复健康后，给我安排一个工作，当然不在政府里，免得我闲待着没事干。戈尔巴乔夫答应解决这些问题，我们就此告别。

星期一即 1 月 14 日的白天，护士们无意中说漏了嘴，说是已经任命我政府中的财政部长巴甫洛夫为全苏政府首脑，但此前我并没有得到任何消息。戈尔巴乔夫就是这样“完成了”我的第一个请求。第二个请求也遭到了同样的命运：没有给我安排任何新工作，所以我只好自己去找。结果在过去一个副手那里找了个工作。

所以，1 月 12 日和 14 日对我个人来说是特别的日子。但是 1 月 13 日更为重要，那天发生了好多事件，最终推动立陶宛然后是其他加盟共和国退出苏联。

维尔纽斯的反苏群众大会。(克罗波夫斯基摄)

有关维尔纽斯电视中心发生的事件，出版过好多书，发表过好多研究著作。

对各方行动的分析已经几乎精确到每一分钟。但是，当我阅读了大量出版物之后，却形成了这样一个印象：任何一方也没有说出事实真相。因为，给任何重大事件写历史，都必须回答这样的问题：谁需要这样干？以我的观点，这既是兰德斯别尔基斯的需要，也是戈尔巴乔夫的需要，还有第三方——西方政客和他们特工部门的需要。

立陶宛的新领导对此的利益攸关之处究竟在哪里？立陶宛共和国最高苏维埃于 1990 年 3 月 11 日通过关于共和国主权的决议之后，他们的行为变得无理而蛮横。他们对于国家总统向他们提出的呼吁、总统的指令、第三届人民代表大会的决议不加理睬，对于苏联最高苏维埃和苏联部长会议的决定毫不在意。他们还成立了国土保卫局，行使国防部的职能，并担负侦寻所谓“不可靠分子”的任务。在与其他加盟共和国接壤的边境设立了武装的海关检查站。他们组建了自己的武装部队，征召青年入伍，以代替他们应服的苏联兵役。他们实施了一系列措施以限制非本地居民、军人及其家属的公民权利。事实上苏联共产党的活动已被列为非法，共产党员开始遭到迫害，理由只是因为他们的党派属性。

1991 年 1 月初，为了保证执行 1990 年 12 月 1 日发布的苏联总统令和与之相应的苏联国防部命令，为帮助各级军事委员会完成青年的现役征召工作，向立陶宛苏维埃社会主义共和国增派了部队。立陶宛共和国领导人利用这一事实，通过报纸、广播和电视，在居民中煽动歇斯底里和狂热情绪，号召他们放弃苏联国籍，开展有组织的抵制和武力反抗，以对抗法律秩序，似乎“苏联正在准备对独立的立陶宛国进行武装入侵”。而且声称：“第三届人民代表大会的决议对于作为另一个国家的立陶宛来说毫无意义”，“我们不承认苏联法律在立陶宛共和国的效力”。

1991 年 1 月 7 日，立陶宛共和国最高苏维埃主席在共和国电视台讲话时说，增派部队是要“挑起冲突，进行威胁恐吓，实行军事管制和专政”。

1991 年 1 月 8 日，立陶宛共和国政府发布一项决定，成倍提高食品和工业品等商品的价格，高达 4—6 倍。这当然引起共和国劳动群众的愤怒，并造成社会更加紧张的形势。

出现了成千上万次的集会、抗议游行和罢工，维尔纽斯、斯涅奇库斯、考纳斯等城市的劳动群众要求普伦斯克涅政府下台，最高苏维埃自动解散。还提出：要在共和国实行总统制，签订联盟条约，恢复苏联宪法和立陶宛苏维埃社会主义共和国宪法。

从 1 月 8 日起，兰德斯别尔基斯在国家广播电台和电视台多次向立陶宛共和国居民发表讲话，其中有这样的话：“我们的头上悬着利剑，它可能在任何一天、任何时候斩落下来”。他号召立陶宛人支持立陶宛当局。

按照共和国政府的指示，国土保卫局的人员会同“萨尤基斯”和“立陶宛自由联盟”的武装人员，使用武力镇压了劳动群众的集会和示威游行，其代表和领导者遭到毒打。

1月8日在立陶宛最高苏维埃大楼前，聚集了维尔纽斯各工厂企业的劳动群众3万来人，他们的标语上写着要求立即将食品价格降到原来水平，政府立刻辞职，解散立陶宛最高苏维埃，因为它通过了非法的分离主义决议。大楼警卫将入口的大门从合叶上卸下来（免得它成为障碍，因为工人纠察队员从外面将他关起来了——这一切从录像画面上可以清楚地看到），并开始用冷水喷射集会群众。

1月9—12日期间，议会大厦前也发生了对抗和多次小型武斗。对抗和冲突的一方是由“统一”组织、拥护苏联共产党的共产党组织、工会等组成的6—8万参加集会的劳动群众；另一方是拥护兰德斯别尔基斯的人士、“萨尤基斯”和“立陶宛自由联盟”的联合组织。通向立陶宛议会大厦的路口全被“萨尤基斯”派封锁了。

戈尔巴乔夫1月10日提出的呼吁书被立陶宛议会拒绝，并被称之为最后通牒，因为苏联总统呼吁的对象“似乎是一个并不存在的立陶宛苏维埃社会主义共和国，立陶宛共和国拒绝他的一切指责”。按兰德斯别尔基斯的命令，由共和国城乡各地不断有“萨尤基斯”和“立陶宛自由联盟”派武装人员以有组织的形式涌入维尔纽斯。

为回应他们的行动，劳动群众宣布政治罢工。到1月10日的工作日结束时，在维尔纽斯市有22家企业罢工。1月11日上午，劳动群众排着队走向立陶宛最高苏维埃大楼，举行抗议集会。警察中队、国土保卫局的支队、“萨尤基斯”和“立陶宛自由联盟”的武装人员试图包围集会群众。冲突的危机一触即发。这一天，所有大型企业和维尔纽斯铁路机务段都成立了罢工委员会，它们要求共和国内务部保障居民安全，避免发生激烈冲突。1月11日，内卫部队和国家武装力量的一些部队将报业大厦和全苏支援陆海空军志愿协会保护起来。

按照兰德斯别尔基斯的建议，立陶宛最高苏维埃通过了一系列挑衅性的呼吁书和声明，号召居民和所有拥护他们的人尽快前往维尔纽斯去保卫政府大楼。1月12日共和国议会通过《关于保卫立陶宛共和国的措施》的决议。根据该决议，向共和国各部门包括国土保卫局下达了命令：“如果发生袭击重要国家目标的行为，无论袭击者是谁，都要给予反击。”立陶宛最高苏维埃副主席莫特卡宣布，立陶宛共和国与苏联处于战争状态，并号召同胞积极保卫共和国。

1月12日晚劳动群众代表试图向立陶宛领导人递交要求政府辞职的信件，

遭到守卫最高苏维埃大楼的国土保卫局人员和武装人员蛮横粗野的对待。结果劳动群众代表遭到毒打。

在这种极端复杂的形势下，共和国的电台和电视却竭力推波助澜，昼夜不停地号召居民中的立陶宛人去武装抗击保卫法制和社会安全的力量，号召他们同“占领者、俄国侵略者”展开武装斗争。“萨尤基斯”的领导人公开要求“用人们的鲜血祭奠民族自由的圣坛！”

军队人员、他们的家属、持不同政见的人和非本土居民遭到各种威胁。诽谤性的反苏和反军谣言四起。

为响应立陶宛共和国领导人的号召，向广播电视委员会和电视中心的大楼十万火急地调来了武装人员，其中有携带冲锋枪和手枪的人，有国土保卫局人员、“萨尤基斯”和“立陶宛自由联盟”的武装人员，以及从周遭城乡各地开来的拥护他们的青年人。

在1月10—13日期间，集中组织了大量公共汽车，从共和国其他城市免费向维尔纽斯的“战略目标”运送居民，有的车上还装满了免费的食品和热饮料。汽车还拉来了不少幼儿园的孩子和各区中小学校的学生。大楼内的武装保卫也加强了，建筑物周围用卡车构筑了路障，阻挡了通向它的道路。

1月12日晚立陶宛拯救民族委员会散发了致立陶宛最高苏维埃、共和国部长会议、共和国广播电视工作者的传单，建议停止播放“挑动骨肉相残的节目”。但是这个呼吁书并未能送达，因为在议会中工作的工人们，只要手持呼吁书，就会遭到毒打，还有一部分则被“萨尤基斯”武装人员拘禁。立陶宛民族分离主义分子的这些行动，引起工人和志愿队员的极大愤慨，他们于1月13日后半夜回到拥护苏联共产党的立陶宛共产党维尔纽斯市委大楼，然后又从该地奔向电视塔，武装的分离主义分子正在那边不断煽动群众的激昂情绪。

在这种情况下，为了保障社会安全和法律秩序，防止大规模冲突，解除武装分子武装，以保护赤手空拳的工人纠察队员，同时也为了制止电视节目煽动居民发生流血冲突，苏联内务部所属内卫部队指挥部和维尔纽斯卫戍司令部采取了相应的措施。

从部队抽调的人员组成了两支队伍。每支队伍由190名军人、14辆装甲运兵车和将近50名志愿队员组成。

事件进一步发展的过程大家都清楚，其中也包括苏联总检察院的一批材料。在分析了立陶宛当局一月悲剧事件发生前最后几天的举动后，可以再次得出结论：这样的血腥场面正是他们渴求的，甚至是必需的。因为当时共和国内抗议的浪潮正一浪高过一浪，兰德斯别尔基斯和他的民族主义势力可能会失去支持。因而需要采用一切手段以挽救自己，挽回正在丧失的威信，将那些不再相信他们和动摇的人再拉回来，哪怕是能拉回其中的一部分也好。于是他们便选择了流血的道路。同时，他们还必须让我们的国家难堪，要造成民主在这里正受到暴力压制的局面。以我的看法，这正是他们在这一悲剧性事件中的利益所在。

第二个需要使用强力手段、但又不想流血的人，就是戈尔巴乔夫。从1989年夏天起，特别是当俄罗斯的领导权落到叶利钦掌握之中后，就看得特别明显，苏联总统的权力正迅速地离他而去，就像沙子从指缝间漏出一样。于是他开始像无头苍蝇似的乱撞：一会儿要求苏联最高苏维埃给他增加权力，一会儿又有道理没道理地到处发表演说；又是修改宪法，又是建立总统委员会。结果是8个月后他被搞下台了。有爱说俏皮话的人挖苦说：总统委员会是个早产儿。到了1990年末，戈尔巴乔夫撤销了作为国家主要管理和执行机构的苏联部长会议，代之以苏联内阁，即总统的办事机构，同时还设了个副总统的职位。

国家实际上已经失控了，而在1990年3月11日之后，立陶宛实际上也已不再从属于中央。考虑到该共和国局势已经失控，而政治上的说教又丝毫不起作用，所以在该国必须实行总统直属管理制。我相信，苏联最高苏维埃会同意这样做。代表们看到国家局面如此危险，便毫无阻力地满足了戈尔巴乔夫的一切提议。但是这样一来，他就应当对立陶宛的事态负全部责任了，但他却不想负责。一旦出现尖锐的局势，比方像在第比利斯那样，戈尔巴乔夫就总想躲到一旁。

关于总统直属管理的建议不仅来自莫斯科，也来自立陶宛。法学博士库切罗夫教授见证说：

我要揭露一个至今还很少有人知道的秘密。在维尔纽斯发生“流血的星期天”之前三天，就是1990年1月10日，立陶宛民主力量大会代表团（我是代表之一）到莫斯科去会见戈尔巴乔夫。这次会见是他亲自安排的。由于我们未能按时赶到，戈尔巴乔夫派尼沙诺夫接待我们。我们只有一个请求：在立陶宛临时实行总统直属管理。我们相信，只要戈尔巴乔夫和兰德斯别尔基斯直接对话，对立双方的激烈情绪就会平息下来，灾难性愈演愈烈的流血冲突的危险就会远离人们。尼沙诺夫说，总统知道立陶宛的情况，毫无疑问会采取措施。然后他告诉我们，遵照总统的指示，已经起草了关于实施总统直属管理的命令。

但是戈尔巴乔夫没有签署这个命令。而兰德斯别尔基斯身边由美国的和德国蜂拥而至的“顾问”们，准确地说就是一帮职业间谍，他们通过媒体，将局势炒得热到极点。“萨尤基斯”分子很渴望流血。遗憾的是流血终于发生了。

1991年1月10日，悲剧发生的前三天，戈尔巴乔夫签署了致立陶宛最高苏维埃的呼吁书，其中说，实际上局势已进入死胡同，他特别注意到苏联各机构收到成千上万来信，要求在共和国恢复宪法秩序，实行总统直属管理。接着又是一通说服、劝诫和警告，要求立陶宛当局要懂得它在共和国人民面前应承担的全部责任。

1月12日在戈尔巴乔夫主持下召开了联邦委员会的会议，研究了立陶宛共和国的形势问题。会议强调，首先要采用政治方法解决，这一点至关重要。会议采纳了总统的建议：向立陶宛共和国派出联邦委员会代表，弄清当地形势，并研究提出应采取何种措施的建议。

维尔纽斯事件之后的1月14日，在苏联最高苏维埃会议休会期间戈尔巴乔夫会见了记者，试图说明自己的立陶宛政策。他强调说，他一直努力想以政治手段将事态的发展拉回宪法轨道，但受到巨大压力，包括来自苏联最高苏维埃的压力。同时还宣称，他不想实行总统直属管理，决定采用虽很严厉，但仅限于对立陶宛最高苏维埃提出警告的做法。总之一句话："我是凌晨才得知出事的。发生悲剧的消息对所有的人都是个意外。"

1月17日，星期四，所有中央一级报纸都发表了苏共中央政治局关于立陶宛苏维埃社会主义共和国事件的声明。声明对戈尔巴乔夫向立陶宛最高苏维埃发出的呼吁给予了正面评价。声明还说，立陶宛共和国的广播电视本应促进建设性对话，但相反却是在不断使形势激化，宣称立陶宛与苏联正处于战争状态，并把苏军视为占领军。政治局文件最后再次呼吁以政治方法解决问题，在评估共和国发生的事件时应表现出慎重的态度，等等。

1月18日，星期五，《真理报》头版几乎以整版篇幅报道了波斯湾事件。以美国为首的西方国家对伊拉克的目标实施了打击。而立陶宛只占了版面的一个不显眼的角落。就这样，伊拉克似乎成了比自己内部最最迫切的问题更为敏感的焦点。当天《真理报》的头版还发表了一篇在那些日子似乎"轰动一时的"材料——"咪咪猫和朱朱狗"。

如此看来，戈尔巴乔夫对待1月13日立陶宛事件的态度表明，他是一次又一次地在回避类似的事件，给人的感觉是：他是个旁观者，对一切都采取隔岸观火的态度。我很了解当时国家领导办事的章程，绝对相信诸如向出事地点派遣部队的决定，没有国家总统的同意，是不可能作出的。我在撰写本章时读到许多有关事件的报道和材料。那些捍卫立陶宛宪法制度的人，还有那些卖力破坏它的人，都异口同声说，戈尔巴乔夫了解一切情况。有些人还证实说，戈尔巴乔夫曾与分离主义者有勾结。这一点虽难以相信，但这个说法却始终阴魂不散。

波罗的海沿岸地区国家的局势，被西方及其特工部门所利用。西方，特别是美国，早就在政治牌局中玩弄波罗的海沿岸地区这张牌了。整个战后时期，特别是“冷战”年代，他们找到各种原因和借口向苏联施压，其中包括人权、民主、反对极权政治等问题。我看，那边有些政治家甚至未必知道苏联各加盟共和国位于何处，但这些问题，却是他们为了达到自己的目的随时准备给世界各国端出来的一道现成的菜。所以从上世纪80年代后期，当民族主义运动雏形方显的时候，外国特工机关就立刻把手伸了进来。他们在立陶宛展开了急风暴雨式狂热的活动。

现已确知，正是西方特工机关操纵了兰德斯别尔基斯的行动。也真应该佩服他们，把整个行动从策划到实施都干得非常漂亮。正如前面所说，他们把公众对立陶宛新领导政治经济政策的愤怒，成功地引向了对莫斯科的抗议。他们把指向内部经济问题的矛头，成功地对准了中央，让一切都在民族主义的轨道上运行。

那些外国特工机关具有在世界各国推翻政府的多年丰富经验，它们私下指点说，要想在立陶宛彻底解决问题，就必须制造特殊的非常事件，最好还要流点血，这样就可以在短短的时间内，围绕这一事件把政治情绪和民族主义疯狂的乱麻团缠得更紧。

专家们也有结论，认为事情是如此复杂而紧迫，单靠西方特工机关，也是难以奏效的。至于说到兰德斯别尔基斯及其同伙，他们的作用很清楚。不过按照我国特工部门的看法，这种事情没有莫斯科的参与也做不到。需要对所有的行动做精确的协调，才能在欧洲中心部位的立陶宛造成流血事件。为此，我要再次引用叶尔马拉维丘斯教授的话：

这次的挑衅行动策划和实施得非常成功。说它是事先策划好的，有很多事实可以证明。当形势非常紧张，造成物价急剧上涨的时候，即1月13日悲剧发生前的两三天，维尔纽斯有大批外国代表和记者云集。他们甚至进入了立陶宛共产党中央委员会的大楼。有些人在交谈中甚至天真地问：“为什么计划还不实行？”看来，这是指在国外早就导演好的一月事件说的。我们无法预防悲剧的发生，因为戈尔巴乔夫已经给部队下达了任务，而“萨尤基斯”又把群众煽动起来了。双方一接触，挑衅者就有了施展拳脚的机会。

前面说过，与此同时，形形色色的特工人员都涌入了立陶宛。例如，立陶宛出身的公民艾维·安德留斯，就担任了立陶宛国土保卫局游击战斗队及恐怖行动顾问。此人是在苏军驻防区和家属区实施一系列爆炸的策划者，他亲自领导了武装人员同苏军冲突的行动。在一月事件期间，安德留斯在议会担任军事顾问，经常就留宿在共和国最高苏维埃大楼里。

立陶宛新政权在与西方特工机关密切联系的同时，对克格勃的活动表现出拆台的态度。他们用各种指示和决定，捆住行动人员的手脚，目标明确地干扰肃反人员阻止外国特工破坏的行动。

这样一分析，这场悲剧中行动各方的力量就很清楚了。但 1991 年 1 月 13 日之夜就真的已经真相大白了么？是谁开的枪？从哪里开的枪？为什么从一名死者身上取出的子弹会是从早就不在苏军部队中使用的莫辛式步枪里射出来的？这些问题都没有搞清楚。为什么所有致命的子弹都是由上往下穿过死者的身体，而死因又归咎于正在路面上行动的军人？还有一个问题：是谁打死了人群中唯一的一名军人——克格勃中尉沙特斯基赫，而且是在背后从下朝上开的枪？还有好多军人和其他目击者证实，有人把一名年轻妇女故意从人群中推到坦克履带下，然后还照了相。这一类问题太多了。

我要再次援引立陶宛著名作家、曾经是“萨尤基斯”领导人之一的佩特克雅维丘斯的说法。他证实，立陶宛国防部第一部长佩特克雅维丘斯调来了 18 名“自己的”边防军人，叫他们换上便装，把他们安排进了电视塔，他们就是从那里用军用子弹开的枪。众所周知，当夜有 13 名公民被打死，据他说，运进停尸房的是 18 具尸体。医生“排除了”其中身上没有任何伤痕的五具。他们是谁，怎么死的？

如果不经苏联总检察院会同立陶宛共和国检察院按照一切规定进行调查，就不会产生这些问题。但是根据苏联总检察长特鲁宾向苏联最高苏维埃所作的关于维尔纽斯事件的报告称，该共和国当局多方阻挠苏联总检察院专家的工作。总检察院的调查人员被禁止参加尸体解剖工作和伤员鉴定工作，为他们参与对生还的受害者和事件目击者的询问而设置障碍。而在这种情况下，当他们采取应有的措施自己单独进行工作时，立陶宛检察院的工作人员又拒绝同他们合作。

有一句圣经上的话不禁浮上心头：“没有永不暴露的秘密；藏起来的东西也不会永远不见天日。”我想，总有一天，这“藏起来的东西”是会见天日的。

策动 1 月 13 日电视塔悲惨星期日事件的罪犯，至今还逍遥法外，并且在立陶宛占据着高位。为了让恐怖之夜的真凶免遭打击，立陶宛当局对无辜的人进行了审判。其实，按当时的职务，这些人根本不可能给部队下达任何指令。可是 1999 年，在经过长达 6 年的监禁和调查之后，6 名立陶宛共产党员还是被法庭认定有罪。罪名是“阴谋推翻合法政权，参与 1991 年 1 月 13 日维尔纽斯电视塔事件”。布罗基亚维丘斯、叶尔马拉维丘斯等几位教授的案子就这样在不公正的审判中收场了。

再要说的是，在1991年1月13日维尔纽斯悲剧事件一案中，还有45人受到审判，其中有原苏联克格勃主席克留奇科夫、苏联元帅亚佐夫、原苏联国防部副部长阿恰洛夫等知名人士。

就这样，为波罗的海沿岸地区三共和国主权而展开的战斗，实际上于1991年1月在维尔纽斯电视塔以分离主义的胜利而收场了。最后的法律手续则是在当年的8—9月间完成的。当时戈尔巴乔夫刚当上仓促成立的国务委员会的领导人，在不提任何条件的情况下，签署了爱沙尼亚、立陶宛和拉脱维亚退出苏联的决定。

3个月后，还是在这个厄运当头的1991年，苏联不复存在了。

第七章

后果：仇俄浮出水面

俄罗斯人成了弃儿

1991年八九月间，波罗的海沿岸地区三个共和国在戈尔巴乔夫的“努力”下，以不承担任何义务的无条件的方式，退出了苏联；同年12月，这个伟大强国在叶利钦、克拉夫丘克和舒什凯维奇的“帮助”下，轰然解体。这样，就在1991年的一天，我国有2500万同胞早晨一觉醒来时，竟发现自己已是身处异国。身居祖国边界以外的不仅有1800万俄罗斯人，而且还有独联体其他国家的700万公民。

统一国家遭到破坏之后，在后苏联许多国家的地域内，掀起了一阵敌视俄罗斯人的民族主义狂潮。这样就引发了向俄罗斯迁徙的移民行动——基本都是高等级工人和工程技术干部。原苏联各加盟共和国的大大小小的工厂如今没有了专家，而俄罗斯人在这些地区科学文化发展中所占的地位，正如人们所说，绝非无足轻重。

处境最艰难的是波罗的海沿岸地区的俄罗斯居民。

谈到俄罗斯人在波罗的海沿岸地区几个国家的处境，我首先要讲一讲他们在拉脱维亚的地位。拉脱维亚的种族歧视已经达到了最可怕的规模——尽管爱沙尼亚和立陶宛也有类似情况。可是，要知道，1990年初这三个共和国曾一致通过独立宣言。那么，宣言里究竟包括了哪些承诺呢？

我面前摆着一份1990年5月4日由亚·戈尔布诺夫先生签署的拉脱维亚共和国宣布恢复独立的公报。为了使读者能独立作出结论，现把其中的一款逐字援引如下：

保证拉脱维亚共和国的公民以及长期居住在拉脱维亚领土上的其他国家的公

1991年12月，莫斯科特韦尔斯卡亚街的一家食品店外，等待购买食品的人们排起了长队。(新华社稿)

民享有各种社会、经济和文化权利，并享有符合公认的国际人权标准的政治自由。这些权利和自由同样完全适用于表示愿意居住在拉脱维亚，但不申请取得其国籍的苏维埃社会主义共和国联盟的公民。

类似的承诺也发表在爱沙尼亚国家独立公报中。1990年2月2日爱沙尼亚苏维埃社会主义共和国全国人民代表大会在塔林通过决议：

……在宣布爱沙尼亚国家的理想之际，我们知道有几十万非爱沙尼亚人也在支持爱沙尼亚独立的思想。在我们争取恢复独立的爱沙尼亚国家，人权和各族群权利将在共和国传统和民族宽容原则的基础上受到尊重。少数族群以及意识形态上的少数派在意见和方法上的分歧，在爱沙尼亚亦应受到法律保护。

兰德斯别尔基斯先生于1991年3月11日在有关立陶宛恢复国家独立的法令中，对这个问题的表述最为简短而明确。他有预见地避开了人文的具体性：

立陶宛国家……保证人权、公民权利和族群权利。

宣言发布过一年半以后，这些共和国变成了拥有自己对内政策的独立国家。这里不由得出现一个问题：这些国家到底是在退出苏联之后才滋生了不可调和的反俄情绪，还是这种恶劣态度由来已久，只是一时间暗怀于心，非等到一定时机不肯浮出水面？

某些研究波罗的海问题的专家试图解释这种罕见的稀奇事，他们说多少世纪以来，这些波罗的海国家一直夹在大国中间，或者处于文明边缘，它们的人民被迫与比较强大的民族（瑞典人、丹麦人、波兰人、日耳曼人、俄罗斯人）比邻而居。专家们正是试图用这一点来说明，波罗的海沿岸地区国家一直在为争取主权而斗争——先是为争取经济主权，接着，在上世纪 80 年代末—90 年代初，又开始为争取政治主权而斗争。

不过，有些问题至今还是没有答案。日耳曼人用火和剑征服波罗的海各族人民，强制推行自己的宗教信仰，然而二战期间，为什么波罗的海沿岸各共和国居民不仅支持纳粹占领者政权，而且很多人还参加反对苏联的战争，参与推行反俄、反犹、反其他民族的惩罚行动呢？

为什么在这些国家俄罗斯人成了被仇视的民族？也许是因为波罗的海人习惯了德国人那种坚硬的铁拳，而我们俄罗斯人信奉的则是东正教的心灵主义，力求建立各民族兄弟情谊，并以俄罗斯本土力量来提高周边的福祉？看来还有一个情况也产生了影响：拉脱维亚和爱沙尼亚的土地在 13 世纪初就被条顿骑士团的骑士所征服，几个世纪过程中它们始终处于日耳曼人的强大影响之下。日穆德人是性格犟强、身体健壮的民族，他们尽自己的能力反抗条顿骑士团的侵略。可以认为，日耳曼人、拉脱维亚人和爱沙尼亚人的宗教信仰接近——这种宗教信仰的基础就是以教会活动形式表现出来的新教教义。宗教信仰的接近成了思想纲领。正是这种纲领，使得拉脱维亚和爱沙尼亚能够组建起纳粹的“党卫军”部队（但在立陶宛不行，因为那里主要信仰天主教）。

毫无疑问，波罗的海沿岸地区三个加盟共和国在其宣言中宣布的为维护它们境内所有族群权利所承担的义务，至多不过是一种欺世的“烟幕”而已。早在这些宣言发布之前，一切有良知的人就已经知道，“改革中的”波罗的海沿岸地区，正在展开大规模反“外来移民”的运动。

媒体以“外来移民”和“占领者”这样的标题，毒化了很多人的意识。1989 年 7 月，在考纳斯空军基地附近召开的群众大会，竟发出了这样的号召：“剖开军官老婆的肚皮，不许她们生下占领者!”这样的话竟然出自那些自认为文化高出俄罗斯人一大截的人之口。难道能够想象，俄罗斯人会这样对待波罗的海沿岸地区乃至其他地方的妇女吗?!耶鲁大学的斯拉夫学教授、原维尔纽斯大学教师托马斯·文茨洛夫的“贡献”，就在于他能为“俄罗斯败类”绘制肖像：“俄罗斯人被看成是宪兵、酒鬼、冷酷的野蛮人、色鬼，乃至杀人犯。跑到立陶宛来的那些殖民者，尤其是行政官员，多少都能与这些词沾得上边，即使不是全部，也是其中的一部分”。

与此同时，除了俄罗斯是“外来移民”这个话题之外，社会意识还被灌输了“图代人”的观念。“图代人”是施虐狂们对生活在该共和国境内的波兰人的蔑称。媒体对人们灌输说，他们根本就不是波兰人，而是波兰化了的立陶宛人。这样，自然就出现了“波兰问题”——波兰居民问题也成了个现实问题了。

实际上，早在19世纪，尤其是在20世纪的头25年，在最初几次民族战争期间，斯拉夫族的克里维奇人曾被称做“图代人”。克里维奇人从史前时期就在此居住，生活在现在立陶宛领土的东南部，还在当地建起了一座城市——克列沃—维尔努—维尔纽斯城。这座城市的名称首次见于1129年的编年史。波兰人迁入信仰东正教的维尔努时间较晚：部分是在克列沃联合*（1385年）以后，还有一部则是在卢布林合并**（1569年）以后。

在“波兰人”居住的各区和各村，所有的社会指标都是共和国内最低的：在立陶宛工作的每1000人当中，受过高等教育的立陶宛人为197人，俄罗斯人为123人，白俄罗斯人为56人，而波兰人则仅为32人。在“波兰”区内，人均住房面积、学龄前儿童设施、学校等，数量都要低些。在丰富多彩、品种众多的出版物当中，专为20万波兰人出版的只有一份《红旗报》，没有任何其他的文化教育刊物。

遗憾得很，时至今日，波罗的海沿岸地区仍不是所有的人都明白这一点。上个世纪80年代，当地几个共和国已明晰可辨地显露出改革口号向民族主义和分离主义转化的倾向，“纳粹”意识形态在扩散。在这种紧张的形势下，莫斯科却以其行动主张的前后不一和态度的模棱两可使人震惊。我们的意识形态领袖雅科夫列夫、梅德维杰夫等人却给政治局和国家总统吃宽心丸，断言“过程”正确无

---

* 克列沃联合——波兰和立陶宛大公国结成联盟的协定（于1385年8月14日签署于今白俄罗斯境内的克列沃城堡）。两国王室联姻，成为统一的波兰立陶宛国家。——译者注

** 卢布林合并——关于波兰和立陶宛大公国联合为一个国家的协定（1569年6月28日签署于波兰境内的卢布林城）。规定建立统一的国家体制。——译者注。

误，言称并没有出现什么问题，仅为改革的深入和发展而已。

在波罗的海沿岸地区，有些活动家发出比任何人都更为高分贝的呼喊：他们叫嚷苏联“破坏人权”。可是正是这些人，一旦掌握政权之后，在狂热的民族主义浪潮中，不仅最粗暴地迫害自己的政治对手，践踏俄罗斯居民的人权，而且还制定种族隔离制度。几十万在波罗的海沿岸各共和国生活了几十年的人，亲手在当地建立了现代经济，可是转瞬之间，他们的政治权利却丧失殆尽，其原因仅在于他们的母语是俄语，而他们的祖根在俄罗斯。

如前所说，在践踏俄语居民权利方面起带头作用的，乃是拉脱维亚。由此产生了好多问题：其一是：为什么这种事竟发生在俄罗斯人在居民中占50%的国家？根据自己的经验，我知道过去拉脱维亚领导人为了讨好莫斯科，一向表现得非常恭顺，总是唯命是从。里加被非正式认定为波罗的海沿岸地区的首府，由此它也占尽了便宜。

可是在拉脱维亚，却通过了最歧视俄罗斯人的法律，特别是在解决取得公民权的问题上。例如，非公民必须从自己极其微薄的收入中拿出50美元来，这仅仅是缴纳手续费，接踵而来的花费还要多出5倍。

规定还必须通过考试，科目是：国语——包括书面叙述；历史——带有明显的倾向性，例如，按照这部历史，对于拉脱维亚来说，战争的结束是在……1991年；还有拉脱维亚宪法。此外，必须宣誓，以表忠诚。主持考试的是以民族主义为导向的官员，不能指望他们会发善心。

人们会理所当然想到一个问题：干吗要接受一些科目的考试？在这里显然出现了概念的偷换：对待新入籍的人是一回事；而对待长期居民，在这片领土上生活多年的人，是另一回事。对于后者，全世界都有一个不成文的做法：当国家出现分裂或合并时，长期居民就自动成为在这片领土上确立了法权的国家的公民。俄罗斯帝国、奥匈帝国瓦解时，捷克斯洛伐克分裂时，两德联合时，都是这个办法。

难道当初拉脱维亚加入苏联时，拉脱维亚人被迫参加俄语和苏联历史考试了吗？当然没有：掌握俄语的程度如何，乃是每个人的私事。苏联公民护照无须任何条件就应发放给所有的人。可是，他们对待俄罗斯人，持的却完全是相反的态度。

在拉脱维亚没有少数民族的定义。在这里有三类居住在该国的法人：公民、外国公民和非公民。根据1995年颁布的公民地位法，属非公民一类的就是原苏联公民，他们是没有取得公民权法律依据的拉脱维亚长期居民。依法可以取得公民权的，必须符合两个原则：继承原则（如果你是战前的拉脱维亚公民的直系后裔）和按普通归化过程走的原则。如前所说，归化必须先通过拉脱维亚语、历史和宪法等科目的考试，而且还要经由议会批准。

非公民在大选时没有选举权和被选举权，无权在国家部门担任高级职务；有权但没有义务在军队服役和在警察局任职。非公民在购买土地作为私产时，手续极为复杂烦琐。

自然，许多俄罗斯人对自己同胞在波罗的海沿岸地区，首先是在拉脱维亚的命运都不能无动于衷，他们在问：这是什么——报复吗？

为什么报复？为了俄罗斯人拯救拉脱维亚人免遭日耳曼化和完全丧失民族文化？为了在1918年向拉脱维亚和其他两个波罗的海共和国提供了独立国家的地位？为了在1940年事先向他们发出德国法西斯即将入侵的警告？为了在1945年解放了他们，并为此在波罗的海沿岸地区土地上牺牲了14万红军官兵？为了战后倾全苏之努力和资金，在拉脱维亚造起几十座、几百座工厂和桥梁，建起了成千上万栋设备一应俱全的住宅楼，各种医院、疗养院、学校、幼儿园？实际上在所谓的“占领”期间，是重新又建起了一个拉脱维亚。

在这里理应提醒，在苏维埃年代，拉脱维亚人从来不曾受过任何歧视。不仅如此，而且他们甚至还被提拔到苏联最有威望、最重要的岗位上——执行监察职能，指挥强力机关的岗位（在众多的人当中，我只想提两个名字——阿·佩尔谢和鲍·普戈）。在拉脱维亚的俄罗斯人，一直非常尊重拉脱维亚民族传统、风俗和习惯。看来，俄罗斯人似乎应该有权希望拉脱维亚人同样回报吧？

拉脱维亚的非公民，人人都有一份奇怪的证件，他们的地位就被这份证件固定下来。在这份证件上，他们被定为“外来族群”，就像是一种具有节肢的外星人，一类硕大无朋的蜘蛛，应该被消灭……

该国的某些代表证实了这种意图，他们宣称：必须尽快清除非公民。怎么清除？难道还要建一个新的奥斯维辛集中营吗？

俄罗斯人是具有强烈正义感的人，把他人的尊重看得比物质福利还要重，因此，卑微的地位使他们极其难过。尽管他们不会因为痛苦而到处去大喊大叫，但他们痛在心上。不过，此时此刻他们的心中所想很难猜测。有一句很好的谚语，叫做“投我以桃，报之以李”。人们之间，各族人民之间的正常关系，只有在相互尊重的基础上才能建立，至少要做到平等、忍让。这个尽人皆知的道理，政治活动家们应该永远记住。但是，遗憾得很，拉脱维亚当局在对待我们的同胞方面，却绝对无视这个道理。

我不禁要把“民主的”拉脱维亚同不久以前还是不民主的南非共和国作一个比较。迄今为止，拉脱维亚的长期居民中，有1/3（约为70万人）没有被承认为该国公民，尽管他们从前与该国其他居民处于同等地位。俄罗斯人从1666年开始，就大批定居拉脱维亚，因为当时在俄罗斯发生了教会分裂，在拉脱维亚有许多古老的信徒派教徒定居。及至18世纪，整个拉脱维亚纳入俄罗斯版图，所以俄语在那里得到了广泛普及。

1991年拉脱维亚议会作出决议，只承认1947年6月17日以前拥有拉脱维亚国籍的居民及其后裔为拉脱维亚共和国公民。40—50年代出生于拉脱维亚和终生居住在拉脱维亚的"非公民"，有权申请授予只到2000年为止的公民权。

这样，拉脱维亚长期居民中，有1/3的人被剥夺了所有政治权利和进入国家职能部门工作的可能——确而言之，和1994年以前南非共和国的黑肤色居民一样。

被剥夺拉脱维亚居民登记权的人（即所谓"圆戳人"——他们首先是少数族群代表），同时也被剥夺了一系列自然的和生活必需的权利，如劳动就业、获得各种社会补贴——包括儿童补贴——的权利。

由于短时间离开过拉脱维亚，成千上万的人不能重新取得在该国国内定居的合法权利。他们成了必须驱逐出境的"非法人士"，尽管其中往往有出生于拉脱维亚和在当地生活了大半辈子的人。这种状况就是1996年发生众所周知的拉维里·雅古金在陶格夫匹尔斯自焚事件的原因。

政府当局拒绝给由少数族群代表组成的社会团体注册登记。拉脱维亚的公民与非公民在享有权利方面的差别，举凡由法律及受法律约束的法令所规定的，就有68条之多。这些条款直接禁止非公民从事多种职业，也是从前南非共和国推行过的《工位备用法》（只为白人备用）一类种族隔离法的翻版。

例如，非公民无权经营药店（难道政府当局担心可怕的俄罗斯人毒害可怜的拉脱维亚人?），禁止充当消防员，不许做私家侦探、武装警卫、律师及助理律师、国家官吏，不准经营和维修飞机等等。除了这些职业禁令之外，还须加上由法律和受法律约束的法令所支配的对非公民的经济和社会权利的侵害。至于土地私有权、议会和地方自治机关的选举权和被选举权，就更是无从谈起了。

歧视非拉脱维亚人的基本手段，正如我已经说过的那样，就是掌握（或不掌握）拉脱维亚语。对掌握语言、历史知识和该国基本法律知识的要求提高了，这就构成了获得公民权以及获得相应的政治和其他权利的主要障碍。我不认为1918—1922年内战期间在俄罗斯占有特殊地位的拉脱维亚人会精通俄语。据历史学家谢·彼·梅利古诺夫的资料，在莫斯科全俄契卡机关的2000人中，有3/4是拉脱维亚人。

根据拉脱维亚内阁的决议，能够获得失业者地位（有获得生活补助和社会援助的相应权利）的，只有受过拉脱维亚语教育或拥有掌握拉脱维亚语证明的人。

俄罗斯国家杜马不止一次研究过俄罗斯人在拉脱维亚的地位问题，向该国发出过声明和呼吁，甚至讨论过对这个国家实行经济制裁的法案。俄联邦政府不支持这一法案，因为不希望与邻居产生龃龉不和。然而拉脱维亚政府当局却把俄罗斯国家杜马发去的呼吁和声明，像对待讨厌的苍蝇一样丢到一边。

2005 年 5 月，拉脱维亚议会紧急批准了欧洲委员会的《关于保护少数族群》的框架公约。俄罗斯外交部长谢尔盖·拉夫罗夫把这次批准行动，称之为庸俗的亵渎行为。全部问题在于拉脱维亚政府提出的两点修正意见：不许在街道名称标牌上和地图上使用少数民族语言；不许在国家和市政机构工作中使用少数族群语言。尽管在框架公约第 10 和 11 款中，清楚指明少数民族有这些权利。

此外，拉脱维亚议会批准了含有“少数族群”这个术语概念的解释性宣言。在拉脱维亚，他们甚至把在该国生活了几代人的那些公民，也归入少数族群之列。

俄罗斯中央选举委员会主席亚历山大·维什尼亚科夫在莫斯科“圆桌会议”上发言，在评价上述批准公约的闹剧时说，拉脱维亚当局行事时所遵循的，“不是历史复仇的想法——要为纯洁主体民族而斗争，就是地方利益”。

在爱沙尼亚，俄语居民实际上究竟生活得怎样呢？

1991 年爱沙尼亚获得独立后，它在内政和国家建设方面毫无疑问的优先任务，就是建立单一民族社会，从国内把俄语居民“挤出去”。而对于那些尽管挤压和歧视也不肯从爱沙尼亚迁出，把爱沙尼亚当成自己祖国的俄语居民，则要实行同化。

当前，在人口总数为 147 万人的爱沙尼亚，生活着大约 60 万俄语公民。其中只有不足 8 万名俄罗斯人获得了爱沙尼亚国籍，11.5 万人是俄罗斯联邦公民。剩余的 30 多万人根本没有国籍。

1995 年 1 月，爱沙尼亚议会通过了国籍法，实质上获得国籍的条件变得更加严格，甚至比爱沙尼亚在 1992—1995 年间施行的法律更加严苛。根据这个法令，爱沙尼亚长期居民，只有凭临时户口居住 3 到 5 年，凭长期户口居住 5 年之后，才能有权申请国籍。只有在此之后，提出的国籍申请才会得到受理和审议，而且仍要办理极其复杂的归化手续，其形式是通过语言和宪法知识考试。就连同爱沙尼亚公民（女公民）有婚姻关系，在共和国领土上工作和置有不动产等条件，如今在获取国籍一事上都没有任何照顾。实际上，这一法令的实施剥夺了相当大一部分爱沙尼亚居民恢复所丧失国籍的可能，封住了他们参与国内政治和社会经济生活的道路。

这样，爱沙尼亚就建立了独一无二的歧视性法律体系，根据这套法律，有1/3的长期居民被粗暴地剥夺了公民权，被宣布为自己国家的外国人，他们最基本的政治、公民、社会经济和文化权利遭到了践踏。根据爱沙尼亚法律规定，国内公民和非公民在权利方面的原则差异，多达40条以上。

针对长期居住爱沙尼亚的非公民，1993年7月通过了一个外国人法，该法令规定了所谓的“外国人”身份证明的发放办法。这种身份证明发给申请居住证明的人。领到这种身份证明的人，其所享有的权利范围，不仅比爱沙尼亚公民要小了许多，就连跟居住在这个国家的其他国家的公民相比，也远远不如。在外国人身份证明上，按规定要注明一个专门的名称：“原苏联公民”，这就把身份证明持有者归入到不存在国家的公民一类，从而实质上剥夺了他们的所有权利，包括在任何一个外国领土上受法律保护和领事保护的权利。外国人身份证明不是没有期限的，按要求，该证明应与户籍同时延长有效期限，这就给它的使用造成了困难。

然而，即使这样对待长期居住在该国的居民，发放外国人身份证明的过程到1996年7月12日还没有完成（这是爱沙尼亚共和国政府规定的期限）。在申请外国人身份证明的11万多人当中，得到的仅有约两万人。可是据事先估计，需要证明的不下于20万人。

审批临时户口的截止日期为1996年7月12日。这导致爱沙尼亚30多万居民自身法律地位的改变。在国际社会的压力下，这些人获得了在爱沙尼亚领土上合法居留的权利，但这样一来，他们却由长期居民又变成了临时居民，从而被剥夺了一系列权利。例如，其中就包括这样的权利：根据1993年颁布的私有化法，有权把当时占有的住房面积私有化的只是共和国的长期居民。能获得住房长期使用权的，也只能是长期居住在爱沙尼亚的人。按照1994年颁布的失业人员社会保障法，只有长期居民才有利用劳动介绍所和领取失业补贴的资格。

爱沙尼亚当局拖延落实俄爱协定中关于在爱沙尼亚领土上俄罗斯联邦武装力量退休人员社会保障问题的很多条款。爱沙尼亚当局给这类人员发放的，是为期2—5年的，甚至仅6个月的居住证，从而破坏了该协定，况且办理这种证件的手续极为繁复，而此类人员全都年事已高，所以实际上就是把他们置于极端困难的境地。

拒绝和拖延发放居住证的根据，可能是借口这些退休军人过去所从事的活动，其中包括他曾在国家安全委员会（克格勃），国家政治保安局（格别乌），甚至在边防军服过役。

尽管对地方自治机关选举法作过修订，但其中仍保留着很多歧视条款。对长期居住在爱沙尼亚的非公民，其自由表达意志的权利受到一些人为的限制。例如，只有那些个人亲自提出申请参选的人，才能作为选举人向专门设立的网点进行登记，而且登记期限极其短暂。如果是爱沙尼亚的公民，就完全不需要通过类似的手续。

我想在此提醒读者，爱沙尼亚曾是苏联的一个共和国，但其领导人却一有机会就大喊大叫，说该国处于“帝国占领之下”，它的人民遭受俄罗斯人的压迫。这居然引起了我国一部分知识分子的极大同情。我们这部分知识分子在听到这样的论调时，竟惊奇地翻着白眼，为他人如此评价俄罗斯同胞在一个社会环境最安全、福利条件最好的加盟共和国所起的作用而发出满意的尖叫声。但是，为现代爱沙尼亚人受教育创造机会、给予他们荣誉称号的，难道不是俄罗斯？为爱沙尼亚人开辟道路走向世界的，难道不是俄罗斯？如果没有苏联绝对权威的保护，有些爱沙尼亚人和该国公民，真不知会沦落到什么地步。

不久之前，爱沙尼亚内政成了联合国讨论的议题：在爱沙尼亚，至今仍然毫无道理地保留着公民和“非公民”之间在政治、社会、经济和文化权利方面的差异。爱沙尼亚方面在报告中企图证明，这一讨论的合法性值得怀疑。

爱沙尼亚上层人士认为，他们国家在这方面完全井然有序。可是，联合国种族歧视委员会对这种论断不赞同，驳斥了爱沙尼亚方面误导国际社会舆论的企图。委员会对爱沙尼亚方面提出的关于履行消灭一切形式歧视的国际公约的报告，提出了结论性意见，其中表明对爱沙尼亚处理少数族群语言问题的情况给予负面评价，尤其是对爱沙尼亚当局甚至意欲在少数族群聚居地区限制他们学习自己民族语言的做法表示反对。此外，委员会对于1993年爱沙尼亚颁发的民族文化自治法只适用于国内公民这一点表示担心，认为它“缩小了爱沙尼亚大肆宣扬的一体化纲领的范围，从而也证实了委员会的结论”。

俄罗斯外交部针对这次讨论作出结论说：委员会就此问题进行的辩论及其提出的总结文件再次证实，爱沙尼亚在保障非主体族群权利方面——而这主要涉及俄罗斯民族，局势引起了不具成见的观察家们的严重担心。

此外，俄罗斯外交部在其专门声明中指责了爱沙尼亚外交部长托马斯·伊里维斯，认为他在对莫斯科关系中所执行的路线带有调唆性质。应该说，托马斯·伊里维斯以前发表的几次声明，都没有能给这位政治家和外交家带来良好声誉，反而给俄爱关系造成了伤害。这位外交部长可能受到了一些影响：他长期生活在美国，完全忘记了俄罗斯和爱沙尼亚所拥有的共同历史。而这一历史，不管他个人如何希望，却无论如何也不能从一些俄罗斯人和爱沙尼亚人的意识中抹掉，因为这些人与他完全不同，并不认为他们共同生活的半个世纪是“苏联占领时期”，他们记得当代俄罗斯在重建爱沙尼亚国家体制中所起的作用。

爱沙尼亚政治活动家的言论超越了理智的起码要求。他们病态地仇视俄罗斯人和俄罗斯，甚至准备为恐怖主义罪行辩护，包括为车臣匪徒辩护。譬如说，下面我就要引用一段致杜达耶夫先生的慰问信中的文字：

值此萨勒曼·拉杜耶夫将军遇害之际，爱沙尼亚国会的支持车臣小组特向车臣人民和您本人表示深切同情。这位杰出的自由斗士惨遭杀害，使我们深感震惊。爱沙尼亚议会的支持车臣小组与车臣人民一道为萨勒曼·拉杜耶夫表示哀悼。

在这份信件上签名的有爱沙尼亚共和国议会的63位代表（代表总数为101人）。只有疯狂的反俄政策才能允许作出这种声明，它乃是爱沙尼亚对俄罗斯内政的粗暴干涉，是激进反俄情绪的表露，而这种情绪已构成爱沙尼亚内外政策的主要路线。同时，这份信件也是对国际社会舆论的卑鄙无耻的挑衅，因为国际社会舆论认为，政治恐怖主义是极其危险的现象，在反对恐怖主义的斗争中，国际共同体应该一致努力。

由于特殊的社会经济政策，由于天主教不容忍异族人的那种心灵主义，在波罗的海沿岸地区，当代立陶宛成了种族单一的共和国。1991年，当苏联解体时，立陶宛人在立陶宛占居民总数的81.6%，而与此同时，爱沙尼亚人占爱沙尼亚居民总数的63.5%，拉脱维亚人在拉脱维亚仅稍许超过居民总数的一半——占51.8%。而实际促成这种情况的，是上世纪50年代中期立陶宛当局通过的一项专门决定：只准许在共和国的某些城市建设企业，而在许多居民点都不许建设。这一决定断然限制了俄罗斯人和其他民族的人进入立陶宛工业企业。

乍看上去，我们的同胞在立陶宛的处境比在拉脱维亚和爱沙尼亚要好得多。但这不过是最初印象。实际上，同化俄语居民是立陶宛政府推行的既定政策。我们的同胞在立陶宛的法律地位，取决于当地整体通过的一系列法律，以及占极小比重的俄立两国关系条约。而且，当问题涉及俄罗斯同胞，特别是涉及俄罗斯公民时，就会看到法律运用过程中相当独特的实践操作。

有关外国人在立陶宛法律地位的法律条文，对于俄罗斯公民具有特殊意义。如果对文字上的某些粗糙之处忽略不计（因为这可以解释为立法者经验不足），那么，对这项法律的严格法律评估应该是肯定的，因为一方面它对外国人实行一定的限制，另一方面也宣布外国人在立陶宛享有与该国公民同等的权利。但该国宪法、此项法律及其他法律和国际条约，又全都另有补充说明。

当谈到此项法律各条应如何适用于俄罗斯公民，俄罗斯公民如何行使立陶宛公民所享有的某些权利时，却遭到了官员们的断然拒绝。尽管并没有限制外国人行使这些权利（包括参与米尔大会、参加社会团体的权利）的禁令，但官员们的实际做法就是这样。

有关少数族群的法律也使人惶惑不解。这项在相当程度上是装点门面的失败的法律，从来也没有实施过。不久前又试图用族群村社法来取代它。族群村社法的草案曾在报刊上公布过，这就让我们有可能对它的反动性质予以评说。法案的起草人对如何向少数族群社会生活施加更多限制表现出极大的关心。可是许多立陶宛议员觉得这个法律草案还不够劲，因此又草拟了一份“保护少数族群文化和族群特性”的法律草案以供选择。这个草案就连最起码的脸面也置之不顾了。

再者，立陶宛共和国宪法不允许长期居住立陶宛的俄罗斯公民在该国领土上购置和拥有土地。当前，立陶宛议会正在审查宪法修正案，目的在于允许外国公民购买土地，但这一点不适用于俄罗斯公民，因为预定这种权力只赋予北约和欧盟各成员国的公民。在国家基本法层面上如此提出问题，是绝对带有歧视性的和不可容忍的。

还应该特殊研究一下我们的同胞建立和利用社会团体的问题。依我看，在这里存在着两个问题——法律的和社团内部的。

立陶宛司法部长断言，不允许俄罗斯公民在该共和国建立自己的组织，因为立陶宛宪法规定：“保障公民享有……”，但这句话似乎又排除了该条款适用于非立陶宛共和国公民的可能。公开抗议合法权利受到损害的可能被消除了，因为该国有关解释表明，立陶宛的集会法甚至连外国人纯和平目的的集会行动都在禁止之列。

立陶宛的俄罗斯人如何联合起来，建立具有强大生命力的国外社团的问题，非常值得关注。当前，立陶宛存在着近20个俄罗斯社团。可是这些社团得不到莫斯科的支持，只能听任当地政治力量随意摆布，已全被解散，丧失了他们在当地俄罗斯基本群众中的广泛影响。

在维尔纽斯成立的俄罗斯信息文化中心，为解决俄罗斯同胞团结的问题带来了希望。俄罗斯公民应占多数这一条得到了硬性规定。在这种情况下，当地俄罗斯社区的成员本可以积极参与该中心的活动，可是遗憾得很，尽管俄罗斯和立陶宛政府就这个问题已经签有协议，但离实际解决问题还有一段距离。

几年之前，立陶宛总统瓦里达斯·亚当库斯曾就选举新议会一事向该国公民发表讲话。我仔细阅读了这篇演说。讲话涉及共和国内部生活和对外政策的许多方面。甚至提到了每个公民的福祉权利。但他一个字也没有说到俄罗斯人的权利，而俄罗斯人在这个国家的居民中，占有相当大的分量。

看来，同爱沙尼亚一样，在立陶宛也没有俄罗斯问题！

众所周知，立陶宛在上世纪 90 年代获得主权后，国内掀起了一阵审讯持不同政见者和二战老战士的浪潮。瞧，这就是"民主"立陶宛的自由！凡此种种，跟不久之前在篝火上焚烧书籍的那个年代何其相似乃尔！

此外，我们有根据怀疑立陶宛司法的独立性，证据俯拾即是。据报刊报道，兰茨别尔基斯当时宣称，布罗克亚维丘斯和他的同志们受审，并不是因为他们现在或过去有什么政治信念，而是具体因为他们组织了大规模的谋杀，据说他们是作为最普通意义的刑事犯受审的。这至少引起了迷惑不解：怎么能在开庭之前就得出这种结论呢？

可就在当时，当年维尔纽斯的法西斯警察总监列莱基斯，却能够自由自在地待在立陶宛。他可是由于被指控犯有大批杀害犹太人和本国其他民族爱国者的罪行，而被美国驱逐出境的。

这一切同在俄罗斯审判国家非常委员会一案的初始阶段何其相似。什么样的罪名没有往受审者身上加，什么样的帽子没有往他们头上扣啊！当时的俄联邦部长会议主席西拉耶夫，甚至要求不经调查和审讯就将他们立即正法。可是，最终那批人全都获得了大赦，而瓦连尼科夫大将不肯接受大赦，争取到把审讯进行到底。正如所知，法庭最终宣布他无罪。

立陶宛当局，特别是它的议会，直到今天还不肯善罢甘休，以令人羡慕的充沛精力挖地三尺，搜寻"敌人"。例如，前不久通过了"评估苏联克格勃（包括内务人民委员部，国家安全人民委员部，国家安全部）及该组织骨干人员现实活动的法令"。根据该法令，这一世界知名的专门组织连同它在立陶宛的分支机构被宣布为"罪恶"组织。自该法令生效之日起，原克格勃骨干工作人员在 10 年之内不得"在立陶宛担任国家公职人员，在政府管理机构、自治机构、边区保卫机构、国家安全部门、警察局、检察院、法院、外事部门、海关、国家监察机关以及国家监督和检察机构工作；不得担任律师、公证员职务；不得在银行和其他金融机构工作"。这不禁使人想起一部老片子，那里有个年轻的革命者马克西姆，他被禁止在任何省份居住，除了……萨哈林岛。立陶宛也是如此：看来只允许这些人当个挖土工，或者干些不需要什么技术的体力活了。

与此同时，政府又承诺：此法令生效三个月内，"凡前往立陶宛国家安全部门登记，交代此前所有工作秘密及同事和特务等关系者"，可以"安心"生活。

就其结构系统而言，苏联的所有机构中均设有克格勃。该组织解体后多年来，任何一个在原苏联加盟共和国基础上建立的新国家，也不曾通过立法程序，把原苏联的克格勃和共产党宣布为“犯罪”组织。立陶宛是第一个这样做的国家。

文明世界遵守一个普遍的规则：凡宣布一个人或一个组织为罪犯，一定要通过法庭。其他所有“判决”都没有法律效力，不得执行。应该提醒一句，1945年底1946年初，在纽伦堡国际军事法庭审判主要纳粹分子的过程中，除了对个人作出判决以外，也判定法西斯德国的一些机构为犯罪组织。

上面提到的关于克格勃的法案，出自立陶宛议会议长兰茨别尔基斯的手笔。此人在相当长的时间里一直呼吁议会“对犯有战争罪行、在被苏联占领的立陶宛领土上杀害平民，从事过镇压活动、恐怖活动、政治迫害的组织，作出法律评估。”他终于达到了目的。兰茨别尔基斯不是个法学家。他是个音乐人和政客，大概正因如此，他所领导的议会作出的决定，才散发出一股外行和政棍的气味。同时，议会也完全无视立陶宛总统瓦·亚当库斯的否定态度。

立陶宛苏维埃共和国，军人公墓中的苏军解放纪念像被砍掉了脑袋。(克罗波夫斯基摄)

这就出现了一个问题：这个“民主”共和国的特工部门，又是如何以高度彬彬有礼的方式行动的呢？不久前立陶宛总统亚当库斯责成检察院调查一项举报，据称，内务部领导人员保卫局议会处的工作人员似乎在秘密跟踪高级领导人，甚至跟踪总统本人。而所获情报最终似乎都送到了议长兰茨别尔基斯手上。引起这次调查的原因，最大的可能是由于前总统布拉扎乌斯卡斯宣称，他的私人谈话内容竟然被其他官方人士得知。可是，这些破坏立陶宛宪法的法律又是由谁来通过的呢？

铲除俄语

第二次世界大战之后，俄语很快就获得了国际语言的性质。这无疑是苏联威信的标志之一。甚至还成立了一个俄罗斯语言和文学教师国际联合会，团结了世界上 76 个国家的 6 万多位俄罗斯语文研究者。2003 年召开了该国际联合会第 10 次会议。现在，在任何国家，总能遇到或多或少掌握俄语的人。然而，有的国家却在起劲地排挤俄语。尽管俄语在全世界科学、文化、政治领域里的作用日益增长，这些国家还是要这样做！众所周知，联合国已经宣布，俄语是世界性官方语言之一。

但是，在民族关系恶化的条件下，俄语却被推上了政治问题的风口浪尖。目前正有两种倾向愈演愈烈。第一种倾向——人们希望提高本民族语言的地位，提高它在建立国家、形成民族自觉和民族精神过程中的作用。可是与此同时，又出现了另一种倾向，而这恰恰与第一种倾向相反：增长了“语言的不可兼容性”。这一在改革中出现的罕见现象，成了民族关系发展中前所未有的新因素，使之蒙上了一层极其恶劣的民族主义色彩。语言因素开始被用来确定一个人是“公民”还是“移民”，是“原住民”抑或不是。在获得完整主权之后的波罗的海沿岸地区各国，这种现象是现实存在。语言问题从小学开始，甚至从幼儿园开始，就波及了儿童的心灵。

当前，俄语在后苏联时代所处的地位又如何呢？

在大多数国家——原苏联各加盟共和国，除白俄罗斯以外，都通过了有关语言的法令，宣布只有“主体”民族的语言才能作为国语。在哈萨克斯坦和吉尔吉斯斯坦，俄语可以当做官方语言，与国语平等使用。在阿塞拜疆、亚美尼亚、格鲁吉亚、乌兹别克斯坦、乌克兰，俄语或者被归入外语，或者作为少数民族语言，或者简单地作为一种不相干的语言。在很多国家，俄语被排除在官方公文用语和社会生活以外。正如我们以波罗的海沿岸地区为例所看到的那样，没有掌握当地语言的居民，只好自动丧失一系列重要的经济、财产和政治权利。

某些国家大批关闭了俄罗斯幼儿园、学校、文化机构，在用俄语教学的高等院校里削减了班级、系和分院。现在，俄罗斯人和俄语居民难以企及的，不仅是高等教育、中等职业技术教育，甚至还包括普通教育，因为实际上教学已经全面转为使用“主体”民族语言了。

教科书对大多数历史事件作出的不符合实际的评价，令人深感不安。这些评价往往带有公开的反俄倾向。俄罗斯人和俄罗斯文化在如今这些主权国家的发展上所起过的作用遭到贬低。正在成长的一代人，心目中对自己精神文化的根源出现了扭曲的认识。俄罗斯剧院和图书馆遇到了巨大的困难。

还是让我们再回到波罗的海沿岸地区，首先是回到拉脱维亚。

拉脱维亚共和国已经开始施行强制同化非主体族群的计划。议会讨论了旨在排除俄语和其他语言的教育法。可是俄语乃至其他语言，乃是相当一部分居民的母语。非拉脱维亚的国立学校数量不断减少。到以非拉脱维亚语授课的高等院校接受高等教育已成为绝不可能。即使在私立学校，政府当局也要求一部分课程只用国语教授。这样一来，建立在双语原则基础上的教育体系遭到了破坏。现在推行的教学制度是典型的单一民族国家的制度。应该指出，这些歧视措施得到了一系列国际组织，其中包括联合国教科文组织和欧洲委员会等的发展规划的支持。

国语法把俄语宣布为外语，规定在劳动、公共信息等领域，以及在任何国家机关办事，只能用拉脱维亚语。

自从 2004 年 4 月拉脱维亚共和国议会通过拉脱维亚共和国宪法修正案以来，这一领域的事态每况愈下，因为该修正案排除了在各级立法和政府机关、国家组织和地方自治机关，其中也包括少数族群聚居地区使用俄语的可能性。这意味着正在对非拉脱维亚居民施行强制同化。

我想提醒读者，在与拉脱维亚毗邻的芬兰，就存在着两种国语——瑞典语和芬兰语，尽管瑞典人只占该国总人口的 8％。

2004 年 2 月，拉脱维亚共和国议会通过了对 1999 年 6 月颁布的教育法的修正案。把俄语排挤出教育领域本来就是该教育法的宗旨。而修正案则更进了一步：完全消灭俄语——2 月修正案实际上就是在学校里彻底清除俄语。

从 2004 年 9 月 1 日起，根据修正后的教育法，在俄罗斯学校确定了“按 60％比 40％”的比例安排课程，即 60％的课程用拉脱维亚语讲授，剩下的 40％用俄语。属于用拉脱维亚语讲授的科目有数学、地理、经济学基础，甚至还有体育课。与此同时，一年级用于讲授俄语和文学的课时，每周只有 4 小时。用 4 个小时怎能教会 7 岁孩子读和写？

拉脱维亚当局的政策旨在根除俄语，这一政策的结果，就是2003—2004年在共和国内一次次爆发“学校暴动”。几万名中学生、家长和教师涌上里加和其他城市的广场，要求为他们保留母语——俄语。“斩断伸向俄罗斯学校的魔爪！”“大家在一起就是力量！”“拉脱维亚是欧洲的耻辱！”“改革完蛋了！”诸如此类的口号表达了他们的立场。看来，拉脱维亚的俄罗斯人已经被折磨得忍无可忍了。难道这还不足以让我们回忆起1976年在南非共和国发生的最强大的起义——索埃托“中学生起义”吗？而起因不就是剥夺了黑人受中等教育时选择语言的权利吗？

2005年8月，议会的20名反对派议员向拉脱维亚宪法法院起诉，控告所推行的中等教育改革不符合国家基本法。同年5月，宪法法院驳回了这次起诉。

拉脱维亚当局企图把这些反对学校改革的抗议行动说成是某种外来势力反对该国的阴谋。在里加，当局担心，以推迟改革的形式向抗议者让步将会造成一种印象，似乎俄罗斯直到今天仍能左右拉脱维亚的政局。然而当局拒绝就改革进行谈判的主要原因，根本与此无关。问题的原因是：统治集团手中没有推行这种改革的有力的理由。拉脱维亚人承认，改革的主要理由就是为“占领”拉脱维亚而向俄罗斯人报复。其他的理由看来更加苍白无力。

里加杜马安全和法制委员会意欲向议会呼吁修改刑法。据该委员会的意见，因举行社会活动而破坏法制，其组织者应受到严厉惩罚——监禁，刑期可定在10年以下。该委员会领导人维勒克斯向记者宣称，是俄罗斯中学生的群众抗议行动促使议员们通过了这一决定。一位保卫俄罗斯学校运动积极分子说，局势迫使人们得出结论：原来拉脱维亚的教育改革早已划归内务部掌管了。

为了消灭“俄罗斯精神”，这个“民主”国家的政府走得更远。近几天拉脱维亚内务部煞有介事地宣布，说欧洲人权法院驳回了国内那些试图对自己姓氏“拉脱维亚化”表示异议的居民提出的起诉。类似的案例在拉脱维亚真是举不胜举。俄国诗人普希金在拉脱维亚被改称为“普斯金斯”。可是，要知道，俄国人是绝不会，比方说，把莱蒙德·保尔斯*改名为“保尔索夫”，把莱姆·瓦伊库勒改名为“瓦伊库列夫”……

顺便说一句，拉脱维亚总统瓦伊拉·维凯—弗列别尔加宣称，她的共和国，立陶宛和爱沙尼亚，都不希望继续使用“波罗的海沿岸地区”这个带有“苏联”烙印的说法。据她说，这散发着1939年的气味，那一年“苏联威胁我们，要求

* 莱·沃·保尔斯（1936—?），立陶宛作曲家，乐队指挥。作品有芭蕾舞曲、音乐会乐曲和爵士乐等。——译者注

建立他们的基地”。

拉脱维亚肆无忌惮地疯狂攻击俄语，将会导致极其严重的后果。如果明天俄语在这里消失，那么在可预见的未来，拉脱维亚语也会在地球上消失，而生活在现在所谓拉脱维亚共和国领土上的居民，将会说上一口支离破碎的当地样式的英语。到那时将不会有人挺身保护拉脱维亚文学——谁也不会再想起它来。

禁止孩子们学习父母的语言——这是对国际法准则最粗暴的破坏，拉脱维亚向建立种族隔离制又迈进了一步。在南非共和国消灭了这一被联合国宣布为“可耻的反人类罪行和可憎的体制”以后，全世界都以为这种体制似乎再也不会复活了。然而在欧盟的默许之下，种族隔离制却正在拉脱维亚和爱沙尼亚继续生长发展。

还有一个决定足以说明拉脱维亚当局对待俄罗斯人民和俄罗斯的态度。众所周知，在里加有一座彼得大帝的行宫。这座行宫是在拉脱维亚加入俄罗斯之后，由该市赠送给沙皇的。彼得大帝以及罗曼诺夫王朝的沙皇于访问该市时曾不止一次在该处驻跸。在较晚时期对这个建筑进行改建时，伟大的拉斯特雷利*也曾参与过这项工作。

从1991年到1998年，占据这座宫殿的是拉脱维亚的俄罗斯社团。当时计划把宫殿作为俄罗斯文化中心和俄罗斯人在拉脱维亚的历史博物馆使用。然而，宫殿被拍卖了，社团和图书馆被赶到了街头。这样一座历史古迹被改造成了居民住宅大楼：在里加老城区住宅是很值钱的。

在波罗的海沿岸地区，我国的数十万同胞成了按种族特征受到歧视的牺牲品。其结果是俄罗斯本身受到贬损——在俄罗斯国家杜马向拉脱维亚议会发出不要迈出这一步的呼吁之后，这个反俄的法令竟立即出笼了。在北约武力保护伞下，在欧盟政治庇护下，拉脱维亚沙文主义者厚颜无耻地拒绝了莫斯科的呼吁。俄罗斯议会挨了拉脱维亚“同行”一记响亮的耳光。对气焰嚣张的反俄分子实行劝说政策只会徒然助长他们的放肆无礼。这个法令通过以后，一个拉脱维亚政客公开把我国数十万同胞称之为“白痴”，他侮辱的不只是我们在拉脱维亚的同胞，而且是整个俄罗斯。

立陶宛 该共和国人口总数约为350万，其中立陶宛人占80％，俄罗斯人占8％，波兰人8％，白俄罗斯人1.5％，此外，当地还有一些乌克兰人和犹太人。

---

* 瓦·瓦·拉斯特雷利（1700—1771），俄国建筑师，巴洛克式建筑风格的代表人物。斯摩尔尼宫、冬宫、彼得戈夫大宫殿等都是他的代表作。——译者

非立陶宛居民主要集中在该国东南部，日常使用俄语和波兰语。

1990 年 3 月 11 日，立陶宛单方面宣布独立，该共和国最高苏维埃于 1990 年 11 月 29 日通过了“关于实现国语地位限期的决议”。从 1995 年 1 月起，该国全体居民必须转而使用国语（即立陶宛语）。然而，行政当局并没有承担任何向居民教授立陶宛语的义务，而是把此事完全承包给一些首先是以盈利为目的的私人和商业机构。所有这一切竟然都发生在立陶宛还是苏联的一个加盟共和国的时期！

1992 年 4 月，立陶宛共和国政府通过决定，其中划定了在国家机关担任这种或那种职位所需掌握立陶宛语的三个级别。由于这个决定，实际上所有非主体民族都只能被迫放弃在国家机关的工作，原因就是他们的立陶宛语掌握得不够好。

用主体民族语言教学的时间和质量、立陶宛语语法的复杂性（这是最古老的欧洲语言之一），使得在极短的限期内掌握它成为不可能。尽管这一决议首先涉及的是俄语公民，但国语委员会的领导人也不得不承认，即使是立陶宛人，也并非所有的人都能通过母语的高级别考试。

毕业于非立陶宛人学校的考生必须先通过立陶宛语面试，为此还要交纳费用。只有经过这道手续，他们才有权把证件交到学校。这种行动，除了评价为按照民族特征搞公开歧视外，不可能再有其他解释。

1995 年立陶宛颁布的国语法规定，任何反对国语地位的活动都是不允许的。为了监督这一法令的执行，建立了一个拥有极大特权的专门机关——直属议会的立陶宛共和国国语监察局。

俄语被彻底排除在官方公文应用和社会生活之外，在立陶宛共和国领土上开展活动的国家机关、商务机构及其他机构一律不得使用俄语。只有在日常生活和少数族群社团举办的活动中，才不禁止使用俄语。在立陶宛，对违法者要广泛课以行政处罚，其方式为向相关领导人和负责人处以罚金。

对使用国语的硬性要求导致的后果是，甚至在俄罗斯学校，连各办公室的标牌、直观教具、教学文件、教学日志、学生日记，都一概要用立陶宛语书写。此外，还必须以立陶宛的方式书写学生姓名。这自然引起家长的愤慨。

在立陶宛允许用俄语教学的，实际上只限于普通中学。如想受到用俄语教学的高等教育，只能够到师范大学的斯拉夫语文系，可那里总共只有一个班，收纳 20 个学生（仅仅 20 个人啊！），而在其他高等院校根本不用俄语教学。

可以预见，在最近一段时间内，俄罗斯人的学龄前和适龄教育机构，以及文化性设施，数量将急剧缩减。在各级立法和行政机构受过教育的人和知识分子当中，将不会有俄语居民的代表。

在保障我国同胞的信息空间方面，也存在着一定的问题。政府通过媒体提供的俄语信息，极其贫乏而片面。该国电视台用俄语播放的节目，只有每天一次的“新闻”（每次 10—15 分钟）。民族广播电台给俄语的广播时间也只有一小时。

在立陶宛，白天只有国家广播电台——“俄罗斯之声”——一家播送节目。不错，那些较比富有的人，拥有有线电视和卫星电视的人，可以看到俄罗斯的所有主要电视频道。但基本的俄罗斯群众却很少能有人充分就业，即使能有活儿干，也是辅助工作，因此他们对看这类节目连想也不敢想。

俄文报刊的出版也有类似情况。最容易读到的便是《Etyboc ptac》、《立陶宛信使报》、《述评》、《共和国报》等几份周刊，但它们出版的数量不多。可是，第一，这些报道谈的不是俄罗斯人在立陶宛的生活，而是用俄语讲述立陶宛的生活；第二，整个材料最好的部分是“昨天的”俄罗斯报刊文摘。在报刊亭里花费商业高价可以买得到个别的俄罗斯出版物，可是它们缺乏针对性和及时性。

由此观之，立陶宛当局的政策从不考虑俄语居民在立陶宛居住的历史条件，他们学习立陶宛语的困难，以及与此相关的社会和经济困难。立陶宛当局实际上是在推行对这些居民的强制同化政策。

立陶宛政府文件中只字不提俄罗斯学校中俄罗斯文学课时急剧减少的状况，在教学大纲中，除了作为独立学科的俄罗斯历史地理，这些课程目前都放到世界史和世界地理中去讲授。

立陶宛官方材料断然说，为学习国语创设了良好条件。但却只字不提这种为居民开设的短训班是收费的。

在与邻国拉脱维亚对比的情况下，乍看上去，立陶宛的俄罗斯学校和俄语教学等问题，状况要好得多。可实际上立陶宛的一些事态进程——其中包括俄罗斯学校的“改组”——同样令人担忧。

各级官员中都有一些人对不民主的国语法随意加以解释，在执行中随意性也很大；少数族群的民族文化空间遭到急剧压缩；加之他们所执行的学习和教育体制——这一切无疑都促进了“非主体民族”正在成长的一代人加速同化。在这种条件下，许多家长也认为自己的孩子在俄罗斯学校学习已无前途可言，于是把孩子转入立陶宛学校。社会学抽样调查表明，在 10 所维尔纽斯立陶宛学校的低年级，有 25%—30%是非立陶宛学生。俄罗斯学校的生源已经呈现萎缩倾向，人数大为减少，学校的最后关闭指日可待。

据生活在立陶宛的专家的看法，必须通过一项比较民主的国语法，扩大立陶宛非主体族群的信息文化空间，制定少数族群学校章程，方能保留少数族群的民族同一性，和谐地达致与立陶宛社会生活的一体化。

从道德和政治的观点来看，立陶宛既不应该允许以损害某些族群学校的利益来解决另一些族群学校的问题，也不应该允许行政当局在这个问题上仓促行事。政治家和专业人士在解决这类微妙敏感的问题时，作为出发点的设想应该有足够的根据。在当前的政治条件下，应以其他文明国家为榜样，必须放弃在熔炉中“熔化”立陶宛少数族群的思想。只有每个民族都保持自我，都能珍视自己的文化和教育，各民族有机团结一致的局面才能出现。

爱沙尼亚　在爱沙尼亚，俄语的处境同其两个南部邻国一样令人担忧。看来，对发展爱沙尼亚文化和爱沙尼亚语言的必要性未必有人会持有异议。但是，这不应该靠伤害俄语族群来实现。任何人都不能根据护照封皮和族属来随意“理解”国际法和人的自由权利。

必须特别强调俄罗斯人和俄语居民传媒手段的景况不容乐观。如果说在拉脱维亚尽管要通过有线电视，但总算还能看到俄罗斯电视节目的话，那么在爱沙尼亚，全共和国规模的俄语电视节目就根本没有。这种节目只能靠几个现有的爱沙尼亚频道来转播。而这一切却发生在居民有 1/3 是俄罗斯人的国家里！所有的电视节目都主要定位在宣传鼓动单一民族国家，以及对非本土居民开展同化的意识形态改造。

上世纪 80 年代末，拉脱维亚出现了一个新词——“阿特莫达”，翻译成俄语的意思是“觉醒”——当然是民族的觉醒。如果“阿特莫达”这个词的始作俑者不是雅·彼特斯，那么我本来不会去注意它。

我们清楚地记得，拉脱维亚苏维埃社会主义共和国的俄罗斯居民同拉脱维亚人一道参加“觉醒”群众大会，喊出的口号是：“为了你们的和我们的自由”。现在自由了。可是，接着就出现了最初的怀疑：“怎么会这样呢，在一起并肩战斗过，而现在我们却成了二等公民?”“你们根本连公民也不是，”——“民族意识苏醒后的”往日同志回答他们说。于是，不得不与这种新生活妥协。更有甚者，他们居然又成了“占领者”，而且，那些反法西斯老战士还要受到审判，在他们的个人护照上还要注明是“非公民”。

随着北约一道，又来了一些身着军装、佩戴星条小旗的先生。他们到此并不是为了欣赏多姆斯克大教堂的管风琴，也不打算把里加电影制片厂变成一个新的好莱坞，更没有在寒冷、荒凉的沿海地区为他们建造创作之家，没有把安·乌皮特*、雅·莱尼斯**的作品翻译成“莎士比亚的语言”。甚至连我们说过的“觉醒”的教父雅·彼特斯的作品也同样招致冷落。这些新来的先生蔑视民族天才！若是新修建一些妓院，新开张一些麦当劳嘛，他们倒是会感到需要的。

在结束评论我们的同胞在波罗的海沿岸地区几个“民主”国家的遭遇、他们的公民权利和语言问题时，我不禁想起一句英明的箴言：“政府之所以存在，就是为了保护少数派的权利”。然而，这些国家当局不知道，或者不愿意知道这句箴言。

波罗的海沿岸地区的几个共和国宣布自己拥有主权之后，已经过去了许多年。遗憾的是在这些年里，问题的状况已经变得“稳定”了。俄罗斯强国被人吐了满身口水，可是这个强国却装模作样，说这是上帝施予的甘露。据说，今后还要表现出克制力，要等待里加、塔林和其他的“政治家们”成熟起来，等待他们学会国际上的礼貌。等着瞧吧，一旦它们成为北约和欧盟的成员，那里的成年叔叔一定会罚他们站在墙角反省的，因为他们侮辱了最可敬最可爱的伙伴俄罗斯，要知道，这个伙伴已经是“八国”成员之一，是与北大西洋公约、欧盟等合作的各种委员会的成员之一了。毋庸置疑，北约和欧盟暗中是支持波罗的海沿岸地区国家对俄语居民的歧视和对俄语的排斥的。否则的话，他们早就毫不犹豫地把这些波罗的海的家伙揍个鼻青脸肿了。只需欧盟的主要和平缔造者索拉纳（下令轰炸南斯拉夫的正是此人）眉毛一扬，那里的一切就都会得到调整。

如果把各种“开心事”（如俄罗斯加入了“文明国家”俱乐部，与这些国家签订了无数的伙伴和合作条约等等）抛在一边，那么欧盟和北约不顾俄罗斯外交部的抗议、说服和痛苦呻吟，执意东扩，便是赤裸裸的地缘政治的余波了。我们这些亲爱的伙伴连续不断地强化苏联解体的成果，造成不可逆转的态势，迫使俄罗斯为了民族利益从彼得大帝时期就占领的阵地撤出，向东方后退。

把波罗的海沿岸地区纳入北约和欧盟，这为改变欧洲政治领土地图又向前跨进了一步。这一步是有意识迈出的，具有挑衅性。长期以来，北约和欧盟一直未敢迈出这一步，直到确实认定，不必把我国对北约集团提出的不得越过“红线”的警告认真对待，才有了这个动作。

说到这儿如何能教人不想到里宾特洛甫—莫洛托夫协定的“分界线”呢！难

---

* 安·马·乌皮特（1877—1970），拉脱维亚作家、拉脱维亚科学院院士。社会主义劳动英雄。代表作为三部曲《罗别日尼耶克一家》等。——译者

** 雅·莱尼斯（1865—1929），拉脱维亚诗人、社会活动家。代表作为诗集《暴风雨的播种》，《那些不会忘记的人》，《太阳，万岁》等。——译者

道北约和俄罗斯地理上划定的“红线”，不就是1939年划过的那条线吗？为什么如今的波罗的海沿岸地区几个主权国家却一言不发，默不作声呢？答案很简单，今天的新主子——欧盟和美国使他们称心如意。可是历史证明，波罗的海沿岸地区的这些朋友朝三暮四，瞬息多变，这不会吓退新伙伴吗？或者新伙伴需要的只是这些国家今天针对俄罗斯的政治决定？其实，所有这一切，世界历史在第二次世界大战前夕都经历过！

对于波罗的海沿岸地区的这些北约和欧盟的新成员来说，为了巩固苏联解体后形成的政治领土新格局并使之具有进一步的稳定性，一个要素就是从这些国家排挤出当地俄语居民的主要部分，并强制同化剩余部分。这一政策具有长期、整体的性质，绝非无足轻重。这里讲的是针对受歧视的非主体族群采取的极其广泛的措施。问题的实质在于，对生于斯、长于斯的相当大一部分波罗的海沿岸地区原住民，实行的是按民族特征划分的民族歧视。

如果认为北约和欧盟似乎看不到和不明白这一点，这种想法是愚蠢的。他们看在眼里，心知肚明，默默地鼓励赞许，不过又在一旁监视，使波罗的海沿岸地区各国在国内以及与俄罗斯的关系方面，事态不至发展到严重过火的程度。时至今日，这种严重过火的行动还没有发生，于是，大规模歧视俄语居民的政策便得以继续顺利进行，并不断完善。

波罗的海三国与东正教

波罗的海沿岸地区东正教的特点是这样的：几个世纪以来，当地东正教一直处于与天主教和新教的直接接触和斗争之中。无疑，这不能不在整体上影响到当地居民的生活以及同其他国家的政治关系，特别是同俄罗斯的关系。

当地许多人对俄罗斯东正教的态度，基本上是把它看成一个使该地区俄罗斯化，向本土居民传播他们所不熟悉的“野蛮东方”文化和信仰的工具。与此同时，特别是波罗的海沿岸地区的德国人，以及某些政治家和历史学家，在长达近两个世纪的过程中，一直都在系统地为日耳曼骑士团和西方宗教在该地区历史上起到的丑恶作用进行辩解。

天主教和路德派新教在很多方面促进了对波罗的海沿岸地区各族人民的长达几个世纪的压迫和奴役。为了使这些民族驯服，天主教神甫和牧师放下十字架，拿起了皮鞭和长剑。然而直到今天，历史学家仍然企图把天主教和新教描绘成促进波罗的海沿岸地区各族人民接近西方文化的一股力量。

而东正教在波罗的海沿岸地区的历史，尤其是在爱沙尼亚的历史，证明东正教的学说在各个时代都是主张和平友好的宗教信仰。它不以强制和恐怖手段强加于人。东正教宗教促进教育，支持民族利益，抵制随天主教和新教来到该地区的奴役者。

近年来，在波罗的海沿岸各国获得主权以后，采取了许多史无前例的做法，肆意歪曲国内各族群宗教生活的实际情景，千方百计在信仰东正教人民的生活中排斥传统的宗教信仰。我用以写作本节的材料说明，波罗的海沿岸地区的东正教，无论其起源还是生存发展，都与俄罗斯、与俄罗斯东正教教会密不可分。这种联系是政治家们用任何办法也无法破坏的。

波罗的海沿岸地区的基本宗教信仰并不单一，这种情况由来已久，这在很大程度上取决于这些国家过去几个世纪的历史。在爱沙尼亚，路德派新教信徒占居民的 70％，东正教教徒——20％；在拉脱维亚，路德派新教教徒占 40％，东正教教徒——35％，天主教教徒——25％；在立陶宛，天主教教徒占 90％，东正教教徒只占 4％。

在波罗的海沿岸地区三国中，态势对东正教最不利的是爱沙尼亚。这个国家对东正教的势不两立看来有其历史根源。正如我们所知，早在 13 世纪该地区就被条顿骑士团所征服，因此受到日耳曼人的影响比其他地方更深，不过这种影响却远非时时都能起促进作用。

在爱沙尼亚，教会和国家在人们生活中紧密地交织在一起，尤其明显的是一些政治活动家希望利用宗教信仰来调唆对俄罗斯人和俄罗斯的仇恨。

在 20 世纪 90 年代，爱沙尼亚成了东正教最热的“热点”。爱沙尼亚的东正教教会陷入了困境，尝到了苏联解体以后民族主义崛起的苦果。1999 年 5 月，大牧首阿列克西二世在写给爱沙尼亚教区委员会的致敬信里说：“从民族联系和民族文化联系的观点来看，获得独立的过程和爱沙尼亚公民民族意识成长的过程并非时时一帆风顺，这已经不是什么秘密”。

爱沙尼亚政府当局实际上并没有制止对俄语居民——几万名东正教耶稣信徒——信仰自由的伤害。爱沙尼亚东正教教区的神职人员和信徒受到压力，他们被要求自发地切断由教规所规定的与莫斯科大牧首教区的联系。

爱沙尼亚的东正教教会被彻底分裂了。这不可避免地导致非单一民族、非单一宗教信仰的爱沙尼亚社会内部出现严重不和。但有一个事实却很引人注目，就是无论天主教徒，还是路德派新教教徒，都没有遭遇分裂的悲惨命运，因为天主教的精神中心在爱沙尼亚境外，而路德派新教，和东正教一样，在苏联时期有着平行的国外教会。

为了让读者对各教会之间的矛盾冲突以及世俗国家不应介入这一冲突的宪法规定有一个完整的概念，有必要大致介绍一下爱沙尼亚教会冲突的历史。

1992 年 4 月，按照爱沙尼亚东正教教区的决定，科尔尼里大主教向大牧首阿列克西二世提出报告，要求恢复爱沙尼亚东正教教区于 1920 年由大牧首吉洪授予的独立地位（自治地位）。与此同时，全体与会者一致表示，希望保持与莫斯科大牧首教区的合乎教规的从属关系。

这个要求得到了满足，科尔尼里大主教收到了俄罗斯东正教教会宗教事务管理局的决定，其中重申了 1920 年神圣大牧首吉洪授予爱沙尼亚东正教独立地位的决定。该决定认定，爱沙尼亚东正教是在一个独立主权国家开展活动。这一决定还任命科尔尼里主教为教区住持主教，授“塔林及全爱沙尼亚”主教衔。

俄罗斯东正教教会神圣宗教事务管理局的决议在爱沙尼亚宗教人士中引起的反响不一：有些人高兴，有些人愤慨。爱沙尼亚东正教召开了第一次会议，会上反映出与会各方还完全没有准备好开展建设性的对话。

1993 年 4 月，皮尤赫季茨克修道院召开了地区宗教大会。会议由大牧首阿列克西二世主持。大会的总结文件中反映了教会对继承权问题的意见：“大会认为，爱沙尼亚东正教教会是爱沙尼亚东正教遗产的继承者”。

与地区宗教大会同时，在塔林的主显圣容大教堂，也召开了一个与之唱对台戏的会议，名叫“爱沙尼亚东正教主教教区宗教事务管理局扩大会议”。1993 年 4 月 29 日，该会议向君士坦丁堡普世大牧首巴特罗缪发出呼吁书，把自己称为“爱沙尼亚共和国公民东正教主教教区信徒会”。正如所见，取得这种信徒资格的标准，乃是爱沙尼亚共和国的国籍。

合法的爱沙尼亚东正教教会代表虽经多次向政府当局呼吁，但他们获得继承权的要求却遭到拒绝。国外的“宗教事务管理局”及其在爱沙尼亚的追随者掀起宣传攻势，宣布合法教会组织为“占领者的教会”、“第五纵队”、“莫斯科的爪牙”。而所谓“流亡”机构反倒成了爱沙尼亚东正教主教区的合法代表。

通过媒体发动的凶狠攻势，超出了伦理道德所允许的范围。谎言连篇累牍，给科尔尼里主教和神圣大牧首阿列克西二世画了一些下流的漫画，而阿列克西二世是一位出生在爱沙尼亚，为这个国家东正教教会服务近 40 年的长者。

以科尔尼里主教为首的爱沙尼亚东正教主教教区力争进行合法注册，但始终没有结果。1995 年 10 月 5 日召开的俄罗斯东正教教会神圣宗教事务管理局会议表示，决不同意爱沙尼亚政府针对当地依法成立的东正教主教教区所阐明的立场，并为此深表悲哀，因为这一立场破坏了基本人权，与全欧信仰自由的标准相悖。宗教事务管理局人员决定，要同君士坦丁堡大牧首巴特罗缪就这个问题举行谈判，希望对“流亡的宗教事务管理局”拥有审判权的君士坦丁堡教会的神职上司能作出英明决定，以防爱沙尼亚东正教教会遭到毁灭。

1995 年 5 月，君士坦丁堡大牧首巴特罗缪访问芬兰，在此期间他对邻国爱沙尼亚的“亲爱的孩子们”发出呼吁。在呼吁书中大牧首号召信徒们“尽快复兴爱沙尼亚自治的东正教教会，直接与普世大牧首教区发生关系”。君士坦丁堡大牧首在阐释这一想法时写道：“……即使将来能把对苏联时期的记忆从头脑中抹去，我们仍清楚地知道，俄国巨人的块头和力量依旧会使爱沙尼亚感到威胁。因此我们理解某些担心：如果你们这些信奉东正教的爱沙尼亚人继续受到俄罗斯大牧首教区的制约，你们就会被认为是与爱沙尼亚社会格格不入的人，甚至是危险邻国的帮手”。

呼吁书里有对俄罗斯东正教教会的直接攻讦，把俄罗斯东正教教会在爱沙尼亚的存在称作“斯大林暴政的最后残余”。给人留下格外不快印象的是君士坦丁堡大牧首竟公然在这些国家和人民之间散布敌意和不信任，把俄罗斯称作是爱沙尼亚的“危险邻国”，认为爱沙尼亚居民把不愿改变俄罗斯教区管辖关系的爱沙尼亚东正教公民看成“与爱沙尼亚社会格格不入的人”是一种很自然的情况。

这个步骤使国内宗教生活中的对抗更加尖锐。莫斯科大牧首教区的多次规劝对于大牧首巴特罗缪不起丝毫作用。不能不指出，君士坦丁堡大牧首教区有一种明显不符合东正教大会精神的倾向，就是把在当地有教民的各教区完全排除在决策之外，独断专行地解决教会问题。

莫斯科大牧首意识到业已形成的危险局势在威胁着宗教界，于是三次派正式代表到君士坦丁堡去谈判，同时又在莫斯科接待了君士坦丁堡大牧首教区的代表团。

尽管如此，1996 年 2 月 20 日，君士坦丁堡依然秘密决定，成立在君士坦丁堡大牧首教区管辖下的爱沙尼亚东正教主教教区。俄国教会只是在爱沙尼亚和芬兰的媒体上，才得知了这一消息。

在 1996 年 2 月 22 日会议上，俄国东正教大牧首教区神圣宗教事务管理局通过决议：“认为君士坦丁堡大牧首教区针对爱沙尼亚东正教社团所策划的行动，乃是反教规的举动，它可能导致我们两个教会中断圣餐祈祷仪式的交往……”在拍发给君士坦丁堡大牧首巴特罗缪的紧急电报中，会议对类似行动表示了坚决的抗议。

在俄罗斯教会和君士坦丁堡教会交往中断后不久，东正教教会的许多首领和宗教活动家纷纷向两教会领导人提出请求，希望尽快停止这种分裂行动。

1996 年 5 月，君士坦丁堡大牧首和莫斯科大牧首达成协议，两个东正教教会都可以在爱沙尼亚继续开展活动，并各自分属自己的大牧首教区。据当时的资料显示，在爱沙尼亚共和国共有 84 个东正教教堂，其中有 54 个隶属君士坦丁堡，6 个动摇不定，其余的隶属莫斯科。

1996 年 8 月，君士坦丁堡大牧首和莫斯科大牧首各派代表团进行新一轮谈判。三天谈判的结果，两位大牧首达成协议。他们宣布意欲同爱沙尼亚执政者谈判，公开决定下属各教堂的合法地位及财产问题。

1996 年末，东正教教会历史上这场被媒体多次称为“分裂”的最严重的冲突，终于通过妥协得到部分解决。俄罗斯和君士坦丁堡东正教教会一致认为，分属两大牧首教区管辖的各个教堂在爱沙尼亚领土上都可以存在。严格说来，这种决定既不符合宗教法规定，从历史的角度来看也并不公正。

还有一个相当重要的问题没有解决：教会财产的所有权应该属于谁？过去几年，莫斯科大牧首和君士坦丁堡大牧首不止一次会晤商谈，“共同努力调解财产问题”，但都无果而终。

莫斯科大牧首教会不得不与爱沙尼亚政府当局达成妥协。例如，塔林的亚历山大·涅夫斯基大教堂曾获准进行民事注册。该教堂获得了法人权，并得到莫斯科及全俄大牧首的特殊庇护，成为直属东正教事务管理局即直属莫斯科大牧首管辖的大教堂。该教堂合乎教规地成为莫斯科大牧首教区在爱沙尼亚领土上的具有自治权（独立权）的一部分。

直到 2002 年 4 月，在爱沙尼亚新总统阿·吕特尔就职以后，在爱沙尼亚议员和商人们的压力之下，莫斯科大牧首教区爱沙尼亚教会才按章得以注册，在长达 9 年的过程中，该教会居然一直没有合法的地位。

在获准注册以后，前面提及的财产问题就突出到了第一位。爱沙尼亚内务部向莫斯科大牧首教区爱沙尼亚教会提议，要该教会租赁 18 幢教会用房，为期 50 年，每月象征性付租金一克朗（合 50 美分）。莫斯科大牧首教区一直不同意租赁这些它认为本来就属于自己的合法私产，但最后还是接受了这些条件。于是，在 2002 年 10 月，都主教科尔尼里和爱沙尼亚内务部部长签订了相应的文件。剩下的只有一个问题：为什么在爱沙尼亚就没有任何人想到让路德派新教教区租赁房屋呢？

莫斯科和君士坦丁堡之间就爱沙尼亚教会一事产生的争论，乃是两个大牧首教区相互关系中的一个典型插曲。在几乎整个 20 世纪期间，君士坦丁堡教区受到敌视苏联以及后来敌视俄罗斯的一些国家支持，一直不断企图削弱俄罗斯东正教教会的地位，并且在爱沙尼亚、乌克兰、摩尔多瓦推行这一政策。

其结果便是，东正教教会在爱沙尼亚陷入严重分裂：拥有 7000 教民的 50 个教区选择了君士坦丁堡的管辖；30个教区和皮尤赫季茨克修道院，教民总计约5万名到10万名，依然忠于莫斯科大牧首教区。爱沙尼亚发生的这些戏剧性事件，既反映了东正教教会之间的复杂关系，也反映了俄罗斯东正教教会与国家机构的相互关系。

在这里重要的是要注意两个问题。首先，就今日而言，显然俄罗斯东正教教会乃是原苏联领土上唯一不曾解体的机构，它在一定程度上不仅能够团结俄罗斯社会，而且能够团结生活在原苏联各加盟共和国的俄罗斯人。其次，必须指出，与俄罗斯有着共同边界的爱沙尼亚，所处乃俄联邦最直接的利益范围以内，是俄罗斯对外政策的重要取向之一。考虑到这两个情况，可以得出结论：君士坦丁堡大牧首在爱沙尼亚推行的扩张政策，不可能不受到敌视俄罗斯的政治集团的强有力的支持。

2005年1月，如前所述，爱沙尼亚总统阿·吕特尔访问莫斯科，这次访问得以成行，全靠莫斯科及全俄大牧首阿列克西二世从中斡旋。是他邀请爱沙尼亚元首前来参加颁发“东正教各族人民团结”国际基金会奖金的隆重仪式。受阿列克西二世庇护的基金会授予吕特尔“巩固东正教各族人民团结杰出贡献”最高勋章。

正如俄罗斯报刊报道的那样，大牧首对俄罗斯和爱沙尼亚之间的关系正常化所表现的关切之情，还有其纯人性的一面。要知道，后来成为大牧首的阿列克西二世1929年2月23日生于塔林，成长在爱沙尼亚。他在当地作为教区神甫开始担任神职，后来又担任过莫斯科大牧首教区塔林主教区的主教。

1990年阿列克西二世成为俄罗斯东正教教会首脑，是俄罗斯最有威信的人物之一。这位大牧首过去和现在都在尽他的一切努力，以求调整俄罗斯和爱沙尼亚共和国的相互关系，因为最近15年来，两国关系相当复杂。

阿列克西二世积极参与莫斯科和塔林之间的对话。这种参与巩固了俄罗斯东正教教会在国际舞台上的地位，而且是影响爱沙尼亚共和国国内宗教政治态度，促使俄爱两国接近的重要因素。

在结束这段有关东正教在当代非常“民主”的爱沙尼亚的状况的文字时，我想引用大牧首阿列克西二世的一段话：“只有同母亲——俄罗斯教会团结一致，东正教在爱沙尼亚才能获得安定、繁荣和精神上的成长。东正教在爱沙尼亚的全部历史，以及我在爱沙尼亚主教教区担任都主教职务近30年的经验，都证实了这一点。”

政治犬儒主义

近年来波罗的海沿岸地区三国当局，以及它们的西方庇护者，特别是美国，他们的所有行动，都可以称之为政治上的犬儒主义。在2005年5月的节庆日子里，当莫斯科纪念这一对于我们和全世界都堪称神圣的日子时，美国总统小布什却表现得格外地露骨无耻。

我已经提到过，布什此行是这样安排的：在到莫斯科访问之前，先在拉脱维亚着陆，向那里刚刚诞生的民主致以应有的敬意。据他说，那种民主可以让俄罗斯和白俄罗斯羡慕不已。他甚至许诺，一旦遇到有“大国”威胁，美国将提供帮助：不必心明眼亮也能猜个八九不离十，这里指的是俄罗斯。

此次出行前夕，布什曾接受立陶宛电视台记者专访。他感谢立陶宛总统为向邻国扩大民主所作的努力（这里指的是在乌克兰发生所谓“橙色革命”时，亚当库斯所起的中介作用，以及他对白俄罗斯内政的经常干涉）。记者向布什问道：立陶宛人在这个地区里还能做些什么？

布什的回答很能说明问题：

> 首先，我真心感谢总统在乌克兰所做的出色的工作。我认为，当立陶宛领导人号召全世界注意乌克兰的自由运动时，这是个重要的时刻。的确，第二轮选举，在自由运动中是重要关头。为此，我由衷地感谢总统。
>
> 立陶宛是一个经过多年暴力后能够达到目的的极好范例，立陶宛人现在自由了，能够表明他们正在提高经济，自由表现自己的意志，而且，解放以后社会变得活跃了。有一段时间很困难。从共产主义向自由民主的过度是困难的。因此，立陶宛政府要把自己的经验介绍给经历过同样遭遇的其他国家，这一点很重要。我为立陶宛骄傲，把立陶宛称为友好国家。

记者又提出一个问题：“您打算与普京会晤。您会向他重复自己说过的话，即第二次世界大战带来了苏联对波罗的海各国的占领吗？”布什是这样回答的，他的回答说出了心里话：

> 是的，当然要说。我在斯洛伐克对他说过，据我的看法，他必须明白：我的朋友们，波罗的海各国的元首，心里很悲伤。他们不认为第二次世界大战的结束

是值得庆祝的重大理由。这一点有其原因。当时他注意地听了我的这些话。

你们的总统决定不到莫斯科去。为这个决定，我尊敬他。波罗的海的每位国家元首都应该采取他自己感到满意的决定。这是一个困难的时候，因此决定也是困难的。我尊重所有这三位领导人的决定。我也是这样对普京总统说的：可以感觉到有一种极大的不安。人们不认为这是解放的时刻。我希望他能与波罗的海国家合作。如果周边都是自由民主国家，这符合俄罗斯的利益。国境周边的民主越多，国家就越是和平。因此对于很多出身于波罗的海国家的美国人来说，这一天既甜蜜，又苦涩。顺便说一句，许多立陶宛出身的美国人一方面对于美国战胜纳粹感到满意，可是另一方面，他们也看到，他们的祖国沦入了搞迫害的共产主义制度之手。

这次答记者问再次清楚表明，在当今世界，不论是波罗的海沿岸地区新独立的国家，还是老牌民主国家，美国到处都在把自己的民主概念强加于人。例如，波罗的海沿岸地区各国领导人是第一批对伊拉克大选表示欢迎的领导人。而这次大选，却是在外国军队的枪口下进行的，其中美国军队竟有 10 多万。美国军队与自己的盟军一道，完全是由于进行赤裸裸的侵略和军事占领，才到了那个国家。波罗的海沿岸地区三国领导人不承认 1940 年他们三国在一定数量红军在场的情况下进行的选举具有合法性，而红军当时却是经过这些国家政府同意，才在那里驻防的。总而言之，这些领导人行事的原则，完全是“用目的来证明手段的正确”。

看到这样一些声明之后，一切都清楚了：俄罗斯可能将不得不面对一系列重大的新事件。尽管波罗的海沿岸地区各国领导人曾对克里姆林宫下过保证，但在这些国家的领土上北约基地正在猖狂活动，它们武装的毒矛正直接指向俄罗斯的心脏。如果俄罗斯在经济上虽得到了加强，但与此同时它的敌人却由于世界观的愚蠢和政治野心失控而把伊拉克、阿富汗等等地搞得血流成河，那俄罗斯人的这种行为是得不到宽恕的。

最近时期反俄行动愈演愈烈了。抓住任何因由——不论是国家领导人讲话，还是国家通过一个什么必要的法令，或者车臣出了什么事，都会导致到处发表声明，而世界上相当有影响的一些媒体，则立即会来一个仇视力量总动员，展开全线出击。

2006 年 1 月 27 日在斯特拉斯堡（法国）召开了欧盟议会全会的例会。尽管俄罗斯代表团和一些欧洲国家提出反对，全会还是将“关于对极权共产主义制度所犯罪行进行国际谴责的必要性”问题列入了议程。

当这个问题在斯特拉斯堡进行审议的前夕，举行了一次抗议欧盟议会反共行动的群众示威游行。约有二十几个欧洲共产党和左派工人党来到欧洲宫墙下，高举“不要麦卡锡主义，不许反共”的口号。俄罗斯共产党领袖久加诺夫和希腊共产党的代表以世界上73个共产党、左派工人党的名义，向欧盟议会的代表荷兰人列奈·林丹递交了正式抗议书，表示反对审议反共的决议草案。

在平静、祥和的斯特拉斯堡出现几百名高举红旗的人包围欧洲宫，这一事实本身在当地居民中引起了休克效应。近15年来，欧洲报刊，当然也包括俄罗斯报刊，是那样地一直在处心积虑地要埋葬共产主义，故而斯特拉斯堡的一月事件才会搞得欧洲时至今日仍不能从惊恐中苏醒过来。

事态的发展后来是这样的。在就瑞典议员约·林德布拉德的报告进行辩论之前，俄罗斯代表团和欧盟议会的“联合左派”小组建议把问题退回去进一步加以研究。70名议员支持了这个倡议。但建议却被大会以微弱多数（81票）冻结了。

不过这一事实表明，在欧盟议会决定这个问题时，意见并不一致。该组织的许多成员都明白这个问题的赤裸裸的挑衅性质，他们希望把问题向后拖。

但是，操纵这场可耻闹剧的幕后木偶提线者却坚决要把计划进行到底。他们提供了相应的文件草案，而且开始了辩论。报名发言者多达60人。可是远非所有人都能得到发言的机会。欧盟议会主席的辩论安排，使得反对决议的人们不能畅所欲言。报告人歇斯底里地向听众灌输一种思想：共产主义制度——“这是地球上的剧毒”。

主张通过这一决议的人当中，积极性最高的是我们的东欧邻居。尤其热心的是来自立陶宛、拉脱维亚、爱沙尼亚、匈牙利、格鲁吉亚和保加利亚的欧盟议会成员。这种热心永远是“新信徒”——皈依新信仰者——所固有的。他们拼命想要证明自己对新主子的忠诚，宣示自己与过去的决裂。他们的话语里根本听不到任何能听得明白的论据，只有仇恨、狂妄和蛊惑宣传的混合物。

然而，问题在于今天谁是他们的主子。“老牌”西欧表现得相当克制。那些曾经遭受过法西斯主义荼毒的或者曾经比较积极参加过同法西斯主义斗争的国家，它们的代表实际上并没有参与辩论。德国、意大利、西班牙、英国的欧盟议会成员没有表现出任何积极性。

有些议员来自曾经加入过希特勒同盟的国家，这些国家曾在自己的领土上建立过党卫军军团或者别的惩罚部队（还是匈牙利、保加利亚、立陶宛、拉脱维亚、爱沙尼亚这些国家）。这些议员使尽了浑身解数。他们目前在国际分裂问题上所处的位置也是有目共睹的。他们是美国公开的傀儡，对于让他们在欧洲的不稳定状态中扮演挑拨者的角色，他们十分满意。要知道，美国并不需要一个稳定的、顺利发展的，因而独立的欧洲。正如我们所见，他们新的东欧附庸国正在极尽其力地起着瓦解稳定的作用。

这样，欧盟议会中的东欧成员在不遗余力地鼓动，而西欧成员却一声不吭，然而也不阻止。因此，表决这个反共文件时，共有 99 名欧盟议会成员同意，而反对者为 42 名。不过，紧接着却要让这些右派和俄罗斯的敌人大失所望了，因为他们提出的提案——与共产主义斗争的具体措施，却未能得到欧盟委员会部长会议通过。当该提议付诸表决时，有 85 位代表支持，50 位反对，11 位弃权。同意者少于规定投票总数的 2/3。

不难发现，在这件事情里头，还有非常重要的一面——财政问题，尽管这个问题被精心遮掩着。事情在于对“极权共产主义”的谴责，不可避免地会导致向“制度的牺牲者”赔偿的问题。欧盟议会主席坚持说，赔偿问题只能以个案的程序提出。

实际上，波罗的海沿岸地区早已准备停当，要对我国提出超出限度的要求，让我国支付“占领”赔偿金。务实的爱沙尼亚人甚至已经想好了偿付的机制。他们都是谦谦君子，可以不要现金，建议只要把新西伯利亚州的森林交给他们，让他们砍伐 10 年即可。在此之后，他们就不会对俄罗斯再有任何要求。当然，新西伯利亚州的森林也就不复存在了。

这样看来，我们的东欧邻国之所以下力气，完全有着物质的诱因。继波罗的海沿岸地区之后，一定还会有其他国家也提出赔偿要求。他们会说，把我们从法西斯主义之下解放出来不对，赔钱吧。相应的要求在欧洲议会初期的决议草案中已经露出过苗头了。当时，这些要求之所以被删除掉，是因为俄罗斯的强硬反对。但这并不意味顽固的波罗的海人不想在最近的未来重新回到这个问题上来。

欧洲议会通过决议，意味着再次试图对俄罗斯提出审判。而这一切竟然发生在庆祝胜利 60 周年的日子里！原来事隔 60 年之后他们才弄清楚，在这场最残酷的战争中，他们竟不是胜利者，而蒙受了无与伦比的最大牺牲的，竟也不是苏联人民。恰恰是现在，当伟大卫国战争中硕果仅存的老战士们即将辞世之际，居然往他们头上泼开了脏水；同时又在往青年人脑袋里灌输：苏联可不是胜利者，而是罪恶的极权国家，它一度占领过东欧和波罗的海沿岸地区！

欧盟议会对共产主义制度的“审判”，就是对共产主义思想本身的审判。但共产主义思想是无法禁止的，它不会死亡。它可以被驱赶到地下，它的拥护者可以受到迫害，但是它却不可能被杀灭。谁的思想同人民的希望离得更近，谁就能取得胜利。而执行者的所作所为，既可能使思想变得更崇高，也可能使思想遭到贬低。

苏联共产党和国家对法制的破坏，已经在党的20大上遭到了谴责。现在，半个世纪已经过去，居然又要来审判我们，而且与此同时还要作出非常出格的结论。如果苏联是一个罪恶的极权制国家，那么它为什么还会参与创建联合国，而且还是为数不多的安理会常任理事国之一呢？

通过我国共产党走过来的人有4000万。他们是伟大卫国战争中各方面军的司令，是第一位宇航员加加林，是诺贝尔奖金获得者，是具有世界声誉的学者，是著名作家、演员和许许多多值得尊敬的人物。我从林丹、林德布拉德之流人物的口中，是不可能得到客观答案的。但即使没有他们的答案也清楚：西方不需要一个强大的、独立的俄罗斯，为此才必须彻底败坏它的声誉，把它妖魔化，在它的前身苏联和纳粹德国之间画上等号。当戈尔巴乔夫说，是他同里根一道在雷克雅未克和马尔他埋葬了“冷战”时，他大错特错了。冷战，今天仍在继续，只不过用的已经是别的方法、别的手段。

在苦难深重的20世纪，欧洲政治地图遭到了无情的随意更改。西方在上个世纪中叶曾受到过严重的教训，对此切不可忘记。而西方的朋友——美国——还没有真正尝到过战争的全部可怕的滋味，所以应该制止它，不许它发疯。还有一点：如果受到委屈就像波罗的海三国那样突然蜂拥而起，纷纷互提要求，那么不可避免地就会出现重新瓜分欧洲的局面。而历史教导我们，只要出现这种重新瓜分的局面，世界上就不会有真正的赢家。

第八章

后果：可耻的审判

20 世纪 90 年代，我担任了 8 年的俄罗斯国家杜马议员，其中还担任了 4 年“人民政权”议会党团的领袖。

国家杜马在从事立法活动的同时，还非常关注国内外政治问题。自然，波罗的海沿岸地区国家的形势也的确让议员们忧心忡忡。

原因有几个：对我国同胞的排斥；对持不同政见者和卫国战争参加者的迫害；对苏联及其合法继承人——当代俄罗斯的公然敌视。尤其让议员和国内大多数公众感到气愤的是，波罗的海沿岸地区三国当年为从苏联分离出去而指控苏联如何如何残害生命，并提出许多民主口号，可是转眼之间，这些东西都被它们自己践踏在脚下。我看，他们在对待政敌和“非国民”的问题上所采取的行动，简直可以与南非曾经实行过的种族隔离政策相媲美了。

在观察近 10—15 年来波罗的海沿岸地区三国的法庭诉讼情况并对之进行分析时，我不由想起了耶稣基督的话：“瞎眼的法利赛人！先洁净了杯盘的里面，那外面自然也洁净了。你们这些假冒伪善的读书人法利赛人有祸事了，因为你们好像粉饰的坟墓，外面好看，里面却是死人的骨头和种种污秽。”（马太福音第 23 章第 26—27 节）这句引自新约的话用以说明波罗的海沿岸地区的审判是再准确不过了，它正在当地事实上是在对那些不合政府心意的人实行灭绝政策的背景上展开，被灭绝的主要是那些无地位的民族。不过正如常言所说，这也必将祸及“自己人”。

政治审讯：政敌

波罗的海沿岸地区国家宣布独立以后，拉脱维亚和立陶宛做的第一件事就是立即通缉那些与取得政权的民族分离主义者看法不一致的政治家与社会活动家，然后再对政敌发动可耻的审判。下一步就是迫害那些曾经同反希特勒的同盟国一起战斗，并参与消灭希特勒军队撤退后的残余法西斯间谍机构的老军人。

苏共中央政治局委员、拉脱维亚共产党中央委员会第一书记、苏联人民代表、拉脱维亚苏维埃社会主义共和国最高苏维埃代表阿尔弗雷德·彼得罗维奇·鲁比克斯首当其冲地被这个渴望立刻变得“民主”的波罗的海沿岸国家列入了政治犯名单。

1991 年 8 月 23 日，他在中央委员会自己的办公室被捕。我想提醒读者，拉脱维亚是 1991 年 9 月 6 日被承认独立的。所以说，鲁比克斯被捕时，拉脱维亚苏维埃社会主义共和国还是苏联统一国家的成员，所有加盟共和国都必须遵照执行的法律还没有失效。

但是，当时急于掌权的民族主义激进势力非常强大，他们置共和国和全苏的法律以及国际法准则于不顾，连简单做人的体面都不讲，就开始行动了。

鲁比克斯成了这种无原则行动的第一个牺牲品。他的政敌利用中央的束手无策，戈尔巴乔夫对捍卫全苏利益的无所作为，就在国家紧急状态委员会的彻底垮台局面明朗化之际，立即向他发起了攻击。

再说，怎么能不利用这种局势呢？8 月 23 日正是叶利钦以轻蔑的态度公开羞辱苏联总统兼苏共中央总书记——那个“福罗斯囚徒”的时候。他当着全世界的面，趾高气扬地签署了“中止”俄罗斯共产党活动的命令，第二天，就承认了拉脱维亚和爱沙尼亚的独立。

叶利钦和戈尔巴乔夫的所作所为，对于波罗的海沿岸地区是一个直观的榜样，也可以说是为他们松了绑。于是，他们就立刻开始行动……

波罗的海沿岸国家新的统治者很想表现得文明一点，哪怕是表面上，也要搞得有点合法性才行。但他们已经顾不上这一点了——革命的必要性成了他们的借口。只有得到苏联和拉脱维亚社会主义共和国最高苏维埃的批准，才能对全苏和共和国议会代表鲁比克斯实行逮捕。但波罗的海沿岸的领导者示威似的根本就不去请示莫斯科。

鲁比克斯被指控有阴谋参与旨在夺取苏联和拉脱维亚社会主义共和国政权的嫌疑。很难想象这种指控有多么荒谬——共和国的领导人被控夺取自己的政权，同时还要夺全国的权。苏联的政权体制是统一的，鲁比克斯是其官方代表。毫无疑问，根本就不可能有任何阴谋。

然而，独立后的拉脱维亚的检察长，未来的总检察长，曾经获得过共和国最高奖励“三星”勋章的斯克罗斯金施，居然向戈尔巴乔夫和苏联最高苏维埃报告说，“鲁比克斯的反苏罪状（!?）已全部得到证实。”

原来，当时就为……莫斯科准备好了所有的侦查材料。不过，这些怪事很快就搞清楚了：这个计划是经过深思熟虑的——先把鲁比克斯列入“参与叛乱分子”，再把他投进“水兵寂静”监狱，然后再说！政治对手也铲除了，手也洗得干干净净，就跟本丢·彼拉多一样！但苏联领导人却并不稀罕这样的爱国者：总统也不回答，最高苏维埃也不吭声，连问都不问——当时他们实在顾不上这么个加盟共和国的领导人了，能保住自己就好！

这种状态并没有让拉脱维亚新当局感到窘困：他们决定想方设法，不择手段，狠狠打击自己的主要政敌。他们用拉脱维亚社会主义共和国，即苏联加盟共和国刑法中的颠覆罪条款，把鲁比克斯定个枪毙的罪，再回避加盟共和国的法律地位，千方百计坚持把拉脱维亚说成已经是一个主权国家。

“办法”找到了，于是他们决定用自己的力量和法律来解决。为此，1991 年 8 月 22 日，也就是逮捕鲁比克斯的前一天，他们把拉脱维亚共和国通过的新法律——“颠覆罪”条款的生效时间向前追溯——即从 1990 年 5 月 4 日宣布通过独立那天算起。这样一来，法律获得了追溯效力，这种做法是同国际通行的所有法律规定都抵触的。

用了这种法律上作弊的办法之后，案件进展就“顺畅”起来。仅鲁比克斯刑事诉讼一案，就投入 50 多名检察官，还不算调查人员和参加庭审的其他人员，其中也包括那些曾几何时宣誓忠于党，可后来又“改换门庭”，致使前后判若两人的前苏共党员，他们都打着“民主”的口号来破坏社会主义制度。拉脱维亚社会主义共和国最高苏维埃的前代表们表现得尤为积极，其中一些人还是前苏共党员。前拉脱维亚共产党中央委员会书记戈尔布诺夫在意识形态上支持了他们，此人是前拉脱维亚社会主义共和国，后来的拉脱维亚共和国最高苏维埃主席，再后来成了议会主席。我记得在 1989—1990 年期间，他在莫斯科的各种场合中总是在向大家游说，拉脱维亚必须发生民主变革。这个两面派以后的下场如何，我就不得而知了。相信当叛徒的人命也不会好到哪儿去，迟早的事。

正如以上所说，法庭判处鲁比克斯 8 年监禁。他获此漫长刑期是由于思想信仰坚定，因为是他发出了警告：国家将出现空前的社会不公正。而时间证明，这一切都发生了。

立案侦查时，一号囚犯——记者们在其报道中这样称呼——鲁比克斯仍被选为拉脱维亚共和国第五届议会议员。我想告诉读者的是，第一届至第四届的议会选举是在 1922—1931 年期间进行的，在乌尔马尼斯独裁统治时期没有进行过选举，而 1940 年选举的议会被今天的当局视为非法，就像后来的拉脱维亚社会主义共和国最高苏维埃一样。就这样，一位由人民选举的议会议员，在其履职期间却从未在议会大厅出席过会议，而是坐到了拉脱维亚共和国最高法院的大厅里。

1996年5月，囚徒鲁比克斯表示同意作为“拉脱维亚社会党”和“权利平等”运动的候选人，参加国家总统竞选。国家宪法对总统候选人没有什么限制，除了年龄不应该小于40岁而外。这样说来，鲁比克斯完全有权竞选这个职务。

正如可以预料的那样，鲁比克斯的这一步棋在执政当局和议会的极右派议员中引起了恐慌，必须紧急制定关于国家总统选举的法案。激进民族主义分子坚持迅速审议并立即实施该法案。在他们提交的法案中，明显针对鲁比克斯进行了限制。其中竟可以看到“在监狱服刑”以及“1990年1月13日以后在苏联共产党和拉脱维亚共产党内的作用”等字样。法案送交议会主席团时，立刻被称做“反鲁比克斯法”。带着这些字眼的法律于1996年6月13日得以通过。

鲁比克斯在监狱服刑期间，尤其在组建总统竞选班子阶段，为他请求赦免的信件纷至沓来。1996年3月22日，俄罗斯国家杜马也向拉脱维亚总统发出呼吁。过了两天，即3月24日，欧盟议会的议员们也向拉脱维亚总统发来信函。在致拉脱维亚共和国总统乌里马尼斯呼吁书上签字的有乌克兰（奥连尼克等人）、俄罗斯（格洛托夫、扎索霍夫、阿卜杜拉季波夫、久加诺夫、日里诺夫斯基）以及希腊、塞浦路斯、意大利、法国的欧盟议会成员。

赦免问题一直拖了很久，被专门设置的障碍卡住了。那些决定一号政治犯命运的人，他们非常清楚，决不能在选举之前把他放出来。我想引用鲁比克斯本人在《用鲜花投票……》一书中的话告诉大家：

拉脱维亚总统贡吉斯·乌里马尼斯根本没有对赦免拉脱维亚共产党领袖阿尔弗雷德·鲁比克斯的问题进行过审议……

赦免部门不会向总统提交审议鲁比克斯的材料，因为犯人本人拒绝赦免。

虽然鲁比克斯本人没有提交过请求赦免的申请，可他曾多次在公开场合表明过自己的立场，媒体对此也有过报道……

赦免部门共收到7份请求赦免鲁比克斯的申请。他的母亲、拉脱维亚议会的9名议员、欧盟议会的议员、里加杜马议员小组和俄罗斯国家杜马议员都曾请求过赦免鲁比克斯。

还收到过一份由32名普通百姓联署的申请。拉脱维亚议会前议员拉里莎·拉维娜和菲利普·斯特罗加诺夫也提交了申请。

1997年11月12日，国家杜马中散发了鲁比克斯给国家杜马主席谢列兹尼奥夫的呼吁书。我想引用其中的几句话：

我坚信，是俄罗斯国家杜马对我命运的关心才促使我获得假释，让我在狱中度过了6年2个月零12天之后获得了自由。

祝愿你们，亲爱的同志们和朋友们，在工作中获得成就，祝俄罗斯的劳动人民幸福安康。顺致敬意。前政治犯鲁比克斯。

鲁比克斯虽然坐过牢，但并没有被打垮。在一次采访中他说："我不怕，我对未来充满信心。"这就是鲁比克斯事件的整个经过。

1999年2月16日，里加市区级法院开庭审理了塔吉亚娜·阿尔卡基耶夫娜·日达诺克的里加杜马代表资格的合法性问题。日达诺克是一位人权保护者，政治组织"法律平等"的领袖，不仅在拉脱维亚，而且在国外也广为人知。法院满足了拉脱维亚共和国总检察长提出的诉讼要求，认定日达诺克由于在1990年1月13日以后仍然是该共和国的共产党党员，因此针对原先该党党员所作的政治限制仍适用于她。

1997年里加杜马选举前夕，日达诺克发表声明指出，她是1991年9月10日以前的拉脱维亚共产党员，当时党的活动已被拉脱维亚共和国最高苏维埃下令停止。但在当时的司法审查中，并没有对她的里加杜马议员的被选举权提出过异议。

针对"法律平等"政治组织的里加杜马议员日达诺克受到拉脱维亚司法迫害一事，俄罗斯国家杜马发表声明说：拉脱维亚共和国当局对她的迫害，与她所从事的首先旨在反对侵犯以拉脱维亚为定居点的俄罗斯同胞的政治、公民、社会经济和文化权利的人权保护活动直接相关。这种活动正是由于拉脱维亚当局不断加剧语言、教育领域的种族歧视政策，企图对二战的结论翻案而引起的。1998年末至1999年初，日达诺克在巴黎和布鲁塞尔的国际论坛上为维护定居在立陶宛境内操本族语言的俄罗斯居民的合法权利而发表演说，此后不久就遭到了司法迫害。

国家杜马对日达诺克的判决根据表示怀疑，指出拉脱维亚共和国的选举法与公民和政治权利国际公约相矛盾。该公约规定，不得无端限制每个公民的选举权与被选举权。拉脱维亚共和国的护法机构还破坏了人权和基本自由权利保护公约。国家杜马呼吁国际社会在日达诺克的问题上，不要忽视拉脱维亚共和国当局破坏与人权有关的公认的国际法准则，要求拉脱维亚领导者立即停止对里加杜马议员、"法律平等"政治组织领导人的司法迫害。

1999年12月15日，拉脱维亚最高法院审判委员会不顾舆论反对，批准了里加区级法院当年2月16日的判决。2000年2月拉脱维亚最高法院民事审判庭驳回了相关的上诉。这样一来，该案件的国内审理程序全部结束。日达诺克不仅被剥夺了代表权，还被没收了所有财产。

拉脱维亚人权委员会准备向欧洲法庭上诉。该社会组织认为，这是对著名人权保护者日达诺克的迫害，是当地激进民族主义分子所代表的政府机构清除政敌的危险事例。2000年2月23日，日达诺克一案的材料被提交给欧洲议会安全组织少数民族事务高级专员斯图鲁。

为了强调拉脱维亚当局对持不同政见者和政敌的态度，以及它如何利用法庭达到反民主目的的手段，我想援引出生并生活在拉脱维亚的俄罗斯公民弗拉季米尔·斯米尔诺夫几年前接受媒体公开采访时的一篇报道，标题叫做《我曾蹲过拉脱维亚四座监狱》。

1992年初，在斯米尔诺夫倡议下，成立了俄罗斯公民联合会，其任务非常明确——维护拉脱维亚境内俄罗斯人的权利。拉脱维亚当局强烈反对该社会团体，指控其成员是沙文主义者，"莫斯科的爪牙"。俄罗斯公民联合会曾为俄罗斯在拉脱维亚开设大使馆进行过不懈的努力。

"好不容易等到了这一天，"斯米尔诺夫说。"俄罗斯大使亚历山大·兰尼赫终于来到了拉脱维亚。可他却回避我们，好像在躲避惹人厌恶的苍蝇。他更愿意骑骑马，参加啤酒狂欢节，过上流社会的生活。我们这些俄罗斯公民甚至不得不在里加的俄罗斯大使馆设纠察线，才能堵到他（真可耻!）。这引起了拉脱维亚报纸的幸灾乐祸。"

1995年斯米尔诺夫由于一场事先安排的挑衅而被捕——喝醉酒的警察侮辱他的妻子，把她的手臂扭脱了臼，还给她戴上手铐。斯米尔诺夫像任何正常的丈夫一样，开始保护自己的妻子，他扑向施暴者，把他们赶跑，然后自己躲了起来。过了四个月，斯米尔诺夫在父亲的葬礼上被捕。他由于袭击警察而被判处3年监禁。

斯米尔诺夫在拉脱维亚的四座监狱里受尽了精神折磨，但保全了生命。他给总检察长写申请，要求把他这个俄罗斯公民引渡到俄罗斯。他的请求得到了批准。1997年12月，他被专人押解到普斯科夫。

斯米尔诺夫被问及：俄罗斯护法机构是否也会这样干？他回答：

我想不会。这是拉脱维亚的特点。1991年8月事件时，他们已经用过这种手段。当时他们侮辱里加特警队军官的妻子，也是用这种手段挑起了冲突。

我想，俄罗斯的护法机构与他们完全不同，也干不出这种卑鄙的勾当。不仅俄罗斯不会，西方国家和东方国家都不会这样做。只有拉脱维亚才干得出来。因为那里仇视人类的思想体系已经被提升到国策的高度。

采访结束时，向他提了个问题："难道俄罗斯这种腐败还少吗？"他给了一个更加令人信服的回答：

非常多。但是，首先，俄罗斯没有国家级的民族主义，这可是一个火药桶；其次，俄罗斯是一个大海洋，大海洋能够稀释污水。而拉脱维亚只是一个小水塘，小水塘很快就会变成臭水坑。

我在本书的"波罗的海沿岸地区"一章中提到过两位优秀人士的命运。1994年1月，在苏联的毁灭者之一舒什凯维奇和西方特工的协助下，拥护苏联共产党的立陶宛共产党中央委员会第一书记米科拉斯·布罗卡维丘斯和中央委员会意识形态部部长尤奥扎斯·叶尔马拉维丘斯从明斯克被强行带走。1月15日，他们被送进卢基什克隔离审查。审查持续了约3年，直到1996年10月才开庭。调查材料共计350卷，登记的受害者达数百人。对他们提起的公诉要求长期剥夺他们的自由，甚至要处以"极刑"。在对他们进行评价之前，应该看看主要问题——指控布罗卡维丘斯及其同志于1991年1月在立陶宛阴谋夺权的罪名是否成立。

立陶宛共和国当局在其行动中依据的是"1990年3月11日立陶宛已经成为独立国家"这一虚构的前提条件，而不是1991年9月6日戈尔巴乔夫代表政府签署的允许立陶宛共和国独立的文件。

1990年3月11日，立陶宛社会主义共和国最高苏维埃宣布"恢复立陶宛国家独立，在共和国全境废除立陶宛社会主义共和国宪法和苏联宪法"，之后，读者还会记得，紧接着便是一系列的苏联总统令，宣布立陶宛社会主义共和国最高苏维埃所有与苏联宪法相抵触的单方决议法律上一律无效。

1990年—1991年上半年，苏联公民护照在立陶宛社会主义共和国境内还是有效的，所有持该护照的人都是法律地位平等的苏联公民。需要指出的是，在审查期间，无论是布罗卡维丘斯，还是上述"案件"的其他被告人，都不能对立陶宛社会主义共和国境内出现的政治和法律上的不确定性及其后果承担个人责任。

对布罗卡维丘斯提起公诉的依据，是立陶宛共和国刑法中的一系列条款，而且主要是"建立反国家组织并积极参与其活动"的条款。"反国家组织"的说法居然还适用于1991年8月22日前作为苏联共产党下属组织进行合法活动的立陶宛共产党。从法律角度来看，这一切岂不是荒唐！不但如此，1990年10月4日，立陶宛共和国最高苏维埃还通过了对立陶宛共和国刑法进行修正和补充的专项法律，换句话说，在此期间通过的法律是没有任何法律效果的，因为当时在全国境内，包括在当时加入苏联的立陶宛社会主义共和国境内，有法律效力的是《国务罪刑事责任法》。单独任何一个加盟共和国，都无权对这部全苏刑法规定进行修正、补充或取消其效力。

1996 年，即在庭审开始那年的 12 月，俄罗斯媒体上刊登了一份俄联邦法学界针对布罗卡维丘斯、叶尔马拉维丘斯等人被立陶宛共和国法庭追究刑事责任一案的“起诉书结论”提出的意见书。

我应该向读者表示歉意，因为我要用较大篇幅来引用此文件中的一个部分。但这是个原则问题：立陶宛当局究竟有没有权审判这些人？请看：

多卷本起诉书的目的是要让舆论界相信，立陶宛共产党是为了外国的利益而从事破坏活动的组织，所以其领袖理应受到指控。为此，起诉书引用了几十个“证据”，主要是立陶宛共产党中央委员会的决议和呼吁书。

既然这样，按照起诉书结论的逻辑，布拉扎乌斯卡斯总统也应该被认定是外国间谍，因为他也曾领导过共和国的党组织。

当局无视政治党派的宪法地位，将党派成员当成罪犯起诉，本身就是对共和国宪法的破坏。

刑法不具追溯效力，不允许加重处罚，或另外规定新的处罚，这些原则都是举世公认的原则。但立陶宛当局却拒不接受这些原则，对从前合法履行职能的人员进行迫害，这是对公民和政治权利国际公约第 16 条的破坏。因为按照该条款，根据行为发生期间的国内法或国际法，并不能认定此种作为或不作为是犯罪，也不构成刑事犯罪。

起诉书结论强调，在该结论所指涉的事件和事实发生期间，立陶宛和苏联曾经互为外国。这不仅与客观现实不符，而且有悖于当时实行的联盟法、共和国法和国际法（国际法原则和准则）。

起诉书结论中所描述的事件与事实，是 1990 年 3 月 11 日立陶宛社会主义共和国最高苏维埃单方通过恢复立陶宛国家独立法令的结果。按照当时的法律，立陶宛社会主义共和国的所有公民都是苏联公民，都有义务履行苏联和立陶宛共和国的宪法和法律。这一事实不容怀疑，因为当时立陶宛共和国最高苏维埃通过了一项恢复独立的法令，而通过这样的法令是在当时苏联和共和国现行宪法所规定的程序之外发生的。

按照所有的法律法规并根据公平的原则，只有在国家获得了独立，国家制度形成之后，才有可能对反对国家独立的行为提出诉讼……

但是，起诉书结论中对布罗卡维丘斯、叶尔马拉维丘斯及其他涉案人员的行为的所有指控，都发生于此前的阶段，所以不应受到追究。我们认为，考虑到当时的实际状况，追究以上人士的刑事责任，是与所有的法律和道德准则相抵触的。

尽管俄罗斯法学家们都说，这一可耻的审判本属无权作为之列，但判决书还是被宣布了。笔者作为俄罗斯国家杜马议员，向俄联邦外交部长伊万诺夫递交了一封信。这封信被刊登在俄罗斯的一家报纸上：

据我所悉，今年8月23日维尔纽斯将对人们所熟知的布罗卡维丘斯等人的案件进行宣判。毫无疑问，这个诉讼带有政治色彩，因此，尽管法庭缺少证明布罗卡维丘斯及其同志有罪的证据，他们所有人显然仍将被宣判有罪。俄联邦公民斯塔尼斯拉夫·米茨凯维奇就是此案中的被告之一。

国家杜马在三年过程中曾多次对这场政治审判表示谴责，向国际组织，其中包括向欧盟议会发出呼吁。这对立陶宛当局产生了一定的抑制作用，防止他们对被告人进行公开迫害。

遗憾的是，近期发生在立陶宛的类似政治案件表明，立陶宛法庭实际已沦为镇压持不同政见者的工具，因此就无法指望其立场能具有客观性。

本人认为，目前，当该案庭审的决定性阶段到来之际，需要一股特别强大的势力来阻止对布罗卡维丘斯、叶尔马拉维丘斯等人作出严厉判决，因为这些人士在很大程度上象征着立陶宛的亲俄罗斯力量。

被告中的两个人——布罗卡维丘斯和叶尔马拉维丘斯没有加入立陶宛国籍。为此，俄罗斯作为苏联的法定继承人，在对他们的保护方面，显然应该承担某种道义上和法律上的责任。

希望俄联邦外交部按照俄罗斯总统普京今年8月16日在国家杜马演讲时表明的保护我国境外同胞的政治路线，采取强有力的措施，防止对布罗卡维丘斯、叶尔马拉维丘斯及其他被告进行司法迫害。

后来的事件证明，立陶宛政府不顾任何请求，包括俄罗斯外交部的请求，于1999年8月26日在维尔纽斯公布了对所谓“阴谋推翻合法政府”案件的判决，立陶宛共产党前第一书记布罗卡维丘斯被判处移居管教营12年；立陶宛共产党中央委员会部长叶尔马拉维丘斯被判8年；立陶宛共产党中央委员会书记库奥利

1994 年 2 月，对反民族主义积极分子的审判。立陶宛共和国最高法院大楼的铁栅中最前面是华沙大学历史学硕士瓦·伊万诺夫。(克罗波夫斯基摄)

亚利斯被判 6 年；“苏维埃立陶宛”广播电台总编米茨凯维奇被判 4 年；立陶宛共产党中央委员会出版社社长巴尔塔什亚维丘斯判处 3 年。

审判从 1996 年 10 月起进行了将近 3 年。其实，从立案的第一天起，没有这场司法闹剧，6 名被告照样可以被成功地送进监狱。判决书早就写好了。

至于起诉的实质——这 6 人都被控似乎在 1991 年 1 月维尔纽斯尽人皆知的事件中操纵过苏军的行动。这是彻头彻尾的谎言。前苏联国防部副部长阿恰洛夫将军早在此案结案前一年就曾对新闻界宣称，是他领导了准备实施紧急情况的行动，那些日子维尔纽斯军队的行动也是他指挥的。有人直截了当地问：“立陶宛共产党的领导人是否知晓军事计划，是否参与了军事计划的实施?”阿恰洛夫上将同样直截了当地回答：“不，他们不知道，也不可能知道。”

笔者是一个并非道听途说而是对党的机关，包括地方党的机关，同部队领导以及苏联高层政治权力机构之间的关系有清楚了解的人，可以很有把握地说，无论是国防部长还是副部长或其他高级军事将领，任何时候、在任何情况下，都没有执行过地方党领导人的指示。甚至苏联国防部长也不能对维尔纽斯这样的事件独立作出决定。在苏联，国家总统戈尔巴乔夫是最高统帅，只有他才有权作出这样的决定。他是如何做的，以何种形式——应该由他本人诚实地说出来。因为他的党内战友受到了审判，而这些人在1985年信任了他，先是把党内最高职位，稍后又把国家最高职位托付给了他。可他却反过来一个一个把这些人全出卖了，就比如1989年在第比利斯，1990年在巴库；再后来到了1991年8月，又把整个党都出卖了。

现在再回过头来看看这个最可悲的、被立陶宛当局及其俄罗斯媒体朋友大肆炒作的“案件”吧。在1991年1月13日夜维尔纽斯电视塔附近发生的事件中，13个被害者全都是立陶宛人。可是在那里被害的“阿尔法”小组的克格勃中尉沙茨基却从来不见有人提起，似乎他不是人。显然，杀死他的只能是立陶宛民族主义运动“萨尤基斯”的某个武装暴徒。

有充分根据推测：部分“遇难者”是当天夜间死在其他地方的一些人，而且是死于车祸。无论如何，以莫须有的罪名控告苏联军队杀人，不由得令人想起1989年索布恰克委员会的结论，说什么士兵们在第比利斯用工兵锹砍死了无辜少女。后来查明，原来这些不幸的少女是被格鲁吉亚的“勇士们”踩死的。维尔纽斯发生的情况也有些类似。苏联的检察机关进行了细致的调查。文件表明，没有一个人是被士兵杀害的。

早在1991年9月，立陶宛当局就收到了苏联总检察院对此案的调查结果的公文。如果哪怕有一点点可能证明是军人行凶，全世界立刻就会哗然：准会要求俄罗斯赔礼道歉，还要对死者家属给予赔偿。可是也不知为何，至今仍无法确定究竟谁是杀人凶手……

现有调查材料表明，我过去也说过，子弹不是从前面或后面，而是从上往下把人击中的，是从房顶和距离电视塔不远处的楼房窗口射出来的。起诉书中指出，死者中有一人是被1891年样式的步枪打死的。这岂不等于说苏联军队的士兵使用莫辛式步枪开的枪？更为可信的事实，倒是哪个死里逃生的“森林兄弟”从秘密的地方弄到了一把枪管被截短了的老套筒，于是决定把那把老古董拿出来亮亮相。众所周知，从1991年秋天起，在西方情报机关的帮助下，“萨尤基斯”已经建立起了武装力量。

立陶宛当局借口案件调查还没有结束，因为他们无法得到阿恰洛夫和其他军人的证词。

维尔纽斯悲惨之夜已经过去了15年，可时至今日，立陶宛当局仍在严密封锁死者的被害真相。为了转移对真正罪犯的怀疑，这些年来一直在对一些跟那次诡谲行动风马牛不相及的人们提起诉讼。应该说，迟早我们会搞清谁是真凶：世界舆论也会对维尔纽斯事件给予正确评价。我坚信，这种评价肯定不会对立陶宛极端民族主义分离分子有利——其中有些人目前还盘踞在欧洲议会的坐席上。

真相眼下虽然只是涓涓细流，但随着时间的推移，已经开始涌现：奥德留斯·布特卡维丘斯，曾在1991年当过立陶宛共和国的国防部长，几年前开口说了真话。他说，1991年1月，不知是谁从维尔纽斯电视塔上向平民开枪。有必要指出，这位先生曾在英国的军事科学院和美国的爱因斯坦研究所实习过，1990年任该共和国国防总局局长，非常积极地参与了后来立陶宛所发生的那些事件的准备工作。当一切发生时，离苏联政府对立陶宛退出苏联作出决定还差半年。

当阿·皮亚特卡维丘斯同自己的战友兰德斯别尔基斯发生龃龉，开始公开讲述自己在维尔纽斯一月事件中的“功绩”时，1997年夏，布特卡维丘斯便立即因“蓄意诈骗”而遭到起诉，被判处5年半监禁。他明白了这种“暗示”，从此便不再开口。

在他之后，立陶宛还有一个十分了解内情的人，上面也提到过，就是立陶宛著名作家维·皮亚特卡维丘斯，也开口说了话。有意思的是此人现在也正在受审。兰德斯别尔基斯对他提出了起诉，根据是作家在其轰动一时的《傻瓜船》一书中“侮辱”了当今极端民族分离主义领袖的老爷子。作家告诉读者，老兰德斯别尔基斯不仅同盖世太保，而且还和内务人民委员部合作过。维·皮亚特卡维丘斯在1994—1998年曾领导过立陶宛议会国家安全委员会，了解很多秘密，为维尔纽斯惨案提供了新鲜有趣的证据。我要再次引用他书里的话。他写道：

> 1月13日之夜的遇难者应该归罪于兰德斯别尔基斯和布特卡维丘斯，因为是一个人出的点子，而另一个人下的命令，然后，几十个边防兵奉命换上便装，进入了电视塔。从上往下对人群射击的就是他们……我亲眼见到当时子弹碰到脚下的柏油路反弹起来。

直到今天，这份证言也未能够迫使立陶宛共和国的任何一位政治家根据作家公开说出的真相，去向司法部门询问1991年1月维尔纽斯惨案中立陶宛人的死因。

立陶宛的上诉审判也过去了——维持原判。对布罗卡维丘斯及其同志的迫害在俄罗斯和其他国家引发了抗议浪潮。俄罗斯国家杜马各委员会、个别议员都多次向立陶宛领导人发出呼吁，要他们发发善心，释放这些老人和病人。

事实上立陶宛又是如何做的呢？请看摘自2000年当地传媒中的一段话：“‘萨尤基斯’武装力量前领导人、政治犯布特卡维丘斯正在立陶宛监狱中慢慢死去，就连他的政敌都坚持他无罪。”

根据种种迹象来看，由于庭审过程已经拖了5个月，在“维尔纽斯1月13日案”中被立陶宛法院判处有罪的巴尔塔什亚维丘斯，应该是第一位活不到立陶宛上诉法庭作出决定的人了。这段时间一直是法警抬着他出庭。

在法庭上要求对受审者施以人道，让他死在家中，死在妻儿的看护下的申请干脆未予理睬。眼下巴尔塔什亚维丘斯还在监狱医院，实际上神智已经丧失。按照医生及其亲属的话说，他已经毫无希望了。尽管巴尔塔什亚维丘斯已生命垂危，他还是没有同意和“司法机关”签协议，用认错来换取赦免。“请转告同志们，我走了，虽然力已衰竭，但意志并没有垮。”他在最后一次出庭的前一天对妻子说。

俄罗斯社会公众对布罗卡维丘斯及其同志遭受可耻审判并没有冷眼旁观，无论是在诉讼进行的过程中，还是在判决之后，许多国家和社会活动家都请求立陶宛共和国领导人客观考量当时的局势。从立陶宛当局的正式书面答复中可以作出准确无误的判断——他们无论如何也要让这些人处于政治上隔离的状态。

让我引用兰德斯别尔基斯先生对俄联邦国家杜马主席谢列兹尼奥夫的回答：

尊敬的主席先生！

今天，1998年7月24日，我收到了您寄给我的俄联邦国家杜马的呼吁书和6月28日由您签署的国家杜马对此事件的决定。

我们理解杜马对所有前苏联公民的关心，尽管并不适用于我国公民，因为立陶宛共和国最高苏维埃在1991年已经通过决定，指出1940年用武力强加于本地区亦即原住居民的“苏联国籍”不具合法性。至于布罗卡维丘斯和叶尔马拉维丘斯两位公民，一方面，他们的罪责由于人命关天而加重（上面提到的这两个人都为恢复苏联侵略而竭尽全力），另一方面，审判程序实际上也拖得太久。俄罗斯的司法机构在这里也应该负一部分责任，他们拒绝帮助，完全不愿遵守也不同意俄—立两国之间现有协议中的条款。例如，杜马提到的前总统戈尔巴乔夫，就从未对1991年1月的维尔纽斯事件出具过任何证词。我们由衷地欢迎国家杜马采取一切有利于立陶宛和俄罗斯司法机构友善合作的行动。

关于赦免或更改强制处罚的问题，我要告诉你们，立陶宛共和国议会统统无权处理。首先，这是属于国家总统的权限，而且赦免的决定只能由法庭宣布；其次，这是司法机关的专属权力。

主席先生，请您相信，立陶宛共和国议会力求与俄联邦国家杜马达成完全的相互谅解，并将此视为发展两国关系、维护两国人民友谊的重要保障。

向国际组织提出的呼吁也没有得到重视，或者只是回一份公函敷衍了事。2004年末在斯特拉斯堡召开欧洲议会全体会员国大会，就在一月份会议即将落下帷幕时，有290位议员对“立陶宛共产党第一书记、历史学博士布罗卡维丘斯被囚案”发表了声明。该议会机构成员提醒欧洲人权保护组织，由于捏造的罪名，“前苏联共产党中央委员会政治局委员、拉脱维亚共产党中央委员会第一书记、立陶宛共产党领袖、历史学博士米科拉斯·马尔吉诺维奇·布罗卡维丘斯教授正作为政治犯在立陶宛监狱受到长达11年之久的折磨。”

欧盟各国议会签署了由乌克兰著名诗人和欧盟议会成员鲍里斯·奥列伊尼克发起通过的文件。签名的有荷兰、希腊、塞浦路斯、波兰、俄罗斯，甚至还有瑞典的代表。在该宣言上签字的还有政治家、波兰共和国议会外交委员会主席亚斯科尔尼亚，政见极其保守的右翼分子波兰议长韦廖维斯基。

文件中写道：“乌克兰等国家的议会，以及欧洲议会成员曾多次请求立陶宛领导人表现出高尚的道德情操，把这位勇敢的人从监狱里释放出来。”同时，欧洲议会还指出，“不能空口无凭地指控囚徒犯有叛国罪。一个自始至终忠实于本国宪法、忠于立陶宛社会主义共和国宪法的苏联公民，不可能是当时还不被人所承认的立陶宛共和国的叛徒。同时，从具体事实来看，法院指控他参与杀人的判决在法律上毫无根据，证据也不充足。”

应该公正地说，我们的呼吁在白俄罗斯总统卢卡申科那里总能找到共鸣。这里援引他写给我的一封信：

尊敬的尼古拉·伊万诺维奇！就贵方发来的请求援助俄联邦公民米茨凯维奇公民的呼吁书一事，我想就白俄罗斯的安排指出以下几点。

1991年1月13日维尔纽斯事件中的人质年事已高，且体弱多病，身陷复杂的情况，对此我与您同样感到忧虑。

白俄罗斯共和国正在尽一切可能，以便使立陶宛共和国当局对这些人作出人道主义的决定。

1999年2月，白俄罗斯共和国国民大会众议院议员小组向立陶宛议会议员发出呼吁，请他们协助制止对一月事件参与者的司法迫害，把他们从监狱中释放出来。

今年5月末得知，布罗卡维丘斯的健康每况愈下，必须立即实施心脏手术，我就布罗卡维丘斯到白俄罗斯进行治疗的问题亲自致函立陶宛共和国总统亚当库斯。

重要的是，国家杜马和俄联邦政府都参与了此项工作。我相信，通过我们的共同努力，能够使这些人的境况得以改善。

我还想强调说，按照白俄罗斯的法律，俄罗斯联邦的公民可以生活在白俄罗斯共和国境内。

2006年1月13日，布罗卡维丘斯在被监禁12年之后获得了自由。勇敢战胜不公——这就是他最近15年命运的写照。事实上，他在苏联共产党高层领导的所有同事都成功地完成了“前滚翻”，坐到了苏联解体后各独立国家的总统宝座上。在最高层次的领导人中，只有鲁比克斯和布罗卡维丘斯在捍卫自己的信仰上表现出了百折不挠的精神。

对布罗卡维丘斯及其同志——坚定的共产党员们的迫害始于1991年8月22日，当时民族主义运动“萨尤基斯”的领袖和立陶宛议会主席兰德斯别尔基斯决定禁止立陶宛共产党的活动，于是逮捕浪潮立刻席卷了整个共和国。那些不愿苏联被肢解——认为苏联是所有加盟共和国发展的保障，苏维埃政权是人道主义最高成就的人，都被投入监狱。

布罗卡维丘斯不顺从，不肯像他的战友，共产党领导人布拉扎乌斯卡斯那样去为新主子效劳，而且当上总理后又成了万事亨通的商人。布罗卡维丘斯转入了地下。但是1994年1月15日，正如前面所说，他和叶尔马拉维丘斯一起，在明斯克被立陶宛特工（以总检察长、当今的立陶宛议会主席保劳斯卡斯为首）绑架，带回了维尔纽斯。那次绑架是在白俄罗斯的“民主派”领袖们，主要是白俄罗斯议会主席舒什凯维奇（他仍旧披着“民主”的外衣）的鼎力协助下进行的。

当时的白俄罗斯“民主派”拒绝了立陶宛共产党员要求政治避难的司法权力。自然，那天正在明斯克的美国总统克林顿，也不会对这起“国际主义恐怖行动”进行谴责。如今，白俄罗斯的反对党在指责卢卡申科不民主时，宁愿忘记自己领袖的犯罪行为。

新立陶宛当局以捏造的罪名，把昨天的同志关进牢房以后，再从其北约主子那里得到免罪符和在立陶宛执掌政权的“封诰”。欧洲的这些国家，虽然个个都宣称自己“文明”，“讲理”，可没有一个人站出来说，这种以暴力侵犯真理的行为是犯罪。没有一个国家的或国际的维权组织站出来保护这些无辜的人。时至今日，斯特拉斯堡法庭依然还没有审理立陶宛共产党中央委员会领导人就现今立陶宛当局起诉法律根据不足所提出的上诉。

布罗卡维丘斯在法庭上表现得非常坚定，有理有据地驳斥了对自己的荒谬指控。他在狱中表现得也是这样百折不回。但他已是78岁高龄，还动过心脏搭桥手术。不过他虽年事已高，关押期仍得不到缩短，尽管在立陶宛有多少无可救药的刑事犯罪分子都可以获得“宽恕”而提前出狱。非但如此，在他动过复杂的手术之后，却仿佛要竭力掩盖什么，或干脆想将他毁灭，总是经常拉着他从普通医院转到监狱医院，再由监狱医院转到普通医院，或者是由传染病院转到监狱医院这么来回转院。在来回折腾的时候，教授的腿突然发炎，险些丧命。

今天立陶宛的“社会精英”不敢把共产党的领袖布罗卡维丘斯从监狱中放出来！他勇敢地忍受了12年的牢狱之灾，丝毫也没有改变自己的信仰和理想，仍旧坚持自己的公民立场。

为了证实我所言非虚，我想请读者看一看1999年11月布罗卡维丘斯从狱中寄给我的一封信：

尊敬的尼古拉·伊万诺维奇！感谢您寄来的书籍——《大动荡的十年》（1995年）和《重返政坛》（1998年），我非常愉快地读完了这些书。您的这些书使我感到非常充实。您在这些书中阐述的丰富思想将帮助人们理解社会和国家发展复杂进程的实质。尼古拉·伊万诺维奇，我像您一样，都是社会主义社会的拥护者。我坚信，只有在社会主义条件下才能有社会公平。由于我参加了立陶宛共产党的活动，据说还因为我似乎怂恿了苏联领导人在立陶宛实施武力，代表统治阶级利益的法庭判处我12年监禁，对立陶宛共产党其他政治活动家判处的刑期各有不同。我和我的同志们对维尔纽斯区级法院的判决提出了上诉。

亲爱的尼古拉·伊万诺维奇！感谢您和俄联邦国家杜马其他议员坚持真理和生活的真谛，感谢你们在我和我的同志们一生最艰难的日子给予道义上的支持。我是一个乐观主义者，相信立陶宛人民的社会主义未来，相信立陶宛将沿着进步的道路发展。感谢您寄来的纪念劳动人民的节日——“五一”节和伟大的十月社会主义革命节的节日祝贺。祝愿您，尼古拉·伊万诺维奇，即将到来的2000年新年快乐，祝您生活万事如意。

谢谢您，尼古拉·伊万诺维奇，谢谢您为保护我做的一切。谢谢您的善良之心。

2006年1月，《苏维埃俄罗斯》报刊发了原立陶宛的监狱囚徒布罗卡维丘斯的一封信。他的开场白是这样的：

同志们！我虽因病无法出席苏联共产党——共产主义者联盟理事会全体会议，但能向你们作书面发言，感到非常高兴。我由于从事共产党的政治活动，而被长期监禁。但立陶宛资产阶级当局达不到目的，他们无法摧毁我的信念。我仍旧坚持马列主义、共产主义的立场，坚持为社会平等、为社会主义而进行斗争的工人阶级及其同盟者的立场。在狱中我经受住了复杂的心脏手术，它并没有把我搞垮。我仍旧很乐观，并坚信共产党为反对资本主义制度，为人民的利益而斗争的活动是正确的。

不久前，一些患有反共狂躁综合征的立陶宛议会议员向俄联邦国家杜马发出倡议，请求恢复对据说应为维尔纽斯悲惨之夜的死难者负责的俄罗斯公民的追捕，其目的就是要再次让俄罗斯感到难堪，重新玩弄自己同胞的民族感情。何况，根据不久前发表的统计数字，已有超过60％的立陶宛人公开表示："在苏维埃政权下生活更好！"

对持不同政见者的迫害不仅仍在继续，当局还在寻找各种理由，改换方式，使不合他们心意的、有不同看法的人受到经常性的迫害。瓦列里·伊万诺夫的命运就是个例子。

瓦·伊万诺夫生于立陶宛的考纳斯市，受过高等教育，历史学硕士（毕业于华沙大学）。儿子由他抚育，他既当妈，又当爸，因为妻子在儿子两岁时就去世了。家里只有衰老多病的母亲和他的儿子。

1991年11月27日早晨，他在送儿子上幼儿园（当时小孩儿只有5岁零10个月）时被捕，被投进维尔纽斯市预审监狱。当时的立陶宛总检察长保劳卡斯称，理由是"躲避审讯"，逃避对1991年1月13日维尔纽斯事件的调查。瓦·伊万诺夫以日记的形式，在1996年莫斯科出版的《立陶宛的监狱》一书中详细记载了监狱里的伙食条件、调查程序、护法机构对被侦讯人的态度、调查期限等等。

"伊万诺夫案件"的司法审理程序在伊万诺夫被捕后过了271天才开始进行——他们竭力寻找用于起诉的条款。需要提及的是，俄罗斯公民如此长时间被关进监狱，既不审讯，也没有结论的事实，并没有让俄罗斯和西方的任何一个护法机构感到不安，新闻媒体上甚至连个声明都没有。俄罗斯司法机构的代表也没有出庭监督诉讼进程。

最终，根据立陶宛共和国刑法第70条——对伊万诺夫成立反国家组织并参与其中的活动进行起诉。硬给他安上了在1月13日维尔纽斯悲惨之夜杀害一名"立陶宛爱国者"的罪名。但是，由于这起诉讼案过于荒诞，连立陶宛总检察院的国家公诉人都拒绝了这种司法迫害。向法庭提交的所谓建立反国家组织的起诉书也同样荒谬，因为瓦·伊万诺夫是立陶宛的社会主义运动组织的领袖，这是一个从1989年起由立陶宛当局正式批准登记注册的组织。

“统一”组织没有任何军事化组织机构，甚至没有工人纠察队队员。该组织只是利用大家都熟悉的政治资源进行活动：罢工、纠察线、示威游行、报纸、传单、群众游行等等。案件材料里甚至没有任何证据证明此人在维尔纽斯惨案中起了组织作用。为了以某种方式公开诋毁“统一”组织的领袖，立陶宛总检察院要了个花招：把“伊万诺夫案件”和另一起针对苏联爱国者的案件绑到了一起。青年无线电爱好者被指控在 1991 年 11 月 7 日想通过电台向立陶宛居民祝贺十月社会主义革命 74 周年纪念日，还差点儿被跟踪到森林里的立陶宛警察打死，因为其中一个“无线电播音员”在实施逮捕时进行了抵抗。警察还以奇怪的方式在“无线电播音员”的汽车里“找到”了一支属于 1991 年 7 月 30 日米亚季宁海关检查站某被害人的卡拉什尼科夫自动步枪。正如早就料定的那样，法院既无法查明瓦·伊万诺夫和“无线电播音员”小组行动之间的因果关系，也无法证明他和该案其他被告有联系。此例充分证明，是立陶宛总检察长帕乌拉乌斯卡斯，以前的立陶宛共产党中央委员，捏造了这起案件。

经过 76 次庭审，控方顽固地要证明瓦·伊万诺夫及其“同案犯”——“无线电播音员”扎戈耶夫、奥尔洛夫、斯莫特金、绍罗霍夫，特警队员博贝廖夫、维尔纽斯市党委书记纳戈尔内和民兵队长康德拉绍夫在立陶宛共和国领土上犯有罪行，实际上这个共和国当时还根本不存在。

为了对法院审理的那套作风有比较明确的认识，请允许我引用一段瓦·伊万诺夫的日记，它登载在前面提到过的《立陶宛的监狱》一书中：

> 1994 年 4 月 19 日，星期二，第 73 次开庭：
>
> 今天法庭上演了一出由立陶宛总检察院的导演策划，可称之为《纳粹在谴责！》的闹剧，全长 1 小时 25 分。这段时间，在立陶宛共和国最高法院法官们面前，在我们所坐的笼子对面，出现了 41 名所谓的社会公诉人，其中有 16 人要求把我们枪决，其他人要求“根据法律判决”或“赔偿物质损失”。只有一位叫瓦廖尼克的音乐学院的大学生，由于目睹了一月之夜电视塔旁发生的一切，所以说：“如果他们有罪，上帝会审判他们的。我豁免他们。”
>
> 对于那 16 个要求对我们处以极刑的人来说，我们都不是人。按照推理，所有这些“社会公诉人”都支持立陶宛当局的规则：“谁反对立陶宛共和国独立，谁就是‘劣等人’，应该在肉体上把他们消灭。”

好熟悉的动机。在法西斯德国，对政敌持有这种态度，就可以加官晋爵。这不由得又一次让人们想起 1990—1991 年间发生的事情，想起立陶宛领导人反对苏联的讲演、号召和行动，当时他们生活在这个国家，有义务服从苏联宪法和立陶宛苏维埃共和国的宪法，那些宪法还没有被废除。当时的苏联领导人可从未想过要因为他们的讲演和号召而把他们都投进监狱，对他们立案侦查等等。

1994年4月29日的第76次开庭，对瓦·伊万诺夫作出了判决，认定他违反立陶宛共和国刑法第70条，被判监禁3年零6个月，在强制劳改营服刑。扣除预押的时间，瓦·伊万诺夫还要在监狱里熬上7个月零21天。和此案相关的其他同志也被处以不同刑期的监禁。

判决宣布几天后，瓦·伊万诺夫被押送到普拉维尼什斯克强制服劳役，1994年10月6日被释放。

就这样，被判在维尔纽斯一月事件中犯有反国家罪的瓦·伊万诺夫在立陶宛监狱中服满了规定的刑期。

在狱中，瓦·伊万诺夫在俄罗斯大使谢尔盖·扎格里亚德斯基的帮助下接受了俄罗斯国籍。获释后不久，他就在自己的出生地立陶宛履行了法律手续。同所有生活在立陶宛的俄罗斯公民一样，他也需要居民身份证。

出狱后不久，瓦·伊万诺夫在当地报纸上对记者发表了几次谈话，谈话中表达了自己对立陶宛政治局势的看法。不知是瓦·伊万诺夫在狱中和诉讼中的“同案犯”，还是他这个人让立陶宛当局感到害怕。他们决定摆脱这个“不合心意的分子”。各位一定记得那句著名的警句：“没有人，就没有问题!”

他们建议瓦·伊万诺夫在30天内离开立陶宛共和国，要求他在1995年1月22日之前执行，否则就面临被驱逐出立陶宛，5年内无权再返回该国的危险。这是市移民处亲手交给他的命令。还有五位与“伊万诺夫案件”相关的人，也被驱逐了，他们是康德拉绍夫、奥尔洛夫和肖罗霍夫，以及另外两个已经“被发配”到俄罗斯的人。

立陶宛的媒体当时刊登了共和国著名政治家就伊万诺夫被驱逐到俄罗斯发表的观点。

“瓦·伊万诺夫早就应该从立陶宛被赶出去，并把这个问题忘掉。最好能把他和拖延驱逐出境的内务部长罗马西斯·瓦伊特亚库纳斯一同赶出去。”立陶宛自由联盟主席维塔乌塔斯·舒斯塔乌斯卡斯如是说。

独立党领导人瓦立扬基纳斯·沙帕拉斯声称：“伊万诺夫在我国无事可做，再说，他也不想停止自己的反宪法活动。”

“1月13日进行过犯罪活动，而且还反对立陶宛独立（?!）的人怎么能生活在我们的国家。”议会中右翼报业的代表拉斯·拉斯塔乌斯科内的观点也是如此。

1995年1月，前“统一”组织的几位领袖伊万诺夫及其同志向立陶宛内务部长递交了对市移民处决定的申诉，并请求颁发居民身份证。

1996 年 5 月，伊万诺夫来到莫斯科，参加俄罗斯出版社为其《立陶宛的监狱》一书召开的新闻发布会。该书在国家杜马送给了议员和记者。在新闻发布会上，伊万诺夫回答了许多问题，其中有对维尔纽斯 1991 年一月事件的亲眼所见，表达了他在 1991—1994 年整个调查和审判期间所持的观点。在参观国家杜马期间，瓦·伊万诺夫会见了“人民政权”议员党团领导人雷日科夫，杜马委员会主席吉洪诺夫及其他议员。

瓦·伊万诺夫很快便感到了新闻发布会的反响。6 月中旬，立陶宛总检察长弗·尼基吉纳斯通过媒体宣布：“目前总检察院正在进行认真调查，其间将对瓦·伊万诺夫在杜马的讲话以及其他材料进行详细分析，根据调查结果将决定追究伊万诺夫责任的问题。”

1997 年 7 月，维尔纽斯法院“以诽谤罪”判处瓦·伊万诺夫强制劳役一年，并向 1991 年 1 月 13 日的 7 位死难者家属偿付民事诉讼费 7 万立特（约两万美元），因为这些家属觉得受到了“侮辱”，正像法庭“查明”的那样，伊万诺夫说没有证据证明这些人在那个悲惨的夜里死于苏军之手。判决宣布后，法庭立刻给伊万诺夫戴上了手铐，就像对待罪恶的杀人犯那样，又把他送进了监狱。

1997 年 9 月维尔纽斯的上诉法庭举行二审，仍旧维持原判。这次庭审为伊万诺夫进行辩护的是亚历山大·克里格曼，莫斯科州律师委员会成员。他在发言中对判决书援引的 1996 年 5 月 21 日伊万诺夫发言速记稿表示异议。对该文件进行的研究表明，杜马没有这份东西。那里只有一份新闻发布会的简报。编辑、整理这份简报的人是谁，他转达被告的意见究竟准确到什么程度——人们不得而知。但可以说这一点只不过是个表面问题。1997 年 10 月由《立陶宛信使报》刊登的克里格曼律师的演讲才道出了对伊万诺夫的原则态度：

今天谁也无法明确说出那些人是在何种情况下丧生的。情况只能根据每个死者死亡情况的详细事实，经法庭依法判决后方能生效。到目前为止，这样的判决并不存在，任何一个公民都有权根据个人观察和文件来发表对事件的看法。我援引一个著名的司法案例说，尽管沃伦委员会确定了肯尼迪总统死亡的情况，但这并不妨碍最近 20 多年来各种各样人物对其死因的种种说法。1991 年 1 月发生在维尔纽斯的事件一定也会是这样，它将成为历史学家、政治家、新闻记者、司法界人士关注的目标。

判决书中写道，伊万诺夫“做这一切的动机是出于对立陶宛国家的仇恨”。这不符合事实，我的当事人也坚决否认有这种动机。况且，在追究被告责任的命令中和应该详细列举被告人违反法律的起诉书中，也并没有对仇恨立陶宛共和国动机的证明。法庭把此点写入判决书，超出了公诉范围，是文明诉讼所完全不能允许的。

判决书中还断言，伊万诺夫知道立陶宛共和国对所述事件的官方评价。简而言之，就是指伊万诺夫无权对事件作出不同于国家的评价。这些事情我们都知道，也都经历过。这是对国际公约所规定的人权的最粗暴的践踏，也违反了立陶宛共和国的宪法……

……上述各点导致的结论是，瓦·伊万诺夫的诉讼案是政治案。作出的判决残酷无情，显然是在对持不同政见者进行迫害。

上诉法院批准了对伊万诺夫的判决，它的这一决定是它固执己见的铁证。

1997 年 9 月，伊万诺夫被发配到阿利图斯强制劳动营，当月末，伊万诺夫的母亲收到儿子的来信说可以探视，并可转交食品。10 月 4 日，伊万诺夫的母亲带着小孙子和食品前往探视，但被拒之门外，代交的食品也不接收，因为伊万诺夫不服管教，正在接受惩罚，不许他进入会见刑事犯的营区。

的确，伊万诺夫自到劳动营后，并没有进入刑事犯的监管营，因为，正如所知，该营中有 300 多名刑事犯都感染了艾滋病。此外，作为一名政治犯和外国公民，他又要求当地监狱行政管理部门按立陶宛现行关押囚犯规则把他安置到另一个地区。可是他不但没有得到照顾，反而被关进了单人禁闭室，即强制区，半年内失去了所有应得的待遇——他没有暖和的被子、暖和的外衣，不能听收音机，不能收探视带来的物品，不能与母亲和儿子会面。“秋天，牢房里只有 15 度，阴冷潮湿，每隔 10 分钟就要走一走，暖和一下——这是中世纪的刑法。”他为此写道。该牢房的面积只有 0. 78×2 米这么点大！

让我把瓦·伊万诺夫写给他母亲的信引在下面。我觉得没有必要再解释，太恐怖了。

立陶宛、阿利图斯，监狱 11 号牢房（来自坟墓的信件）

最亲，最爱的妈妈，你好！

这已经是我在这可怕的牢房中写的第二封信了。从面积来看，这就是一座坟墓，差别仅在于这里不是地下，入口处——门旁边有一个臭“马桶”（进门要跨过“马桶”）。这就是我在法庭的抗议中提到的那间牢房。在这间没有取暖设施的墓室里（有一组暖气片，但它是冷的），有一张可以从墙边放下来摆在地上的板床，它根本不是人睡的床，而是摆放棺材或尸体的停尸台，太压抑了。一股霉味，不见天光，夜间老鼠不停地乱窜——这一切构成了一幅完整的图画，名字就叫做墓穴。

上次出庭回来后，我在这里又过了5天。我尽量把这里整理得像个人待的地方。想到在这座活人墓里还有别人也生活在类似的条件下，我的心又振奋起来。人毕竟是一种群体动物。甚至进了坟墓，只要一想到旁边还有人也待在这活人墓里，一样也在忍受，也在故意跟那些折磨自己的人对着干，只要一想到我在这里离他们不太远，同样也是躺在这么一张灵台上，还活着，还没有被打垮，其实是为了讲原则才把这么一副沉重的十字架扛到自己肩上，心里就轻松了许多。

看守们总是很难过地对我说："伊万诺夫，转到刑事犯的监禁营去算了。"怎么跟他们这些天真的年轻人说呢？我只能沉默，无言地接受从牲口槽里打出来的那份口粮，等待着每天唯一的乐趣——30分钟的放风时间。那时我就把浑身的劲都使出来——用力做操，让全身的血液都奔流起来，让心脏、肌肉都紧张起来……谢谢你很快就寄来的这个邮包，有报纸，有油笔芯，还有纸。东西全部收到，看报真是一种享受。

紧紧地拥抱你，吻你。你的儿子瓦列里。

1997年12月28日

按照"文明的"立陶宛政治家的意图，这个人权保护者本该死在那里。但是，俄罗斯公众对他的命运极其关注，致使他们无从下手。

总之，正如所见，在如此"民主"、如此"文明"的当代立陶宛，只要你向往真理，只要你敢对官方的规定产生怀疑，无论你跑到天涯海角，不仅你的人身自由会受到威胁，就连生命也极其危险。布罗克亚维丘斯对瓦·伊万诺夫的评语非常简短，但含义深刻："够格的人！"没有理由不同意这一崇高的评价。

在法院和监狱的通力合作下，一度被视为波罗的海沿岸最强大的左翼反对党目前在立陶宛遭到了彻底镇压。眼下，立陶宛当局没有新的敌人可找，为了清算那些不合心意的人——便开始在自己人当中找上了旧日的克格勃人员。

像外交部长瓦廖尼斯这种昔日立陶宛"欧洲大西洋主义"的"大亨"，如今也列入了被怀疑者的名单，此外还有议会副主席皮基亚柳纳斯、立陶宛共和国国家安全局长波秋斯（他不久前才就任这个职务），也紧随成功地把帕克萨斯总统"赶下台"的劳林库斯之后上了名单。据立陶宛新闻界公布，仅1989年的克格勃名单上就有324个男子的姓名，其中波秋斯名列第218位；瓦廖尼斯居第289位。预计整个"克格勃后备干部"的名单都将被公布出来。为了认真调查立陶宛这一次又一次的丑闻，在劳动党成员帕别金斯卡斯的领导下成立了临时议会委员会。立陶宛共和国的“猎魔行动”开始了！

爱沙尼亚当局和拉脱维亚一样，首先开始对居住在共和国中的俄罗斯人动手，不仅对他们的社团歧视，而且对为权利平等而斗争的俄罗斯公民联合会的社会活动家进行迫害。为证明此事，我举1992年1月塔林俄罗斯公民联合会副会长奥列格·莫罗佐夫“案件”为例。

从出生起一直居住在爱沙尼亚的莫罗佐夫（他的三个孩子也都出生在塔林）拒绝承认爱沙尼亚当局有权根据1992年通过的法律而剥夺他的权利。为此，他和其他数万人一样，被宣布为不合法的人。

1996年，安全警察人员穆鲁来到“少先队员”工厂干部处，之后，莫罗佐夫就被解雇了。他被指控在强制迁出俄罗斯公民沙乌姆亚诺夫多子女家庭时反抗警察，这一刑事案件的审理工作从1996年一直继续到1997年。一桩表面上的日常民事小案子，居然有好几个政治警察的侦查员介入进行调查。莫罗佐夫后来被法庭宣告无罪，因为他只不过是保护了被警察毒打的少年。

从1997年到2000年，对莫罗佐夫又提出了一项新的刑事指控——说他挑起政治纷争，其表现就是莫罗佐夫在参加退休人员纠察线活动时，举的牌子是“打倒波罗的海沿岸地区的种族隔离”。这个案子又是由政治警察提出指控的。法庭再次宣告莫罗佐夫无罪。

国籍和移民局于1999年和2000年曾两次向莫罗佐夫发出让他从爱沙尼亚离境的正式命令。1999年8月，根据国籍和移民局（“非法逗留”）的法令，并经行政法院判决，莫罗佐夫入狱20天。其间他一直以绝食表示抗议。过了一年，2000年7月，根据国籍和移民局的法令，行政法院又把他送进监狱蹲了5天。他再次以绝食抗争。

在马特维延科与爱沙尼亚总理拉尔会见前夕，我作为国家杜马议员，向俄爱政府间委员会主席马特维延科致信，请她向共和国领导人提出莫罗佐夫的问题。

下面是俄联邦外交部副部长古萨罗夫给我的回信：

鉴于您向俄联邦政府副总理马特维延科提出关于塔林俄罗斯公民联合会副主席莫罗佐夫被捕一事，现通报如下。

马特维延科在同爱沙尼亚总理拉尔于今年7月4日圣彼得堡举行的俄爱政府间经贸、科技、社会、人文、文化合作委员会两主席会谈框架内，郑重地提出了莫罗佐夫的问题。她强调说，爱沙尼亚当局的官方行为，其中包括监禁这位俄罗斯公民的行为，带有对俄罗斯不友善的色彩，对俄爱双边关系产生了不良影响。

国家杜马主席谢列兹尼奥夫、外交部长伊万诺夫、政治和社会组织、我国的个别公民都曾多次致信为莫罗佐夫进行辩护，外交部也发表过尽人皆知的声明。马特维延科呼吁拉尔在决定莫罗佐夫的命运时，体现出友好的意愿。

拉尔确认，在力争使莫罗佐夫得到爱沙尼亚居民身份证的同时，爱沙尼亚当局还要履行现行的法律要求。从爱沙尼亚方的陈述可以得出结论，爱沙尼亚共和国官方集团对围绕莫罗佐夫发生的矛盾根本不感兴趣。

俄罗斯外交部将根据现有的原则决定，考虑到我国公民和同胞在爱沙尼亚的实际状况，进一步调整与爱沙尼亚的关系。

在马特维延科对拉尔强硬地提出停止迫害莫罗佐夫家庭的问题之后，曾经“平静”了一段时间。但不久后，地方当局就决定施加经济压力。开始，出于政治考虑把莫罗佐夫在学校里教俄罗斯语文的妻子裁掉了。

莫罗佐娃是学校中最有能力的教师之一，她的学生在俄语和文学奥林匹克竞赛中经常获奖。但是有人却给学校领导打报告，说她教的班级对爱沙尼亚国家不忠诚。这个多子女的家庭失去了最后一点生活来源。

由于莫罗佐夫不可能找到正式工作，所以家里欠下了数目不小的房费。国家房产局在一年半时间内曾三次约莫罗佐夫谈话，在莫罗佐夫请求颁发居民身份证的申请被拒绝后，又曾三次对他课以罚款，每次的罚款额都是 6000 克朗。因为莫罗佐夫没有缴纳这些罚金，国家房产局于是把文件转交法庭强制执行。房产部门的官员宣布将把莫罗佐夫的住宅卖掉抵债。

莫罗佐夫一家居住的集体楼房管委会主任收到当局有关部门的建议后，决定通过法院来索债，实际上就是要把住宅廉价卖掉（为了抵债），把一个拉家带口的家庭赶到大街上去。

爱沙尼亚当局就是这样坚定不移地推行将不合心意的俄罗斯人从国内“迁出去”的政策。莫罗佐夫的凄凉事件就是例子。他既没有亲属，也没有住房，更没有生活来源，他甚至从没有跨越过俄爱边境，他真诚地相信，他完全有合法的理由居住在这个出生并生活了几十年的国度里，他根本就没有一点额外的奢求。

发生在莫罗佐夫身上的这一事件，就是爱沙尼亚的所谓“非法居留”问题的表现。这个问题是人为造成的，它涉及数万人，这些人既不可能，也不情愿按当局的规定来履行所谓的国内居民合法化的要求。爱沙尼亚当局对莫罗佐夫境况的态度将导致一个极端危险的案例，他所触及的是一大批所谓“非法外国人”的命运，而其中的大部分则是说俄语的少数族群。

对于安全警察来说，爱沙尼亚的抓捕季节还在继续。1999 年 12 月份，塔林逮捕了一位有名的人权保护者，他就是塔林俄罗斯公民联合会的领导人彼得·罗若克。他曾先后15次被投入监狱。

应该说，彼·罗若克生来就是个为公平而奋斗的战士。早在上世纪80年代末，当他在揭露塔林当局的住宅骗局时，就受到过迫害。现在，爱沙尼亚的两面派把苏共党证换成了爱沙尼亚的议会代表证，又在继续折磨他。

1991年以后，罗若克由于经常为遭到野蛮歧视的俄罗斯人打抱不平而多次被投进监狱。1994年他甚至被强行带到精神病院检查。秘密警察无论如何也弄不明白，一个人怎么敢同爱沙尼亚国家的镇压机器斗。算他有幸，爱沙尼亚的神经病理学家认定罗若克完全健康。

1995年3月，罗若克曾被强行逐出爱沙尼亚，但是，在俄联邦国家杜马的大力帮助下，法院被迫撤销了此项非法决定，使他得以回到家人中间。此外，他还打赢了这场官司，迫使当局为他支付了补偿金。

然而，卡博（我提醒一下，就是爱沙尼亚的安全警察）并没有停止行动。半年前罗若克又被指控酒后驾车冲向警察的汽车。不过后来才搞清，原来当天晚上他根本就没坐在车里，医学鉴定也证明他的血液中不含酒精。现在，又有人指控他敲诈勒索。那是个多次用以对付爱沙尼亚俄罗斯组织的证人。

这是一个漏洞百出，实际上全靠挑衅者的供词支撑的案件。但问题实际上却比乍一看来要严重得多。促使狠狠整治罗若克的不单单是警察的报复心理，而且还有长期的战略意图。最初的计划是把俄罗斯的这些社会团体隔离起来，可是后来又打算彻底摧毁它们，并以听从秘密警察控制的傀儡机构取而代之。对罗若克这样一个坚韧不拔、意志坚定、无法收买、在原则问题上从不与当局做交易的人进行迫害——这只是镇压措施计划中的一个环节。

波罗的海沿岸国家经常粗暴践踏人权和少数族群的权利，政治犯的人数也在上升，还产生和培养了一批对德国法西斯有好感的人，谁反对他们，他们就跟谁斗。然而，欧洲共同体和欧盟不但对这一切视而不见，反而利用这一点煽动波罗的海沿岸地区的反俄情绪，使这些国家变成仇俄地带，沿我国边界建立一条新的“隔离警戒线”。他们一方面经常严格要求俄罗斯遵守“人权”，例如在对车臣匪徒的问题上；另一方面，却又把拉脱维亚、立陶宛和爱沙尼亚吸收到自己的队伍中，其实这些国家正在逐渐演变为极权制度，一种看似全新的，实际上被整个人类所谴责的，臭名远扬的种族隔离制度。

这些复杂的诉讼从表面上根本看不出什么，似乎只是对塔林俄罗斯公民联合会领袖一次又一次的逮捕。彼得·罗若克出身于一个拥有光荣革命和战斗传统的家庭，是乌克兰和俄罗斯人民的儿子，是这两个民族的化身。他一个，莫罗佐夫一个，还有他们在这三个共和国中的同志们，上面讲到的这些人，都在为说俄语的居民的权利而进行着力量悬殊的斗争，他们正在为反对波罗的海沿岸国家不断增长的民族主义和肆无忌惮的沙文主义而战斗。

可耻审判：卫国战争老战士

波罗的海沿岸地区国家当局在对自己的政治对手进行迫害，判处其中一些人长期监禁之后，又发动了一场针对过去的老游击队员和国家安全机构老战士的审讯。

人们很自然会问：这些高龄老人眼下还能构成什么威胁？答案非常清楚：我要重申再重申，立陶宛、拉脱维亚和爱沙尼亚正在竭尽全力证明，似乎波罗的海沿岸国家是被苏联“侵占”的：入侵者就应该受到惩罚，其继承者应该提供几十亿美元的赔偿。虽然这些国家对俄罗斯怀有仇恨，但由于他们的地缘政治和经济状况，其领导人未必敢冒险独自迈出这一步。所有这一切再次说明，他们是在唱别人给的词儿，都是曲意逢迎欧洲和大洋彼岸朋友们意志的操刀手。因此他们才会闹出一场又一场对卫国战争老战士可耻的审判来。

这种主要针对前苏联游击队员和国家安全局老战士的诉讼，在整个波罗的海沿岸地区各国都展开了。拉脱维亚开始于1995年，立陶宛开始于1997年，而爱沙尼亚的第一桩诉讼案始于2001年。

我想着重分析一个最著名的诉讼案。1998年8月，拉脱维亚共和国护法机构逮捕了75岁的退休上校瓦西里·马卡罗维奇·科诺诺夫，因为此人在二战期间曾是游击队指挥官，同拉脱维亚境内的法西斯打过仗。

1944年5月，在德国法西斯占领期间，处于希特勒警察局监督之下的拉脱维亚卢德金区小巴特村村民把一小队游击队员诱进村去，解除了他们的武装，并把他们交给法西斯分子，法西斯分子把这些人全部杀害。游击队决定为自己的战友向法西斯帮凶报仇雪恨。当游击队开进居民区时，迎接他们的是农庄主猛烈的炮火。战斗开始了，打死了9人，据说是平民。是法西斯分子向他们发放了用以“自卫”的武器。众所周知，德国人是不会把卡宾枪发给普通农民的，只发给辅助警察。

2000年1月，里加的区级法院宣布二战老战士、前游击队员克诺诺夫是“战犯”，判处他6年监禁。

对鲁比克斯进行的政治审判也是一样，即使是国际法准则遭到明显破坏，拉脱维亚当局也依然要为所欲为。如果用法律语言来讲，法庭根据1993年拉脱维亚刑法条款认定科诺诺夫有罪的行为，在1944年5月27日根本就不应受到刑法的追究。

拉脱维亚当局，特别是司法界人士都很清楚，根据1948年12月10日的人权共同宣言，“任何人的任何作为或不作为，在其发生时依国家法或国际法不构成刑事罪者，不得被认定为犯罪行为。”拉脱维亚在退出苏联之后接受了上述宣言，把国际法准则纳入本国法律，并以此确认，此前此项国际法准则在拉脱维亚刑法中缺失。亦即承认：拉脱维亚刑法中规定应受到刑事处罚的犯罪行为，只能发生在1993年对该法典作出相应补充之后。因此，依据拉脱维亚1993年通过的“战争罪行”条款对科诺诺夫进行判决，是对人权共同宣言的粗暴践踏，因为该条款对1944年是无效的。

里加法院的判决使许多国家的老战士和群众团体异常激愤。对卫国战争游击队英雄进行迫害在俄罗斯引发了特殊反响。这项法院判决不仅使老战士，还使各国家权力部门首先是国家杜马感到震惊。国家杜马在一份声明中指出：

> 国家杜马不止一次发表声明和呼吁，指出拉脱维亚当局的犯罪企图是要对国际社会所遵守的纽伦堡法庭的结论和原则加以修正，实际上是企图对二战结论翻案，为法西斯主义辩护。
>
> 国家杜马曾多次提请国际社会注意，拉脱维亚的亲法西斯极右势力持续不断的活跃行动，正在把好战的民族主义和沙文主义思想提升为国家意识形态。拉脱维亚当局对俄联邦外交部就拉脱维亚审判反法西斯老战士科诺诺夫所作的声明的反应，证实了拉脱维亚正在形成极端民族主义和沙文主义的政治制度。
>
> 国家杜马要求拉脱维亚共和国当局同任何企图为法西斯主义和好战的民族主义翻案的行为划清界限，坚持尽快重新审理科诺诺夫案件。

拉脱维亚高级法院就前游击队员科诺诺夫上诉一事认定，该案起诉理由不充分且证据不足。老战士获得了释放。

2000年4月，俄罗斯总统普京审查并满足了瓦西里·科诺诺夫的申请，给予他俄罗斯国籍。俄罗斯总统指出，这不仅是对个人申请的回答，而是对为战胜法西斯作出重要贡献的军人应有的尊重。

2003年4月，拉脱维亚总检察院再次对科诺诺夫一案进行审理。在拉脱维亚的雷泽克内市，拉特加尔斯克地区法院开始再次审理对瓦西里·科诺诺夫的刑事诉讼。科诺诺夫仿佛是在受到命运痛苦的嘲弄，他出生于离这座小镇不远的地方，在那里成长，从那里出发参加游击战，成为游击队优秀的爆破手，颠覆过约20辆法西斯的军车。可过了这么多年以后，他竟又在那里作为战犯坐在了被告席上。

2003年，拉特加尔斯克地区法院又一次——已经是第三次对经受了诸多磨难的80岁的卫国战争老战士、俄罗斯公民瓦西里·科诺诺夫的案件作出判决。这一次法院复审把对前红色游击队员的战犯起诉改为……“抢劫”起诉，“由于时间过久”，科诺诺夫没有为此受到惩罚。

在讲述这个对现代拉脱维亚来说很典型的科诺诺夫“案件”时，最后我要引用克麦罗沃州州长阿曼·图列耶夫的话，他曾多次发言为这位老游击队员进行辩护：

对于这位把青春贡献给反法西斯斗争的老人，还要把他折磨到什么程度呢?!里加居然卑鄙到了试图修改纽伦堡结论的地步。可是俄罗斯呢，身为这个过程的参加者之一，却一言不发。难道上一次战争中的英雄已经被人遗忘了？难道我们为了西欧国家的自由而大量抛头颅洒热血，用鲜血浇灌这些国家土地的事实全都被遗忘了吗?！还有一件事也非常奇怪：一个迫害解放者老战士，为刽子手帮凶洗刷罪名的国家，西方居然要张开双臂去拥抱它，对它的恶行无动于衷。或许，在富足的，温情脉脉的欧洲，奥拉杜尔、布痕瓦尔德、萨克森豪森、贝格别森这些集中营，都已经被遗忘了?！也许对于欧洲来说，苏联、英国、美国解放者国家的士兵的功绩已经成了远古的历史了？也许他们觉得往日党卫军拉脱维亚特种兵团的人今天搞的阅兵式只是化装游行，对他们不必在意？不，任何人都无权忘记这一切，无论再过多少年也无权忘记。

当然，如今的时代要人道得多了——在法西斯入侵的年代，年轻的游击队员科诺诺夫要是落到法西斯手上，还不得严刑拷打，受尽折磨，不经审判就得上绞架？现如今在“民主的”拉脱维亚，对残疾老军人“充其量”不过是在法庭上迫害迫害而已。

我想提醒一下，科诺诺夫是俄罗斯公民！我曾多次呼吁我国领导人对那些侵害我国同胞权利，通过法庭对我国老战士进行迫害的国家采取严厉措施，甚至包括经济制裁。现在我仍然坚持这个观点。居住在独联体和独联体国家以外的成千上万名我国公民应该相信，俄罗斯没有忘记他们，了解他们的疾苦，随时准备帮助他们。否则，那些活着的人不会原谅我们，牺牲的英雄们也会诅咒我们。

另一位名叫瓦西里·基尔萨诺夫的85岁的前游击队员，内务人民委员部的

2000年5月，三国总统普京、库奇马和卢卡申科视察普罗霍洛夫卡纪念建筑群。陪同视察者为雷日科夫和萨夫琴科。(基利曼摄)

工作人员在拉脱维亚接受审讯时心脏病发作了。在法庭看来，这位前苏联克格勃少校和前线战士被指控战后参与了非法把该共和国居民流徙到西伯利亚的行动。瓦西里·基尔萨诺夫案件始于1999年11月，他当时就遭到逮捕，并一直到死都在押。尽管他重病缠身，但拉脱维亚司法机关仍然不肯放过老人。直到这位前线战士去世，才为这起“案件”画上了句号。

还有一起针对83岁卫国战争老战士尼古拉·拉里奥诺夫的审判。起诉的罪名是种族灭绝，由于他参与了1949年把500人从拉脱维亚流徙到西伯利亚的行动。这位前国家安全机关工作人员被判处5年监禁（检察长要求判8年）。战争年代，拉里奥诺夫在拉脱维亚步兵师同法西斯分子厮杀，负了伤，还荣立了战功，这些对拉脱维亚法庭来说根本算不了什么。事实上是，迁徙出境的决定并不是拉里奥诺夫，而是拉脱维亚共和国部长会议和检察院作出的。

受到司法判决人员的名单很长。有该共和国前国家安全部长阿里冯斯·诺维克斯，1908年生人，被判处终身监禁，死在狱中。有米哈伊尔·法尔布图赫，也是前肃反工作人员，残疾人，服满了两年的刑期。有叶夫盖尼·萨温科，被判处拘役1年零3个月。有尼古拉·泰斯、雅尼斯·基尔施泰因斯和特洛菲姆·雅库绍诺夫，他们都在等待法院审理。

在拉脱维亚，“猎魔行动”的对象仅仅是那些执行军务和公务的人。但该国的法西斯刽子手却仍旧逍遥法外。难道拉脱维亚当局不知道他们的名字，不知道是谁在战争期间屠杀了几十万平民和战俘吗？难道他们不知道在战争期间参与屠杀3万平民的纳粹战犯卡雷斯，是拉脱维亚法西斯分子阿莱斯手下的保安处拉脱维亚警协队的刽子手吗？

为了纪念加入“文明欧洲”这一重大事件，拉脱维亚在列斯滕这个小地方为党卫军兵团修建了一个纪念性建筑物，开工典礼时还伴有军乐队和男声合唱队的演出，并通过电台和电视进行现场直播，拉脱维亚文化部长也公然出席。他们就是这样，以示威和挑衅的方式对纽伦堡法庭所明确认定的党卫军是犯罪组织的历史决议进行修改。

欧洲却在沉默！

为了让历史事实服从于自己的需要，单方面先入为主地评价史实，2002年6月，爱沙尼亚议会通过了“关于爱沙尼亚占领制度违法行为”的文件，其中苏联强力机构在共和国的所有活动都被认定为违法。

根据这个文件，共和国护法机构从2002年9月起开始对年迈的肃反工作人员老战士提起刑事追诉，对他们进行公开审判，同其他两个波罗的海沿岸地区共和国一样，宣布他们犯有“反人类罪”。

第一个坐在审判席的是爱沙尼亚前肃反工作人员，爱沙尼亚社会主义共和国国家安全部的老战士，77岁的俄罗斯公民弗拉季米尔·别纳尔特；稍后，以同样罪名被起诉的是尤里·卡尔波夫，也是俄罗斯人；第三个——还是俄罗斯公民，斯捷潘·尼科耶夫。在爱沙尼亚法律面前，他们三个人都要为参加1941—1949年的迁徙出境行动和与武装匪徒和法西斯帮凶“森林兄弟”作斗争的行动受到惩罚。

从母系来看，弗拉季米尔·别纳尔特是俄罗斯人，在独立的爱沙尼亚执政者眼里，他的“罪行”又加一等。1953年他担任民警局科长时，曾下达过消灭抢劫当地商店，以恐怖手段恐吓百姓的匪徒的命令。如今的爱沙尼亚却以他下达过消灭这三名今天被称之为“民族英雄”的恐怖分子和“森林兄弟”的命令而对他提起公诉，并威胁要判他8—15年。目前别纳尔特得了中风，他的一只胳膊已经无法活动。

俄罗斯外交部在正式声明中非常公正地指出，在爱沙尼亚，“对二战期间及战后时期国内各种事件带有政治色彩的主观评价”占有统治地位。

或许，有人能见到或听到这三个波罗的海沿岸地区国家的西方监护人中，会有人出面也就这种状况说点类似的公道话？我想，过去不会有，将来也不会有。

让我再就这个题目，简要地提一下立陶宛所发生的情况。1999 年 6 月，法院对刑事案“人民保卫者”一案作出判决，判处立陶宛社会主义共和国前国家安全局工作人员巴尔托谢维奇、库拉金、苏里宁、沙卡里斯监禁，因为战后年代他们曾同武装匪徒“森林兄弟”进行过战斗，保卫了立陶宛苏维埃人的和平劳动。他们中间的一些人死在了立陶宛的监狱里。法学博士库切罗夫教授、立陶宛社会主义共和国副总检察长克列姆波夫斯基，以及前波罗的海苏维埃共和国的其他一些苏维埃和党的工作人员在开庭前就已经故去。

在为本章的叙述进行总结时，我想再次强调说明：上世纪 90 年代，这些共和国的领导人最初都是些打着民主旗号为主权而斗争的人，后来他们又采取卑鄙的手段，开始对自己意识形态上的敌人进行迫害，对他们提起政治诉讼。90 年代下半叶，他们开始对卫国战争游击队老战士和波罗的海沿岸地区加盟共和国护法机关的工作人员大肆进行迫害，对他们提起控告。与此同时，却对德国法西斯帮凶们“平反昭雪”，对他们的“功绩”予以肯定。在此期间，极端民族主义和沙文主义在不断壮大力量，他们在新一代和国际社会的面前，给苏联拯救了这些民族和国家的事实抹黑，竭力否定这些国家在加入苏联之后经济社会发展上升到一个新水平的事实，把苏联说成是一个“入侵者”。

不，谁要是不想学习历史，也不善于学习历史，就无法从历史学到任何东西。遗憾的是，为此受到惩罚的总是普通百姓，而那些人，却以人民的名义掩盖个人利益，为无法无天的行为辩解。

这些先生忘记了哲人在圣经中说的话：“你们怎样议论人，也必怎样被议论。你们怎样度量人，人也怎样度量你们。”（马太福音第 7 章 1—2）

第九章

“独立”乌克兰的怪现状

奔向“独立”*

对戈尔巴乔夫宣布的改革，乌克兰的态度有点不一样：这个共和国由全国公认比较得力的领导人谢尔比茨基领导，日子比较好过，并没有率先大肆宣告变革开始。

当时谁也没有想到，首先必须完善国家经济发展的这种相当成熟的必要性，在实行起来时居然会成为威胁到苏联存在的整个政治基础的一颗地雷。戈尔巴乔夫的“新思维”和关于“欧洲大家庭”的理想，不过被看成是向他所青睐的西方在努力表现一下自己罢了。

形形色色在改革口号下追求分离主义、民族主义、反苏目的的运动、阵线，长期以来在乌克兰未得到广泛支持（乌克兰西部加里西亚各州除外）。

然而其他一些共和国（纳戈尔内—卡拉巴赫、阿拉木图、费尔干纳、杜尚别）发生的事件、波罗的海各共和国充当“教师爷”的密使们的定期来访，使当时还不敢公开发表言论的“独立斗士”们深受鼓舞。在此之前，所有这些运动还都披着拥护改革的外衣。

甚至当时已经成立的、最具影响力的组织“鲁赫”（乌克兰人民改革运动）在其纲领中也声称，它是“全民赞同和支持由革命的、创造性的党所发动的改革的体现”，是“共产党和无党派人士联盟的新形式”等等。

应该说，有好长一段时间，无论在基辅还是在大多数州，“鲁赫”都没得到官方承认：人们知道那是些什么样的人搞到了一起。给“鲁赫”发放通行证的正是那位改革的总头头。

---

* 本节中使用了 Г. П. 哈尔琴科向笔者提供的材料，特此致谢。

戈尔巴乔夫在参加过乌克兰共产党中央解除谢尔比茨基中央第一书记的全会（1989 年 9 月份）之后，在街上与“鲁赫”领导人相遇，这些人向他告状，说不许他们登记注册。鲁赫分子把他吹捧了一通，说是如何如何爱他，如何如何尊敬他，戈尔巴乔夫听完之后，“建议”不要为自己这批新冒出来的拥护者在登记注册问题上设置障碍。站在一旁的谢尔比茨基只能沉重地叹了一口气。

我在苏共中央工作时对谢尔比茨基深有了解。他当时是政治局委员，而我是负责经济事务的中央书记，我喜欢这个稳健的、具有不屈不挠性格和坚定信念的人。

关于这个人可以有很多值得回忆的事，但我只想谈其中的两件。1986 年 5 月份，当政治局讨论反酗酒政策决议草案时，他所持有的是相当坚定的现实主义立场。在他看来，提出这个草案的害处要比好处多。但是很遗憾，他和与他持有类似看法的人，其中也包括笔者，都是属于少数派，“不理解时代的呼唤”。

他不喜欢廉价的民众主义——领导人搞所谓“深入民间”那一套。戈尔巴乔夫在这方面的表现可谓出色。正如所见，正是他把通行证发给了那些毁灭乌克兰的人。有一个事实为例：谢尔比茨基曾跟我一道奉派出席罗马尼亚举行的一次党代会。当齐奥塞斯库作报告时，听众起立达 60 次，向报告人发出暴风雨般的欢呼声！当我们同机回国时，谢尔比茨基在飞机上对我说：“尼古拉·伊万诺维奇，您参加过这次代表大会后心情如何我不知道，但我有种感觉，觉得离开他往回飞的时候，浑身上下好像都沾满了臭狗屎！”

所以他在街上看到戈尔巴乔夫的行为才叹气。

就这样，又一个觊觎政权、把民族主义意识形态强加给人民的魔鬼，从瓶子里被放了出来——那就是把乌克兰从苏联分裂出去，为班杰拉分子恢复名誉的路线。

“鲁赫”正式登记之后，各式各样的政党和运动有如魔鬼，纷纷出笼，它们无一例外，全是现存制度的反对派。不过，当时它们还只是刚刚在基辅知识界和乌克兰西部各州诞生。

虽然“鲁赫”也极力想在国内的工业区和农业高度发达的东部地区建立分部和支部，但对冶金工人、矿工，还有普通的庄稼人而言，他们的许多口号都是不可接受的。于是鲁赫分子决定对“莫斯科佬”的堡垒进行“改造”。成千上万“自由”“独立”的“鼓动家”打着纪念扎波罗什哥萨克 500 周年的口号，乘坐火车和汽车，涌向第聂伯罗彼得罗夫斯克州、扎波罗什州、赫尔松州的城市和乡村，为首的便是“鲁赫”领导人。

这些身穿乌克兰民族主义组织制服的不速之客搞了上千人的游行，他们手举

"鲁赫"成员在基辅群众大会上。(索洛维约夫摄)

神幡，还有这里从未见过的班杰拉、舒赫维奇、彼得留拉的肖像，唱着民族主义赞歌，闹得老百姓莫名其妙地问：这都是些什么人？干吗跑到这里来？闹到最后，群众大会也好，"结盟会见"也好，所有的企图都以失败告终，村里的人更干脆，把这些不请自来的客人全赶跑了。

还有一件事也很重要，就是乌克兰东部的人似乎对西部人说的话听不太懂：这种话倒也似乎也是本族语，可就是里头有不少词，不少短语和重音，都是乌克兰西部被奥匈帝国和贵族制波兰占领的一百来年中从国外传入的。顺便说一句，当你看乌克兰电视时便会发现，现在的乌克兰语同斯科沃罗达、舍甫琴科、科秋宾斯基、贡恰尔、特奇纳、奥列伊尼克等这些公认的文学巨匠的语言已经有了多大的不同。

而且还不得不承认，在东部，"班杰拉分子"一词始终都是一个具有典型意义的词。上世纪 50 年代初期，正是由当地向西部地区派出了数万名共产党员、共青团员、无党派人士，去建立村苏维埃、集体农庄、民警机构，去当教师和医生。其中成千上万的人受尽折磨，躺在棺材里被运回了自己原来的城市或乡村。从那时开始，乌克兰所有的政治事件中，便出现了公开或不公开的反抗的影子。

遗憾的是，煽起反目、号召从莫斯科“指挥棒”下解放出来，脱离苏联（请看，这一切不是都被戈尔巴乔夫自作多情、引以为荣的多元论证实了吗?），先取得经济独立，继而是政治独立——所有这一切，均未被苏联宪法、已经通过的各项法令和刑法所制止。地方各级党委警告说，局势发展下去非常危险，但戈尔巴乔夫和雅科夫列夫却认为这是对改革怠工，是危言耸听，等等。

政治不稳定，破坏国家和社会制度的人们又本着“越糟越好”的原则行事，展开了目标明确的行动，造成经济状况逐渐恶化。在此背景下，社会上的蛊惑宣传便被相当广泛的群众所接受。

这一点特别明显地表现在苏联人民代表的选举筹备期间和大选期间。此前，反对所谓“各种特权”和反对把意见强加给公众的斗争已经具有广泛规模（众所周知，这里少不了叶利钦的功劳），而享受特权的全是“党的机关干部”。这里还要加上戈尔巴乔夫的一个著名的提议，即“你们自下而上地整他们，我们自上而下地整他们”。党的基层干部是为党干活的马儿，可是区委也好，市委也好，都被认为是改革的怠工者。先是《真理报》，接下来由于有雅科夫列夫撑腰，又有《消息报》、《共青团真理报》、《苏维埃文化报》等（此前它们从来没有对党组织唱过反调），开始向所有的干部展开攻击，说他们“怀念勃列日涅夫停滞时期”。中央广场上和体育场上举行了成千上万个要求州委下台的群众大会，这股风席卷了乌克兰的许多州。那些由于仇恨变得野兽般凶狠的民族主义者在集会上发表演说，使听众如醉如狂。如果有人发表几句正确看法，疯狂的群众便会有节奏地高喊“格季!”（打倒!）；“甘巴—甘巴—甘巴”!（可耻！可耻！可耻!）。请看，这就是戈尔巴乔夫的多元化!

共和国内出现的局势本来就够严重的了，可还有更加火上浇油的事：中央各报的特派记者接到指示，凡有状告州委书记的材料，都作为急件处理，发在头版头条。材料只要一发表，再辩解也是白搭。看来谢尔比茨基算是看透了这种“民主大潮”，所以不得不提前退休。

苏共中央在选举前夕为“鲁赫分子”提供了一张有力的王牌——通过决定提高党的机关干部的工资，甚至还公布了新的工资额。顺便说一句，我是政治局里少数反对提高工资的委员之一。尽管提出要政府也这样做，但我拒绝给苏联部长会议下属机关涨工资。

这样，在短时间内，党的干部不得不停止日常琐细的工作，放下经济领域和社会领域中许多迫在眉睫的问题，泡在没完没了的群众大会上，为解决罢工问题而烦心。

大家知道，苏联人民代表大会的选举是头一次以差额的办法进行的选举。反共的候选人不仅得到地方上的支持，波罗的海沿岸地区的几个共和国还为乌克兰印制了“揭露”党政干部们的宣传画、标语口号、传单。乌克兰民族主义者还可以从为数众多的境外民族主义中心得到源源不断涌入的物资。

在乌克兰各民族主义机构团体组织框架内建立起来的形形色色的加拿大基金会，表现得尤为突出，它们有一点是一致的，那就是全力促进乌克兰“非殖民化”，促进乌克兰脱离苏联。比如，1990 年，多伦多成立了“援助乌克兰慈善基金会”、乌克兰—加拿大“救助乌克兰”基金会，著名的“鲁赫”领导人乔尔诺维尔、戈伦、卢基扬年科等都是理事会成员。在艾尔伯塔大学乌克兰艺术学院加拿大研究所名下，挂靠了一个所谓的“援助乌克兰科学发展永久基金会”，其目的是为“乌克兰新一代领导人”进修提供资金。这一时期还建立了加拿大“人民运动（鲁赫）拥护者协会”，下设 13 个分部。

民族主义报纸《胜利之路》1990 年 12 月份报道称：“乌克兰民族主义者、其组织成员和同情者以及前乌克兰起义军军人……对乌克兰主张独立的力量提供支持，提供道义和物质援助。”还列举了这一“援助”的某些数字：“仅 1989 年，便为乌克兰各种事件和斗争的需要拨出近 40 万美元，其中为采购必需的技术手段拨出 5 万余美元，为同乌克兰爱国主义人士保持定期联系拨出 15 万余美元……为直接帮助乌克兰个别活动家和组织拨出近 5 万美元。”

为数众多的反对派运动和政党都从其他一些国家取得经费的支持。慕尼黑出版的“德国乌克兰侨民中央代表处”简报（1990 年第 2 期）就报道过为乌克兰个别“护法人员”筹集“捐款”的事。

上世纪 90 年代初期，已无人对这些事情保密了。比如所谓的“救助乌克兰”这个乌克兰加拿大基金会在《新路》报上（1990 年 11 月 3 日）便报道过“捐款”的消息，从 1 千到 100 万美元都有，在结尾处又补充道：“乌克兰和苏联其他共和国出现的这一局势，使我们可以公开从事旨在使我们祖国摆脱莫斯科，获得经济、文化、政治独立的活动”。不管是苏联和乌克兰的内务部，还是克格勃，均未制止此类粗暴干涉内政的活动。

获得这些组织和美国类似组织资助的，主要是“鲁赫”、乌克兰共和党，还有其他一些反对运动，以及利沃夫、捷尔诺波尔、伊万诺弗兰科夫斯克等地新成立的地方机构。

中央电视台组织了一些地方电视的专场实况转播节目，对那些最卖力气的“斗士”——人民代表候选人——提供支持。事实上他们所有的人在当选为代表之后，都参加了“跨地区代表组合”，成为瓦解“帝国”的热心领路人。不论是在全苏电视台，还是在共和国电视台，他们无时无刻不受到欢迎，给大家出主意，教大家如何生活。其中大部分是在为自己“扬名”，利用切尔诺贝利的事故，在大家的痛苦上大做文章。不过他们手上最大的一张王牌，还是食品和生活必需品供应困难的问题。

所有这些因素在1990年3月份的乌克兰最高苏维埃选举期间，都起到了自己的作用。乌克兰西部各州的代表位置，几乎被“鲁赫”和其他反对派运动的代表囊括一空。

直到此时，“鲁赫”也没有成为向戈尔巴乔夫下过保证的“改革派”同盟者，而是明确宣布了它的反共方针，弹起了乌克兰必须退出苏联的调调。

与此同时，乌克兰最高苏维埃的领导，也许是因为还记得总书记“建议”的缘故吧，竟作出决定，将一些起主导作用的委员会的领导岗位交到了反对派代表的手里。这大大加强了他们进行宣传、把自己观点强加于人的能力。

就在就苏联命运于1991年3月17日进行全民公决的筹备期间，假面具被揭下来了。这一天，根据乌克兰苏维埃社会主义共和国最高苏维埃主席克拉夫丘克的提议，决定对共和国居民进行一次民意测验：“您是否同意在乌克兰国家主权宣言基础上，乌克兰应留在苏维埃主权国家联盟内?”这个措辞本身就“有点那个”。但更重要的当然是公决和测验的结果。

这时，已经出现的15个政党和运动，公开展开宣传活动，反对保留苏联，反对乌克兰加入苏维埃主权国家联盟。与他们对抗的只有乌克兰共产党一个党。共和国城乡充斥着抨击苏联、要求乌克兰退出苏联的材料，似乎乌克兰正在遭到“帝国主义中心”的掠夺。这些材料的作者引用了一些数字，证明共和国在工农业生产方面甚至同欧洲相比也处于领先地位，试图以此使人民相信，只要退出苏联，“乌克兰就会过上跟欧洲一样的生活”。

反俄的火焰在燃烧，民族极端主义分子口边挂着白沫力图证明，“莫斯科佬”会吃掉乌克兰的粮食、肉和奶油。所有人耳朵里都可听到一种断言，每年中央从乌克兰经济中抢去数额高达1000亿—1200亿卢布，出产的粮食有一半都要被运走。

受乌克兰苏维埃社会主义共和国最高苏维埃主席团委托，该共和国科学院学者进行了相应的计算，证明上面提到的“掠夺论”完全是一派胡言，因为被“掠夺”的东西竟高出该共和国实际资源3—4倍。实际上这些资源中有相当大一部分都用于共和国自身。同时学者们还指出，共和国若单凭自己的资源，石油只能满足本身需求的8%，天然气只能满足22%，林业资源只能满足38%，等等。

与此同时，乌克兰对石油的年需求量为6000万吨（即超过共和国产量10倍）。如果在外部市场购买石油，按国际价格，乌克兰须支付80亿美元。至于居民所需商品，共和国的全部缝纫机，40%多的收音机，1/3的摩托车，1/4的洗衣机、自行车和轻便摩托车全靠输入。乌克兰只能生产所需纺织品的一半，但为了生产纺织品，所利用的原料（棉、毛）有99%要靠运入。如果说1989年输入的商品（考虑到对外经济联系）按内部价格计算为540.5亿卢布，那么输出的为480亿卢布，或者说，比输入少65亿。乌克兰国家统计委员会为了分析所发生的商品交换，又以世界价格重新计算了一遍，结果逆差，即输入超过输出的部分，达50亿卢布。然而这个数字却没人去谈，只有拥护乌克兰继续留在苏联的那些人才利用这些数字，借以证明乌克兰“被掠夺”的谎言。

尽管民族主义分子不断发起心理进攻，但仍有2200万公民，或者58.6%的公民，对全苏公决中保存苏联的问题持肯定态度；有2520万人即约66.9%的人对共和国是否应留在苏联的问题作出了肯定回答。

同时也要指出，在基辅有53%的投票人，在捷尔诺波尔、伊万诺—弗兰科夫斯克和利沃夫等州，大约有80%的投票人均表示反对保留苏联。在伊万诺—弗兰科夫斯克州有超过45%的人，在捷尔诺波尔州和利沃夫州有超过60%的人表示反对乌克兰加入苏维埃主权共和国联盟。

表决结果成了“东部人”和“西部人”相互对立的又一理由。

面前始终摆着一个问题：以后该怎么办？各式各样的建议和论据出现的还真不少。试看以下几个：把加里西亚分出去吧，让它愿意怎么过就怎么过好了。在克里米亚，人们开始议论把克里米亚州变成克里米亚苏维埃社会主义共和国或苏维埃社会主义自治共和国。在矿工和冶金工人的边区人们在想，1918年不是有过一个顿涅茨—第聂伯河沿岸工业边区吗？西方也在不断刺激分裂主义。美国的《新闻周刊》刊登了一幅名为“2000年的欧洲”的地图，西乌克兰在图上已经以“半独立地位”从乌克兰分裂出去了。

由于经济发生困难，有利于分裂主义的情绪不断加剧。局势复杂化的原因还在于乌克兰的国民经济结构，乌克兰历史上就是全苏重工业的基础，有2/3以上是动力和冶金、采矿业、重型机械制造业。几千万人口还算富裕的生活，许多区的命运，都同这些部门联系在一起。人们的工作若被打乱，便要加剧社会的紧张。再加上切尔诺贝利核电站又出了事，搞得真是雪上加霜。

极端主义势力不可能不利用这一切。利沃夫、伊万诺—弗兰科夫斯克、基辅各大学在“鲁赫”的悉心保护下举行抗议的大学生，在基辅市中心架起帐篷，安营扎寨。在一片“格季”（打倒）的口号声中，已经再也听不到要求克拉夫丘克从乌克兰最高苏维埃主席职位上下台的呼喊了。而马索尔从部长会议主席职位上退下来，不仅未能使民族主义者的冲击稍有平息，而且更鼓舞了他们要求当局作出进一步让步。群众大会的浪潮冲击着整个乌克兰。最高苏维埃前面的公园变成了不断举办活动的露天营地，忽而是新出现的民主派在这里宿营，忽而是主张乌克兰作出社会主义选择留在苏联的那些人在这里过夜。

电视和广播完全实现了“民主化”——它们竭力歪曲乌克兰的历史，不仅给十月革命抹黑，而且也给佩列亚斯拉夫利拉达抹黑。民族分裂主义者为了30年代的大饥荒和1937—1938年的镇压，要求共产党人悔过，一个劲地为乌克兰民族主义分子的罪恶行径涂脂抹粉，特别是为伟大卫国战争时期和战后年代的罪恶涂脂抹粉，号召要跟共产党算账——“把共产党吊上绞架!”

拥护苏联的人当然不能任人宰割，于是在电视台和广播电台就展开了一场又一场真正意义的白刃战，目的是控制媒体以表达自己的立场。人们多次向苏联总统、苏共中央呼吁，反对向可能导致乌克兰脱离苏联的局势提供信息（波罗的海沿岸地区几个共和国的跨地区议员团成员公开声称，没有乌克兰参加，苏联就倒不了），不断向检察机关、内务部提出维护宪法标准和法制的要求，然而回答却是：“不必惊慌失措”。在西部各州和首都基辅，内务部和检察部门各机关要么纪律涣散，无力整顿秩序，要么转到民族主义改革派一边，只服从他们，这种情况根本无助于局势的稳定。

围绕联盟条约展开的斗争，促使政治形势变得尖锐，其结果使经济状况进一步恶化。国家总统戈尔巴乔夫取得全苏全民公决授权，将苏联变革为新的平等的主权共和国联邦之后，并未立即着手制止进一步搞垮苏联的企图，其中也包括乌克兰最高苏维埃方面的企图，后者从一开始便对公布的联盟条约草案持否定立场。原来，乌克兰的几位代表根本没参加这份文件的起草工作。最高苏维埃主席克拉夫丘克当时对公众解释说，在推举拥有全权起草法案的候选人时，“法定人数不足”。后来，这使克拉夫丘克有可能在最高苏维埃会议上声称，这样一个条约对乌克兰不合适。

先是乌克兰苏维埃社会主义共和国最高苏维埃主席团（众所周知，鱼从头上先烂），之后是乌克兰苏维埃社会主义共和国最高苏维埃，于1990年9月通过决议称，应该认为签订联盟条约“为时尚早”。

党的各级委员会、乌克兰社会公众对通过的决议进行谴责，但却未能改变局势。

反对派开始组织群众集会，搞示威游行，打出了“不要联盟条约”的口号，煽动罢工，以支持最高苏维埃的决定。西部各州派出成千上万的人涌入东部各州，喊出“打倒联盟条约——乌克兰人民脖子上的枷锁”等口号。

共和国最高苏维埃制造的这类行动，使劳动集体、共和国许多州的城市苏维埃和区苏维埃，甚至乌克兰的苏联人民代表十分愤慨，纷纷发言要求废除乌克兰苏维埃社会主义共和国最高苏维埃针对联盟条约所作的决议，因为它与人民利益、全苏全民公决结果背道而驰。但是所有这些要求均被共和国立法当局最高机关当成耳旁风，置之不理。

跟苏联分离的方针在政治经济各领域都开始显露出来。俄罗斯联邦领导和叶利钦本人所采取的各种步骤，以及从苏联总统戈尔巴乔夫和苏联最高苏维埃起全苏各权力机关的支支吾吾，前后不一，行动迟缓，又促进了这种局势的发展。

乌克兰最高苏维埃的某些法令，它赞同脱离全苏经济体系向市场过渡的特殊观点（而这是在自己缺石油、汽油、柴油、煤气、有色金属、木材的情况下提出的!），都在导致苏联倒台。而这一切都不是自发的，而是有预谋的。

1990 年 7 月 16 日议会通过的“乌克兰国家主权宣言”，仅在有关乌克兰苏维埃社会主义共和国公民的一章中，才保留了“苏联”这一名称的缩略语。

经济发展被宣告为“经济独立性”，乌克兰既与全苏，也与个别共和国都没有任何联系，但却要求“在全苏财富中，尤其在全苏钻石和外汇基金、黄金储备中得到自己的份额”。不仅如此，新出现的乌克兰“民主派”经过向美国的苏联通不厌其烦地咨询，在他们向市场过渡的概念性方案中，加进了可能向俄国提出对伟大卫国战争初期把生产设备从乌克兰疏散到国家东部地区一事提出相关经济要求的暗示。显而易见，他们认为，对乌克兰，对战争的整个进程而言，最好是把共和国的生产潜力留下来给德国使用，以便同苏联进行斗争。第二次世界大战期间有过这种情况：当西欧一些国家被法西斯分子占领后，这些国家就开始为自己的占领者干活。

没有人对乌克兰领导层的实际状况下过什么结论。有意思的是在苏联内阁和各主权共和国政府共同行动纲领上签字的不是乌克兰总理福金或者他的副手。那是一个在国家经济向市场过渡条件下摆脱危机的纲要，是由戈尔巴乔夫批准的。而在该纲要上签名的，却只是乌克兰苏维埃社会主义共和国驻全苏政府的常任代表塔鲁什金。

主权宣言断了其他任何做法的退路，宣言最后有这样一句话，后来成为克拉夫丘克同戈尔巴乔夫为签订联盟条约“讨价还价”的行为基础：“乌克兰主权宣言的原则适用于签订联盟条约”。须知当时的局势已经很明朗——1991 年 8 月份签署不了联盟条约。这期间克拉夫丘克认准了叶利钦是“称职”的伙伴：叶利钦声称，没有乌克兰他就不签这份条约。而克拉夫丘克也根本没打算将来把条约拿到乌克兰苏维埃社会主义共和国最高苏维埃去讨论！在没有同乌克兰共产党中央商量的情况下（他当时还是政治局委员），他急急忙忙给议会放了暑假（放到9月份）。中央想反对也不可能，因为宪法第6条已被废除。这样便向后来在维斯库利的勾结又迈出了一步。

这时乌克兰的局势变得越来越复杂。1991年过了仅半年，国家收入便下降了9.3%，工业生产下降了11%。

生产如此衰退，究其原因，是由于经济联系遭到破坏，国民经济资源保障恶化，众多企业因缺乏原材料纷纷停工，合作销售渠道中断，以及不断罢工造成的。

煤炭工业状况尤其严重。到春天，249个矿有58个在罢工。矿工们减少供应煤炭几达1200万吨。共和国煤炭产量降低到1958年水平。仅上半年就有13000名工人离开这一部门，与他们配套的人数则超过78000人。

煤炭工业的生产衰退，使乌克兰国民经济其他几个最重要的部门，如黑色冶金和电力部门的工作变得不稳定。焦炭不足，废金属供应中断，使整个冶金系统发生混乱。生铁减产3100万吨，钢减产3200万吨，成品轧材减产200万吨，钢管减产26.6万吨。

向发电站供应的煤炭减少近300万吨，致使10—15个大型发电机组停产。

社会领域也受到损失，住宅、医院和门诊部、学前教育机构、俱乐部和文化宫的投入使用数量急剧减少。居民和住房公用事业系统的燃料供应情况变得紧张。

向消费市场投放商品数量仅食品一项便减少50亿卢布，大量削减了耐用消费品和日用消费品的供应量。价格普遍上涨1.5—2倍，通货膨胀加剧，影子经济繁荣。

反对签订同盟条约的那些人，在很大程度上正是由于经济和消费市场情况恶化，才找到开展破坏活动的土壤，这是可以理解的。当时媒体掌握在并不高明的要搞垮苏联的人手中，他们故意掩盖经济学家和政治家们清醒的呼声，因为这种呼声指出，消极现象跟苏联的存在并没有关系，相反却是同乌克兰“民主派”上下其手的苏联解体，同苏联统一遭到削弱有关。

1991年8月发生的种种事件，使大多数居民想留在苏联、想同俄罗斯统一的愿望，遭受了严重的打击。

1991年8月19日共和国领导人是以在最高苏维埃同苏联国防部代表步兵总司令瓦连尼科夫大将会见开始的。双方就在国家紧急状态委员会建立后发表致人民书并作出种种决定的情况下应该做些什么工作交换了意见。内阁成立临时委员会，以协调各项措施，维护社会秩序，保障公民安全，保障经济活力和居民正常生活，防止出现非常局势。

围绕乌克兰共产党展开了主要政治阴谋。事情原来是这样的：乌克兰共产党中央书记处于8月19日早晨向各州党委发出一份密码电报，其中除了传达由苏共中央书记舍宁签署的密码电报内容外，还提了一些别的建议，其中有这样两句话：“由于国内实施紧急状态，党委最重要的任务便是协助苏联国家紧急状态委员会。在实际活动中须遵循苏联宪法和法律，以及国家紧急状态委员会发布的各种文件。”虽然中央书记处当天便从各州委召回了这份密电，并发出另外几份已经不含有这些规定的电报取代了它，但正是这头一份密码电报成了禁止乌克兰共产党活动的根据。所有州委均把密码电报送回中央，只有利沃夫州委除外，而这份密电就在这里落到了当地民族主义分子手里，并立即将其转交克拉夫丘克。

那些日子，该共和国的整个社会生活和政治生活中充满了这样的内容：共和国最高苏维埃举行会议，成立调查乌克兰共产党活动的委员会，解散各单位党委和党的区委，进占州委，同时一群群极端主义分子号召要“打死”共产党，“绞死”共产党。最后还有一招，就是乌克兰检察机关按“叛国”罪对中央各位书记和各州委第一书记提出刑事诉讼。

在这一过程中，乌克兰苏维埃社会主义共和国最高苏维埃主席克拉夫丘克起到了决定性作用。8月25日他曾参加乌克兰共产党中央政治局会议，还对政治局关于国家紧急状态委员会的文件作了修改，但后来却声称他已于8月19日退党。正是这个人不遗余力地促使乌克兰苏维埃社会主义共和国最高苏维埃主席团尽快禁止共产党活动，尽管共和国司法部长、总检察长、最高苏维埃立法和法制委员会主席以及许多法学家均声称这一行为是非法的。不经法院裁决，便禁止一个政党活动（该党是经由司法部登记的），是一种违宪行为。大家都明白这个道理，克拉夫丘克也明白。但乌克兰共产党的这位主要意识形态专家却另有打算：乌克兰共产党是他达到个人目的的障碍，于是他便铤而走险，破坏宪法原则。

这起刑事案件的调查工作延续了将近一年半时间。这是一段陷害无辜的时间。1993年8月，案件终因“乌克兰共产党负责人没有任何犯罪行为”而终止。但这时在最高苏维埃当家做主的那些“英雄好汉”们，却依然坚持最高苏维埃主席团禁止共产党活动的指示，不肯善罢甘休。

直到2001年12月，乌克兰宪法法院才裁定，乌克兰最高苏维埃主席团关于停止和禁止乌克兰共产党活动的指令不符合乌克兰宪法，宣布其无效。

在国家紧急状态委员会期间，克拉夫丘克与叶利钦互相勾结，狼狈为奸，有无可置辩的事实为证。据党的敖德萨州委前第一书记克留奇科夫证实，1991年8

月 23 日，他本人飞往莫斯科参加苏联最高苏维埃特别会议和人民代表大会，在“鲍里斯波尔”机场代表候机室的登记簿上，查到叛乱前夕，即 8 月 17 日，叶利钦的亲密战友布尔布利斯来到基辅的记录。他飞来又飞去任何地方均未见披露，迎送的只有克拉夫丘克的几个亲信。显而易见，“兄弟俩”要谈的事连在电话上都不敢谈。

再往后最高苏维埃及其主席的所有行动，目的都在于落实乌克兰民族主义分子的“蓝色理想”——搞垮苏联，使乌克兰脱离俄罗斯。

往后又出了几件事，其一是乌克兰就是否“独立”进行了全民公决；其二是克拉夫丘克在 1991 年 12 月 1 日全民公决胜利及其个人历史作用的鼓舞下，跑到了别洛韦日森林去。正是这个人，成了别洛韦日举足轻重的人物。因为那可是一份能够使一个统一大国——苏联——土崩瓦解的文件，能不能签得成，就完全取决于他了。这个字一签下去，定能使他扬名百世。

15 年过去了。那个混乱时代的见证人正在一个个进入另一世界。新的一代人成长起来了，但新一代对那些悲惨的时日并不了解，而且对许多内容，媒体要么缄口不语，要么就歪曲真相。

在我同各类人士进行众多会见和座谈时，人们常常问我：“克拉夫丘克何许人也？他是从哪里冒出来的？苏联时代他都任过哪些官职？在乌克兰领导过哪些企业或者州？”

原来我们的这位主人公列奥尼德·马卡罗维奇·克拉夫丘克从童年起便幻想让乌克兰脱离苏联。1993 年，当他当上独立的乌克兰总统时，他才在哈佛大学乌克兰民族中心把这件事昭告世界。克拉夫丘克因为手头没有自己早期搞分离主义的证明，便公开以谄媚的语调向与会者说，他还保留着一份从战时占领者报纸上剪下来的剪报，上面说一个叫克拉夫丘克的小男孩一家挨一家给占领乌克兰的德国和罗马尼亚士兵唱圣诞颂歌。他用这种办法向海外最大的民族主义中心的听众证明，早在 8 岁他便对那些为赶走“共产恶棍”而来到乌克兰的人怀有一份热乎乎的感情。顺便说一句，后来他居然也对“共产恶棍”效忠了许多年。为了更有说服力，总统先生告诉大家，这些年来他一直像保护眼珠一样保存着这份报纸。诚然，他没说是怎样保存的，是夹在马克思列宁主义经典作家的著作里，还是夹在自己撰写的意识形态问题的论文里？对于他为在乌克兰共产党各级机关多年活动所进行的这种辩解，甚至在关怀“独立运动”的人们中间，也引起了哄堂大笑。

基辅大学毕业后，克拉夫丘克被分配到切尔诺夫策，但他没有把时间用在中等技术学校政治经济学课程的教授上，党的机关工作使他钟情。作为政治教官的顾问和主讲，他工作勤奋，很快便当上了党的州委宣传鼓动部部长。

克拉夫丘克对州里党的事业赤胆忠心，受到了基辅乌克兰党中央的青睐。他又善于博得旁人的信任，为他当上中央书记的助手添了助力。由于坐上了这个位置，他的情况为中央领导所知悉，致使他能够把自己的"光辉"思想塞进意识形态战线。因他在为马克思列宁主义思想和"亲爱的党"的事业效劳时勤勉有加，他获得了很大的荣誉——得以在声誉卓著的党办学校——苏共中央所属社会科学院毕业。这所学院可是特别优秀的机关干部方能有资格学习的场所，在那里可以获得严肃的理论准备。同时，社会科学院的毕业证书也预示着更高的职务。

他的"才华"在为乌克兰共产党中央第一书记撰写讲话稿时，表现得特别突出。这里有几个必不可少的条件，那就是：要有马克思列宁主义基础理论的准确性，要有党评价资产阶级宣传、民族主义表现的原则性，还一定要全面强化社会主义国际主义和爱国主义，等等。

1990 年 9 月 30 日"鲁赫"派在基辅召开的群众大会。(作者提供)

不过，克拉夫丘克的许多个人品质却使谢尔比茨基有所警觉。作为经验丰富的共和国领导人，他清楚地看出，说得客气点，此人的个人品质有多面性。克拉夫丘克在展示出政治原则性的同时，也表现了他对领导人投其所好的能力，他善于讨好领导，善于在恰当的时刻准备好最有用的文件，等等。诚然，改革以后克拉夫丘克确实也痛骂过自己"可恨的过去"。但那时他珍藏心底的理想已经实现。不过他在官场上的直线上升只是在伊瓦什科当上了乌克兰党同时又是最高苏维埃的领导人之后。"意识形态战线"干部调换是他采取的头几个步骤中的一步。克拉夫丘克于是成为负责意识形态工作的乌克兰共产党中央书记。当伊瓦什科几乎仅仅过了一个月就坐上苏共副总书记的交椅之后，他在最高苏维埃的位置由克拉夫丘克接任了。

乌克兰共青团中央局就这些变动发表声明称：

“对于乌克兰苏维埃社会主义共和国最高苏维埃主席伊瓦什科的辞职声明，我们只能认为是一个考虑不周而且不负责任的举措，它可能导致政治危机的加剧，削弱共和国议会的结构潜力”。这席话不仅是对退出乌克兰政治舞台的伊瓦什科说的，听起来也像是因为克拉夫丘克调任新职而引发的。

未来的乌克兰总统后来的观点还在不断变化，这一点也很有趣。1989 年时，他对当时出现的反对派运动，首先是“鲁赫”，给予了激烈的负面评价。克拉夫丘克在其《意识形态工作风格》一书中，坚定地遵循国际主义立场，谴责民族主义分子、极端主义分子、乌克兰民族主义组织分子。共和国此起彼伏的民族纠纷使他感到不安。

但是，党的那些勤勤恳恳的机关干部大批涌入真心实意希望革新社会生活的人的改革队伍的时机终于到来了。对于这些机关干部来说，世界观立场只不过是一种纯粹实用的手段。到了这时候，这些人的真实嘴脸便显露出来了。克拉夫丘克在意识形态上来了个彻底的改弦易辙……这样便出现了克拉夫丘克—“鲁赫”分子联盟。没有这个联盟他也无法坐上梦寐以求的乌克兰总统宝座。毫无疑问，大多数老百姓对政治上垮了台的戈尔巴乔夫所抱的十分负面的态度，在这里也帮了他的忙。

乌克兰总统就这样出现了，他许诺让乌克兰人民享受繁荣与和平。但他选前的种种许诺都像肥皂泡一样破灭了。乌克兰越来越深地陷入了不见天日的社会和经济问题深渊。

第二次大选之前，克拉夫丘克竭尽了疯狂的，甚至可以说是具有英雄色彩的努力，以求连任总统。但不管是司法手段还是听话的媒体，甚至是不干净的舞弊手段，在选举中都未能帮上他的忙。这时候人民已经恍然大悟。这个人于 1991 年 12 月在别洛韦日签订协议时所起的作用，以及 1991—1994 年期间他在乌克兰总统任上的所作所为，完全雄辩地说明这个善于更换意识形态外衣的专家是个什么样的人。

了解到克拉夫丘克的经历和他的蜕化历程后，人们不禁会把他跟戈尔巴乔夫相比。共青团和党组织对他们难道不是一直在悉心呵护大力培养吗？他们走过的是一条从未在基层实际工作中干过一天便爬到权力巅峰的道路。我觉得像这样选拔干部，是苏共领导所犯的最大错误。他们过于重视夸夸其谈和政治上的大吹大擂。于是便把一些别的不会，只会乱嚼舌头的人推到一把手的位置。进到共青团和党组织里头以后，也还是老样子不改。苏联列宁共产主义青年团和苏联共产党为此可付出了代价。

叶利钦的别洛韦日“礼物”

1991 年 12 月 8 日，在别洛韦日森林，在那漆黑悲惨的夜晚，叶利钦在给苏联签署判决书的时候，像是把沙皇身上的皮袍脱下来赐给克拉夫丘克一样，把克里米亚和塞瓦斯托波尔也送给了乌克兰，同时还做了一个 1954 年赫鲁晓夫也做过的不十分清醒的手势。大家知道，克拉夫丘克一伙可没有料想到，事情会有如此的转机，他们早就认命了：克里米亚和塞瓦斯托波尔肯定是要还给俄罗斯联邦的。可是，突然之间，却收到了这样一份令人喜出望外的礼物！

克里米亚、塞瓦斯托波尔和黑海舰队问题，至今仍是俄罗斯和乌克兰关系中的一粒不和的种子。有鉴如此，我要谈一下历史事实，不谈历史事实，读者会难于形成对这个复杂问题的认识。

从 18 世纪末，根据 1768—1774 年俄—土战争结束时于 1774 年签订的库丘克—凯纳尔吉条约，克里米亚便成为俄国不可分割的一部分。这个条约是彼得·鲁米扬采夫伯爵对土耳其军队取得决定性胜利后，在库丘克—凯纳尔吉村签订的。根据这个条约，土耳其承认克里米亚和库班独立，让出金布恩、叶尼卡列、亚速和刻赤。此外，它还向俄国船只提供自由通行博斯普鲁斯和达达尼尔海峡的权力，并支付 450 万卢布赔款。条约为俄国外交提供了对克里米亚事务施加影响的机会，其结果便是 1783 年发布了由女皇叶卡捷琳娜二世签署的将克里米亚半岛、塔曼半岛和整个库班地方并入俄罗斯帝国的宣言，克里米亚鞑靼诸汗宣誓向俄国效忠。

1791 年俄罗斯和土耳其之间的雅西条约，批准克里米亚并入俄国。这样一来，克里米亚领土的国家主权由土耳其转到了俄国手中。而此前的 137 年，在佩列亚斯拉夫利拉达时期（1654 年），根据一个双方在平等自愿基础上签订的、具有国际条约一切特点的协议，乌克兰早已“以其整个领土”并入了俄国。

1784 年，开始了塞瓦斯托波尔市和港口的建设。1804 年它被宣布为黑海舰队的主要军港和特别行政区，由圣彼得堡直接任命的海军行政机关进行管理。

十月革命以后，根据苏联 1936 年宪法和俄罗斯联邦 1937 年宪法，克里米亚苏维埃社会主义自治共和国进入俄罗斯联邦版图，而塞瓦斯托波尔市保留着行政经济中心和黑海舰队主要海军基地的地位。1945 年，克里米亚苏维埃社会主义自治共和国成为俄罗斯联邦的一个州。

赫鲁晓夫当政之后，提出将克里米亚转给乌克兰的问题，尽管有人反对，说克里米亚历来是俄国土地，俄国无人能理解这一点，不过这个武断的决定依然得到通过。然而1954年4月26日苏联最高苏维埃虽作出把克里米亚州从俄罗斯联邦划出的决定，但无论如何也没有改变塞瓦斯托波尔市的非常明确的地位。

有人主张把塞瓦斯托波尔转给克里米亚州，相应地也把它划转给乌克兰管理，关于这个问题在法理上是否能够成立，至今争论不休。我想，今后还要争论许多年。这是我们社会的一个痛处。对于已经煮成的这锅熟饭，俄罗斯人民也未必就同意安然接受。

“黑海舰队主要基地”和“市”这两个概念的相互关系问题以及相应边界的确定，对分析因塞瓦斯托波尔和黑海舰队而产生的局势，具有关键意义。从建立那一刻起，塞瓦斯托波尔便是俄国南方的海军要塞。

对于塞瓦斯托波尔的用途，苏联时期没有作过任何修改。1944年5月10日，苏联武装力量最高统帅斯大林以命令形式宣布，我国军队“……已占领黑海上的要塞和最重要的海军基地塞瓦斯托波尔市”。由此可见，苏联最高当局也确认了塞瓦斯托波尔作为要塞和海军主要基地的地位。

1948年，我国政府通过了“关于恢复塞瓦斯托波尔市和黑海舰队主要基地”的决议，确定该市拥有以前的市行政边界，以及相应的塞瓦斯托波尔卫戍区边界。决议要求加速恢复塞瓦斯托波尔为“头等海军要塞”，享有特殊地位，并下令“将塞瓦斯托波尔市划为共和国直辖市”。因此，作为主要基地的军事行政单位，其市级民事行政机构由当时起也划归莫斯科直接管理。

为了执行这个决定，俄罗斯联邦最高苏维埃主席团于1948年10月29日通过，将塞瓦斯托波尔市划为独立经济行政中心，预算单列。实际上，从这时起，克里米亚州执行委员会的决定便管不到塞瓦斯托波尔这片地方了。

塞瓦斯托波尔市执行委员会所属各单位都间接地属于俄罗斯联邦政府各部委。统计工作也是单列的。比如有报道说：“1951年第一季度克里米亚州工业生产完成计划104.3%，塞瓦斯托波尔地区完成100.6%”。

如果从苏维埃这条线来看，塞瓦斯托波尔市同克里米亚州各自都是独立的存在，有特殊的户籍管理和准入制度，那么从市的党组织这条线来看，根据苏联共产党按地区和生产部门建构的原则，该市归克里米亚州党组织管辖。这是国内所有地区通行的原则。军队也好，对外不开放的城市也好，特殊单位也好，不管隶属于谁，党的系统均归地方党组织统一进行政治管理。

1954年克里米亚州移交乌克兰后，党的克里米亚州委（相应的还有党的塞瓦斯托波尔市委）均改属乌克兰共产党中央管理。这导致塞瓦斯托波尔市的非军事行政机构也要单方面改变没有法律根据的系统归属问题。遗憾的是，由于苏共在历史上形成的作用，党的许多机构在很多方面都取代了国家机构和国民经济机构。顺便说一下，这正是这位克拉夫丘克和“鲁赫”分子声嘶力竭地予以揭露的状况！

然而，乌克兰虽在塞瓦斯托波尔确立了事实上的市政管理，但却并不意味该市居民自动失去俄国国籍，根据现行的俄罗斯联邦宪法，他们应该拥有俄国国籍。

根据苏联宪法，国防功能是苏联及其国家政权最高机关专有的特殊权力。因此，塞瓦斯托波尔这个黑海舰队主要基地从属全苏的特殊地位无论如何也没有改变，该基地始终应受苏联管辖。有关塞瓦斯托波尔国防生产发展的一切决定，均由苏联部长会议通过。对发展市区经济和住宅建设，均按苏联各部系统，首先是国防部系统，实现基本拨款。

由此可以明确看出，塞瓦斯托波尔作为黑海舰队主要基地的特殊地位，已为文件所证实，它从未交付给乌克兰，而苏联的继承人则是俄罗斯联邦。因此，有一切根据可以证实，俄国对以 1991 年塞瓦斯托波尔市占有土地状况为界的黑海舰队主要基地拥有主权。试图人为地把“黑海舰队主要基地”和“塞瓦斯托波尔市”这两个概念分开，在方法论上和实践中都是站不住脚的。

1995 年以前，俄国同乌克兰谈判时总是坚持“俄国黑海舰队主要基地塞瓦斯托波尔”这个准确说法。然而在 1995 年 6 月 9 日索契协议中，却出现了一个原则上完全不同的说法，即“俄罗斯黑海舰队的主要基地位于塞瓦斯托波尔”，这使乌克兰对文件作出有损于俄罗斯联邦的解释。

这便是有关当前这一迫切问题的某些事实材料。毫无疑问，现在有，将来也还会有一些政治家和理论家证明，此前作出的种种决定是没有法律根据的。但是已经干过的事情，从历史上是抹不掉的。总不能从历史上抹掉别洛韦日之夜干下的那些勾当吧！既然干了，那历史名城塞瓦斯托波尔的问题和黑海舰队的问题，便是那个夜晚造成的悲惨结果之一。

但是应该记住，在签署别洛韦日协议时，也承认过必须建立对战略力量的统一指挥，对核武器和其他大规模杀伤性武器保留统一监控权。而且“战略力量”这个术语还得到了明确的界定。在这个具体情况下，黑海舰队是全苏海军的一个战略性行动分支，它应从南方海域保卫独联体。必须强调一点，管理和生活保障基础设施是一个统一的不可分的战略性行动单位。任何试图分割舰队的做法就意味着将舰队消灭。

远在 1992 年，俄国海军领导便提议帮助乌克兰建立自己的舰队，甚至简要提出了乌克兰建立这支舰队应解决的一些任务。但这些想法只作了预先讨论，后来并没有进一步展开。

在我看来，促使乌克兰领导与俄国对峙的原因有二。

原因之一便是克里米亚。1991年1月20日克里米亚实行全民公决，问题是："您赞成恢复克里米亚苏维埃社会主义自治共和国作为苏联主体之一和同盟条约参加者的地位吗?"有82%居民参加全民公决，其中93%的人对这个问题持肯定态度，占有投票权的克里米亚人的3/4。

全民公决的结果为乌克兰最高苏维埃所认可，它颁布了"关于恢复克里米亚社会主义自治共和国"的法令。由此可见，乌克兰承认克里米亚与当时构成统一国家苏联的其他主体一样，也拥有独立加入国家法律关系，签订条约加入同盟的权利。

1991年3月17日全苏全民公决时，半岛居民中有87%的人表示赞成保留苏联，以作为更新后的平等主权共和国联邦。

1991年9月4日，克里米亚最高苏维埃通过"克里米亚国家主权宣言"，但乌克兰于1992年4月29日通过的"关于克里米亚自治共和国的地位"的法律，却大大限制了它的权利。

1992年5月通过了克里米亚共和国宪法，该宪法引起乌克兰民族主义分子的强烈抨击，同时亦未得到俄国政府的支持。

同年5月末，以最高苏维埃为代表的俄国立法当局，听取了专门委员会就1954年的决定进行法律评估的报告，该报告指出，俄联邦最高苏维埃完全根据现行国际法准则，以维也纳公约为依据，起草并通过决议，认为将克里米亚州由俄联邦转交乌克兰苏维埃社会主义共和国的决定违反宪法，应予废除。

克里米亚和乌克兰之间旷日持久的意见分歧，在俄国完全放弃谈判的情况下，导致出现了长期政治危机。在这种条件下，乌克兰政府于1995年8月份作出了"关于在克里米亚自治共和国解决政治法律、社会经济和民族问题的措施"的决定。当时乌克兰的社会经济领域出现了危机状态，而这种危机又因为以前被驱逐出境的公民及其后代回迁克里米亚而造成半岛上的危机状况大大加剧。但就整体而言，这个决定的目的并不是要克服经济困难，而是要建立族群方面的"同盟军"。因为所谓"原住"居民，包括的主要是1945年以后移居克里米亚的乌克兰人、克里米亚鞑靼人、卡拉伊姆人、克里米亚犹太人；而所谓"非原住"居民，则是指俄罗斯人等其他人。

此外，作出这些决定，是希望从立法层面上巩固克里米亚鞑靼人国民会议在乌克兰的特殊地位，使其进入乌克兰的政治法律范围。乌克兰政府的决定中提出了一个问题，即被驱逐出境的民族，首先是克里米亚鞑靼人，必须有自己的代表进入行政机构，即明显地表示，希望能在多民族地区按多民族原则建立政府。

这样，基辅力图改变半岛的族群政治格局，希望在未来历史上把克里米亚共和国变成乌克兰版图内的克里米亚鞑靼国。但是我觉得这种做法完全没有考虑到当前泛突厥主义的倾向，也没有考虑到这些行动对乌克兰和整个黑海沿岸地区可能造成的后果。

乌克兰领导在这一问题上缺乏远见的政策，清楚地为不应该在报刊上发表的一些东西所证实。我有意使用"不应该"一词，是因为有些题目的确不该受到国家鼓励。其中首先包括那些可以挑起民族仇恨的内容。在这样一个微妙的问题上，我不能无根据地杜撰，何况我对乌克兰人民还怀有深深的敬意。我有许多乌克兰朋友，同他们一起，我度过了少年和青年时光。

《克里米亚之声》报是乌克兰议会出版的报纸《乌克兰之声报》的附录。1997 年《克里米亚之声》刊登了历史科学博士沃兹格林的系列文章。这些东西具有极大的煽动性，使克里米亚自治共和国最高苏维埃不得不因此通过一项特别决议，其中特别指出：

……该文同沃兹格林前所发表有关克里米亚的文章一样，其特点为公开仇视斯拉夫，反对俄罗斯，缺乏科学态度，刻意歪曲和直接篡改事实，充满事实错误，表述极为不准确。

……沃兹格林继纳粹空想家希特勒、希姆莱、戈倍尔、罗森堡等人之后，鼓吹某些民族具有与生俱来的恶劣品质，认为是由这些品质决定了这些民族在历史过程中的地位，也决定了这些民族的个别代表人物和某些政治组织的政治行为。沃兹格林与自己的思想先驱不同，他并不认为犹太人是天生的敌人，而是把许许多多"源于民族内心深处的"恶劣品质强加到斯拉夫民族，首先是俄罗斯民族头上。他的文章着重论证一种思想，认为斯拉夫民族具有无端发动侵略、性喜扩张、力图压倒和消灭其他民族等危险和恶劣的品质。作者一贯鼓吹斯拉夫人和克里米亚鞑靼人之间的矛盾是对抗性矛盾的思想，鼓吹他们的文化在克里米亚具有激烈的对抗性。

克里米亚议会领导致俄罗斯国家杜马的呼吁书中写道："鉴于此类能够挑起民族纷争，挑起对俄罗斯人民以及居住在独联体各国和波罗的海地区俄罗斯人仇恨的行为，不仅可能发生在沃兹格林身上，而且可能发生在俄罗斯联邦其他科学工作者和国家工作人员身上，故克里米亚自治共和国最高苏维埃向各位呼吁，要对俄罗斯联邦国家机关、个别国家工作人员、科学机构和科学工作者旨在挑起民族不和，并在乌克兰和克里米亚自治共和国、其他独联体国家和波罗的海地区各国挑起反斯拉夫、反俄情绪的活动加以分析。”

这种“科学”分析的后果很快便显现出来。而且，这样的“理论”基础还要加上基辅当局的政策。

乌克兰民族主义分子怀着狂喜的心情欢迎首批克里米亚鞑靼人被遣送回国的情景仍记忆犹新。他们的一个领导人乔尔诺维尔说：“这是一股可以帮助我们把所有俄国人赶出自治区的力量。”

一年年过去，现在可以说，他是对的。克里米亚鞑靼族代表团在乌克兰总统身边设有代表，它在克里米亚最高苏维埃积极鼓吹分裂主义政策。任务明确而又公开：建立克里米亚鞑靼国，接受土耳其庇护，脱离乌克兰。

口号是：“这是我们先人的土地，我们是它的主人，而你们现在是外来户。”这一口号正在被坚定不移地强行加以推行。肆意强占土地，制造大规模混乱，殴打具有斯拉夫体貌的人，包围政府大楼。当局表现出（我认为是故意的）无能为力。只有少量刑事案件能够得到法院审理。极有可能是出于对俄国人盲目仇恨，乌克兰当局同意将克里米亚交给克里米亚鞑靼人，在那里建立一个对乌克兰“友好”的国家。

看到克里米亚发生的种种事件，看到克里米亚鞑靼人好斗的立场及乌克兰当局对此事的态度，使人不由得要去翻阅我国历史。

第二次世界大战期间，交战各方为自身安全，不得不按族群隔离与敌对国家民族同种族的人员。英国对日耳曼人，美国对日本人都是这么做的。苏联的日耳曼人从国家欧洲部分被迁往西伯利亚、哈萨克斯坦、中亚。

除此之外，众所周知，在红军解放了一度被德国占领的领土之后，克里米亚鞑靼人，还有北高加索及其他一些地区的几个民族，因为一度同法西斯分子合作而被迁徙。

后来，苏联的政治领导对斯大林的行为做了评价，谴责了他的这些决定，因为这些决定惩罚的是整个族群，而不是犯罪的具体罪犯。被强制迁徙的民族获准迁回自己的原居住区。但这并不意味国家在极其残酷的战争条件下做出这种事是庸人自扰。比如，我手头有一部多卷本《20世纪世界战争》，第4卷中有一份1944年5月苏联内务人民委员部致国家国防委员会斯大林的报告称：

经调查和由情报途径得知，并通过当地居民声明获悉，克里米亚鞑靼居民中，有相当一部分人在积极同德国法西斯占领者合作，并进行反对苏联当局的斗争……

德国法西斯占领者在由德国和土耳其回国的白卫军穆斯林侨民帮助下，建立了一个所谓“鞑靼民族委员会”，下设分支机构，该委员会在克里米亚所有鞑靼地区均设有分部。

“鞑靼民族委员会”广泛协助德国人利用逃兵和鞑靼青年，组建鞑靼军队、讨伐队和警察部队，开展反对红军部队和苏联游击队的行动。在充任讨伐队员和警察时，鞑靼人表现得特别残酷。

在克里米亚地区，德国侦察机关在鞑靼人积极参与配合下，在准备和向红军后方投放特务及破坏分子方面做了大量工作。

“鞑靼民族委员会”同德国警方一道，积极参与组织并为德国掳掠了 5 万余苏联公民，在居民中为德军募集资金和物资，对当地非鞑靼居民进行大规模告密活动，千方百计欺压非鞑靼居民。

“鞑靼民族委员会”的活动得到鞑靼居民支持，德国占领当局向鞑靼居民提供各种优惠和奖励。

现在时代变了，克里米亚鞑靼人同克里米亚的俄罗斯、乌克兰人的斗争同 60 年前不一样了。但应该知道历史，并从历史教训中得出应有的结论。对历史不能加以报复，不能像目前在克里米亚做的那样。否则我们会走得太远，钻进死胡同。

同俄罗斯对峙的第二个原因是乌克兰追求可对欧洲政策产生影响的大国地位。这件事暂时既无经济条件，亦无政治条件。现在乌克兰正试图宣布自己为海洋大国，虽然在退出苏联之前从未拥有过一支舰队。

这样一来便决定了黑海舰队在乌克兰军事政治战略中的地位与作用。黑海沿岸有 6 个独立国家（土耳其、格鲁吉亚、俄罗斯、乌克兰、罗马尼亚和保加利亚）。各国为加强自己在该地区的地位，控制博斯普鲁斯海峡和达达尼尔海峡，进行了尖锐的斗争，已经不止一次发生过严重的军事冲突。

1991 年以后，俄罗斯将自己的舰队调离地中海。虽说美国在那里已没有实际的对手，即我国军舰，但第六舰队仍以意大利为基地，掌控着地中海的整个军事政治形势。由黑海经由海峡的出口实际上掌握在美国人手中。但为了对黑海地区各国施加影响，美国还必须对经由海峡进入黑海的入口进行掌控。

因此，作为我国舰队基地的塞瓦斯托波尔，就处于十分重要的地位。它在海上占有极为优越的位置。根据战略计算，塞瓦斯托波尔通向各方的距离都相等，驻在这里的海上军事力量可以控制整个黑海地区。

上世纪 80 年代中期，美国第 6 舰队舰只曾不止一次试图在黑海上展示其旗帜，但由于黑海舰队的积极对抗，终使此事受阻。现在，美国一些政治家和海军将领声称，黑海是美国的生存利益地带。这就是为什么现在要想方设法吸引前华沙条约缔约国和前苏联各共和国加入北大西洋公约组织的原因之一。我们可不能忘记土耳其不断增长的海上军事潜力，而且它的身后还有美国第 6 舰队和北大西洋公约组织成员国的几支舰队做后盾。

黑海战略方向的作用与地位可用历史上的两个实例加以说明。

第一个例子：1853—1856 年的克里米亚战争。英、法、土联军在海上刚刚取得优势，而俄军指挥部门对舰队在冲突中的决定性作用又估计不足，于是战争就打输了。尽管在锡诺普和卡尔斯都打了胜仗，尽管塞瓦斯托波尔保卫战进行得很英勇，但战争还是输掉了。

第二个例子：18 世纪俄国为了保卫南部疆界，打通出海口，与土耳其曾进行无尽无休的战争。比如，1768—1774 年战争期间，步兵在鲁米扬采夫指挥下采取打击土耳其行动的同时，还大规模展开了一次大胆策划的机动行动，其创意者是阿列克谢·奥尔洛夫伯爵。他向叶卡捷琳娜二世提出一个向希腊群岛地区派出一支海上考察队，从南方向奥斯曼帝国领地发起进攻的想法。俄国舰队的几支分舰队在那边取得了一系列胜利，其中包括切什梅胜利，实现了对达达尼尔海峡的包围，保证了对俄国有利的库丘克—凯纳尔吉和约的签署。

这是历史，这段历史说明，在任何条件下俄国政府均不能低估黑海战略方向对国家民族安全所具有的重要性。

根据国家杜马代表、独联体事务及与同胞联系委员会成员的倡议，经过首届国家杜马向主要军事专家咨询，结论认为在塞瓦斯托波尔水域，俄罗斯黑海舰队不可能与乌克兰海军共用一个基地，并于 1995 年 4 月通过联邦《暂停单方面削减黑海舰队法》，但于 1995 年 5 月份被联邦院否决。

同年 10 月，国家杜马通过《关于暂停单方面削减和黑海舰队保障供给法》，也被联邦院否决。1996 年 2 月第二届国家杜马克服了联邦院的否决，但法案被总统退回，未予审理。国家杜马坚持必须通过这部法案，并多次指出，黑海地区对保证俄国在南方的地缘政治稳定具有关键意义。

1996 年 4 月，在总统大选选战正烈之际，俄联邦总统下令，暂停分割黑海舰队，因为乌克兰方面试图把一个不能被接受的表述强加给俄罗斯，即把港区同黑海舰队在塞瓦斯托波尔的所有基础设施分割开。看来，是有人提醒叶利钦，他是宪法的“保障”，是国家武装力量最高统帅，因此，有责任捍卫俄罗斯的民族利益。

我认为，由俄联邦总统和乌克兰总统签署的关于分割黑海舰队的索契协议，

切尔诺贝利核电站被毁的第四区（1986）。（作者提供）

规定这两个国家的海军拥有单独的基地，但协议为乌克兰单方面破坏。尽管乌克兰方面在敖德萨、奥恰科夫和其他地方拥有很不错的海军基地，它依然坚持要让自己的黑海舰队在塞瓦斯托波尔也拥有基地。两国海军在同一塞瓦斯托波尔湾拥有基地，从军事观点来看是不能允许的，因为乌克兰海军随时可将我国舰队包围起来，削弱其生活保障体系，削弱俄罗斯武装力量战略行动统一体的活动能力。

从 1992 年 1 月起，俄罗斯和乌克兰之间就分割黑海舰队问题共签署了 8 个协议和议定书，其中包括索契协议，但其中任何一个均未提交议会批准。

这种做法是与联邦法律相抵触的。根据联邦法律，凡涉及俄联邦国防能力以及武装监督问题的条约，均必须得到批准。

1997 年 5 月末，签署了一个“大条约”，即俄罗斯乌克兰友好合作条约。我已经谈过，签订这项条约的谈判延续多年，原因是困难不小。

这个“大条约”签订了，可两国都得到了什么？有必要把作为条约基础的三个基本问题开列出来，这就是：分割舰队的问题，塞瓦斯托波尔海军基地租赁条件的问题，交付给俄国的舰只的偿款支付方式和基地租金的支付条件问题。

第一个问题：乌克兰分得了略少于 20％的舰队，而俄罗斯回购其余的舰只大致要花 5 亿美元。此数将从乌克兰欠俄国的债款中扣除。第二个问题：俄国租赁塞瓦斯托波尔湾、卡拉奇亚湾和卡兰京湾，租期 20 年。第三个问题：莫斯科应支付这些基地 20 年的租金，共 25 亿美元。支付的办法是乌克兰用由俄罗斯获得的石油和天然气抵债。

乌克兰违背了 1995 年的索契协议，拒绝接受两支舰队分别拥有基地的原则，不承认塞瓦斯托波尔是黑海舰队的基本基地。所有这一切很可能引发市内和港口水域的经常性冲突。但这个条约对乌克兰、对它亲西方的精英人物十分有利，因为从国际法的层面来看，条约可加强乌克兰现今边界的地位，巩固克里米亚和塞瓦斯托波尔归属于乌克兰的事实。签订这样的条约，留下不少未决的军事和社会问题。

塞瓦斯托波尔和黑海舰队成了两国之间复杂的政治问题中的一个经常起作用的制约因素。2005 年末，当掀起了一场“天然气”战争——俄国决定提高供给乌克兰的天然气价格时，乌克兰当局立即对此发表声明，提出将重新审议俄国黑海舰队租用基地的经济条件。有的人还不喜欢我国水兵和塞瓦斯托波尔居民的某些行为，于是便开始抢占俄国灯塔，等等。

我想，不能认为这个条约确实解决了俄国和乌克兰相互关系中的所有问题。在某些方面，这个条约甚至还加重了这些问题。在我看来，这些问题只能在两国开始由旨在恢复两国人民相互理解和友谊的政府执政的情况下，方能得到解决。只有到那时，俄国和乌克兰相互关系中所有凭空臆造的问题方能消失。

就整体而言，俄国不仅必须坚定捍卫自身的权利，而且还应当考虑到黑海地带出现的崭新军事政治形势。通过土耳其和乌克兰，西方和美国正在一步步实现把俄国从黑海地区实际上挤出去的目标。同时，北约在该地区海上的军事积极性也越来越高涨：举行一次又一次的演习，利用空军对海上交通线实行控制，派空降部队在海岸登陆。这不仅仅是演习，也是深入侦察：对该战略地区开展研究，搜集雷达设备的情报，揭示观察防御系统的“盲区”，等等。

由此可见，目前俄国南方直接与北约擅自划分的责任地带相毗连，这种情况十分严重地改变了该地区的力量平衡，对俄国极为不利，使欧洲裁减军备的成果化为乌有。同时还要考虑到，没有黑海舰队及其主要基地塞瓦斯托波尔的密切配合，北高加索和南高加索的步兵军团便无法保证俄国国家利益得到可靠的保卫。

控制黑海区域可以保证俄国的经济安全，因为黑海起着把能源由亚洲向欧洲出口的世界交通要道的作用。俄国地位在这一地区的削弱，可使国际恐怖组织积极利用该地区运输武器、毒品，在国内挑起民族主义和分裂主义。

我看，这些就是制定俄国黑海地区政策时应考虑的基本因素。

克里米亚、塞瓦斯托波尔的复杂问题，俄国和乌克兰的民族关系问题，都不应该使这两个兄弟民族不睦。大家本是同根生，从历史角度来看，应当同舟共济。统治者来了又走，而人民却永世长存。

乌克兰人民开始觉悟了。“橙色”革命引起的狂喜，已变成了日常生活中的痛苦。人们很快弄明白，他们又一次上当受骗了。

2006年夏季克里米亚发生的一些事件，最令人信服地说明这一点。根据乌克兰总统尤先科的决定，2006年6月在费奥多西亚地区将举行一次有北约参加的在“和平伙伴”框架内的演习。但是北约官方代表詹姆斯·阿帕图罗伊声称，这次演习同正在克里米亚进行的代号为“C伯里塞—2006”的演习以及美军和美国物资运抵半岛均无任何关系。

克里米亚因此以费奥多西亚为中心爆发了严重的反北约和反美活动。纠察队无限期地封锁了费奥多西亚港口。美国军舰将装备和武器运到这里之后，老百姓不让他们从港口往外运，因为他们认为，同美国共同举行的以及北约许多国家计划于当年夏季举行的军事演习是非法的。即使乌克兰最高拉达批准演习，克里米亚人也不愿看到明显不友好的别国军队踏上自己的土地。当时还流传着一种关于演习的神话，说这些“维和部队”登陆，是来消除半岛上“分离主义者叛乱”的，这个消息更加引起了愤怒。

109名美国海军陆战队在阿卢什塔市国防部“友谊”疗养院过了两天才离开。这两天他们实际上一直被当地居民包围在大楼里，老百姓要美国军人滚出他们的城市。疗养院服务人员拒绝为美国佬做饭，拒绝为他们收拾房间。而且，在不速之客入住当地的第二天给他们断了电，堵死了下水道。美国佬离开阿卢什塔的时候更像落荒而逃，市民们报以高声欢呼，还补充说，“只要全部军人和军用物资不运出克里米亚，抗议活动便不会结束”。

为了躲避抗议和纠察线，海军陆战队员通过“秘密小道”被运送到费奥多西亚，在当地他们还有将近150名同事处于被围困状态。疗养院成了外国军人驻扎的地方，有人试图借助警方把围困疗养院的纠察队员驱走。但抗议者中间的乌克兰最高拉达代表和克里米亚最高苏维埃代表制止了冲突的升级。

疗养院工作人员告诉大家，美国人自闭在自己的楼层，安排了岗哨，不许当地人员进入他们的“驻地”，靠吃干巴巴的口粮度日。

抗议行动席卷克里米亚其他城市，参加抗议活动的成千上万公民不仅来自克里米亚，而且来自顿涅茨克、第聂伯罗彼得罗夫斯克、敖德萨、扎波罗什。

美国人终于大失所望，只好登上一艘租来的货轮，向不明方向驶去。他们终于离开了冷眼向客的克里米亚海岸，离开了这些不愿在自己这片被俄国鲜血浇灌过的土地上见到外国军队的执拗的人民。

当我们回头再看取得“独立”的种种途径时，可以坚定地得出结论：除了白俄罗斯，在乌克兰也好，还是其他各苏维埃共和国也好，都是因为发生了政变：当时宪法规定的国家机构被摧毁了，社会政治制度被彻底改变了，这些都给普通老百姓造成了多年的苦难。

我想再次强调一下，别洛韦日交易的“恶根”，当然源于三个共和国的领导人不惜一切代价力图攫取个人权力的图谋。其实，这一协议对于一个国家及其3亿人民的命运可能造成的悲惨后果，是显而易见的，但这种可能却丝毫也未能对他们起阻挡作用。这就是政治上的自私自利和个人主义造成的恶果！这就是为什么除了利用权力来办各种各样的事之外，一定还要用它来设立一个强有力的分支机构，以监督行政机关的活动，清除国家奥林匹亚之山可能作出的任何一个忘乎所以的行为的道理。

俄语与乌克兰语

我想从一则真实的笑话开始这一节。在独立后的乌克兰首都召开的一次高级会议上，会议主席向出席者提问：“大厅里有没有莫斯科佬呀?”回答：“没有。”“那就转用俄语吧。”

这则笑话显示出俄语在乌克兰的实际状况。在这个前苏联加盟共和国，今天不仅在东西方之间存在着对立，在各种政治主张方面存在着对抗，而且还在一些比较敏感的问题上，其中包括语言问题上，也存在着对抗。

上个世纪80年代和90年代，不管是在波罗的海沿岸地区，还是在乌克兰，关于俄语和乌克兰语的问题，一直被民族主义运动及其领导人用来作为武器。他们千方百计强调，乌克兰语的主导地位是乌克兰民族自觉的基础，是乌克兰人的精神基础。与此同时，共和国内部出现了一种不能容忍俄语的偏执态度，进而更发展成为一场针对俄语的真正的“语言战”。所有这一切又推动极端民族主义卷起风暴，化为激化民族关系的根源，为激化民族关系提供营养。因而语言在乌克兰生活中也就成了一个政治杠杆。

我在前几章中已详细谈到这一问题在波罗的海沿岸地区各国的情况。但要把这些国家在俄语这个问题上形成的局势完全搬到乌克兰来当然不恰当。这些地区在历史上有自己的语言，而俄语则是由于这些地区并入俄罗斯帝国和进入苏联后在移民过程中出现的。

谈到乌克兰的俄语和乌克兰语问题，我认为必须回顾一下我们的共同历史。否则对这个问题就很难评说。由于民族主义政客一伙的兴风作浪，这个问题便成了一个很大的政治问题和人文科学问题。

俄国的西南部是罗斯国家的摇篮。这一地区的居民当时便自称为罗斯人。13世纪鞑靼人入侵后，统一的罗斯分成两部分，被称为小俄罗斯和大俄罗斯。拜占庭希腊人首先用起了“小俄罗斯”和“大俄罗斯”这两个名称。为了延续宗教关系，他们要求区分这样两个部分。根据当时的概念，“小”的意思是指“自古以来”、“最初”的意思，这个民族最初便住在这里，诞生了自己的文明。“大”是指这个民族进一步扩展的地区，是该民族领地的进一步拓展。

众所周知，小俄罗斯长期以来处于外族统治之下，但这个民族坚定地维护和捍卫了自己的东正教信仰。直至1917年，小俄罗斯人民始终认为自己是三位一体的俄罗斯民族中的一支。

小俄罗斯初次试图用有别于俄语标准语的语言书写，是在19世纪下半叶。当时，一股用人民习惯的、在日常生活交际中使用的语言出版图书，以推动民间启蒙的普遍潮流涌入当地。

与此同时，历史上的农村“口语”也于15—17世纪在波兰人占领的西南罗斯逐渐形成，波兰立陶宛王国的罗斯农奴开始使用这种口语。为了适应地主——波兰领主——的语言，他们在同这些人及其家奴交往时，逐渐转向使用一种俄语和波兰语混杂的特殊口语，这种语言以后便被称为乌克兰语。上面已经谈到，19世纪下半叶和20世纪初，这种“混杂的特殊口语”得到完善，演变成标准语。

乌克兰语的诞生和进一步存在，在历史的不同阶段被用于达到各种政治目的。比如奥匈帝国在它的帮助下，使俄罗斯人民和乌克兰人民发生对抗，相互分离。波兰领主也有类似的目的。19—20世纪乌克兰民族分离主义者利用乌克兰语，试图建立一个脱离俄国的“独立的”乌克兰。

改革时期“主张乌克兰独立的人”把共同的思想遗产全都抛到了一边。如今的乌克兰当局开展了一场针对俄语的最残酷的斗争，把俄语同“国”语对立起来。这些形形色色的力量，其目的都是一个——把俄国作为乌克兰的敌人，却把西方作为它的朋友。

这些把语言问题用到“乌克兰非俄罗斯化”上头的活动家，同纳粹著名思想家、东部占领区总监罗森堡何其相似乃尔。后者在其肢解苏联的计划书中，对激起与俄罗斯历史、文化、语言相敌对的乌克兰“民族自觉”赋予重大意义。为了这个目的，在他主持的占领区政府的领导下，编写了乌克兰历史教科书，允许乌克兰人在学校用乌克兰语上课。罗森堡甚至提议在基辅开办一所大学，在乌克兰全境建立一个高等技术学校和中等技术学校的大网络。而在说俄语的各州，城市只准许开办七年制普教学校，而农村则是四年制小学。希特勒不同意在基辅办大学。众所周知，罗森堡以上绞架结束了他的一生……

谈到狂妄的民族主义同语言问题的关系，会产生一个问题：为什么在白俄罗斯就没有发生这种消灭俄语的畸形过程呢？那里不是跟乌克兰一样，也生活着连理同枝亲如兄弟的人民吗？回答相当简单：现在的这个主权国家中，没有白俄罗斯民族主义分子，即使有，也是一个不大的阶层，它的思想尚未被绝大多数居民接受。

乌克兰语同俄语对抗、乌克兰人同俄罗斯人对抗，乌克兰与俄罗斯对抗——这颗定时炸弹，被有意识地安放在乌克兰现行宪法中。俄语被列为少数民族语，而这竟发生在一个俄罗斯族人多达1200万的国家！这个国家有近30％的居民认为俄语是本族语，而其中又有15％是乌克兰族人。

根据2005年基辅国际社会学研究所和“民主创新”基金进行的研究，在日常交往中，有38％的乌克兰公民使用俄语，而使用乌克兰语的只有34％。根据具体情况，说两种语言的乌克兰人占27％。工作中使用语言的情况与此类似——只说俄语的公民占1/3，只说乌克兰语的占30％，有22％的劳动者在岗位上交替使用两种语言。

应该认为，后苏联时期的国家领导人——克拉夫丘克、库奇马和尤先科——已经得到本国专家报告，世界上有些国家，为支持和平与稳定，实行两种和多种国家语言制度：加拿大有英语和法语，虽然说法语的不过14％；芬兰有芬兰语和瑞典语，虽然瑞典族人在国内只占6％。印度有两种国家语言——印地语和英语，虽然现在那里根本看不到英国人；瑞士共有四种语言拥有平等权利。

完全可以看得清楚，乌克兰在“橙色分子”取得胜利后，依然保持着就前景而言应建立一个单一民族国家的方针。乌克兰和俄罗斯的许多政治家认为，现今乌克兰内部因语言问题而产生的纠纷，可能导致统一国家受到破坏。如果赋予俄语以第二国语地位，人民可以按语言原则团结起来，而这将给基辅带来很大的政治上的好处。

该国大多数居民与政治家不同，并不认为通过立法使俄语拥有它曾经拥有的地位有什么不好。2005年，基辅国际社会学研究所根据战略规划中心交付的委托，曾就这一题目进行调查。结果显示，有58％的乌克兰人同意俄语在乌克兰应具有国语地位，不同意者为37％。诚然，从地理位置的角度来看，受访的乌克兰人分配得很不均衡。如果说在乌克兰东部和南部地区，主张俄语应具有国语地位的人占受访者90％的话，那么在国家西部地区有近80％的人坚决反对这样做。

在乌克兰的许多政治家和社会活动家看来，通过一项关于俄语地位的专门法律不会有任何结果。甚至即使这项法律获得通过，也很难期待现今的议会能够批准，会有 50 名最高拉达代表将这项法律提交宪法法院，时间已经表明，宪法法院在这个问题上已经收到了足够多的告诉。

唯有改变宪法，具体的是第 10 条，方能使俄语在乌克兰拥有充分发挥作用所必需的法律保障。为了使俄语具有宪法地位，需要举行具有法律效力的全民公决。这时重要的不是启动咨询性全民公决，而是启动完全合乎要求的、对修改乌克兰宪法具有直接法律效力的全民公决。其他行动无论努力规模有多大，花费有多多，都没有意义。

有人建议，全民公决问题的表述应该是：“您是否同意对宪法第 10 条进行修改，将该条头一部分表述为：‘乌克兰的国语是乌克兰语和俄语’?”

就终极而言，这里所谈的不仅是保留以数千年精神和文化成就为基础的强大的民族历史因素——这本身就已经弥足珍贵了。更重要的是：乌克兰是否能沿着建成一个让每个公民都享有他不可剥夺的语言权利的民主国家的道路前进。

过去的和当今的乌克兰当局，对为数众多的赋予俄语以国语地位的要求，一成不变地引用剧院、学校和图书的数量作为回答，似乎只要有了这些剧院、学校和图书，就完全可以保证俄语拥有一个令人满意的地位了。当局试图对问题采取捂盖子的态度，但问题却不可避免地会爆发出来，而且会同前几次总统大选时表现的形式有所不同，也更尖锐。现在为什么不能采取一个更简单的办法——使俄语在乌克兰宪法中具有国语地位呢？哪怕就是为了不使国家统一受到打击也好。

遗憾的是，基辅当局却另有打算。总统尤先科声称：“乌克兰不存在俄语问题。”按他的话说，围绕这一问题的辩论具有“纯政治的”和“投机的”性质。那些社会地位很高的充满民族主义倾向的战友、社会活动家、各种研究所和中心的领导人，都对他随声附和。

2006 年乌克兰国家议会春季选举之后，发生了一些重大的政治事件。在众多的联盟和集团经过长期对抗、建立又解体之后，亚努科维奇最终脱颖而出，成为政府首脑。俄罗斯清楚地记得他的基本政治纲领之一——赋予俄语以国语地位。乌克兰的俄罗斯人，由于这一许诺，选举时投票赞成他的党。

时间在前进。我们清楚理解，亚努科维奇的党和他的党团在议会不占宪法多数。但它毕竟还是就乌克兰加入北大西洋公约组织一事发出了明确的强硬声明。在解决这个问题时，也需要表现出坚定的政治意志。否则再次让乌克兰和俄国的俄罗斯人失望，将是不可避免的。

排挤俄语不可避免地要对乌克兰的民族、教育和文化发展水平，以及对乌克兰在当今世界的竞争力产生影响。同时，在这些领域发生的种种过程，对国家，对百姓，均孕育着重大的问题。比如我们可以看看，现在的乌克兰教育领域实际上正发生着什么？现在，主要的打击落在了俄语居民身上。乌克兰的俄语学校眼看着在消失。这一过程产生了雪崩效应。近十年来，乌克兰的俄语学校一直在等待。它们等待两种结局：要么像大多数俄语学校那样也不幸被关闭，要么当局对它们格外开恩。

根据官方统计材料，从1992年起，用俄语教学的普教学校数量缩小了一半以上。1992年为3364所（占总数的16％），而2004年仅为1411所，或者只占6％。如果说到用俄语学习的学生数量，1990年占普通学校总人数的48％，而在2004年则为22％。

所引用的材料是就乌克兰整体而言的。在个别地区状况要坏得多，可以说是毁灭性的。甚至基辅也是如此，1990年初还有150所俄语学校，而今只剩下了8所。比如，在乌克兰西部，在八个州里，18万说俄语的居民只有15所学校，而在某些州，如罗夫诺州、捷尔诺波尔州、赫梅利尼茨基州，连一所俄语学校都没有留下。这几个州也没有民族幼儿园。所有的俄罗斯剧院几乎全被关闭，整个地区只有一座位于利沃夫的俄罗斯文化中心。它的房舍定期遭到当地民族主义分子的抢劫和焚烧。

某些州的当局走得就更远了。伊万诺弗兰科夫斯克市苏维埃一向禁止学校用俄语。代表们就是用这种办法来表示他们对乌克兰语发展的关心。他们坚信，乌克兰语只有在俄语被连根拔除时，方能开出繁茂的花朵，因为俄语是一棵杂草，它遮住他们唯一值得使用的语言的阳光。他们通过的教学大纲要求孩子们只能用乌克兰语交流。这时受折磨的不仅是说俄语的学生，还有用本族语教学的那些班级的波兰学生。这些要求还扩大到喀尔巴阡山附近的斯捷法尼克民族大学语文学院。他们还挖空心思想出了一套通过古老的“良好”告密传统进行监控的体系，为此又建立了一个吸收各社会组织参加的“社会语言监督特别委员会”。伊万诺弗兰科夫斯克市苏维埃还公布了一些电话号码，让一切具有民族意识的居民通过电话向该委员会提供“语言破坏行为”的信息。

俄语学校每年关闭的数量近130所。关闭的程式全都是同样的：如果学校拒绝改用乌克兰语，警告之后便一关了之。在这种背景下，俄语即使能在一个学校作为补充学科保存下来，也应被视为一种奇迹。

至于谈到高等教育，现在乌克兰没有一座正式使用俄语的高等学校。

不过，乌克兰和俄罗斯之间是有协议的，那就是乌克兰的俄语学校，数量应与该地区俄罗斯人的数量相适应。俄罗斯的乌克兰语学校的情况也应与此相同。但这一比例早被破坏。例如，1990 年初，利沃夫的俄罗斯人大致为 16 万人（全部居民为 80 万人），俄语学校为 25 所，乌克兰语学校为 75 所。现在那里的俄语学校一共只有 5 所。就乌克兰全国而言，乌克兰共生活着 1200 万以上俄罗斯族人，现在共有近 1500 所俄语学校。当然，乌克兰方面经常反驳说，住在俄罗斯的乌克兰人有 600 万人，但拥有的学校数量却达不到乌克兰为俄罗斯人开设的学校数量的一半。说得对，但俄方代表认为，住在俄罗斯的乌克兰人对学习本族语的要求完全可以得到满足。俄罗斯首都虽然没有一所完全的乌克兰语学校，却有 8 所带有乌克兰语分部的普通学校。这首先与这样一点有关，即住在这里的乌克兰人都明白：他们的孩子只有用流利的俄语掌握全部教育课程，方能在俄罗斯具有竞争能力。

在其他一些地区，比如说，在秋明州、克拉斯诺亚尔斯克边疆区和滨海边疆区却有完全的乌克兰语学校。不仅如此，与乌克兰的俄语学校不同，没有人想关闭这些乌克兰语学校。对这个题目的争论可以没完没了，不过应该特别考虑到，乌克兰的语言问题，与其说是个教育问题，不如说是个政治问题。应该坐在谈判桌旁，以冷静的头脑来解决发生的种种问题。

克里米亚出现的语言形势则颇具有戏剧性。克里米亚自治共和国总理阿纳托利·马特维延科是尤利娅·季莫申科的战友和她亲自安插的人，他把这个问题给搞得尖锐化了。基辅右翼党“索博尔（会议）”的领导人只用乌克兰语进行交谈。克里米亚议会成立那一天，这位新总理用俄语发表了自己的第一次公开演说。从此以后，他再也不说俄语了，但行动起来还是离不开俄语，当然是破坏性的行动。这位总理威胁克里米亚政府的 114 名工作人员，如果他们短期内学不会乌克兰语，便要被解雇。这位总理声称，五年内克里米亚人要在潜意识里也转换为用乌克兰语思维。

马特维延科的战友们说，“五年之后，克里米亚的青年人要把说乌克兰语当成时尚。毋庸讳言，用乌克兰语进行交际，对于年轻的新一代来说，将会成为自然。但对那些 50 岁出头的人，却未必能做到”。

为了培养这最“新的一代”，克里米亚便关闭俄语学校。正如自治共和国教育部长亚历山大·格卢兹曼所宣布的那样，近期内将改造“用乌克兰语和俄语教学的”25 所学校。这些学校将逐渐改为完全用乌克兰语教学。克里米亚现有 600 所学校用俄语教学，14 所用克里米亚鞑靼语教学，只有 6 所用乌克兰语教学。在所有“俄语”学校中都学习乌克兰语言和文学。请注意：俄罗斯人占克里米亚人口的 58%；在克里米亚人中，认为俄语是母语的占 77%；而认为乌克兰语为母语的仅为10%。

2005年，共青团镇居民得知，不久前镇上建成一所学校，一切课程均用乌克兰语教授。俄语和克里米亚鞑靼语将成为选修课。二年级学生的家长首先表示愤慨，后来其他人也加入他们的行列。寄往克里米亚共和国教育部的抗议信上，签字的有800人，150名家长表示他们的孩子愿意用乌克兰语上课。学校共有1000个座位。教育部的头一个反应是搞个折中解决方案——学校里成立几个乌克兰语班和几个俄语班。但这个解决方案立即遭到拒绝，因为自治区总理马特维延科继续坚持己见，声称用于这项胡子工程——建设共青团镇学校——的预算外资金是他亲自搞到的，他想把这所学校建成一所乌克兰民族镇样板学校。

半岛还有15所俄语学校应从2005年9月1日起转为乌克兰语教学。乌克兰教育部紧急为那些将在这些学校授课的老师开办语言速成班。

几年前，乌克兰教育部一下子关闭了数十所克里米亚的私人高等学校，将一万名左右大学生撵出校门。自治区只有44所高等学校能在基辅完成教育部规定的复杂的资格认证手续。

基辅官员常引证乌克兰政府签署的里斯本宪章，该宪章要求国家提高高等学校的教学水平。从原则上讲，这个要求是正确的。不过结果是，在克里米亚土地上得到资格认证的，只有用乌克兰语教学的几所高等学校。

甚至连国立莫斯科罗蒙诺索夫大学塞瓦斯托波尔分校至今也未得到乌克兰教育部的认可。难道莫斯科大学的培养水平也不符合乌克兰的要求？这些莫斯科教授若要在这座“俄罗斯光荣之城”继续工作，很可能就不得不说乌克兰语了。

一些学校被关闭，另一些却热火朝天地开办起来，虽然完全没有这个必要。利沃夫民族大学在克里米亚开设了新闻系的一个分系，虽然整个半岛只出版一份乌克兰文报纸，而且没有读者，发行量很小，全靠经常的预算拨款维持。然而在克里米亚政府的支持下，利沃夫的一些教师已被派到辛菲罗波尔去培养乌克兰语记者了。

乌克兰本来，正如常言所说，应该把自己的韧劲用在别的地方，但是却一直不遗余力地推行着一条彻底否定俄罗斯历史形象的路线。遗憾的是我们的一些历史学家也是在拉帮结派，相互敌对，无法为本国学生提供一个俄罗斯帝国为何物的明确概念。在学校的教科书中，可以找到对我们这个多民族国家发展中几个最原则阶段作出的完全对立的评价。比如，由伊·约诺夫编写的臭名昭著的“索罗斯”教科书《俄罗斯文明及其危机的起源》中，竟将俄罗斯帝国说成是“各民族大监狱”，而“沙皇政府对俄罗斯民族、乌克兰民族和白俄罗斯民族文化中长期形成的差异视而不见，把他们全部列入‘俄罗斯人’一类，不重视乌克兰语和白俄罗斯语的存在”。在博哈诺夫编写的19—20世纪初俄国史教科书中，下的断语却完全相反：“俄国没有民族或种族特征方面的歧视（差别）”。

这种多元论只有在俄罗斯才能有。在美国，学生们是从来听不到，也不会听到对印第安人实行种族灭绝或谴责19世纪中叶侵占墨西哥的得克萨斯这些说法的。在法国教科书中，也找不到对拿破仑侵略战争的否定评价。

乌克兰历史学家与俄罗斯历史学家不同，俄罗斯历史学家在改革后的15年里一直在对骂，而乌克兰历史学家却很好地吸收了欧洲和美国用本民族历史为政治和意识形态目的服务的经验。从5年级起，乌克兰的学生就要熟知“伊万·马泽帕力图使乌克兰变成一个强盛的欧洲大国，从莫斯科沙皇国家的压迫下解放出来”，而彼得一世则对乌克兰特别“仇视”，把它看成一个“永世不得翻身的奴隶，无权拥有自己的语言，无权拥有文化，更无权拥有自由”。

历史是不能假设的，但可以大胆断言，当今乌克兰这种全面否定俄国历史形象的做法，一定最合上面提到的罗森堡等纳粹分子的心意。他们想方设法，不就是要最大限度地离间俄罗斯人和乌克兰人的关系吗？由于把俄罗斯当成乌克兰自古以来的主要敌人，现代乌克兰人从童稚时期起，便成为不仅对俄罗斯历史，而且也是对自己“母亲”的历史进行无耻歪曲的牺牲品。

乌克兰和俄罗斯正在成长的一代，将处于其相互历史观念之错误、负面和歪曲程度达到无以复加地步的情况主宰之下。在这种情况之下任何人都不会是赢家。说得准确点，只有那些不断希望把俄罗斯人和乌克兰人从历史文化上完全分开的人才是赢家。对乌克兰历史推行了10—12年的非俄罗斯化，这段时间并没有白白过去。俄罗斯的学术精英也好，政治精英也好，对这一状况均严重估计不足。

局势既然这样，俄罗斯的立场又如何呢？2005年俄罗斯教育和科学部长富尔先科访问基辅。同当局会见之后，他发表声明：“乌克兰正在十分严肃地审议语言问题，而且涉及各个层级。人们能自由选择受教育的语言，这一点十分重要。”对第二句话不能不同意，而对第一句话，要想同意它，只有把它改成“十分严肃地排挤俄语”。

世界上所有大国都关心把本族语扩展到境外的问题。以英联邦为例，这个问题看得特别清楚。英联邦包括大不列颠、澳大利亚、新西兰和其他几十个国家。上世纪30年代初，成立了不列颠理事会，向全球110个国家提供学习英语和文化的服务。对俄罗斯亦不例外：英国人在北高加索，首先是在车臣，相当活跃地普及学习英语的地区性教学法纲要。

语言训练班引起对语言体现者——人民的生活方式的兴趣，引起对该人民的尊敬，宣传该人民的理想。世界语言之战是争夺智慧之战，哪个国家的语言弄明白了，智慧就会朝哪个国家流。开展争取智力资源斗争的不仅有英联邦理事会，还有德国的歌德学院和法语国家集团国际组织。法国政府甚至设置了一个专门的职位——合作、发展和法语国家集团部部长。目前又正在筹建一个伊比利亚联盟——西班牙语国家联盟。

对俄罗斯而言，建立一个类似的在境外传播语言文化的协会，乃是迫切的需要。多年来我们一直在积极参加一个社会组织的工作，这个组织我在前面已经提到过，就是俄罗斯语文教师国际联合会。但是在新条件下，国家必须直接作出在全球传播俄语的努力。1989 年以前，在东欧各学校俄语是必修课。今天，不仅这些国家，而且独联体某些共和国也都把俄语忘记了。在波罗的海沿岸地区三国、格鲁吉亚、土库曼，在东欧各国，以前所有的孩子在学校都学俄语，现在只要经过一代人，就会把俄语忘记！

俄语是世界 5 种大语言之一。就说俄语的人数而言，俄语排在汉语、英语、印地语和西班牙语之后。地球上说汉语的几乎达到 15 亿人，说英语的人超过 10 亿，说西班牙语的为 4 亿人，说俄语的大约有 3 亿人。

在具有“共同血缘”的乌克兰，俄语教学情况前面已经谈过。在独联体其他国家，这一问题的情况又如何呢？

据教育出版社资料，阿塞拜疆还剩下 29 所俄语学校，格鲁吉亚 59 所，吉尔吉斯 138 所，塔吉克 3 所，土库曼在几年以前关闭了最后 1 所俄语学校。而这种事竟发生在俄语依然是前苏联各民族之间主要的、实际上是唯一交流手段的时候。

俄语在世界上的主要竞争者是英语。近 20 年来，世界各国的中小学和高等学校教学体系中，愿意掌握英语的人数始终在增长。与此同时，愿意学习俄语、德语或法语的人，在减少。在中国境外，学习汉语的学校数量在缓慢地增长，但在增长。

俄联邦外交部奉俄联邦政府之命完成的报告《俄语在世界各国》称，再过 10 年，独联体各国掌握俄语的人数将减少一半多。当前说俄语的 3 亿人，100% 住在独联体。如果扣除每年减少的 100 万居民，可以看出，再过几十年俄语将可能不再被列入世界语言之列。

上面已经谈到，乌克兰的俄语问题已有 20 年始终未离开政治生活议程。乌克兰第一任总统克拉夫丘克之所以能在 1991 年执政，其中一个并非最不重要的原因就是由于民族自我意识的增长和多次许诺使国家“乌克兰化”。

1994 年他在大选中败给了库奇马，库奇马许诺把俄语变成乌克兰第二国语。

但只见许诺而未见行动。然而 1999 年他又打起这张语言牌，第二次当选。2004 年总统候选人亚努科维奇再次拿起语言问题做武器。众所周知，他输掉了，但他并未放弃使俄语具有第二国语地位的想法，把这一点作为他的党参加 2006 年国家议会选举并取得胜利的纲领中的一个关键点。

2003 年乌克兰最高拉达批准区域语言或区域少数族群语言欧洲宪章。应该认为，乌克兰当局之所以批准这个文件，其首选目标是与欧洲共同体“一体化”。看来，它并未考虑少数族群首先是俄罗斯族群语言的真实境况。

“橙色”联盟建立之后，由于看到由国家当局承认俄语的问题解决无望，乌克兰许多俄语居民占优势的城市和区域从 2006 年 3 月起，利用欧洲语言宪章，开始作出赋予俄语以区域地位的决定。比如哈尔科夫、塞瓦斯托波尔、第聂伯彼得罗夫斯克、顿涅茨克、雅尔塔和卢甘斯克、尼古拉耶夫都采取了这样的措施。

各州当局机关也开始采取类似决定，例如卢甘斯克州于当年 4 月由州苏维埃代表在会议上一致投票决定，也赋予俄语以区域语言的地位。顿涅茨克州苏维埃于 5 月份决定，在该州辖区内，俄语可以同国语，即乌克兰语一样，“在案件审理、文件、居民相互关系、国家机关、社会机构、企业、机关团体以及教育、科学和文化方面用作工作语言”。州苏维埃还决定向最高拉达提交赋予俄语与乌克兰语同样的国语地位的建议。2006 年 5 月 30 日尼古拉耶夫州也同意赋予俄语以这一地位。

然而共和国司法部奉尤先科之命，认定这些行动与国家宪法不符。乌克兰司法部长在评述自己这一丢脸的结论时声称，决定语言地位的权利仅属于乌克兰人民，并经由全民公决来实现。按照他的意见，乌克兰各种语言的地位已为乌克兰宪法第 10 条明确规定，根据该条文，乌克兰语为国语，而俄语是少数民族语。他声称，卢甘斯克州苏维埃以及哈尔科夫、塞瓦斯托波尔及其他几个城市赋予俄语以区域语言的地位，已超越自己的权力范围。这位部长还说，争取扩大俄语法律空间的斗士们虽抬出欧洲宪章作为依据，但欧洲宪章的宗旨不是保护少数民族的权利，而是保护那些处于消亡边缘的语言。据他讲，在乌克兰，属于这些语言的是卡拉伊姆语、克里米亚鞑靼语、亚达利亚语、意第绪语和其他一些语言。在他看来，这份清单中还应该加上克里米亚的乌克兰语。

不过乌克兰宪法第 10 条规定：“乌克兰保障俄语和其他少数民族语言自由发展、自由使用并受到保护”。然而，具有讽刺意味的地方在于，在“独立的”乌克兰，除了俄罗斯族人说俄语外，说俄语和用俄语思维，并认为俄语是本族语的乌克兰人还有几百万。如果几乎占居民 1/4 的俄罗斯人在乌克兰是少数族群，那说俄语的乌克兰人可就未必能列入这个范畴了。

为了同俄语的拥护者进行斗争，还动用了检察和审判机制。比如，第聂伯罗彼得罗夫斯克市苏维埃关于赋予俄语以区域语言地位的决定，被控诉到法院。第聂伯罗彼得罗夫斯克检察长向州经济法院提起诉讼，认为市苏维埃的决定属违法行为。正如检察长在其起诉书中强调的那样，该语言地位的决定与乌克兰宪法要求和现行法令相悖。关于赋予俄语地域语言地位的决定，自第聂伯罗彼得罗夫斯克市检察长向法院提起公诉时起，在该市辖区停止适用。尼古拉耶夫市苏维埃全会经多数票通过，否决了检察长对赋予俄语地域语言地位的抗议。

俄语反对者的最“有分量的”论据是拿出“侨居”的理由来，说什么如果到法国或德国去，就得学会当地的语言。但他们闭眼不见乌克兰说俄语的公民并不是从外地到来的，他们住在当地已经有几十年、几百年。不仅如此，全民公决投票赞成建立独立的乌克兰后，他们之中许多人至今一直还是认为，对他们来说，乌克兰自古以来就是他们的祖国。而在祖国，一切的安排都应该让生活过得美好，因此他们便要求赋予俄语一种可保证他们享有文化语言自由的地位。

看来，尤先科总统知道，起码能从他的助手、顾问、秘书那里了解到，就在欧亚经济共同体各国保护俄语地位和保护俄语教学问题的国际会议上（参加会议的有哈萨克、白俄罗斯、吉尔吉斯、塔吉克、乌克兰和其他几个苏维埃共和国的学者、国家议会和教育部的代表），学者们得出一个结论，认为俄语正在逐步“消亡”。我以为，俄语的类似状况正鼓舞着“独立的”乌克兰派同俄语进行斗争。

的确如此。尤先科已经公开介入了这一问题。2006 年年初，他发表声明，确认某些州和市苏维埃给予俄语以区域语言地位的做法为非法。他对记者说：“这是对宪法的粗暴破坏。”

照他的话说，类似的决定只有最高拉达以议会成员的宪法多数方能通过。尤先科表示相信，宪法法院“将会对这一事件迅速而轻松地作出评价”。

“俄语还用得着防备什么别的语言吗?”乌克兰总统提出了一个设问性的问题，又总结性地来了一句：“俄罗斯终结的地方，俄语也就终结了。”

请读者注意这个政治宏论中的第二句话。为了让俄罗斯终结，必须近期内在乌克兰让俄语终结。读着这些“内心直白”，不由得发人深省：总统说这席话时是处于何种状态呢？作为一个多民族国家的首脑，其中俄罗斯族按数量占第二位，他是否意识到自己对那些相信他在“橙色革命”时期甜言蜜语的人民的命运负有责任呢?

欧洲议会代表的立场也是那么厚颜无耻，欧洲宪章便是在欧洲议会酝酿制定的。他们赞同乌克兰中央当局阻挠赋予俄语特殊地位的行动。照欧洲议会乌克兰局局长的话说，宪章里没有“国际语言”的单独概念，所谈论的是“区域语言”和“少数族群语言”。这位先生有一个乌克兰的姓氏，看来此人还是读过他代表欧洲议会所驻国家的宪法的。

对俄语的攻击不仅出现在教育、案件审理、官方文件等领域。进攻的规模十分广泛，套用一句军事术语，可以说是全线进攻，而且蓄谋已久。远在1996年，由库奇马总统出钱，在基辅曾召开过一个“圆桌会”，议题是“投向乌克兰广阔信息空间的国语”。会议的成果便是“推荐书”。

文件的几名起草人对乌克兰语言局势的评估结论是：“不正常”。他们把局势称之为“帝国的沉重遗产”。只有通过“建立国语的完整功能，并有针对性地消灭非国语”，方能匡正这一局势。不难猜到，“非国语”是指俄语。他们建议：把在电视广播中使用俄语、用俄语出版报刊视为这样一种行为，其否定后果会对乌克兰安全构成不亚于宣传强暴、卖淫以及各种形式反乌克兰宣传的威胁。

几天之后，库奇马就“审核乌克兰语言法执行程序问题结果”一事，向多名国务活动家下达了委托任务。任务的实质是保证对“推荐书”拨款，提供行政支持！总理收到建议，要审核保证以优惠条件向国语书刊、教科书和教学文献资料的出版销售拨款的问题，须“在司法文件、国家管理机关公文往来，乌克兰各地区社会生活各领域使用国语乌克兰语，并加强对使用情况的监督”。该国其他领导人也接到了类似的任务。

当时便有许多人指出，自从加里西亚人库利克当上乌克兰电视台领导后，电视台的语调就从温和反俄变成了公开仇俄，变化太强烈了。使用俄语的电视公司比如说要想在克里米亚和外喀尔巴阡山地区取得广播许可，准会碰上具有民族主义情绪的官员们的公开反对。如今把俄语从电视广播中排挤出去的做法，在全乌克兰范围都得到了国家的支持。

尤先科总统更加剧了广播电视领域内同俄语的斗争。乌克兰文化部长、尤先科家的女友比洛季尔猛抓广播电视的工作，她保证“尽一切努力，使广播电视只说乌克兰语”。这使大多数用俄语广播和转播俄语歌曲的乌克兰电台的存在受到威胁。

受到威胁的还有全国性的“乌克兰”电视台，因为它用俄语广播，被认为是持有反对立场的频道。民族主义分子要求关闭这个频道，因为它用俄语转播足球消息。政治家们声称，“根据乌克兰足球协会的法规，足球报道的语言是乌克兰语”。显然，使用俄语是对国家完整性的威胁，是分离主义的表现?!

总结俄语在乌克兰媒体中的地位，可以得出结论，“独立国家”当局追逐的目的只有一个：“把它从广阔的信息空间赶出去!”

乌克兰议会代表深信，关于赋予俄语官方地位的12个法案，没有一个能被最高拉达通过。拉达前发言人科特温的声明便可证明这一点。他也曾相信，俄语对乌克兰是个威胁。不过他现在到了乌克兰科学院，不知会采取何种立场？乌克兰科学院在历史上同苏联科学院，现在同俄罗斯科学院的相互关系是十分密切的。

乌克兰当局并未停止把俄语从信息空间赶出去的行动。驱赶行动采取了最丑陋的形式！当你读到俄文歌在乌克兰也开始受到迫害时，你会感到惊讶。在利沃夫，市苏维埃作出决定，禁止在街头、广场和公用交通工具里演唱俄文歌曲。违反者处以罚款，数额为50格里夫纳。不妨想一下这样的场面：利沃夫某饭店正举行婚礼，客人们正在一位俄罗斯人演奏的歌曲声中跳舞，突然警察“光临”，把人带到派出所，罚款50格里夫纳。利沃夫这种时常发生的仇俄行动，俄国人多半会忍气吞声地咽下去，就像咽下乌克兰纳粹党的歹徒在这个城市殴打伟大卫国战争的老战士、拆除侦察英雄库兹涅佐夫的纪念碑、把莱蒙托夫大街改成杜达耶夫街等事件一样。

乌克兰电视台也播放苏联电影和俄罗斯电影。但当人们听到电影里的俄语被翻译成乌克兰语时，是多么吃惊吧！俄罗斯人坐在电视机旁，做着反向翻译——再译成俄语。你很难想象当局这些行动是多么荒谬，可这些人还大声谈论乌克兰各族人民的友谊、尊重住在乌克兰的所有民族，但却干出这种蠢事。

在“独立的”乌克兰，仇俄的怪异行动并未就此打住。我们在俄罗斯便是见证，发现在最高拉达选举期间，有许多人，其中甚至包括区域领导人，在选举人名单上找不到自己的名字。这件事就其愚蠢、卑鄙、下流而言，真是非同凡响。人们被强行剥夺了他们家族姓氏的根源、同祖先的联系，更不必说明显的歧视和法律上的混乱了。

请自己判断一下吧：选举前夕，当局决定将选举人名单译成乌克兰语。机器认真负责地把姓名改成乌克兰语。有一个人护照上印的是梅利尼科夫，现在变成米罗什尼科夫。梅利尼科夫找自己的名字，没找到。但这还算不了什么。梅利尼科夫和米罗什尼科夫按字母表总还是从同一个字母开始的。可是姓捷列金的人得怎么办呢？按照习惯，你得从字母т找自己名字吧。可万万猜不到现在得从字母“б”开始找了，因为现在的捷列金按乌克兰方式叫做布雷奇金。

有的人很不走运，因为顷刻之间不仅姓氏变了，名字也变了。有一个人叫尼古拉·斯克沃尔佐夫，现在变成梅科拉·什帕克。另一个大家都知道的人叫菲利普·霍赫洛夫，现在他成了佩鲁普·丘比耶夫。库兹涅佐夫变成了科瓦廖夫，杜比宁变成了德留科夫，克留科夫变成了加科夫，而波尔特诺夫则成为克拉夫佐夫。

人们看到这些新名单，纷纷向选举总部及其地区委员会发起进攻，抱怨计算机无知。比如，由于自动翻译的结果，宗季科娃变成了帕拉索利金娜，普戈夫金变成了古德济科夫。地址的变化更令人吃惊：沃罗夫街变成克拉季日街，泽姆利亚尼奇内村变成波卢内奇内村……真是疯人说梦话。

这些事如果不是可悲，也实在是可笑。作为一个出生在乌克兰顿巴斯的人，笔者在写乌克兰民族主义分子消灭俄语的可耻行径时，心里很悲伤。我们俄罗斯人一直同乌克兰人比肩过着普普通通的劳动生活，我们相互理解，我姓什么姓从来就不是什么问题。我喜欢他们那犹如唱歌般悠扬动听的说话声，喜欢乌克兰的幽默，喜欢那亲切的歌声。我有许多乌克兰人朋友，我珍视他们的友谊，总是为他们感到不安，他们现在在“独立的”乌克兰感觉如何？

政治家先生们，我向你们提一个问题：你们干这些事是为了什么？你们是否以为你们这么干将来都能逍遥法外？你们唆使亲兄弟反目成仇，难道不怕早晚得负责任？

我想用俄罗斯和乌克兰共同的伟大作家果戈理的一段话来结束这一章：

连我自己都不知道，我的灵魂究竟是乌克兰的还是俄罗斯的。我只知道，无论如何我也不能认为小俄罗斯人比俄罗斯人优越，或者俄罗斯人比小俄罗斯人优越。上帝对这两个天然造物所赐予的实在太慷慨了，而且就像故意似的，让他们互相拥有对方缺少的某种东西。这是一个明显的征兆，说明他们应该相互补充。为此，他们所经历的生活历史本身也是互不相似的，而这正是为了造就他们不同的力量和性格，以便后来再结为一体时，能为人类构造出某种最完美的东西。

第十章

二合一的乌克兰

近来对“独立的”乌克兰国内的局势，出现了许多分析文献和报刊文章。但它们对那里的事件，经常有着简直是针锋相对的解读。可以理解，有些作者由于特定原因，对乌克兰人民身受的痛苦抱着恶狠狠的幸灾乐祸的态度，而另一些作者则不知羞耻地为这个国家所有阴暗的东西涂脂抹粉。

我不想再把乌克兰社会生活中一切负面的东西拿出来仔细描述一番了，说实在的，再揭这些烂疮疤也没有什么意思。前一章里我力图说明，人们在通往“独立”的道路上是怎么越变越糊涂的，也揭露了某些人利用人民对幸福生活的向往和期待来达到个人目的的道德面貌。我无法绕过俄语这个现实的题目，因为我本身，上面已经谈过，就是顿巴斯生人，这个问题直接涉及我的一些亲人，他们的先人几百年来就在那里说俄语，因为那是他们的母语。

对于我们这些身在俄罗斯的人来说，班杰拉分子在基辅以及乌克兰其他城市举行的那一次次亵渎苏维埃祖国爱国者坟墓和纪念碑的游行示威简直就是一场可怕的噩梦。我们不由自主地成为人们力图搞垮乌克兰大地上的正教、以民族主义意识形态“价值观”发动进攻的见证人。

当我写下这几行文字时，乌克兰依然不平静。议会在沸腾，政党联盟同“橙色革命”的拥护者正不断地进行着不可调和的战争，国家总统、议会和执政当局正在搞权力再分配。老百姓在尽过自己的义务，对所信任的政党投了票之后，结果还是只好听凭灾难和痛苦来折磨自己。上层的斗争还在继续。

不管是按民族特征、宗教特征，还是按意识形态原则，人民都统一不起来。有共同的领土，但却没有统一的社会。国家实际上是由两部分，即由东部和西部组成，因此我把本章的题目叫做“二合一的乌克兰”。

乌克兰的民族主义分子

第二次世界大战是一场最残酷、流血最多的战争，它把不同的国家和民族团结起来，共同反对人类最危险的敌人——法西斯主义。人们尽管政治追求不同，分属不同的宗教和民族，但所有的人都受到同一种热情的鼓舞，那是一个英雄主义无远弗届，充满自我牺牲精神的时代。

但事情总是这样，在高高的浪尖上，总会有肮脏的泡沫在漂浮，更何况是在这么一场世界性的大震荡之中。在这场战争中，这肮脏的泡沫就特别表现在民族主义分子的部队同法西斯德国的合作上。

第二次世界大战结束后，国际社会专门对希特勒德国及其盟国的暴行进行了审理，并作出结论。自纽伦堡对纳粹领导人进行国际审判以来，已经过去了60年。7名法官，英、美、法各出2名，苏联出1名，代表国际军事法庭对具体人员作出宣判，对那些同法西斯主义有这样那样联系的组织进行了罪责认定。

现在，联合国和世界上主要国家在对待纳粹主义方面不仅继续坚持当时采纳的观点，而且在这方面更有了相当的进步。

苏联严格遵守国际军事法庭的立场。国家根据法律以及各种政治决定，对那些经指认与法西斯分子有联系，具有反本国居民罪行污名的人员和组织，无论其犯罪事实发生时间多么久远，均予以审理。

在这场伟大的卫国战争中，苏联公民牺牲的人数以千万计，遗憾的是，有些人出于各种原因，却跟法西斯德国合作。其中有俄罗斯人、乌克兰人、白俄罗斯人，外高加索、北高加索、中亚也有人参与其中。但表现得最卖力气的是波罗的海沿岸地区的人，即拉脱维亚人、爱沙尼亚人和立陶宛人。

这是我国历史上黑色的一页，最悲惨的一点是，这一页出现在我们祖国最危急的关头——出现在一个被称为是伟大卫国战争的战争时期。苏维埃国家以最严厉的法律手段，处置了这些存活下来的附敌分子，断然拒绝了任何对这些叛徒进行辩护的企图。搜寻罪犯的工作，一直继续到苏联存在的最后一天，尽管犯罪事实发生在很早以前，但所有被查找到的罪犯仍要受到应有的惩处。

这些可耻的事实似乎已永远成为往事。但统一的国家苏联被破坏之后，在战争期间第三帝国军队曾经活动过的某些国家和前加盟共和国，那些跟法西斯分子合作过的民族主义分子部队的参加者又抬起了头。给他们恢复名誉，为他们竖立纪念碑，国家把他们作为二战参加者发给他们津贴，甚至鼓励这些“老战士”聚会。自然会有人问：为什么那里会发生这种事？

上世纪80年代末和90年代初，波罗的海沿岸地区争取主权的斗争和乌克兰争取“独立”的斗争，都具有明显的民族主义色彩。在反对苏联的斗争中，一切都可以拿过来作为武器，其中也包括跟法西斯德国肩并肩同自己国家厮杀的民族主义运动。

这些国家当局和部分社会公众对这些行动的公开支持，使我们有理由认为，这不是什么简单的过往时代的“历史回声”，而是他们的一条目标明确的政治路线。

时至今日，在取得独立之后，有些地方仍在对这件事进行辩解。波罗的海沿岸地区3个共和国需要向世界显示，它们不仅在改革时期，而且在很早以前，便已经为主权而战了。这些国家的新当局对权力大位觊觎已久，他们很需要那些同德国侵略者携手跟本国人民作战的被社会抛弃的人。他们于是被征召起来。

二战期间，德国法西斯在同苏联进行斗争时，把部分赌注押到苏联各族人民的种族民族主义以及与之有联系的反共势力身上。在某些国家，种族民族主义是官方意识形态的基础，在许多情况下，这也是直接为那些曾同纳粹分子合作过的人辩解的理由之一。

为附敌分子恢复名誉的这条主要路线，表现为尽力把民族主义分子的活动同跟法西斯德国合作说成是两码事，或者把在附属于法西斯军队的民族军事部队中服役说成是为解放本民族而进行斗争。

不过这可以说只是一种最一般的情况。而为了分析产生的种种原因，对乌克兰民族主义运动的活动有所说明，必须对上个世纪的近现代史做些题外说明。

乌克兰民族主义运动起源于内战时期。当时在解体的俄罗斯帝国和奥匈帝国领土上，一下子诞生了两个乌克兰国家——乌克兰人民共和国和西乌克兰人民共和国。

十月革命以后，中央拉达不承认苏维埃政权，它规定了自己政权的新边界，在前盖特曼政权的辖区内确立了乌克兰自治。可是根据什么原则把诺沃俄罗斯和今哈尔科夫州、顿涅茨克州和卢甘斯克州等历史上大俄罗斯居民居住的地方也划了进去，就弄不清楚了。后来，盖特曼斯科罗帕茨基取代拉达，并把塔夫里亚也并了进来，塔夫里亚现在是赫尔松州辖区的基本部分。

1920年，苏维埃乌克兰占领了第聂伯河左岸地区和一部分右岸地区。人口数量达3250万。波兰获得了一块面积占第二位的土地——加里西亚和沃伦，俗称西乌克兰，人口为1020万。罗马尼亚分得北布科维纳以及多瑙河与德涅斯特河之间的黑海沿岸地区。捷克斯洛伐克则把外喀尔巴阡地区并入版图，正式名称叫喀尔巴阡罗斯。

为了保住新政权，苏维埃乌克兰在文化领域获得了充分自由，而政治活动自由则受到了不大的限制。

赫里斯季安·拉科夫斯基虽说是保加利亚犹太人出身，但却是乌克兰历史上最狂热的主张乌克兰化的人。在共和国俄罗斯人居住地区推行所谓的乌克兰化，实行最残酷的社会文化压迫，其实并非始于1991年，而是始于1919年。那时，甚至把“乌克兰精神”之父米哈伊尔·格鲁舍夫斯基也从侨居地请了回来，并立即把他奉为乌克兰苏维埃社会主义共和国科学院的院长，两年之后他还当上了苏联科学院院士。

1939年，苏维埃乌克兰同加里西亚合并，这为乌克兰化提供了强劲的新动力。加里西亚的干部在其中起了不小的作用。1945年，外喀尔巴阡地区并入乌克兰苏维埃社会主义共和国，但当地有一个罗斯人区域，至今仍顽固地拒绝使用乌克兰名称。

给乌克兰的第二份礼物是赫鲁晓夫于1954年送的，到了1991年经叶利钦在别洛韦日森林默认，于是全苏直属的俄罗斯城市塞瓦斯托波尔实际上竟被兼并。

后来的“独立的”乌克兰，“形成”史的基本环节便是如此。

乌克兰民族主义运动的规模相当大。它始于1920年布拉格的一个不大的民族主义分子小组，由乌克兰军官构成。那个在当地成立的组织是一个搞恐怖活动的乌克兰军事组织，构成其基础的是乌克兰人民军和乌克兰加里西亚军原来的几个军官。乌克兰军事组织在1928年共有近2000人。该组织领导人是乌克兰人民共和国军上校叶夫盖尼·科涅瓦列茨。在西乌克兰，乌克兰军事组织分部由安德烈·梅利尼科夫上校领导。

乌克兰军事组织宣传乌克兰独立思想，但其基点放在恐怖活动上。该组织为了在反波兰和反苏活动中获得同盟者，远在1921—1922年便同德国军事谍报机关建立了联系。他们用有关德国这些敌人的情报换来经费和在德国自由活动的权利。1928年，波兰人掌握了乌克兰军事组织和德国特工机关有联系的证据，提出了外交抗议，德方才停止向乌克兰军事组织拨款。

1929年，在民族主义组织代表大会（后称首届乌克兰民族主义者代表会议）上，乌克兰军事组织更名为乌克兰民族主义者组织，成为一个非法恐怖机构。乌克兰民族主义者组织希望建立的独立的乌克兰，西部从桑河起，东部到北高加索止，这一事实值得人们注意。在东部斯塔夫罗波尔边疆区和克拉斯诺达尔边疆区居住着许多几乎俄罗斯化了的乌克兰人，远在18世纪他们便已移居该地。除此之外，按他们的意见，俄罗斯联邦和白俄罗斯苏维埃社会主义共和国与其接壤的某些领土亦应并入乌克兰。

1938年乌克兰军事组织——乌克兰民族主义者组织的头领科诺瓦列茨被打死之后，1939年8月27日，在第二次世界大战即将爆发之前，在罗马召开了第二次乌克兰民族主义者组织大会，安德烈·梅利尼克上校当选为该组织首脑。

1939年9月，德国侵占波兰西部，乌克兰民族主义者组织中的一些积极分子，其中有斯捷潘·班杰拉，从监狱和集中营里被放了出来。他们都是1934年由于杀害波兰内政部长布罗尼斯拉夫·波列茨基而在那里服刑的。

班杰拉出狱之后，便把一些不满于梅利尼克领导的人汇集到自己旗下。从这时起，乌克兰民族主义者组织（少数）和乌克兰民族主义者组织（多数），即梅利尼克分子和班杰拉分子，便开始相互仇视。他们的意识形态实际上是相同的，差别仅在于梅利尼克分子同意跟德国纳粹更进一步妥协；而班杰拉分子虽也同德国人积极合作，但却提出在活动中也可以依靠其他国家。

反对德国法西斯的卫国战争打响之后，乌克兰民族主义者组织的部队立即积极活动起来，在乌克兰西部地区动员起近一万人的民族主义武装，做好了战斗准备。他们立即被投入战斗，开展破坏活动，切断红军各部队之间的联系，向后方、司令部和部队进攻。

维尔纽斯的犹太人伊利亚·约涅斯于1941年6月住在利沃夫，他作证说："我们多次试图随撤退的俄军离开城市，但都没有成功。在利沃夫以东的郊区和农村，有人埋伏在那边向逃跑的军队开枪射击。牺牲的人很多。开枪的是一些乌克兰民族主义者匪帮，他们很快便组织起来，从秘密的地方取出武器，给俄国士兵和随他们逃跑的犹太人制造困难。"

根据某些专家的资料，红军和内务人民委员部的一些部队在战争头几周在这里损失了近2100名官兵，他们均死于民族主义者之手，还有900名伤员。在武装反苏过程中，乌克兰的民族主义者得以在26个地区的土地上掀起暴动，涉及现今的利沃夫州、伊万诺弗兰科夫斯克州、捷尔诺波尔州、沃伦州和罗夫诺州。

1941年6月30日德国人占领利沃夫后，班杰拉小组宣布独立的乌克兰国成立。班杰拉分子雅罗斯拉夫·斯捷茨科被任命为乌克兰政府首脑。虽然宣布乌克兰独立并没有征得占领者的同意，但乌克兰民族主义者组织（多数）始终明确抱定附敌方针。下面就是乌克兰独立宣言的几个段落：

乌克兰国恢复后，将与伟大的纳粹德国相互密切合作。伟大的德国在其领袖阿道夫·希特勒领导下，正在欧洲和全世界建立新秩序，帮助乌克兰人民从莫斯科占领下解放出来。

在乌克兰大地上建立起来的乌克兰民族革命军，今后将同德国同盟军一道反对莫斯科占领，为主权的、独立的乌克兰国，为全世界的新秩序共同斗争。

为了彻底搞清新炮制的“独立”乌克兰领导人的真实目的，还是再来引用两段斯捷茨科致元首的话吧：

我们满怀真心的感激之情，为阁下在战场上厮杀的英雄军队，在同欧洲最大的敌人莫斯科布尔什维克主义的斗争中又取得新的荣誉而感到惊讶。在此谨代表乌克兰人民及其在解放了的利沃夫建立起来的政府，向阁下，伟大的元首，致以衷心的祝愿，愿这场斗争以彻底胜利而结束。

德军的胜利将使阁下有可能实现阁下提出的建设新欧洲的计划，并将其扩大到东部地区。这样一来，阁下便可以使乌克兰人民作为欧洲各民族大家庭享有充分权利的自由成员之一，在自己的享有主权的乌克兰国，实现这一伟大的计划。

由此看来，民族主义者的宗旨不仅在于获得独立，而且在于参加和确立新的法西斯“秩序”。“总理”斯捷茨科还向意大利的墨索里尼、西班牙的佛朗哥和“独立的”克罗地亚也发出类似的致敬信。

尽管发表了这些忠心耿耿的声明，但德国当局仍然认为，宣布乌克兰独立是不能允许的。他们不需要这样的“小兄弟”，他们需要听话的奴隶。

1941 年 7 月，班杰拉和他的几名同伙被逮捕，送到柏林被软禁起来，后来又送到集中营。尽管不断遭到逮捕，乌克兰民族主义者组织成员，既包括班杰拉分子，也包括梅利尼克分子，仍继续指望德国人发善心，还在宣传德国人的“解放使命”思想。

在 1942—1943 年间，乌克兰的民族主义军事组织是一些人数众多的分散的部队，他们时而联合，时而分散，相互为敌，常举行谈判，签署备忘录和声明。

乌克兰还有一个民族主义军事运动也需要交代几句。这里指的是乌克兰起义军。这支部队的人数大约有两万。乌克兰的一部分警察进入该军，使它得到补充，因为德国当局把乌克兰警察换成了波兰警察。乌克兰起义军的安全部门还积极消灭政治敌人和论敌。

必须指出，曾经存在过两支同一名称的军队。先有的一支是民族民主主义者塔拉斯·博罗韦茨（化名塔拉斯·布利巴）的军队。虽然此人就政治信仰而言是个民族主义者，但他并未加入乌克兰民族主义组织。1939—1941 年间，博罗韦茨—布利巴在寻找同盟者期间，同德国军事谍报机构阿伯韦尔建立了联系，后在苏德战争爆发前返回苏联。

在战争头些日子，“布利巴分子”在罗夫诺州同红军撤退部队以及内务人民委员部的部队作战。后来他们又同红军被打散的残部进行斗争，同乌克兰和白俄罗斯其他投敌分子一起，有好几个月都在努力消灭红色游击队，并把他们从所谓“森林边缘地带的盆地”驱赶出去。

1943年2月和3月，乌克兰民族主义组织（多数）就队伍加入乌克兰起义军一事作出决定。班杰拉分子从1943年4月份起开始利用乌帕（乌克兰起义军）这个缩写词。为了避免混乱，博罗韦茨—布利巴于1943年7月将乌克兰起义军更名为乌克兰人民革命军。但就在1943年8月，乌克兰人民革命军的一部分部队便被强制解除武装，其士兵转入乌克兰起义军。博罗韦茨战后住在美国，1981年死于该国。

博罗韦茨的历史在一定程度上对乌克兰民族主义分子具有代表性。1941年同法西斯分子合作，从1941年到1943年又同他们进行斗争，从1944年末起，当德国人不得不改变其“东方政策”时，又同他们合作。

班杰拉分子于1944年2—3月间建立乌克兰起义军的原因是，1942年和1943年之交西乌克兰大地上出现大量红色游击队，当时他们完全控制了该地区森林中的局面。班杰拉分子配合德国法西斯同游击队进行斗争。乌克兰起义军的领导人之一是这样说明他们同法西斯的关系的：“他们给我们枪支，我们给他们黄油。”

根据一些历史学家的意见，乌克兰起义军在一定程度上也是不由自主才成为德国人在前线的直接同盟军的。德国谍报机关在评价西喀尔巴阡乌克兰起义军的行动时指出，这部分人控制了西喀尔巴阡山和东贝斯基迪山的山口，为防止苏联人在这个区段翻越喀尔巴阡山作出很大贡献。乌克兰起义军也帮助了某些撤退的德国部队。

随着科夫帕克领导的苏联游击队运动在乌克兰的发展，也由于德国警察和护卫部队的不足，根据党卫军总队长、加里西亚军事卫戍司令韦赫捷尔的提议，成立了一个由当地居民组成的党卫军师。在反共斗争旗帜下开展的宣传运动收到了预想的效果。在招募点上有成千上万人报名加入党卫军。在这种情况下，完全有条件挑选14000人组成一个师，并用剩余的人组成几个警察团。1943年利沃夫开始组建党卫军师，由西乌克兰人充任该师的列兵和士官。

1944年6月以前，该师的名称是“加里西亚”党卫军志愿师，而从6月27日起，改名为“党卫军第14掷弹兵师”。部队驻扎在德国领土的教练营地，全体指挥人员均在党卫军军官学校受训。党卫军总队长弗里茨·弗赖格被任命为师长。

1943 年，所有在乌克兰德国部队服役的人员，均被宣布为乌克兰解放军士兵。纳粹分子还使用了一种宣传伎俩：军队没有自己的指挥机关。乌克兰党卫军分子直接向德意志帝国元首和总理阿道夫·希特勒宣誓效忠。

1944 年 6 月，“加里西亚”等 8 个德国师在布罗德被苏军粉碎。“加里西亚”的 14000 名官兵中只有 3000 人突出包围，被派往斯洛伐克休整和补充。后来该师得到补充后，又参加了欧洲东部和中部的警察行动。“加里西亚”师（“巴耶尔斯多尔弗”战斗小组）还在波兰、利沃夫地区、捷尔诺波尔地区、斯洛伐克（同季尔列万格尔旅一道）以及南斯拉夫针对和平居民进行过讨伐行动。

德国投降后，该师大部分（近一万人）突围到奥地利，向英国人投降，有 4700 名士兵和军官被苏军俘虏。

这些自称加里西亚人的部队使盟国感到为难，地位问题使其中许多人逃脱被强行遣返苏联的命运。尽管他们在党卫军干过，波兰将军安杰尔斯却认为最好从实用主义观点来看待这个问题，决定饶恕他们的过去，又考虑到他们都是真正的反共分子，具有潜在的利用价值，便支持他们的声明，说他们似乎是波兰人。

总之，乌克兰民族主义分子同法西斯占领者的相互关系，不能说是始终如一，但却始终存在。他们之间有过爱，也有过冷淡，然后又投入彼此的怀抱。乌克兰各民族主义运动的领导人，不能不知道德国人对乌克兰人民的态度，但他们标榜他们反映的是人民的利益。毫无疑问，他们非常明白法西斯分子的真实目的，但却向人们隐瞒，对人们只是灌输一种思想：最主要的是乌克兰的“独立”。

不久前公布了一封帝国国务秘书马丁·博尔曼于 1942 年 7 月 27 日致罗森堡的信。他在信中把元首对德国在东部占领区的政策意见转告罗森堡。下面引用几段，从中可以看出，法西斯德国最高当局的指示有多么“英明”，因为它影响到乌克兰人的命运，其中也包括站在民族主义分子领袖旗下的人们的命运：

……东部占领区的各州居民比以往繁殖更快的危险非常大。正因为如此，我们应采取必要措施遏制非日耳曼居民的繁殖。所以决不要把德国式的服务运用在东部占领区各州居民身上。

比如，在任何条件下不许为非日耳曼居民施行接种和其他保健措施。决不许让当地居民受到更高的教育。如果我们犯了这个过错，我们便会造就未来对抗我们的力量。因此，根据元首的指示，只要教会当地居民，其中包括所谓的乌克兰人，读和写就足够了。

我们决不可以任何措施发展当地居民的优越感！一定要做恰恰相反的事情！

将来，学校里应教拉丁字母，以取代现在的拼写。

……元首强调，在帝国本土，经由法律规范的东西太多了。在东部占领区各州决不可这样做。对当地居民不要颁布过多法律；只需限于最必要的内容即可。

决不可在总委员会甚或在帝国委员会层面上成立统一的乌克兰管理机构。

1944 年，苏军从法西斯占领者手中解放了乌克兰。伟大卫国战争结束以后，乌克兰民族主义分子的组织——乌克兰起义军继续在苏联的乌克兰领土上进行活动。总面积不小于 15 万平方公里、人口 1500 万的广阔领土成了对抗的场所。

乌克兰起义军还在波兰的东南部地区积极进行颠覆活动。苏波边界确定之后，乌克兰起义军建立起代号为“桑”的第 6 军区，该军区掌管乌克兰起义军活动的“波兰”地区。同波兰政府军的斗争持续到 1948 年。

这一时期，乌克兰民族主义组织还建立起非法机构以对抗苏联当局。在乌克兰民族主义组织的地下人员和乌克兰起义军部队进行活动的几乎整个地区，实际上存在着两个政权。在西乌克兰某些地区，这种状况一直延续到 20 世纪 50 年代初。

然而从 1947 年起，乌克兰起义军的大规模破坏活动就已经停止了。恐怖组织个别成员之间的联系变得极其困难。这时乌克兰起义军转向小规模破坏活动，直到 1953 年，战斗活动还时有发生。直到 1955 年，乌克兰起义军的活动实际上才完全停止。最后几个小的抵抗巢穴于 1956 年被消灭。有证据表明，乌克兰起义军同苏联政权进行斗争的部队，于 50 年代初穿过斯洛伐克和捷克山区，进入了德意志联邦共和国或奥地利。

关于乌克兰民族主义组织活动的东西写过许许多多。那时对乌克兰人民而言，是一个艰难的年代。为了说明当时的真实情景，让我来引用一段雅·加兰写于 1945 年的特写《莫可名状》：

一个 14 岁的小女孩一见到肉心里就无法平静。当人们当着她的面准备炸肉饼时，她便面色苍白，颤抖得像一片山杨叶子。

几个月前，在一个雷鸣电闪的夜晚，几个武装匪徒来到距萨尔纳市不远的农舍，用刀子捅死了主人。小女孩吓得睁大了眼睛，看着自己双亲临死前的抽搐。

一个匪徒把刀刃架到孩子的喉咙上，但在最后一分钟他脑子里闪现了一个新“想法”。

“为斯捷潘·班杰拉的光荣，你活着吧！为了不让你饿死，我们给你留点食物。喂，小伙子们，给她砍些猪肉吧！……”

“小伙子们”很喜欢这个提议。他们从碗橱里拿出一些盘子和盆盆，几分钟后，在吓得发傻的小女孩面前，从她父母还流着血的遗体上砍下的肉像小山一样，越堆越高……

这些自称为“乌克兰民族主义者”的败类——班杰拉分子、布利巴分子、梅利尼克分子——竟干出如此伤天害理的勾当。他们最近几年的活动，是数不完的野蛮兽行，是骇人听闻的为所欲为和无以复加的烧杀抢掠……

2006年7月是杰出的苏联乌克兰作家和政论家雅罗斯拉夫·亚历山德罗维奇·加兰诞生100周年。今天，在乌克兰文学教科书上看不到他的名字，在广播电视中也听不到他的名字了。雅罗斯拉夫·加兰生于西乌克兰，一生为反对乌克兰民族分离主义而斗争。那是一种丑恶的运动，其流毒起初遍及加里西亚大地，而后，在戈尔巴乔夫年代，毒根又伸到整个兄弟的乌克兰。

加兰以自己的笔，以他那了不起的犀利的文章和特写，同我们伟大祖国的叛徒展开了战斗。这些叛徒用斧头把他直接砍死在写字台旁。此事发生在1949年。读完特写你一定会明白，为什么特写中描写的那些“人”会杀害加兰。

战后反对民族主义分子地下活动的斗争，非常艰难而又残酷地一直进行到50年代中期。

根据某些历史学家统计，由于乌克兰民族主义组织和乌克兰起义军的恐怖活动，共牺牲党的区委书记30名、区执委会主席和副主席32名、共青团州委书记和区委书记37名、州苏维埃、区苏维埃和地方苏维埃代表数百名、正教神甫50名、党和苏维埃积极分子3万名。

乌克兰民族主义组织和乌克兰起义军在乌克兰苏维埃社会主义共和国西部7个州对苏联政权进行的坚决而顽强的斗争，引起苏联政权方面更为坚决的回应，是很自然的事情。

根据1953年5月26日苏共中央主席团会议上提到的材料，“从1944年到1952年，在乌克兰西部各州遭到各种形式惩罚的约为50万人，其中逮捕13.4万余人，处以死刑的15.3万余人，永远逐出乌克兰苏维埃社会主义共和国的为20.3万余人”。

同反法西斯人士的纪念碑和坟墓作战

上面已经谈到，近来，在前苏联某些共和国内，正积极试图为民族主义运动在二战年代所起的作用翻案。

比如，在乌克兰可以听到要求在国家一级为乌克兰民族主义组织、乌克兰起义军和其他民族主义政治军事组织恢复名誉的声音，而且声音还越来越高。这些民族主义分子在战时和战后年代曾在苏联和几个邻国领土上进行活动。这件事还涉及德国党卫军部队“加利西亚”师的军人。

例如，1993 年 8 月，基辅召开乌克兰民族军第一乌克兰师建立 50 周年的纪念会，会上有一个提议称：“考虑到前该师人员在独立斗争中作出的重大贡献，考虑到他们在战争中有利于乌克兰的积极活动，兹向最高拉达提议，承认该师军人享有与二战其他参战者同等的权利。”

2002 年，伊万诺弗兰科夫斯克市苏维埃通过为前党卫军“加利西亚”师士兵恢复名誉的决定。地方自治机关的决议把他们等同于伟大卫国战争的老战士。作出这个决定的理由是，“该加利西亚党卫军师并非为希特勒和法西斯德国而战，而是为乌克兰的独立同苏联作战”。

1944 年 7 月 27 日是利沃夫从德国法西斯侵略者手下获得解放的日子，却被宣布为“莫斯科极权制度开始统治热爱自由的乌克兰人民的日子”。现在，同希特勒军队共同保卫利沃夫，抵抗苏军进攻的党卫军第 14“加利西亚”师的建师纪念日便定在这一天。

2002 年夏季，乌克兰政府声称，必须追认乌克兰起义军战士为争取国家自由独立的战士。这就是说：应把班杰拉分子宣布为英雄，地位与伟大卫国战争老战士相等！还提出一个说法，认为从 1939 年 9 月起到 20 世纪 50 年代中期，为乌克兰民族主义组织和乌克兰民族军抵抗运动时期，“其目的只有一个，就是团结和建立统一的乌克兰”。

2004 年末，随着以尤先科为首的人取得政权，试图为曾与法西斯合作过的民族主义组织恢复名誉便越来越是常事。2005 年 4 月 9 日，由 10 名著名的乌克兰历史学家组成的小组向尤先科总统、季莫申科总理和最高拉达首脑利特温公开致信，请求协助制定二战以乌克兰为中心的思想。建议承认苏联的胜利意味着“对乌克兰的重新占领”。相应的建议就是不要庆祝胜利节，因为这“不是乌克兰人的节日”。又建议，红军老战士不应被认为是新乌克兰的主要英雄，那些附敌分子和民族主义起义运动的参加者才是主要英雄。最高苏维埃发言人利特温正式声明，议会有意通过专门法律，为乌克兰民族主义组织和乌克兰起义军恢复名誉。

2005 年，为那些曾同法西斯德国合作过的人员和组织恢复名誉的过程开始活跃起来。2005 年 5 月 11 日，乌克兰总统尤先科责成总理季莫申科，为研究乌克兰民族主义组织和乌克兰起义军活动，组建一个委员会。总统在其号召书中指出，从事该活动的战士“视自由的乌克兰如同自己的希望。他们用自己的方式，尽自己的可能，为自由的乌克兰而斗争”。

1943 年 7 月普罗霍洛夫卡战场参战人员纪念碑。（索戈扬摄）

2006 年 5 月 6 日，尤先科在每周广播词中说，“国家至今未在官方层面上承认那些曾为乌克兰的自由和独立进行过战斗的人，深感遗憾”。

“本总统对新议会寄予厚望。本总统希望议会能就所有参加战斗人员的地位问题作出决定。最高拉达应向所有保卫过自己祖国的人致敬，并投票通过法律，承认乌克兰起义军成员为二战老战士。”

乌克兰总统再次号召苏军和乌克兰起义军的老战士们“为了未来而讲和”。“本人以你们子女一代的名义向你们呼吁：尊敬的父母，不要再把这个问题传给我们。为了乌克兰，为了你们的子女儿孙，相互握起手来，相互谅解吧。乌克兰民族将会对你们迈出的这一步给予应有的评价。”他向广播听众这样保证。

乌克兰起义军曾同现称为卫国战争老兵的战士们作过战。他们对这些战士开展游击战，像对“占领军”一样枪杀他们，结果共消灭官兵 3000 余名。现在国家居然决定为这些“英雄”恢复名誉？被班杰拉分子杀害的这些人的子女还应当“为了未来同他们讲和”？！

首批恢复名誉的工作是在伊万诺弗兰科夫斯克开始的。但为班杰拉分子恢复名誉的工作在那边没有能进行下去，因为未能得到基辅的支持。而“加利西亚党卫军”在利沃夫未能恢复名誉则是前市苏维埃代表的功劳。

当局和历史学家坚持为乌克兰起义军恢复名誉，理由是这支部队的战士已所剩无几，都是些“干不了坏事的老爷爷”。但左派——共产党和社会党不同意这种说法，认为即便时间过去已经久远，也不能为搞自相残杀的人辩解。

为班杰拉分子恢复名誉的话题在拉达选前总要被提起。这回的情况是计划之外的：议会运动已经结束，到总统大选几乎还得再过两年。正如代表们所说，政府为乌克兰起义军说话的目的，是要讨好最高拉达及其右翼。

现在乌克兰有几个组织一直在致力于平反的问题。这是一个经过注册的社会组织——乌克兰民族主义组织。其中比较积极的一翼被称为“班杰拉之翼”，它于 1993 年成立了一个政党——乌克兰民族主义者代表大会。该党认为自己是 50 年代被粉碎的乌克兰民族主义组织的法理继承人，是尤先科的“我们的乌克兰”集团的成员，该党代表人物通过集团可以进入乌克兰议会。乌克兰民族主义者代表大会头头亚历山大·伊夫琴科（前乌克兰石油天然气公司董事长）12 月份声称，“乌克兰民族主义者代表大会获得现实的可能性，可以在各级政权机构，从最高拉达到地方苏维埃，以及在行政机构中，代表乌克兰民族主义者，代表我党成员。本党第一次对当局不采取反对立场，第一次拥有掌权的现实机会”。

当代乌克兰民族主义者为了给附敌分子及其在伟大卫国战争中的所作所为翻案，真可谓无所不用其极。苏联英雄的纪念碑和坟墓被移走，取而代之的是为民族主义分子修建的纪念性建筑物，他们还为广场和街道更名，等等。

几年前我偶然得到一本书，其中刊载着为罗曼·舒赫维奇纪念榜照的两幅照片。希姆莱曾任命这个人为乌克兰起义军的总司令，即“丘·普林卡将军”，纪念榜立在他死掉的地方，而他的纪念碑立在利沃夫城郊的别尔戈罗什镇。利沃夫原来有一条普希金大街，现在改成了他的名字。不久前，伟大卫国战争老战士马尔科夫发表回忆录，他曾在苏联内务部队 81 师步兵团服役。当进入“锅底”的德军遭到歼灭性打击时，他们也正在为消灭班杰拉匪徒而斗争。回忆录这样说：

……我还记得，利沃夫的居民对我们说过，1941 年夏天，在德国法西斯军队入城之后，乌克兰民族主义组织的战斗人员也进来了。他们是根据班杰拉提议，被合并到“纳赫季加利”营的，归刽子手和杀人犯罗曼·舒赫维奇指挥。班杰拉在送别这些为统一不可分的乌克兰进行斗争的武装分子时说：“我们的政权应该是令人可怕的政权……凡反对这一制度的人都应被消灭……”

1945 年 3 月份，有一次我们连搜索利沃夫城郊的雅诺夫森林，我们碰到被乌克兰民族主义组织成员消灭的上千名战俘和平民的葬礼。班杰拉分子连妇女和儿童都没有放过。比如，从 1944 年 2 月到 1945 年 10 月，匪徒们在沃伦州（在罗夫诺）杀害了1932名居民，其中313名儿童，615名妇女，365名老人。从1944年夏季到1946年5月，他们在利沃夫州折磨致死达5088人。其中有3000人是农民。已经在胜利后，当地人通知我们，“橡树”（这是舒赫维奇的绰号）手下的匪徒正在洛佐维和库利奇基村行凶……我们冲入洛佐维村，展开战斗，这次战斗中我们有5名士兵牺牲，而匪徒被打死50多人。在村中我们得知，班杰拉分子在这次战斗前夜进行了一次可怕的屠杀，杀害了100余名居民。他们在乌克兰妇女德拉贡家，野兽般用斧头砍死女主人和她的3个孩子。

稍后，我们在利沃夫城下的森林中捕获了这一匪帮的残余分子。而如今，为了纪念这个匪徒，德罗戈贝奇市居然还有一条街叫他的名字……

乌克兰民族主义组织的“统帅”瓦西里·西多尔（也就是舍列斯特）现在正被捧为乌克兰英雄。他是被我们在斯坦尼斯拉夫城外的森林中抓获的。他不肯投降，于是额头吃了一颗子弹。

我们接到消息说，米哈伊尔·杜德（也就是格里戈里·济诺维）正藏在楚曼斯基森林，米哈伊尔·费德卡（也就是布里利·斯米尔内）藏在罗夫诺森林，德米特里·格里察拉（佩列贝诺斯）藏在科罗斯坚森林。为了把这些匪徒列为英雄，得要多么细心地把他们身上的血腥和污秽洗掉，把历史忘得一干二净才能做到啊?！记得当天夜里我们细细地搜索过一座难以通行的密林后，来到了古斯维采村和沃尔科维亚村，村里有几座农舍还在燃着熊熊火焰，周围一片哭声。原来是匪徒们刚刚“血洗”了这片地方。他们把一批男男女女、孩子、老人赶到一起，活活烧死在一处仓房里。年轻女人遭他们强奸，为了显示他们的“恩典”，才把她们枪毙了。而在沃尔科维亚村，几个男人被绑到长板凳上，活活锯成两半。

班杰拉在乌克兰早已恶名昭著，没有任何讨论的余地。但利沃夫在未来要安放纪念碑的地方已经竖起了一块奠基石。这座城市还在恢复乌克兰国、建立以班杰拉为首的政府时宣读文件的建筑物的墙上，安放了一块纪念牌。这个“历史性”文件，其中的几段话我们在上面已经引用过了。

1991年11月份，在乌克兰民族主义分子的压力下，利沃夫动手拆除苏联英雄尼古拉·伊万诺维奇·库兹涅佐夫的纪念碑。据一位乌克兰“历史学家”说，似乎是根据当地劳动者的多次请求才这样做的。“但是没有炸掉。而是充满敬意地将其运到这位侦察员的家乡叶卡捷琳堡”。看哪，亲爱的读者，原来是“充满敬意地”拆除。当时，俄罗斯中央电视台播出了“尼·伊·库兹涅佐夫遭谋害”的节目，大家也都看到是如何“充满敬意”的：用绳索系住头，把英雄的半身雕像吊起来，随随便便、漫不经心地扔到地上。所有这些都是以一种复仇的愉快和幸灾乐祸的心情做的。他真该从坟墓中站起来，看一眼这些人，他可是为了这些人的自由献出自己生命的啊！下几个镜头显示，大街上摘掉了带有库兹涅佐夫名字的路牌，又匆忙地钉上了带有……班杰拉名字的路牌。

对我来说，尼·伊·库兹涅佐夫不只是一位传奇人物。我们乌拉尔人怀着神圣的感情，怀念俄罗斯大地上这位爱国者的名字。此外，在上个世纪30年代初期，他曾在我亲爱的乌拉尔机械制造厂当设计师。乌拉尔机械制造厂的人都深深以他为荣。为纪念库兹涅佐夫，在他曾工作过的一度是厂设计处的房间里，办起了一个以他命名的纪念室。厂部入口处挂着一块光荣牌，上写尼·伊·库兹涅佐夫曾在此工作过。我在厂里工作时，还遇到过当年曾同设计师库兹涅佐夫一道工作的人员。我们都怀着亲热的感情对待他的亲弟弟维克托·伊万诺维奇，他像两滴水一样酷似自己的亲哥哥尼古拉。库兹涅佐夫的一些战友多夫戈尔、斯特鲁京斯基等人都是工厂的常客。同尼古拉·伊万诺维奇所在部队传奇指挥官梅德韦杰夫见面时，到场的人真是人山人海。

尼古拉·伊万诺维奇·库兹涅佐夫1911年7月27日生于斯维尔德洛夫斯克州塔利茨基区济良卡村。

远在学校学习年代，他便表现出学习外语的非凡才能。今天，一说起库兹涅佐夫对语言所具有的与生俱来的能力，某些怀疑主义者就气不打一处来，把这位侦察员的经历说成是苏联神话。但他们又不能不承认事实。

30年代初，尼·库兹涅佐夫来到斯维尔德洛夫斯克，到乌拉尔重型机器制造厂设计处工作，同时又在工学院夜校部德语班学习。20年后，我也毕业于这座学院。他在厂子里常与德国专家交流，对他来说，这不仅是个良好的会话实践，而且有可能研究德国工人和工程师的一举一动、他们的心理、习惯。学院毕业后，库兹涅佐夫被派往莫斯科，进入对外情报机关。

伟大卫国战争头几天，库兹涅佐夫便呈递报告，请求“积极参加反对德国法西斯主义的斗争，在前线或在侵入我国土地的德军后方”使用他的能力。他连打了两份报告，愿望才得到满足。据这位侦察员的一些战友谈，“库兹涅佐夫被空投到被占领的乌克兰土地上，只带一把手枪和一颗手榴弹，就这些武器！但法西斯分子脚下的土地却燃烧起来……”

1942年夏天，尼·库兹涅佐夫被派到代号为“胜利者”，由梅德韦杰夫指挥的特工队。后来在70年代，梅德韦杰夫写了几部讲述这位侦察员功勋的著名长篇小说。尼古拉·库兹涅佐夫扮成德国军官，在罗夫诺市中心活动，消灭了乌克兰帝国委员会帝国顾问格利和他的秘书温特尔。一个月后，又重伤了帝国委员会副专员达尔格尔将军。稍后，还绑架了乌克兰讨伐军司令冯·伊尔根将军。之后不久，又击毙了乌克兰敌占区最高法院院长丰克。

与此同时，库兹涅佐夫还有针对性地搜集对中央十分重要的情报。1943年春天，他获得十分珍贵的情报：敌人正准备在库尔斯克地区使用“虎”型和“豹”型新式坦克，展开大规模进攻。他还得知希特勒在文尼察城下设立野战大本营的具体地址。正是库兹涅佐夫首先报告了准备在德黑兰历史性会见时对“三大国”政府首脑进行暗杀的消息。

1943年12月末，库兹涅佐夫得到一项新任务——在利沃夫开展侦察工作。他完成了复仇行动，消灭了加里西亚副省长奥托·鲍尔。

1944年3月8日至9日夜晚，他的小组在利沃夫州博拉京镇遭到伏击，在同乌克兰起义军士兵力量悬殊的战斗中全部牺牲。库兹涅佐夫见自己已陷入绝境，便拉响了一颗手榴弹，与周围的几个敌人同归于尽。

1944年11月5日，由于在完成上级交给的任务时，表现得特别坚毅勇敢，尼古拉·伊万诺维奇·库兹涅佐夫死后被追授苏联英雄称号。

尼·伊·库兹涅佐夫的功勋写成了许多书籍和剧本，文章和特写，拍了好几部故事片（《侦察员的功勋》、《果敢坚强》、连续剧《特别任务》）和文献纪录片（《天才侦察员》等）。

尼古拉·斯特鲁京斯基是库兹涅佐夫的战友，于2003年去世。他曾在库兹涅佐夫化身为“济别尔特”时担任他的司机，参加过他的所有战斗行动，生前很关心库兹涅佐夫的坟墓。他用了好多年时间，去考证这位传奇战友经历中各种事件的真实情况。斯特鲁京斯基本人也得到过不少崇高的战功褒奖，他说：

库兹涅佐夫把自己的生命献给了为乌克兰人民的自由和生存而进行的斗争，如今有人却要宣布他为乌克兰的敌人。下面仅举几个我亲自可以见证的事实。当我们消灭了乌克兰大枢密官阿尔弗雷德·丰克将军后，定在罗夫诺近郊的久季科维奇镇为他下葬。那里有一条小河。我们决定炸毁木桥，炸死应该跟在灵车后面的那些将军。一切已准备就绪，但在最后一刻，库兹涅佐夫取消了这次行动：他担心德国人会因此而把整个村子杀光。我们反对撤销这次行动，但库兹涅佐夫却坚持自己的意见。

另一个事实。在抓到加安伯爵和揭露了“韦尔沃尔弗计划”的秘密之后，我们返回自己的部队。在斯卢奇河上遭到阿塔曼布利巴手下的伏击，但进入战斗后，抓到13名俘虏。库兹涅佐夫看了一眼他们的穿戴——脚上的树皮鞋，身上的破烂衣衫。他把他们排成一列，对我说：“科利亚，我们不枪毙他们。这是些

坦克战战场上的纪念碑——钟楼。雕塑作者克雷科夫。(作者提供)

被骗的人，是农民……”对他们说：“我们是同德国人作战，而不是同乌克兰作战。我们放了你们，但有一个条件，你们再也不许拿起武器。”他们起誓发愿，就被放走了。在战争中这是罕见的事。这种事还有。

……他是俄罗斯的儿子，也是乌克兰的儿子。独立的乌克兰国应承认他是自己的英雄。他不是为荣誉而战，捍卫的不是哪个政权，他是同法西斯瘟疫战斗，为乌克兰人民牺牲的。最后，总应该还他个公道吧。

在这位传奇侦察员诞生 95 周年的那一年，乌拉尔人发现这位声威远播的老乡的坟墓状况很不能令人满意，便积极倡议迁葬库兹涅佐夫的遗骸。遗骸将被迁移到叶卡捷琳堡。现已选好几个重新安葬的地点，有公社社员广场、国防广场和希罗科列琴斯克纪念坛。

库兹涅佐夫是为乌克兰的自由而牺牲的，今天乌克兰又对此作何感想呢？回答已昭然若揭：那里现在正在进行着另外一场战争，正在跟那些在反法西斯斗争中牺牲的烈士们的纪念碑和坟墓作战。

乌克兰当局的行动，只能被视为对民族野蛮主义的一种鼓励。事实上他们斗争的对象并非纪念碑，而是人民的历史记忆，讨好的则是那些家生土长的叛徒。

我们从媒体中得知，在“独立”的乌克兰也有某些公民出来反对国内的这些行动。他们封锁乌克兰民族主义者班杰拉分子的集会游行，反对这些活动的参加者和拥护者，但可惜的是他们人数太少。

乌克兰人应该学习克里米亚人。妇女，主要是成年妇女，使美国海军陆战队蒙受耻辱，把他们那些集装箱船统统赶了出去。

乌克兰人民需要觉醒，远离那些客里空的“橙色”革命领导人，要头脑冷静地想想，这些都是为了什么。现在的当局在消灭人民记忆的同时，正力图为他们坚定的亲西方、远离俄罗斯、远离“莫斯科佬”的路线辩解。

“独立国家须有独立教会”*

上个世纪80—90年代乌克兰的政治局势，部分是由宗教关系决定的。虽然表面看来教会同国家是分离的，但教会对政治生活的影响却十分巨大。因为世俗的人在一定程度上总是要听从精神引领者的教导的。

伟大卫国战争结束之前，西乌克兰已有合并教会在活动。乌克兰希腊天主教会是在1596年由布列斯特合并派教会成立的。它服从罗马教皇，在保留正教仪式的条件下，承认天主教教义，为波兰当局利益效力，后来又为奥匈帝国效力。它持有反苏立场，在第二次世界大战年代同希特勒分子合作，支持乌克兰民族主义组织。1946年，由于布列斯特合并教派废除，它也自行瓦解。

80年代末，乌克兰西部各州民族主义情绪掀起浪涛。从一开始，这一过程便带有公开的政治性质，是加里西亚知识界素有的分离主义倾向在教会土壤上的反映。

在西乌克兰首先表露出这种情绪的是希腊天主教徒。早在1988—1989年间，他们便走出地下状态。从1989年下半年起，乌克兰希腊天主教会代表转向直接的积极行动。转至1989年秋季，他们开始大规模侵占正教庙堂。到了10月份，利沃夫的主易圣容大教堂成为合并教会教徒的第一个牺牲品。

当时提出了一个极端主义的口号：按1939年时的状况把所有庙堂和财产归还乌克兰希腊天主教会。及至1989年年末，乌克兰希腊天主教会获得合法地位。梵蒂冈的外交介入和约翰·保罗二世与戈尔巴乔夫于1989年12月1日就此达成的协议，对促成此事起了不小的推动作用。1990年初，民族“民主主义者”在地方苏维埃选举中获胜，开始在乌克兰西部各州执政。合并教派从此得到当局的实际上是无限的支持，对俄罗斯和正教的全面迫害，达到了登峰造极的地步。

乌克兰苏维埃社会主义共和国最高苏维埃大选后，其成员中出现了大量西乌克兰的民族主义政治家。从此，独立派有了议会讲台，同苏联当局的对抗进行得更加激烈。在政治狂热有增无减的背景下，乌克兰希腊天主教会一派侵占庙宇的运动达到更大规模。其间对可以影响事件进程的人士，包括约翰·保罗二世、苏

---

* 本章此节所用材料，是莫斯科大牧首辖区教会联络处提供给笔者的，特此致谢。

联总统戈尔巴乔夫、乌克兰苏维埃社会主义共和国最高苏维埃主席克拉夫丘克，提出多次呼吁，均未产生任何作用。

有亲天主教情绪的当局在小城市和村镇行事的办法都有个固定的程式：不管正教教徒和合并派教徒在该居民点的人数比例如何，通常都是由地方政府作出决定（1990年各地各级苏维埃均由“鲁赫”分子把持），把庙堂移交给希腊天主教徒。如果正教教徒拒绝交出庙堂，便发起冲击，其结果往往总是大量人员受伤，庙堂本身受损。常常圣地蒙污，甚至纵狗进入教堂追咬正教徒，而神职人员则被武装暴徒强行逐出祭坛。

上个世纪80年代末至90年代初，在西乌克兰由合并派教会发动的抢占庙堂的局势便是如此。这一切都是拜前乌克兰共产党中央主管意识形态的书记克拉夫丘克所支持的充满民族主义情绪的“鲁赫”分子所赐。

种种事件在约翰·保罗二世正式访问乌克兰期间达到了高潮。这次访问首先是出于政治考虑。对于库奇马摇摇欲坠的地位而言，贵客莅临不啻是收到了一份厚礼。

在基辅机场，大祭司鲍里斯波尔受到库奇马和外交使团的欢迎，小伙子和姑娘们身穿民族服装，高喊“贵族老爷万岁！”

一看到约翰·保罗二世踏上乌克兰土地的这架势，便明白他是要充分利用这次访问，不仅向天主教教徒，而且向整个乌克兰进行布道宣传，其中提到“政治势力犯下的种种罪行和对教徒的迫害”（当然是指希腊天主教教徒），但却只字未提希特勒分子杀害东部斯拉夫人的种种罪行，未提成百上千的被枪杀、活埋、烧死、投入矿井的苏联公民。

教皇到了巴比雅尔——世界上任何一个政治家也不会放过霍洛科斯特（大屠杀）这个话题。后来又访问了贝科夫连斯基森林，因为那里埋葬着成千上万苏联时期被镇压的牺牲者。他在长篇布道宣讲中错落有致地安排了一些重点：对纳粹一带而过，对苏联的极权主义则大张挞伐。这次的访问行程图当然不会让他访问特地为苏联战俘设立的可怕的达尔尼茨基集中营。

总结是2001年6月27日在利沃夫做的。这场弥撒有29名希腊天主教徒被列为圣者，其中只有一人是死于马伊达涅克之手。其余的人，据报道，均“牺牲于布尔什维克之手”。筹备这次访问的年代，以及这位大祭司访问乌克兰的内容本身，都直接导致后来把班杰拉、斯捷茨科以及他们手下的武装匪徒尊为英雄。

这次访问本身，以及伴随访问发生的种种事件，被认为是公平彻底消除1946年利沃夫“斯大林”教区事件后果的一次胜利。这个教区曾经经历过多么复杂的局面，乌克兰的希腊天主教会受到何等愤怒的群情激昂的声讨，这一切全都被遗忘了。要知道，以安德烈·舍普季茨基都主教为首的绝大多数僧侣，都不仅公开支持法西斯德国，而且还同占领当局合作，所以才对乌克兰土地上发生的种种法西斯罪行负有自己的一份责任。

舍普季茨基曾亲自为攻占“第聂伯河畔的金顶城市”，向希特勒表示祝贺。而且，在基辅陷落之前，这位都主教便发表了牧师文告，支持斯捷茨科 1941 年 6 月 30 日宣布成立的“政府”。乌克兰希腊天主教会首脑号召同“纳粹主义大德意志国密切合作，因为大德意志国在阿道夫·希特勒的领导下，正在欧洲和全世界建立新秩序，帮助乌克兰人民从莫斯科占领下解放出来”，并帮助它同“德国同盟军”一道，进行反对这种占领的斗争。

这份文件公布之后，紧接着就发生了持续一周的骇人听闻的利沃夫大屠杀，它成了这种“亲密合作”的第一个尝试。大屠杀的主要对象是犹太人，但苏维埃政权各级机关工作人员、共产党员、疑为同情莫斯科的人士和普普通通的无辜人士都成了屠杀对象。波兰知识分子也遭受了许多苦难。尽管如此，约翰·保罗二世却向利沃夫市民保证，在“圣贤名单的首页”看到都主教安德烈·舍普季茨基名字的那一天已为期不远。当然更不会提到合并派教徒于 90 年代侵占正教教堂的问题，要知道希腊天主教教徒只不过是收回“斯大林分子”从他们那里夺走的东西而已。

合并派教会在西乌克兰“复活”的最终结果便是如此。民族主义分子同该教会齐心合力，在乌克兰社会制造紧张局势已将近 20 年。乌克兰东西两部分的对抗一天也没有平息过。所有这一切，对国家的完整孕育着极其严重的后果。

从基辅罗斯接受洗礼开始，乌克兰的基本宗教是正教。然而在乌克兰正教历史上，也有过几次建立不从属于莫斯科大牧首辖区的自主教会的尝试。每次这种建立“乌克兰独立教会”的图谋，都是以具有分离主义情绪的部分乌克兰居民为基础。1919 年，在西蒙·佩特留拉（旧译彼得留拉）“当政”时期，这一目的始终未能达到。但是直到 1920—1921 年间，建立人数上占第一位的所谓“乌克兰自主正教会”方成为可能，这也是由于布尔什维克从内部分化了统一的俄罗斯正教的缘故。内务人民委员部各机关正是抱着这一目的，授意人们在俄罗斯从事新的教会分裂运动，并在乌克兰建立自主教会。

由于俄罗斯教会高级僧侣中无人支持分裂派教徒，自主教会的冒险主义行动就面临着彻底覆灭的危险。为了避免这一下场，教会分裂运动的头头们史无前例地踏上了公开践踏正教教规教义的道路：1921 年乌克兰自主正教会的伪都主教瓦西里·利普基夫斯基和其他伪主教不是由主教来举行“按手礼”，而是由神甫和俗家人举行“按手礼”。利普基夫斯基的分裂自主派人士由此得到了另一个名称，叫做“自封圣职人员”。这个伪教会存在时间不长，因为它没有能够满足内务人民委员部的期望，这种同正教斗争的手段没有收到效果，所以不得不在1930年自行消灭。

伟大卫国战争期间，1942年2月，平斯克召开了“乌克兰自主教会主教会议”，成员有波利卡尔普（西科尔斯基）和亚历山大（伊诺泽姆采夫），他们又为三名“高级僧侣”举行“按手礼”。“会议”宣布接受1921年“自封圣职人员”等级的伪神甫为新自主教会的人。

1942年5月，德国占领当局承认了新的乌克兰自主正教会，占领当局为了提高自己在居民中的声望，在乌克兰占领区开设正教教堂，同时又害怕俄罗斯正教教会的威望增长。德国人在分裂自主派教徒的帮助下，希望“分而治之”的乌克兰政策原则能够得以实行。新“教会”在占领早期（1943年之前）得到了德国占领者的广泛支持。但具有乌克兰民族主义共同思想的弟兄们，即班杰拉分子、梅利尼克分子和其他匪徒组织起了更大的作用。乌克兰自主正教会成了主要是反对本国人民的作恶多端的乌克兰分离主义分子的思想鼓舞者。在沃伦，在乌克兰民族主义组织的帮助下，自主教派对遵守教规的乌克兰正教大搞恐怖活动。许多不愿皈依乌克兰自主正教会的教士和俗家人成为恐怖行为的牺牲品。弗拉基米尔—沃伦主教马努伊尔（塔尔纳夫斯基）被班杰拉分子绞死，几十名拒绝同分裂教派合作的正教神甫受到了兽行的折磨。

乌克兰民族主义者和乌克兰自主正教会领导之间的联盟十分巩固，结果又影响到德国当局对乌克兰自主正教会的态度。这之后，到了1943年，班杰拉分子终于明白，希特勒分子实际上根本不想建立什么“独立的”乌克兰国，于是分离主义者开始对德国占领军展开行动。在这种条件下，乌克兰的德国当局只好停止以前向分裂自主教派提供的全力支持。

1943—1944年间红军向乌克兰顺利进军，将乌克兰从希特勒手中解放出来，使自主教会的分裂运动在罗斯正教会合乎教规的领地上彻底覆没。乌克兰自主正教会几名“主教”逃往国外，乌克兰领土上所有的分裂运动教区无一能继续存在，全部归入罗斯正教会的管辖之下。

二战以后，乌克兰西部领土上建立起一些主教辖区：利沃夫—捷尔诺波尔辖区、伊万诺—弗兰科夫斯克—科洛梅亚辖区和乌日哥罗德—穆卡切沃辖区。这些辖区的宗教生活十分活跃。赫鲁晓夫的迫害虽触及乌克兰西部某些主教辖区，但程度并没有其他辖区那么严重。甚至赫鲁晓夫在全苏掀起关闭教堂的浪潮之后，1960—1980年期间，仅利沃夫—捷尔诺波尔一个主教辖区（莫斯科大牧首辖区内最大的主教辖区）仍然还有两千左右个祈祷所，超过了俄罗斯教会社团总数的

1/4。

这些祈祷所大部分集中在乌克兰西部，上面已经谈到，这个地区几乎没有被宗教镇压活动所触及。这首先与下述事实有关，即乌克兰西部各州于1939年才归入苏联，很快便发生了伟大卫国战争。所以苏联只能在战后才开始在加里西亚进行改革，这是很自然的事。战后反宗教宣传曾一度偃旗息鼓，关闭教堂的运动也停止了。因此，当地的宗教生活并未遭遇到战前俄罗斯和乌克兰东部那种毁灭性的破坏。合并派教会于1946年在利沃夫大教堂的自行解散，对这种局面的出现也起了很大促进作用。

自主教会派第三代的出现，也同乌克兰西部民族主义情绪的爆发有关，在时间上则与教会合并运动的复兴相吻合。据搞起这一新的分裂运动的人当年解释，他们必须为希腊天主教派设立屏障。据他们讲，自主教派的思想剥夺了对教会合并派有利的最有分量的论据，即乌克兰教会的“民族”性质。不过很快便弄明白了，合并派也好，自主教会派也好，都是同一现象，即乌克兰分离主义的产物。不错，他们针对的是居民中的不同阶层。不管是那些世代承认在乌克兰西部已有300年历史的合并教派、主张把它作为民族宗教的人也好，还是那些认为正教是父辈信仰的人也好，他们归根结底都是上了民族主义的当，而绝不是什么在教义方面、神学方面、信仰方面乃至仪式方面出现争论和分歧的问题。

因此，有一点很重要，即乌克兰“人民鲁赫运动”的纲领中，有一章专谈宗教问题，其中有一句话，叫做必须为“斯大林势力所破坏的乌克兰天主教会（即1989—1990年间被称为乌克兰希腊天主教会的）和乌克兰自主正教会的法律地位正常化而斗争”。而且，加里西亚的许多政治家都认为，乌克兰自主正教会复兴的前景，比教会合并运动复苏的前景更为诱人：自主分裂运动对乌克兰东部具有潜在的输出能力，现象的发生指日可待，因为那里居民传统上都是正教徒，合并教派的主张得不到明显的响应。

加里西亚教会分离运动与右派政治家联系密切，正是这一运动使乌克兰正教自主教会1921年的思想得以复活。新的分裂运动从一开始就提出了两个独特的口号：“罗马不是我们的父亲，莫斯科也不是我们的母亲”，“独立的国家须有独立的教会”。

1989年2月份，在“鲁赫”的积极支持下，恢复乌克兰自主正教会创始委员会开始在基辅活动，该委员会确认同1921年的乌克兰自主正教会有继承关系，并号召乌克兰教区脱离莫斯科大牧首管辖。1989年8月，利沃夫彼得保罗教堂主持、大祭司弗拉基米尔·亚列马宣布他的教区脱离罗斯正教会管辖，嗣后分裂活动开始壮大。活动决定在两个方向上展开：在俄罗斯教会主教中寻找一位“反水”的高级僧正，同时跟侨民圈子和境外保留的“教会”建立接触。

但是，“圣弗拉基米尔教会两大分支”（乌克兰民族主义者经常这样来称呼乌克兰自主正教会和乌克兰希腊天主教会）的特殊合作关系并没有能够出现。乌克兰希腊天主教会起初对自主教会的分裂运动十分反感，觉得它在垄断民族主义思想方面是自己的竞争对手。

为了提高威信，分裂派教会非常需要一名高级僧正。没有高级僧正，即使连合乎教会法规的假象也难以造成，更不可能扩大队伍。结果这个反水的高级僧正找到了，他就是前日托米尔和奥夫鲁奇主教约安（博德纳尔丘克），他曾受到莫斯科大牧首辖区很大的委屈。这使他同意附和分裂运动。

11 月份，博德纳尔丘克通电声明自己脱离俄罗斯教会主教团。有人对他进行过说服工作，但未能收效。1989 年 11 月罗斯正教会神圣正教院邀请约安出席会议，但他两次通电拒绝前往莫斯科出席自己的案件审理。这之后，约安因分裂活动，被罗斯正教会神圣正教院剥夺其高级僧正教职和僧侣资格。

尽管如此，博德纳尔丘克对此置若罔闻，继续参加分裂运动。自主教会分子同教会合并派分子一样，由于得到民族主义思想狂热分子的广泛支持，在加里西亚人中逐渐赢得声望。这使分裂运动分子很快便开始强行侵占罗斯正教会的庙堂，希腊天主教派早就是这样干的。

1990 年 1 月 30—31 日莫斯科召开罗斯正教会高级僧正大会，对乌克兰西部教会间对抗问题给予严重关切。会议向苏联最高苏维埃主席戈尔巴乔夫致电，呼吁“立即制止”教会合并派和分裂运动极端派的“强暴和非法行为”。会议对分裂运动和教会合并运动给予同样的评价，认为它们并非宗教现象，而是政治现象。

还有一点很重要，即乌克兰西部各主教辖区除了公开拥护乌克兰民族主义之外，还有不少教士一方面是真诚的正教徒，一方面又认为，授予罗斯正教会乌克兰督主教辖区以合乎教规的自主教会地位，可防止乌克兰教会合并派和分裂派的进攻。

乌克兰西部各主教区的教士纷纷致函神圣大牧首皮缅和当时的基辅都主教、乌克兰督主教菲拉列特（杰尼先科），呼吁授予督主教辖区以自主教会权。1990 年 1 月 30—31 日罗斯正教会高级僧正大会对此的回答是：授予乌克兰督主教辖区和白俄罗斯督主教辖区以更大的自主权。

督主教辖区的新状况，要求在罗斯正教会允许的范围内，向该辖区提供相当大的自主权，但它们仍然是俄罗斯正教教会的组成部分。督主教辖区除新名称之外，还获得自主建立正教院的权利，该正教院拥有最高司法权、立法权和教会执行权。督主教辖区还拥有巨大的独立财权，在分裂派分子总是断言说似乎乌克兰教区的经费全被莫斯科掏空的情况下，这是个十分重要之举。就实质而言，各督主教辖区成为大牧首辖区范围内的自治教会。

与此同时，加里西亚的宗教战争却越演越烈。到 1990 年年中，捷尔诺波尔没有一座庙堂还留在罗斯正教会管辖之下：庙堂全部落入教会合并派手中，其中包括建于布列斯特教会合并派出现以前——1540 年的一座教堂。

1990 年 5 月 3 日，莫斯科和全俄罗斯神圣大牧首皮缅（伊兹韦科夫）辞世。这位至圣于 80 高龄辞世。自主教会人士大概害怕俄罗斯教会的新教首会是一个精力充沛的年轻人，将同分裂运动的扩散开展有效对抗，于是决定趁莫斯科大牧首位子空缺之机，立即展开活动。

1990 年 6 月份，分裂运动分子集聚在基辅，举行所谓“全乌克兰自主正教大会”。他们在会上表现出十足的目无教规，竟然决定不仅要宣布成立自主教会，而且还要选举“基辅大牧首”。美洲自主教会首脑、年迈的姆斯季斯拉夫·斯克里普尼克当上了这名大牧首。分裂派分子当时把他树为分裂运动的一面旗帜。由于他当时身在美国，未能亲临会议，所以是缺席当选。约安（博德纳尔丘克）成为“大牧首宝座护法”。

苏维埃乌克兰当局对分裂派分子的活动没有起任何劝阻作用，有这样一个事实可资证明，即他们首开先例，向分裂派“大会”的参加者提供罗斯正教会的圣地——基辅圣索菲亚大教堂，以作举行亵渎神明的“祈祷仪式”之用。须知，圣索菲亚大教堂至今仍是文物保护单位，是一座博物馆。

乌克兰发生的教会骚乱，是促使罗斯正教会不得不在牧首皮缅逝世未过 40 天之际便紧急进行新教首选举的原因之一。

各教区主教联席会在其决定中谈到了乌克兰十分复杂的宗教局势。会议指出，教会合并问题使罗斯正教会同梵蒂冈的相互关系紧张到极点，破坏了正教和天主教继续顺利对话的希望。

会议还谴责了破坏乌克兰西部教会和平的乌克兰分裂自主教派的行动，指出，乌克兰正教会“实行自我治理的公正意图，未能在保留教会统一教规的框架下实现，而是走上了一条错误道路，必须承担由此产生的一切极其有害的后果”。各教区主教会议强调指出，乌克兰正教会在获得广泛独立的同时，不仅仍然处于莫斯科大牧首辖区之内，而且同各教区所有正教教会的关系也必须合乎教规的规定。

选举莫斯科和全俄罗斯新牧首，对自主教会分裂运动以后的命运也有间接关系。大牧首皮缅逝世后，基辅和加里西亚都主教、具有牧首地位的乌克兰督主教菲拉列特于 1990 年 5 月 3 日就成为遴选大牧首期间牧首宝座的临时监护人。就地位而言，基辅督主教是罗斯正教会大牧首以下的第二位高级僧正，是神圣正教院常任成员中最有影响力的人物。根据传统，都认为临时监护人最有可能当上未来的大牧首。

然而报刊上却越来越经常地不断出现一些消息，说菲拉列特督主教的道德面貌远非无可指责。许多人，特别是乌克兰的神职人员，都不喜欢这位主教对督主教辖区的管理作风；说他好发号施令，很粗鲁，具有目光短浅的世俗长官身上的官气，缺少一位高级僧正所应有的修养。许多倾向于分裂派的人士也证实，他们之所以倾向于分裂教派，就是因为要脱离菲拉列特都主教在乌克兰教会中所造成的那种令人窒闷的气氛。

然而菲拉列特都主教想当莫斯科和全罗斯大牧首的意图却很明显。在 1990 年各教区主教会议上，这位乌克兰督主教在选票上占第一名。选举大牧首时，投他票的有 66 人。然而罗斯正教会的新任大牧首不是菲拉列特，而是列宁格勒和诺夫哥罗德都主教阿列克西（里迪格尔）。可想而知，这一情况也影响到菲拉列特都主教的下一步活动。

在乌克兰正教会生活中，莫斯科和全罗斯神圣大牧首阿列克西二世 1990 年 8 月 6 日对乌克兰的访问具有巨大意义。这次访问给予乌克兰正教民众以巨大的道德支持，因为这时乌克兰正教民众正遭受来自教会合并派和自主教会派的侵犯。这位至圣登位不久便访问乌克兰，证明消弭乌克兰宗教冲突乃是莫斯科大牧首面临的最重要的任务之一。纪念罗斯洗礼日当天，在基辅大教堂为等同于使徒的圣弗拉基米尔公爵举行祈祷仪式后，大牧首阿列克西说："所谓的自主教会的传播，实质是教会分裂运动的扩散，使吾等不能不感到担忧。本牧首此次访问乌克兰，足可证明我们同乌克兰正教会的主教团，同全体教士和教众欢乐和悲伤与共。"

尽管罗斯正教会采取了一切措施，教会冲突的政治化却日益严重。

1990 年 7 月 9 日，乌克兰督主教辖区主教团在基辅召开会议，通过"乌克兰正教会独立和管理自主呼吁书"，还一致推选菲拉列特（杰尼先科）都主教为乌克兰教会教首。

罗斯正教会神圣正教院于 1990 年 7 月 20 日开会审议了乌克兰教会正教院要求扩大自治的决议。鉴于乌克兰宗教政治局势异常复杂，乌克兰高级僧正团请求授予督主教辖区以更为广泛的自主权。罗斯正教会鉴于该问题意义重大，决定在罗斯正教会全体高级僧正大会上予以审议，会议定于 1990 年 10 月 25—27 日召开。

应该指出的是，乌克兰中央地区各州和东部各州的绝大多数正教信众，都反对任何形式的宗教“独立”，主张在莫斯科大牧首辖区内同罗斯正教会保持紧密团结。

1990 年 10 月 25—27 日，罗斯正教会高级僧正大会在莫斯科圣丹尼洛夫修道院召开。在提交高级僧正大会审核的议事日程上，主要就是授予乌克兰正教会独立和管理自主权的问题。

10 月 28 日，大会结束的第二天，莫斯科和全罗斯大牧首阿列克西二世抵达基辅，以便隆重宣布乌克兰教会独立，其目的在于克服分裂运动，建立教会和平。大牧首阿列克西二世于抵达当天便在基辅索菲亚大教堂举行祈祷仪式。仪式开始之前，至圣将乌克兰教会独立证书赐予菲拉列特都主教。

至此乌克兰自主正教会获得了实际上的完全独立，只同莫斯科大牧首辖区保持教规上的统一。17 世纪末以前，基辅都主教辖区在君士坦丁堡大牧首辖区内也拥有类似地位。而且有意思的是，自主教会派在谈到乌克兰教会史上莫斯科以前这一段时期时，称其为独立时期；但在评价 1990 年赐予乌克兰正教会独立后的乌克兰正教会状况时，却少不了一定指出，这是一种假象，乌克兰正教会根本谈不上什么独立。

乌克兰许多人完全真诚地认为，获得独立的乌克兰正教会，现在能对自主教会派和教会合并派给予应有的回击。统计资料亦可证实乌克兰正教会的力量优势：到 1991 年夏天，乌克兰共有 5000 个以上合乎教规的祈祷所，而教会合并派只有 1800 个祈祷所，分裂派只有 1100 个祈祷所，当时还有许多祈祷所都是虚设的。

由于乌克兰正教会获得独立和自主管理地位，乌克兰正教会正教院特决定召开乌克兰正教会主教大会，会议于 1990 年 11 月 22—23 日在基辅召开。

与此同时，大会被迫再次讨论同自主教派和教会合并派相对抗的问题。大会参加者遗憾地断定，破坏性的力量以宗教口号为掩护，追求的是非宗教性的目标。有人曾指出，乌克兰的宗教分裂运动从一开始便公开带有政治性质，是乌克兰政治中分离主义方针的一部分。

会议还指出，乌克兰西部僧侣对合乎教规的自主教会十分向往，但又必须顾及乌克兰正教会东部主教辖区教徒的情绪，因为当地对自主教会抱有强烈的否定态度。

1991 年，乌克兰政治力量的配置发生严重变化。1990 年 6 月，乌克兰苏维埃社会主义共和国最高苏维埃通过乌克兰国家主权宣言之后，导致苏联解体和乌克兰共和国脱离苏联的倾向看得越来越清楚。在这种条件下，大部分党的干部为了保住自己在条件变化情况下的影响力，决定同民族主义分子勾结，迅速改变了自己的政治方向。分离主义已经不仅仅是加里西亚持不同政见的代表的主张，而且成为基辅的官方政策。在乌克兰最高苏维埃主席克拉夫丘克的活动中，可以十分清楚地看出这一点。很快乌克兰便单方面宣布退出苏联，党的干部及时改变了自己政治方向，同加里西亚民族主义者瓜分了权力。

国家紧急状态委员会垮台之后，菲拉列特都主教紧跟民族主义潮流，从毫不妥协地反对乌克兰自主教会派的立场，转而成为热心推动自主教会的人。特别是他转而认为，1990 年各教区主教大会的结局是一次完全的失败。基辅和莫斯科各报刊发表的那些有关他私生活的文章，也起了不小作用。作者们断言，菲拉列特都主教有妻子和孩子，盗窃教会财产，与克格勃有牵连。乌克兰高级神职人员指责他应对加里西亚教会合并派的成功负责，对前日托米尔主教造成的分裂运动负责。应该认为，日托米尔主教归入自主教会，在很多方面都是由于个人对菲拉列特都主教怀有敌意造成的。

在菲拉列特都主教施压的情况下，1991 年 11 月初乌克兰正教代表大会通过决议，“致书莫斯科和全罗斯神圣大牧首阿列克西二世和罗斯正教会主教大会，请求赐予乌克兰正教会以教规所规定的完全的自由”。会议认为，这“将有助于巩固乌克兰正教统一，有利于消弭业已出现的自主教会分裂运动，抵抗教会合并派和天主教的扩张，促进当今敌对宗教信仰之间的和解并建立和睦，促进乌克兰各民族团结。考虑到基辅都主教辖区的千年历史，拥有 3500 万教民的乌克兰正教会是其直接的合法继承人，会议请求罗斯正教会于赐予乌克兰正教会完全独立之后，推动东部各主教和地区教会首脑共同建立基辅大牧首辖区”。

1991 年 12 月 25—27 日召开了神圣正教院会议，会议由神圣大牧首任主席，有都主教菲拉列特参加，决定将乌克兰正教代表大会的呼吁书和决定分发给罗斯正教会全体高级僧正，让他们详细研究这一十分重大的问题，以便下一步在全体高级僧正大会上把该问题列为讨论重点。乌克兰教会代表大会的决定使乌克兰相当一部分高级神职人员和俗家人感到担忧，各教区纷纷向莫斯科大牧首辖区致电，请求将本教区留在莫斯科管辖之内。文尼察主教区的 60 余个祈祷所甚至把会议记录都寄来了，在每份记录上都列有上百到数千个签名。与此同时，菲拉列特都主教却采取强有力的措施，竭力加速教会的自主化进程，向各主教区发出通令，要求召开僧侣大会，以支持乌克兰正教代表大会作出的关于授予该正教会以独立的决定。

1992 年 1 月 22 日，基辅召开了乌克兰教会的主教会议。会议通过致神圣大牧首阿列克西二世、神圣正教院和罗斯正教会全体高级僧正的一份新的呼吁书，指责罗斯正教会神圣大牧首故意拖延正面解决自主教会问题："一定的势力，其中包括来自莫斯科的势力，正在个别州的修士、僧侣和俗家人中间散布混乱情绪，从而实际上是在反对乌克兰正教……莫斯科某些媒体针对乌克兰正教会首领展开诽谤运动，企图用肮脏的诽谤手法，搅乱不知情者的头脑和心灵"。

由各教区、宗教学校、高级神职人员和俗家人发往莫斯科大牧首辖区的信件和电报有如雪片飞来，纷纷请求制止罗斯正教会分裂，保留乌克兰教会现有的地位。神圣大牧首阿列克西二世对局势深感忧虑，向菲拉列特都主教致电称，鉴于宗教事件的发展呈危险态势，建议在神圣正教院召开会议之前，乌克兰某些州"应采取克制态度，不以教规作任何威胁"。2 月 17 日菲拉列特都主教向神圣大牧首发来两封电报，第一封请求正教院"不要作出"任何涉及乌克兰正教会内部生活的决议，第二封声称他因病不能出席正教院会议。在神圣正教院会议之前，神圣大牧首阿列克西二世还接到乌克兰内阁宗教事务委员会的一封"公开信"，该委员会在信中坚持要求授予乌克兰正教会以教会自主权。

1992 年 2 月 18—19 日罗斯正教会神圣正教院会议召开，通过一份致基辅都主教菲拉列特和乌克兰教会主教团的呼吁书，要求"乌克兰正教院立即重新审议 1 月 23 日决定，以便抚慰高级僧正团和如今正以悲恸的心情恳请教会主持公道的教民的心灵。如此方可使我等能保持教会的和平和乌克兰正教的统一……一旦此合乎教规的唯一正确原则遭到破坏，愿上帝保佑不要发生此事，所有忠于正教的教徒亦将获得我等合乎教规的领牧，不会听由其任凭恶势力摆布而沉沦"。

1992 年 3 月 31 日，罗斯正教会高级僧正大会在圣丹尼洛夫修道院召开。大会一直持续到 4 月 5 日。高级僧正大会从 4 月 1 日到 4 日讨论了乌克兰高级僧正团关于授予乌克兰教会以自主教会地位的申请。

首先由菲拉列特都主教作报告，然后开始辩论，大多数高级僧正均参加了辩论。来自乌克兰不同主教区的众多教徒代表团均对自主教会一事提出抗议，这对讨论乌克兰教会的地位问题，不能不有所影响。在圣丹尼洛夫修道院的土地上，有打着宣传条幅的纠察队，条幅上写道："我们号召会议参加者维护教会的统一"，"自主教会是通往合并教派之路"，"乌克兰需要纯正的正教"，"菲拉列特大主教！为了教会的福祉，您最好还是下台吧！"甚至"把离经叛道的菲拉列特革出教门"。

相当多数高级僧正在会上发言时谈到乌克兰教会自主化不合时宜，主要根据是如果乌克兰正教完全独立，面对合并教派的侵犯将处于一对一的局面，而分裂运动派是绝不会中止自己的破坏活动的。某些发言者提醒道，以往，乌克兰教会的一切自主化企图，都给教会带来了灾难。

乌克兰主教团某些当政的高级僧正发言，反对授予乌克兰教会以自主教会地位。马加丹主教阿尔卡季（阿福宁）的提议成为辩论中的转折点，他提议审议一下更换乌克兰教会首脑的问题，“因为菲拉列特大主教不符合要求，不能把乌克兰全体神职人员和俗家人团结在自己周围”。马加丹主教的提议得到文尼察都主教阿加凡格尔、乌拉尔主教安东尼（莫斯卡连科）和某些其他高级僧正的支持。有人指出，菲拉列特都主教只应服从乌克兰主教大会，索尔涅奇诺戈尔斯克大主教谢尔盖（福明）完全合理地反驳道：“乌克兰正教会暂时还不是自主教会，它不能超越罗斯正教会高级僧正大会的权限，保有其不能干预的不公开的内部问题。”

高级僧正大会主席、莫斯科和全罗斯神圣大牧首阿列克西二世对这次辩论作总结时说：

“有人叫我们相信，授予乌克兰正教会以自主教会权便可解决一切问题，正如以前有人叫我们相信，管理上必须独立，必须赐予菲拉列特都主教以至圣头衔。但至圣头衔并不能拯救这一状况，授予独立亦未能产生效果。那些并入破坏教规的自主教会的祈祷所并未归还，分裂运动越闹越厉害。我们能否为分裂承担责任？我们能否确信这样做会给神圣教会带来福祉？……要想谈论自主教会，需要一种安静的环境。但我们这个时代是一个经济、民族、人类联系遭到破坏的时代，是一个分裂和对抗的时代，所有这些使人民感到厌倦。保持教会统一的愿望乃是上帝的声音。我们大家都对乌克兰目前发生的一切负有责任，但对乌克兰教会的首脑主教还有个特殊要求。我们请求菲拉列特大主教，为乌克兰正教的福祉，为了我们的统一，为拯救乌克兰教会，离开自己的职位，以便乌克兰各位主教有可能选出一位新的首脑主教”。

菲拉列特都主教发表声明，这个声明不能有另外理解，只是表明他已准备好放弃乌克兰教会首脑的职位，服从高级僧正大会的意志，听从乌克兰大多数高级神职人员和俗家人的呼声，他说：“我觉得需要约安这样的先知，我准备做这样的先知。但我请求，不要因抛弃这位约安而使乌克兰掀起狂暴的浪潮，因此我请求向乌克兰主教区提供条件，到基辅去选举乌克兰正教会的新教首。我以大牧师的名义保证，这个大会一定会召开，绝不会受到任何压力。新教首将由大牧首阿列克西二世颁旨批准。乌克兰正教会应全面实现 1990 年高级僧正大会赋予它的权利。我还请求让我继续在上帝座前效力，不要让我退休”。

神圣大牧首对菲拉列特都主教准备卸下乌克兰教会教首的职务表示感谢，希望他能在乌克兰的一个主教讲坛上继续从事大牧师的工作。根据对乌克兰教会地位辩论的结果，高级僧正大会作出决定：“高级僧正大会接受基辅和全乌克兰都主教、至圣的菲拉列特的声明，为了教会的和平，他在即将召开的乌克兰正教高级僧正大会上将请求解除自己乌克兰正教会教首一职。高级僧正大会对至圣菲拉列特都主教的立场表示理解，对他在基辅主教任上多年担任大牧师的辛劳表示感谢，为他在乌克兰正教会另一主教职位上尽主教之力表示祝福”。

菲拉列特都主教同意从乌克兰教会首脑岗位上退下来，眼看着教会危机可以顺利解决，但到了基辅之后，事情却转变了方向：基辅都主教欺骗了一众大牧师弟兄和自己的教民。回到基辅后，他于 4 月 14 日召开记者招待会，指责高级僧正大会向他施压，声称他在大会上就如同身处髑髅地一样，“被钉上了十字架”，而且通报说，他答应从乌克兰教会教首的岗位上退下来，是出于外交考虑，他将领导乌克兰教会至生命终结。

5 月 6 日和 7 日，莫斯科召开神圣正教院扩大会议，但作为正教院常任成员的菲拉列特都主教却未出席会议。正教院断然谴责都主教的声明。鉴于乌克兰正教会出现的非常情况，在乌克兰正教会高级僧正大会召开之前，禁止菲拉列特都主教履行教首的职责，即：“召开正教院会议、为高级僧正举行按手礼、发布涉及乌克兰正教会的教令和呼吁书。但可以召开接受他退休和选举乌克兰正教会新教首的乌克兰正教会高级僧正大会……如果对罗斯正教会高级僧正大会决议和本决议拒不执行，着即将菲拉列特都主教交罗斯正教会高级僧正大会审判”。

但神圣正教院的这一决议亦未被菲拉列特都主教理睬。5 月 21 日，正教院讨论乌克兰的教会形势，但危机的过失一方仍未出席，他根本不想与会。正教院委托乌克兰教会中接受按手仪式时间最早的大牧师、哈尔科夫都主教尼科季姆（鲁斯纳克）在圣三一节之前召开高级僧正大会，接受菲拉列特都主教退休，选举乌克兰教会新教首。临时履行第一主教职责的任务，落在尼科季姆都主教肩上。接到神圣正教院决议的通知后，菲拉列特都主教声称，他认为正教院的决定“毫无道理而且……无效”。

5 月 26 日，神圣大牧首阿列克西二世致电菲拉列特都主教，呼吁他拿出大牧师和基督徒的良心来，恳求他为了教会的福祉，服从教规所规定的上下级制度。

同一天，菲拉列特都主教召集自己的拥护者在基辅开会，出席会议的有几名高级神职人员和俗家人，但没有一名高级僧正。会议拒绝罗斯正教会神圣正教院的决议：“莫斯科正教院关于乌克兰正教会的所有决定均无效，因为这些决定违反了有关乌克兰正教会的独立和管理自主的现行规章制度。”“我们承认莫斯科和全罗斯大牧首阿列克西二世是目前由教规所规定的教首的同时，”会议决议接着说，“声明有意通过合乎教规的途径，获得乌克兰正教会的完全独立。在这方面，我们一致支持我们的合乎教规的基辅和全乌克兰都主教菲拉列特。”

5 月 27 日，尼科季姆都主教在哈尔科夫召开高级僧正大会，与会者有 17 名大牧师，但菲拉列特都主教缺席，他不想参加这次会议，因为这次高级僧正大会对菲拉列特都主教表示不信任，要解除他的基辅主教职务。这之后，用无记名投票方式选举乌克兰教会的新教首。第二轮投票前，哈尔科夫的尼科季姆自动放弃候选资格。弗拉基米尔都主教当选乌克兰教会首脑。

罗斯正教会神圣正教院在 5 月 28 日召开的会议上，批准了乌克兰教会高级僧正大会的决定，指定 6 月 11 日召开罗斯正教会高级僧正大会，审理前都主教菲拉列特一案。神圣大牧首阿列克西二世根据 1990 年 10 月高级僧正大会通过的“关于乌克兰正教会”的决定，祝福新当选的基辅都主教作为乌克兰教会首脑履职。菲拉列特都主教三次接到神圣大牧首发出的参加高级僧正大会的邀请，但他拒不出席。这之后，根据教规，会议可在被告人缺席的情况下审理案件。

1992 年 6 月 11 日，在圣丹尼洛夫修道院召开高级僧正大会，由大牧首阿列克西二世主持。召开此次会议是专门为了审理指控前菲拉列特都主教反教会活动一案。有 14 位高级僧正因为各种理由缺席会议，5 名是乌克兰的，而其中的两名就是菲拉列特都主教和波恰耶夫主教亚科夫。当时他们还发表了个声明，说他们不服从这次大会。一开始先听取了乌克兰教会 16 位主教的声明，对菲拉列特都主教的分裂活动给以详尽无遗的说明，并多处引用教规，加以有力的诠释，指出由于这些分裂活动，他应被剥夺教职。一系列发言均证实，乌克兰众主教对他提出的指控是公正的。但是菲拉列特都主教的私生活却几乎完全未予触及。当时，这个话题正为莫斯科和基辅的报纸所广泛讨论。

前基辅都主教和波恰耶夫主教亚科夫二人被控犯有严重违犯教规的罪行，最高僧正大会详细审理该案全部内容后作出决定：“因菲拉列特（杰尼先科）都主教对下属神职人员态度冷峻傲慢，作风强横，敲诈勒索，行为不端，私生活不检点，致使信徒亦受到恶劣影响，他还背叛誓言，公开对高级僧正大会诽谤辱骂，在遭到禁止的情况下犹举行宗教仪式，包括行按手礼，制造教会分裂。着将菲拉列特（杰尼先科）革去都主教之职，剥夺其各级圣衔以及教士的一切权利。”

罗斯正教会高级僧正大会的这一决定，要传达到各地区正教会首脑，以备周知。

高级僧正大会致乌克兰正教会牧师和教民的公开信对法庭的这一判决作了说明，它指出：“菲拉列特和亚科夫被解除教职不是因为信仰，而是因为对教会犯下的罪行，其表现为有意粗暴破坏神圣教规。至于授予乌克兰正教会以合乎教规的完全独立问题，我们坚定相信：这个问题应通过召开各教区主教大会以合法的合乎教规的途径予以解决，并将大会决定同各兄弟教区的意愿协调一致。否则我们面临的只能是给教会生活带来毁灭的新的分裂运动”。

菲拉列特前都主教和亚科夫前主教不服从高级僧正大会的各项决定，同以安东尼（马先季奇）为首的乌克兰自主正教会的伪主教们进行谈判。谈判在乌克兰总统和政府庇护下在基辅举行，并于 1992 年 6 月 25 日以决定召开一次被禁止的神职人员和主张分裂的俗家人的会议，并把这次会议宣布为全乌克兰正教代表大会。这次非法的大会决定把脱离正统乌克兰正教会的菲拉列特都主教及其拥护者同乌克兰自主正教会联合起来，认为“乌克兰正教会和基辅大牧首辖区是乌克兰正教会和乌克兰自主正教会的合法继承人……会议声明，大牧首姆斯基斯拉夫是乌克兰正教会和基辅大牧首辖区的首脑。鉴于必须立即加强乌克兰正教会和基辅大牧首辖区的领导，考虑到姆斯季斯拉夫大牧首身在乌克兰境外，更考虑到他的 94 岁高龄——所有这些都使得教会领导工作出现一定的困难，特设立副牧首一职。批准基辅和全乌克兰都主教圣菲拉列特为副牧首。”

此时，1995 年 6 月 14 日，恰逢乌克兰正教会轮值首脑、伪大牧首弗拉基米尔（罗马纽克）去世。乌克兰民族主义组织成员同一些好斗的民族主义分子一道，其中也有穿袈裟戴十字架的神甫，利用他的葬礼搞了一次政治示威，最后造成了同警察的流血冲突。肢体冲突是由一名自主教会的“神甫”挑起的，他用十字架撞击一个警察的脸部。示威者意图违反政府的禁令，要把弗拉基米尔葬在索菲亚大教堂。他们想把伪牧首的遗体抬入大教堂，但未能得逞，便把遗体埋到了大教堂前面的沥青马路底下。11 月份，乌克兰正教会（基辅大牧首辖区）又选出一个新的“大牧首”，这已经是第三位了。这次菲拉列特终于当上了。

1996 年 12 月 15 日，在基辅比切尔斯基修道院召开乌克兰正教会高级僧正大会，37 名主教中有 1 名因病未能参加。开会之前，乌克兰教会中就自主教会问题爆发了激烈的争论。高级僧正大会一致（只有一票反对）通过声明，出于对教会福祉的关心，须明智地拒绝请求即将召开的罗斯正教会各教区主教大会赐予乌克兰正教会以自主教会的地位。

1997 年 2 月 18 日，高级僧正大会在莫斯科丹尼洛夫修道院宾馆召开。参加会议的有 133 名大牧师，其中 114 名为各主教辖区主教，17 名为助理主教，1 名为退休人员，12 名高级僧正未能到会。

会议进程中，哈尔科夫都主教尼科季姆、利沃夫主教奥古斯丁、敖德萨都主教阿加凡格尔提出，要把被剥夺教职并亵渎神明地自封“大牧首”的菲拉列特修士革出教门。

圣高级僧正大会将修士菲拉列特（杰尼先科）革出了教门，并警告修士亚科夫（潘丘克）和修士安德烈（戈拉克），如不知忏悔，亦将被革出。

2000年8月举行的罗斯正教会高级僧正纪念大会对讨论乌克兰问题相当重视，乌克兰的几乎所有注册高级僧正都参加了这次大会。不仅如此，会议还通过专门决定，对世界各地正教会承认基辅都主教圣弗拉基米尔所领导的乌克兰正教会为乌克兰唯一合法正教会一事给予确认，并认为它具有管理的独立性和自主性。这样就为把乌克兰正教全面团结在它周围创造了有利的条件。

目前，莫斯科大牧首辖区下的乌克兰正教会共拥有3500万教徒。

分裂派的菲拉列特的基辅大牧首辖区乌克兰正教会基本上只是在乌克兰西部教徒中有影响，即在历史上划归波兰立陶宛王国、奥匈帝国、波兰版图的加里西亚和沃伦有影响。到2002年初，基辅大牧首辖区乌克兰正教会仅有近2000个祈祷所，80％位于乌克兰西部各州。

乌克兰自主教会正教会：目前，基辅和全乌克兰“都主教”梅福季（库德里亚科夫）是乌克兰自主正教会首脑。据乌克兰自主正教会资料（2001），它拥有11个主教区，5661个祈祷所和404个高级神职人员。80％以上的教民集中在乌克兰西部三个州（利沃夫州、伊万诺弗兰科夫斯克州和捷尔诺波尔州）。

2004年尤先科总统选举获胜后，莫斯科和全俄大牧首阿列克西二世在会见乌克兰哥萨克时，对莫斯科大牧首辖区乌克兰正教会的命运表示担心。大牧首声称：“在那些积极支持由总统指定的反对派候选人的人士中，有分裂派教徒和教会合并派教徒，因此，正统的乌克兰正教会在新条件下将经受一定的困难，它的存在不能不遇到麻烦，这种情况令人忧心忡忡。”罗斯正教会首脑对哥萨克代表表示感谢，因为他们保护了基辅比切尔斯基修道院和波恰耶夫修道院，这些都是乌克兰正教的圣地。“我想，现在这一点特别重要，特别迫切。鉴于最近时期乌克兰形成的复杂政治局势，有人可能会针对正统的正教会组织挑衅和进攻。”阿列克西二世提出了这样的警告。

当然，民族主义势力以后也可能利用俗家人达到自己的政治目的。乌克兰有一个统一而又强大的正教会对他们不利。他们的行动早晚会被大部分乌克兰人民所唾弃。

橙色噩梦

乌克兰政治精英之间的对抗，早在库奇马总统下台之前很久便形成了。

1999年在他竞选连任总统期间，“橙色革命”未来的“带头人”和“领袖”

尤先科和季莫申科在库奇马同共产党人西蒙年科展开竞争的情况下，无保留地支持库奇马。

根据选前达成的协议，库奇马连任乌克兰总统后，把尤先科提起来当了总理，由季莫申科任副总理，主管燃料动力部门，实际上把整个经济工作的管理抓到了手中。这样一来，未来“橙色革命”的两个领导人便开始积极落实库奇马的竞选纲领，后来又为反对这个纲领建立了反对派。

分裂的原因是什么？首先是因为对乌克兰原总理拉扎连科提出刑事指控。拉扎连科是季莫申科“乌克兰统一动力系统”这家巨型公司的商业伙伴，是国内天然气市场的垄断者。这场官司不可能不涉及她这位公司首脑。2001 年 4 月季莫申科被迫离职，遭到逮捕。出狱后成为“没有库奇马的乌克兰”这一政治运动的积极组织者和参加者。

这时传出记者贡加杰遇害的消息，加之总统以前的卫士梅利尼琴科少校偷录库奇马的谈话被揭露出来，这些事弄得群情激昂。在最高拉达会议上所放的录音证明，库奇马总统与记者的消失有关，其效果就像一枚引爆的炸弹。这些录音成为指控库奇马篡夺权力的根据。后来又公布了库奇马家族贪赃的大量事实，他们参与非法占有国家财产，遂为公众所知。

社会党人首领莫罗兹是“要没有库奇马的乌克兰”和“乌克兰站起来!”这些行动的积极组织者之一，他声称，运动的想法不仅是要剥夺某个具体人的权力，而且还要改变造成乌克兰所有不幸的根子——权力制度。运动在乌克兰大多数地区展开，这样一来，在 2004 年年末为总统权力而斗争期间，这些活动便成为“橙色”群众集会的序曲。

尤先科、库奇马和最高拉达主席普柳希在轰动一时的“三巨头公开信”中谴责这些活动违法，称其参加者为法西斯主义的引路人，但这种做法却使反对派更加紧密地团结起来，以对抗总统一伙。

2001 年 4 月，尤先科被迫辞职，从那时起，便开始了他同季莫申科以重新掌权为目的的政治合作。

上面提到的乌克兰的这些事件，严重破坏了库奇马在欧盟和美国当局眼中的威信。但是，正如下面一些事件所证明的那样，总统不仅不打算在宪法规定期限内下台，而且还想在 2004 年大选后连任乌克兰首脑。为了这个目的，2003 年他提议国家进行政治改革。改革意味着向议会总统制模式过渡，议会由两院构成，下院由普选制产生，最高拉达可以选举国家总统。

众所周知，反对派未能允许库奇马实现这些意图。他的政府被迫同意反对派提出的国家宪法修正案。不过这份修正案也考虑到由议会选举总统的问题，而这一点符合库奇马的利益。但 2004 年 2 月 3 日召开的最高拉达非常会议却保留了当年仍由全民直接选举总统的做法。

正如后来事件所表明的那样，直到最后一刻，库奇马仍未放弃掌权的希望，这对亚努科维奇和尤先科竞选对阵期间出现群众性对抗（“橙色”和“蓝色”）愈演愈烈的情况，具有非同小可的意义。

反对派的形成、精英们的冲突、反对派有声望的领袖的作用、外部势力的地缘政治利益、“天鹅绒革命”中积累的经验以及大选近在眼前的局势，所有这些都起了作用。

大多数政治学家早就预见到乌克兰总统“竞赛”会朝什么方向发展。尽管想当总统的人很多，但形势越来越明朗，总统宝座之争最后必是在亚努科维奇和尤先科之间展开。

尤先科—季莫申科反对派联盟的所有重要人士都预言，现任总统毫无疑问会取得胜利，并断言，只有行政因素方能从他手中“窃得”胜利，即伪造投票结果。为推举尤先科登上大位，选择了南斯拉夫和格鲁吉亚的斗争方式，即由街上和广场上的人群向现政权施压。

乌克兰“橙色革命”的进程定期在电视台和其他媒体上得到说明。规模如此宏大且又相当持久的行动是怎样组织起来的，活动资金来源和外部干预程度又如何呢？

乌克兰的历史表明，在所有重大事件中，东南部和西部（加里西亚）地缘政治对抗始终占有一席之地。当利益攸关的势力组织大量具有民族主义情绪的人员来到基辅时，这种对抗表现得特别明显。这次的情况亦然。成千上万来自利沃夫州、捷尔诺波尔州、伊万诺弗兰科夫斯克州、罗夫诺州和西部其他各州的人，在宣布第一轮选举结果那一天，有组织地聚集到基辅，打出的口号是：“尤先科是我们的总统!”

不仅如此，乌克兰的“民主”还产生了一种前所未有的奇异现象。伊万诺弗兰科夫斯克州苏维埃、利沃夫、捷尔诺波尔、伊万诺弗兰科夫斯克市和文尼察市苏维埃不等宣布投票结果，便声明不信任中央选举委员会，并承认尤先科为国家总统。许多人都知道，这次活动是蓄谋已久的。正如最高拉达的一位代表所言，在宣布投票结果那天夜里，正是基辅当局，批准了成千上万的人在五月广场上集会……而且是大选前两个月就开始了。

基辅市的高等学校和中学都停课了。成千上万的青年人穿上橙色衣衫，聚集在五月广场。他们的努力实际早已使政府和总统办公厅的活动瘫痪，许多街道上交通断绝。训练有素的人士指挥了全部活动，这一点从电视台的实况转播中亦能看得十分明显。

治安机关究竟起了什么作用，说得轻一点，很难判断，因为内务部和乌克兰安全局的领导早向五月广场集会的人群声明，他们严守中立，保证绝不会对他们使用武力。

顿涅茨克、哈尔科夫、卢甘斯克、扎波罗什、辛菲罗波尔和东南部乌克兰其他城市，开始举行群众集会，作为对“橙色人士”压力的抗议，他们在选举中支持亚努科维奇。一旦亚努科维奇在大选中取胜，但他作为国家总统的地位得不到承认，而“橙色人士”还继续对当局施压，这些地区的地方自治代表在北顿涅茨克的代表大会上已通过决议，就要在 2004 年 12 月 12 日就建立乌克兰东南共和国举行全民公决。在此之前，最高拉达作出决定，宣布第二轮选举结果无效。

今天，任何人都无法推翻一个事实，即乌克兰的“橙色”行动大选使用了舞弊的手法。每个人都明白，成千上万顶帐篷、睡袋、橙色衣物等等，都是事先早就备好，运入基辅的。成千上万的人要吃，要看病，每昼夜要领“工资”。每个人都清楚，行动的资金来源，不是尤先科那点极为有限的竞选基金，而是“外援”。早在大选之前，美国便拨出数百万美元，以供欧洲驻乌克兰安全和合作组织协调员在各地区开设 25 个分部之需。

在这些事件发生的同时，还有一些特别的现象，也不能不引起人们的关注。比如，奇韦尔斯于 2005 年 1 月 17 日在纽约时报上发表的一篇文章，仅就题目而言，就显得意味深长：《乌克兰间谍部门的高官是如何改变国家道路的》。文中详细描写了他们旨在阻挠亚努科维奇当选的种种活动。顺便说一下，意大利邮报的著名观察员、欧洲议会代表凯扎声称，美国对第比利斯事件的影响亦十分明显。

现在还弄清楚了，什么事都少不了的别列佐夫斯基，对这些事件也没有袖手旁观。他要求尤先科的幕僚向他报告“为民主目的”拨出的数百万美元的花销情况。众所周知，别列佐夫斯基绝不是一个“随随便便”干事的人。季莫申科同这位叶利钦“家族”成员的电话交谈，暴露了他同“橙色人士”的广泛联系，以及对五月广场事件的直接影响。

毫无疑问，西方的压力对尤先科的胜出起到了巨大的作用。欧洲议会甚至作了个专门决议，呼吁乌克兰当局宣布第二轮总统选举结果无效，不承认中央选举委员会宣布亚努科维奇为胜利者的决定。

那些日子，以波兰总统克瓦斯涅夫斯基为首的欧洲议会使者以“调停人”的身份两度访问基辅。“橙色革命”使他欣喜若狂，他声称：“没有乌克兰的俄国比有乌克兰更好”。现在看来，这位波兰前总统、青年组织的前领导人已经忘记，俄国的相当一部分历史，就是由无数次反对波兰侵略的斗争构成的。波兰侵占过罗斯南部诸公国，还侵占过“罗斯城市之母”基辅，造成了1605—1612年间的大混乱，波兰军队还随同拿破仑的大军一起入侵。还可以提醒克瓦斯涅夫斯基先生记住，他国家的政府在现代史上曾经做过许许多多不甚怀有好意的事情。第二次世界大战期间，为了解放波兰，有60万苏联军人丢掉自己的性命，可谁能让他们复活呢？

俄国已为斯大林统治时期在卡廷地区造成数千名波兰军官死亡的事件道过歉，波兰为1919—1920年间发生在波兰集中营的俄国战俘的可怕悲剧道过歉吗？牺牲在这些波兰集中营的战俘共有8万人哪！不管是俄国，还是国际社会，也并没有为了博爱而敦促波兰高层认罪，要求为折磨致死的俄国军人修建纪念碑，以便亲人们能像波兰人到卡廷那样，好为纪念亲人而鞠躬志哀吧。

俄国政治家不可能对乌克兰境内境外发生的事件袖手旁观。2004年11月23日，国家杜马为乌克兰局势专门通过一项声明，代表们“对乌克兰反对派激进分子的违法行动表示严重关切”，并呼吁西方各国不要干涉该国选举局势的发展。

然而政治家的这份声明对大选结果已回天无力。

青年是“橙色分子”的积极部分。在群众出动前夜，按照格鲁吉亚“克赫马拉”模式组建起来的大学生组织“到时候了!”，在训练有素的领导人带领下，巧妙地操纵着大批群众。所以“橙色分子”在五月广场才能做到组织严密，服从统一指挥。而“蓝色人士”则没有这种组织。一列列由顿巴斯开往基辅的矿工列车，以及莫斯科大牧首辖区教会打着“尤先科是魔鬼!”的旗帜，举着十字架游行的教众，看来简直像是被“橙色分子”的巨大人群“吞没”了。像400家企业同时拉响汽笛，为支持亚努科维奇而罢工这样的行动，亦未能有助于“蓝色人士”。

为了支持“橙色人士”的“革命热情”，媒体编造出毒害总统候选人尤先科的难以置信的故事，甚至点出了一些投毒者的姓名。根据乌克兰总检察长在电视上发表的正式声明，原来并没有发生任何下毒事件。根据报纸消息判断，原来只是搞了一次美容治疗，想把脸变得年轻点，但搞得不成功而已。

尤先科选举获胜后，主要问题是形成“权力树”的问题：谁在哪个枝上，占个什么位置。首先是谁当国家总理。从“橙色革命”的准备和进程来看，有希望得到这一职务的基本上应该是这一革命的主要领导人季莫申科。但尤先科的亲信中有不少也是处于掌权地位的，也希望得到这一位置。比如，尤先科的干亲家波罗申科就是。反对季莫申科的还有接近未来总统的幕僚，于是这权力结构中的二把手的问题便迟迟定不下来。

关于总理宝座的决定在最后一刻即尤先科上了飞往莫斯科的飞机才定下来，

尤先科签署命令，任命季莫申科为乌克兰总理。也许，这里起作用的不仅有他们选前的协议，还有“橙色”运动中发生的分裂——季莫申科的拥护者这期间把政府大楼团团围住，公开声称如果季莫申科不是第一个进楼，任何人不许进去。

政权瘫痪使乌克兰经济陷入凄惨状态，尽管如此，摆在首位的却完全是另一个问题：开始迫害积极支持亚努科维奇的人了。解雇浪潮滚滚而来——各部和各部门所有领导、东南各州的所有州长统统被撤了下去。某些州苏维埃的领导受到了刑事迫害。一些代表甚至向最高拉达提交了“秘密检控”法草案。据报道，该项法案规定，甚至幼儿园和中小学校的领导人也要报告，总统大选期间他们支持的是谁。据《莫斯科共青团员报》提供资料，被剥夺工作的有1.8万人。

然而颜色革命，亦称“天鹅绒革命”，究竟是怎么一回事呢？一般来说，可以把它列入革命的科学概念，即“从一个质的状态向另一个质的状态的飞跃式的迅速过渡，是自然界、社会、思维的辩证发展的最重要的规律性之一的表现”吗？

政治学家意见不一。一些人说，乌克兰、格鲁吉亚重复了俄国1991年的“天鹅绒革命”；另一些人坚持说，必须把革命的经典概念同“天鹅绒革命”概念区分开，天鹅绒革命实质上并不是革命。某些人称这些“革命”是代用品，从欧·亨利时代起还有一个众所周知的名称，叫做“香蕉革命”，香蕉革命是由特工机关端出来的、按需要的“口味”建立政权的一道名菜。

尽管意见纷纭，但其中的主要之点和共同之点却可以剥离出来。在苏联空间，发生“颜色革命”的各国——格鲁吉亚、乌克兰、吉尔吉斯——国体上并未出现原则性的根本变化，只是统治精英在变。乌克兰则更是如此：把这些人推上台执政的不是别人，还是库奇马。这些人长期以来一直都是支持库奇马的。

乌克兰“橙色革命”取得胜利的最重要条件之一，便是有权有势的精英代表（库奇马本人，内务部、乌克兰安全局的领导人，最高拉达议会党团“劳动的乌克兰”的代表）的行动。

五月广场上看似坚如磐石的尤先科—季莫申科联盟，实际上从一开始走向执政，便有可能被不可调和的矛盾所瓦解。季莫申科准确认定，她的主要敌人就埋伏在总统身边，绝不会放过她的任何一点过失。

总统在群众大会上和国情咨文中多次保证，要使经济摆脱阴影，要消灭腐败，要对非法获得并国有化的财产进行二次私有化。起初谈的是3000家企业，后来谈的是300家，最后企业数字减少到29家。“克里沃罗格钢厂”，特别是尼科波尔的几家铁合金厂似乎是在向世人显示，正在研究的不是要把这些企业收归国有以改善国家财政状况的问题，而是在总理和总统的家族利益发生冲突时，如何对财产进行简单的再分配的问题。

季莫申科的政府作出的决定，导致危机爆发——肉、糖、汽油都陷于危机之中。

许多人都开始对政府政策表示不满，但季莫申科本人把一切都推到自己的政敌——“总统亲信”的身上。2005 年 4 月，她作为“父辈遗产”联盟的首领，对这些亲信一一点了名——有波罗申科、别兹斯梅尔特内、特列季亚科夫、日瓦尼亚、马丁年科等等。指控他们破坏“橙色阵营”统一，谋划在 2005 年 7—8 月份撤她的职。五月广场上两个获胜的集团开始对抗起来。

尼科波尔铁合金厂是世界上最大的铁合金生产企业，该厂发生的事件闹得沸沸扬扬。这家企业的主人是库奇马的女婿平丘克。最高经济法院根据政府的命令，认定该厂私有化为非法，而平丘克所得到的 50＋1％的股份为无效协议。当时真是整个乌克兰都感到“欢欣鼓舞”了；但波尔塔瓦、尼科波尔、费奥多西亚法院立刻介入该案，作出对立的判决。所有的乌克兰人都在电视上看着：这场游戏怎么收场？2005 年 9 月 1 日，警方特勤分队强行冲进工厂，保着符合另一集团利益的新领导科洛莫伊斯基进入厂内。平丘克的拥护者派出该厂数千工人纠察队与警方对抗。

尤先科迫不得已介入此案，他声称，在尼科波尔工厂一案中，季莫申科政府未能有效保护国家利益，未能防止对立家族双方的挑衅行为。乌克兰媒体极力渲染一种说法，宣扬季莫申科在此事中参与游说科洛莫伊斯基集团的利益，恐怕会惹上很大的麻烦。

事件开始急剧发展。

总理的亲密战友决定抢先发动打击：2005 年 9 月 1 日，总理季莫申科的顾问布罗茨基在第 5 频道直播节目中指名道姓地指控尤先科的亲信重新分配乌克兰的财产，为己谋私。总理本人又火上浇油，在 9 月 3 日内阁会议上声称，似乎俄国企业家阿布拉莫夫亲自给她打电话向她报告，他向国家安全与国防委员会秘书波罗申科和议会党团“我们的乌克兰”的首脑马丁年科行贿 5 千万美元。阿布拉莫夫立即驳斥季莫申科的说法。

这一天，总统新闻局传出国务秘书津琴科辞职的消息，同时所有通讯社都发布消息说，他将于 9 月 5 日举行记者招待会。这位国务秘书指控尤先科的亲信贪污受贿的发言，成为所有媒体包括境外媒体的头条消息。

2005 年 9 月 7 日晚，总统尤先科举行一次小范围会议，参加者有他的几名助手、政府首脑季莫申科和她的两名副手，会上讨论了局势。尤先科的亲信就出现的丑闻向季莫申科发难，要求乌克兰政府集体辞职。季莫申科则打算对圣像起誓：对她的所有指控都不是事实。

经过辩论，总统最后作出决定，命令国家安全和国防委员会秘书波罗申科、乌克兰安全委员会主席图尔奇诺夫、总检察长皮斯昆、副总理托缅科、经济部长捷廖欣辞职。

然而所有这一切只不过是乌克兰统治阶层大丑闻的序曲。正如乌克兰第1、2、3届人民代表乔比特在《伪善者，或对乌克兰的不宣之战》这本小册子中对后续事件所描写的那样，季莫申科在总统那里开过会之后，当夜即把自己的几名亲密战友和朋友叫到别墅开会。他们甚至谈到了利用寡头别列佐夫斯基对尤先科大选进行资助的银行文件进一步加剧局势，直至对总统提出弹劾案。

在大家讨论得正热乎的时候，有人提出一个问题：国际社会对这一切会作何反应？国防部长格里岑科建议同美国驻乌克兰大使赫布斯特通电话，由于能流畅掌握英语的只有格里岑科（他在美国军事学院没有白学!），所以委托他完成这一使命。

大使在半夜两点被叫了起来。这群人把自己跑到总理别墅里聚会的意图作了长时间交代之后，他们听到了这位美国外交官的回答：国际社会会把这种事称之为阴谋，而且赫布斯特还表示了他个人对这次“秘密晚餐”的愤怒。

总检察长和国防部长立刻急急忙忙离开了别墅，否认与会上讨论的意图有任何牵连。他们一清早便给总统打电话，报告夜里出的这些事。但关于聚会的消息尤先科已早一步从美国大使那里得到了。

9月8日早晨，季莫申科紧急求见总统，她指定11时召开记者招待会。正如季莫申科本人证实那样，她把他的手攥在自己手里，请求说：“不要破坏我们革命的威信。让我们现在一起去参加记者招待会并对他们说，只要我们在一起，乌克兰的稳定便有保证。”

此时此刻季莫申科的亲密战友副总理托缅科正在开记者招待会，表示完全同意国务秘书津琴科的发言，同请求辞职的他站到了一起。有人向总统报告，季莫申科的议会党团一致投票主张剥夺波罗申科的代表权，当时波罗申科已经撤回了自己放弃代表权的声明。所以，尤先科打断季莫申科说：“不要再说了。”

也许，读者以为按时间顺序详细叙述事件经过和描写五月广场主要人物周围个别人物的作用是多余之举。但这样做有一个目的，就是揭露一下“橙色人士”的头头们喊出的口号是何等虚伪，他们曾许诺向乌克兰人民提供和平、安宁、幸福，而在瓜分抢到手的馅饼时，却互相咬了起来。

在他们当政的年代，乌克兰人民所看到的是贪婪的权力欲和对财产的重新瓜分。尤先科本人也不得不承认这一点：“我可以证明，实际上每天都得介入发生在国家安全与国防委员会和政府之间、国务秘书和国家安全与国防委员会之间、政府与最高拉达之间的冲突。总之一句话，这些冲突已经成了当局的主要工作。8个月来，乌克兰总统一直是这些乱事的调停人。这些我几乎从来没有公开说过。”这不正是对互相倾轧的人所宣读的判决词吗?

这期间乌克兰的经济降低了增长速度（2005年国内总产量增长2%，2006年预期为1.2%），由于各经济部门工业生产下滑，预算收入亦缩减。

在五月广场宣誓就职那天，尤先科喊出他的蓝色梦想：“我的目标是带领乌克兰进入统一的欧洲!”这个幻想正渐行渐远，至少有一个原因，就是据国际金融机构的统计，要想成为欧盟的候选人，乌克兰至少需要连续5—6年每年经济增长率为5%—6%才行。

政治不稳定在继续。2006年3月选举之后，最高拉达有5个月中断了工作。自从天然气危机以来，叶哈努罗夫政府根据季莫申科的提议集体辞职，至今在“代行职务”。从各种情况判断，新政府近期难以诞生。国内宪法法院也停止了运作。

季莫申科谋求政府最高职位——总理职务——的活动，实际上其实是数月来在最高拉达内一直为组成橙色多数而展开行动的原因。人们虽然一次次举行胜利狂欢，已达数十次之多，但绝对无人相信这个新的“橙色”联盟真能存在。

地区党首领亚努科维奇身边的幕僚认为，今天之所以能上演这部叫做“2号橙色噩梦”的电视连续剧，完全是强加给乌克兰的。有些政治学家甚至预言，议会极有可能提前大选。当然，在这种情况下，乌克兰总统尤先科的立场就简直令人吃惊了。

既然对季莫申科本人，对她所领导的政府所作所为以及对她个人的品质评价极坏，而且对于她在最高拉达大选期间对自己的党所表现的强硬立场感受良深，那么依然再次提议她担任总理，就变得有点匪夷所思，极不正常，也有损个人尊严了。特别是在为建立议会多数而“重新洗牌”的过程中，仍把2005年发生“橙色”伙伴联盟对抗并导致其瓦解，导致季莫申科下台以前的那帮人又拉了进来，那就更不可思议了。

但后来才从媒体上得知，原来急着要当乌克兰总理的季莫申科提出了一个改革计划，并于2006年7月1日得到美国驻基辅大使泰勒的支持。他声称，必须在近期立即重新审议乌俄天然气协议。这位外交官的声明在乌克兰把人们鼓动得群情激昂，因为这话正说在7月1日，也就是人们正以为俄罗斯天然气要涨价的时候。但天然气工业公司宣布不会涨价。季莫申科的拥护者响应美国大使的号召，把它像未来的行动旗帜一样高高举起，而反对派则认为这是在干涉乌克兰内政。结果还是老规矩——谁花钱谁是大爷。

恢复议会中“橙色”多数的意图又落空了。地区党、社会党和共产党建立了联盟，负责组建议会领导机关，任命总理，成立政府。时间将显示这个拥有 240 票的联盟能挺多久，能干成多少事。

许多人，其中包括颜色革命的积极拥护者，都看出乌克兰人民已经被橙色胡作非为弄得疲惫不堪了。不管怎么说，乌克兰人民不会为出现一个新“政权”而上街庆祝了，那些前途光明之类的蛊惑人心的讲演，已经让百姓听腻了。

在当今政治对抗不断的背景下，乌克兰精英们对待加入北大西洋公约组织的态度是一个颇为特别的问题。问题不新鲜，从宣布乌克兰独立时起便始终存在。克拉夫丘克也好，库奇马也好，总是反反复复地说，在对外政策方面，北大西洋公约组织占有优先地位。他们的怀里总是揣着这块石头，凡有什么事若要俄罗斯让步，总要把这块石头掏出来。尽管 1990 年 6 月 16 日的国家主权宣言说，乌克兰是个中立的国家，它不结盟，实行无核化，而且斩钉截铁地说，“宣言是乌克兰新宪法和法律的基础，在缔结国际条约时决定共和国的立场”，但库奇马总统 1998 年 11 月 4 日还是发布指令，批准了“乌克兰同北大西洋公约组织合作的国家纲领”……

该纲领第一句话便把主权宣言有关中立和不结盟的内容抛到了九霄云外：“乌克兰的战略目标是同欧洲以及北大西洋公约组织机构一体化，是享有全权地加入欧洲安全体系”。

除了政治领域、政治军事关系领域、军事领域、乌克兰武装力量在北约组织安排下参加维和行动（指在伊拉克）等章节外，还规定了在武装领域进行合作的条款，其中包括：同北约组织各成员国共同研制和生产武器和军事技术装备，向北约组织标准过渡，在军火领域交换军事科学研究结果，等等。

这样一来，在加入北大西洋公约组织之前，乌克兰领导便已经承担起正式成员的义务。

如果在尤先科担任总统之前，合作还宣布为在乌克兰—北约组织委员会框架内进行的话，那么这个人掌权之后，便出现了一个乌克兰加入北约的具体时限问题，首先是美国人提出了许诺，要加快这个进程。

正如 2006 年 1 月代理国防部长格里岑科所声明的那样，“乌克兰已进入实施获得北大西洋公约组织成员地位计划的积极阶段”。国家预算正计划为此拨出一笔相当大的经费。

美国总统布什在切尔诺贝利核电站事故 20 周年前夕公开扬言，他希望在总统卸任之前看到乌克兰成为“欧洲北大西洋公约组织大家庭”中享有全权的一员。北约秘书长索绪尔保证说，通向2008年北约下一波扩大的大门对乌克兰一直是敞开的。那么，“亲爱的朋友们”（尤先科喜欢这样称呼乌克兰人）又是怎样的反应呢？

尽管乌克兰鼓吹加入北约的人往往把追求加入北约的理由说成是凡加入北约的国家生活都好，也就是说，一旦我们加入，我们的生活也会好起来，可是有61.4%的居民不相信他们，反对乌克兰结盟。早在2006年2月份，中央选举委员会便收到450余万公民的签名，支持就加入北约进行全民公决。费奥多西亚事件表明了普通人对尤先科之流的美国朋友进入乌克兰的态度，那一次克里米亚居民在乌克兰东南部各城镇居民的大力支持下，到底也没有让美国人进来跟乌克兰搞联合军事演习，美国人登陆之后，又被赶出了克里米亚。

不过依我看来，问题还不会是那么简单，即使全民公决得以举行，北约的反对者得以获胜，问题也未必能得到彻底解决。加里西亚和沃伦还是不会同意，他们已习惯用讹诈来达到目的，他们会再次把人们拉进五月广场的“橙色”帐篷。克里米亚和东南各地区的人民会采取什么行动来回答呢？

问题的答案很快就出现了。2006年12月16日就乌克兰加入北约问题举行了一次“乌克兰全民公决”，投票站（共1200个）设在人口最多的地方，参加投票的近90万人，为克里米亚选民的57%强。结果令人震惊：反对加入北约的为98.7%，而“同意”的仅有1%。

不管怎么说，“乌克兰全民公决”是情绪对立的两极的一次对抗，它还将使东西方关系的裂痕进一步扩大。2006年夏天亚努科维奇发表了严肃的政治声明，声称目前乌克兰还不可能加入北约，这一步唯有留待全民公决之后方有现实意义。

俄罗斯唯有特别留意跟踪事件进程，并尽力对其施加影响。乌克兰为世界新秩序的战略家们所需要，这一点对谁其实都不是什么秘密，它首先并且主要是可以作为反对我国的跳板。立陶宛、拉脱维亚和爱沙尼亚等国一旦加入北约，北约空军的歼击机立刻就可以以保卫这些国家免遭来自强大的东方邻居的进攻为借口，沿俄罗斯同波罗的海沿岸地区各国的边界进行空中巡逻。

在北约新成员国——波兰、保加利亚或罗马尼亚——的国土上，很快就会设立反导弹系统，目标很可笑，为了防止可能来自……伊朗的核打击，尽管没有这些反导导弹德国、土耳其等北约国家本身的“遏制性武器”就够多的了。

现在让我们再来看看北约潜在成员国乌克兰的地图吧。从可能出现的核导弹打击来看，从哈尔科夫、苏梅和切尔尼戈夫各州领土上向莫斯科和中央俄罗斯各大城市发射的巡航导弹的飞行时间仅仅只要几分钟。要是想跟踪和拦截由俄罗斯腹地发射的导弹，这显然是好到不能再好的位置了。

所有这一切比我们乍看起来要严重得多，也危险得多。基辅一家有影响力的周刊《2000》报道说，不久前美国举行一次参谋部指挥推演，推演过程中详细制订了乌克兰加入北约后俄乌发生武装冲突时对俄罗斯进行核弹攻击的脚本。报道的来源我不清楚，但如果有过这次推演，我们的总参谋部不可能不知道。根据1993年俄联邦军事条例规定，当俄罗斯遭到攻击时，就可以使用核武器。在这种情况下，对乌克兰的打击将不可避免。正如常言所说，这种设想会让人惊出一身冷汗。

目前，我国抵御北约处处向我边境进逼的政策还很难说是有结果的。在这些问题上俄罗斯领导人的态度还缺乏一贯性。比如在俄罗斯领导人知情的情况下，北大西洋公约组织的将军们完成了一次从弗拉迪沃斯托克到加里宁格勒的横贯全国的旅行，而且到处对青年大学生讲，这个组织是一个爱好和平的组织，加入北约大家庭是“莫大的幸福”。

似乎在华沙条约解体之后，人们就应该认为北约的进攻行动是无可避免的了。无论是谁想出什么理由来为乌克兰加入北约辩解，都将是俄罗斯对外政策的巨大失败。

乌克兰政治势力的残酷对抗正在发展，后果很难预料。显而易见，克拉夫丘克—库奇马—尤先科推行的武装政策，绝不会给乌克兰及其优秀的人民带来和平与安宁。

只有清醒的政治家掌握政权，消除现任领导培育和制造的各种矛盾，兄弟的乌克兰方能出现和平。可以预见，对大多数乌克兰人民而言，这15年的噩梦早晚会变得无可忍受。

第十一章

苏联：从改革到解体

读者可以发现，前几章讲到了1986—1990年期间在某些加盟共和国发生的破坏事件，它们同地方的民族主义深深纠缠在一起，为后来的一些政治行动埋下了种子，最终导致我们共同的祖国——苏维埃社会主义共和国联盟的毁灭。正是民族主义同另外一些社会经济、政治等因素，甚至同某些完全个人的因素纠结在一起，构成了那根带来厄运的火柴，而一些利害攸关的势力则用它点燃了干柴堆。人们受到根本无法兑现的许诺的蛊惑，竟把他们的过去——在强大的统一国家中的生活——扔进了熊熊的火堆。过不多久，他们就以苦涩的心情认识到，原来这种努力，争取的竟是关于未来光辉"主权"的不切实际的幻想。

当然，在消灭这个大国的过程中，一次次民族主义的突然爆发的确起到一定的作用，但破坏苏联的主要推动力，还是来自中央，从莫斯科发出的。

同时，为了保持客观，应该指出，具有破坏性的离心过程在俄联邦开始得也要比其他加盟共和国晚得多。看来，这里显示出，俄罗斯在我国整个历史上所起的作用是特别的。因为在千百年过程中，唯有它始终是形成统一强大国家的核心。人民甚至在潜意识中也一直都记得这一点，而且为此感到骄傲。全世界的人也都是把苏联和俄罗斯这两个概念等同看待的。

俄联邦未来的领导人叶利钦在苏联解体中的作用是极为巨大的。他的战友们为此也负有很大的责任。他们的行为将在当代世界史上留下长久的痕迹。

好多个世纪以来，俄罗斯一直都在保卫自己免遭侵略者的侵犯——俄罗斯这块大馅饼实在是太美味了，土地那么辽阔，自然资源那么丰富，再加上人民又勤劳，有才能。我们祖国也曾经历过艰难困苦的年代，但在同侵略者斗争的过程中，每一次它都获得了胜利。

20世纪我们曾两次亲手毁掉了统一国家——一次是1917年，一次是1991年。1917年革命之后，当时的政治家仅过了5年就找到了共同语言，建立了苏联。第二次解体后，遗憾的是直到现在在各主权国家中占上风的还是政治上的离心力，而不是向心力。

这些无论就规模或后果而言，都称得上是历史罕见的罪行，是如何在俄罗斯首都发生，又为什么会在俄罗斯发生呢？俄罗斯是最大的共和国，又是个起缔造国家作用的共和国。因此，它本不该挑起任何行动，以牺牲国家其他地区及其人民为代价，来解决自己的问题。可是在改革的浪潮中，又出现了什么样的力量？这些力量的领导人为了达到目的，而且往往还是纯粹个人的目的（这些个人往往用人民利益的烟幕弹把自己的目的掩盖起来），又采用了一些什么手段呢？

1991 年 3 月 17 日，苏联举行首次全民公决，由全体公民决定是否保留苏联。据报道，赞成保存的占投票人总数的 76%。3 月 17 日，戈尔巴乔夫投票后向早已等候在投票站的各国记者发表谈话。他说："多民族国家的命运应当由人民自己来决定"。(新华社稿)

党内局势

1987 年 10 月，召开了一次苏共中央全会的例会。开会的地方在克里姆林宫，礼堂是专门为会议而修建的。现在，这个礼堂叫做克里姆林宫大理石厅。国家总统每年都在这里向俄联邦委员会发表咨文。

这次全会是一次普通会议，是根据党章规定召开的，没有任何不符合议事规程的地方。跟往常一样，宣布全会开幕的是苏共中央总书记戈尔巴乔夫，由他提出议事日程。其实中央委员们全都早就接到这方面的通知，所以走的完全是一种仪式性质的程序。当戈尔巴乔夫按照惯例询问谁反对或者谁弃权时，叶利钦从第一排（政治局委员都坐在台上主席团，政治局候补委员坐在台下第一排）站了起来，建议审议把他从政治局候补委员提升为政治局委员，他原来是政治局候补委员。

对于全体中央委员乃至政治局委员来说，这是一个完全的意外。我们很自然当时就问戈尔巴乔夫，这是怎么回事。从他那含糊其辞的回答中大家弄明白了，原来在南方休假时，他真的接到过叶利钦的这样一份申请报告。按照既定规则，他有责任把这件事通知政治局，以就此形成集体意见。如果叶利钦不愿撤回自己的申请，就要把问题提交全会讨论。只有苏共中央全会才有权选举或撤销政治局委员和候补委员以及中央书记。戈尔巴乔夫没有这样做，他向党内同志隐瞒了这样一份申请存在的事实，正如后来时间所示，这件事成了长长一串严重之极的事件的第一环，不仅影响到党内，而且影响到全国。

里加。在群众大会上。标语牌上的口号是："叶利钦是政治娼妓！"（克罗波夫斯基摄）

叶利钦从1968年起就担任党的工作，起初是斯维尔德洛夫州委的一个部长，后来又当上了州委的第一书记。在这件事发生之前，他担任苏共莫斯科市委第一书记已经几乎两年，并当选为政治局候补委员。在首都人们对他的看法相当分歧。许多人注意到他的行动很激进，特别是在干部问题上，注意到他说的许多话都很剽悍豪放，自我标榜的意味十分明显，几乎在老远老远的地方就能嗅到，用现在的话来说，就是喜欢搞民粹主义，喜欢谈谈同特权作斗争的必要性等等。与此同时，他又显然没有搞日常普通工作的兴趣，情况堪忧。特别是在中央政府和党中央都支持他为解决莫斯科所面临的各种极其重要的问题而作出努力的情况下。

叶利钦在全会的发言后来就简直变成了不值一提的神话。实际上那是一次颠三倒四不清不楚的发言，如果还能把它叫做发言的话。正如他后来在自己表示“忏悔”的检讨书中所说，那次发言虽很激烈，但却并不恰当。而戈尔巴乔夫本应该建议事先在政治局审议出现的问题，然后再拿到下次全会上去讨论，但却把这事搞成了一场争论。这样做也许非常民主，但却是极端地考虑不周。

一个接一个的发言，确切些说，一个接一个的批判发言，在全会上就像开了闸的水似的奔流。我也不必再来重复它们。全会之后第二天，就公布了发言人的名单，过几年后，这些发言的速记稿也发表了。为什么党的高层——尽管这只是些莫斯科的和地方的领导人——反应会如此激烈呢？看来，大概是因为党正在通过它的领导人和政治局展现“公开性”，而且正处于“多元化”前夕的缘故吧。当时，几乎所有的人都对这个发言表现得非常病态，其实，那远不是什么纲领性的问题，只不过对自己的一个同事，对中央领导干部，特别是对书记利加乔夫的工作方法表示不满而已。

激烈的讨论以及对“离经叛道之徒”绝对毫无意义的狂轰滥炸，导致适得其反的效果：俄罗斯的事就是这样，一个关于人民英雄，关于老百姓的“守护神”受到迫害的神话就这样诞生了。

于是自然又出现了另一个问题：以叶利钦的这样一个肤浅的、显然具有个人目的的发言，又如何会引起如此这般的反应呢？

以我的看法，把全会搞成一场大批判实在是一个大错，它昭示了我国最高领导的不成熟，首先是政治局委员们和中央书记们的不成熟。我很理解，当时各级党组织的多数领导，还没有能够摆脱党内生活的各种标准和关系的束缚。既然党的高层倡导变革，其中也包括苏共内部的变革，那怎么能允许搞这么个“大批判”呢？

看来，党的领导并没有完全认识到，在党的各级领导人同普通党员基本群众之间出现的分裂有多么严重。到了 1991 年，当戈尔巴乔夫按照叶利钦的指示解散苏共之后，这种分裂就充分暴露出来——1900 万党员中，竟没有一个人站出来保卫它。

这样一来，由于党的领导应对无方，缺乏才干，一个俄国版的绿林好汉罗宾汉就这样诞生了。他只不过是个非常平庸的政客，早在斯维尔德洛夫斯克的那些年我就对他有所了解，现在却成了反对派破坏力量的旗帜。

第二天政治局开会，按惯例对闭幕的全会进行总结。在戈尔巴乔夫介绍情况之后，葛罗米柯当时是苏联最高苏维埃主席团主席，向报告人提了个问题，请他说说对叶利钦打算怎么处理。总书记喋喋不休地说了一些模棱两可的话，意思是现在时候不同了，不是为这种事处罚谁的时候了，还得给他找个工作。

葛罗米柯比我们都年长，生活经验，特别是政治经验，比与会的其他人员可要丰富多了。

“米哈伊尔·谢尔盖耶维奇，你可得小心！”葛罗米柯说，“我觉得可以把他派远点，出国去当个大使什么的吧。”

可惜谁也没有认真听取这位长者的声音，于是后来的灾难性事件的链条又添加了一个环节。

过了差不多两年，在克里姆林宫的代表大会堂（现在叫做克里姆林宫国家大会堂）召开一个国家级纪念日的纪念大会。事有凑巧，我到场的时间稍微早了一点。上楼走进主席团的专用房间。戈尔巴乔夫和赖莎·马克西莫芙娜，还有中央委员会书记伊万·瓦西里耶维奇·卡皮塔诺夫已经坐在长桌旁，正在喝茶。有人也给我端来了茶。戈尔巴乔夫忽然问了我一个问题：

“尼古拉·伊万诺维奇，你那位老乡叶利钦都在搞些什么名堂?”

老实说，这个问题我要回答起来还真犯难。戈尔巴乔夫看出我为难的样子，就对他的夫人说：

“赖莎，你可别责怪尼古拉。它是唯一一个提醒我跟叶戈尔（指利加乔夫），说无论如何都不能任命叶利钦为莫斯科市委第一书记的人。”

戈尔巴乔夫虽然缺点不少，但记性很好，什么事都记得清清楚楚。我想，他一定会永远记得，而且现在也记得，早在 1985 年夏天发生在老广场苏共中央总书记办公室的那次谈话。

那次事件已经很晚了，突然，直通总书记的电话铃声响了（我还在中央委员会工作）。他请我马上过去。几分钟后，我到了他那边。戈尔巴乔夫和利加乔夫正在办公室边踱着步边讨论什么问题。一听他们的话我就明白了，正在讨论谁可以成为格里申的继任。

“你也知道，现在是该加强莫斯科领导的时候了。我跟叶戈尔正在研究莫斯科市委第一书记的人选，想听听你的意见。”戈尔巴乔夫这样说。

“我想，你们已经有些眉目了吧？”

“是的。我们需要派一个强有力的、有战斗性的同志到那边去。我跟叶戈尔·库兹米奇的意见，这个人应该是叶利钦。你了解他，你的意见呢？”

说老实话，我不太考虑干部的问题，我自己的问题——经济问题——已经够我忙的了。不过这样的意见，我可不能表示同意。这样的意向使我非常惊讶。

“是的，我了解叶利钦，而且认为他完全不适合这个角色。请不要忘记，现在研究的是首都这么个大的党组织，这可是个大量工厂工人、国家主要科技精英和文化精英聚集的地方。放在这里的领导人应该有智慧，善于机变，应该是知识分子型的。叶利钦却是另一种特质的人：虽说他是搞建筑出身，但究其本性而言却是个破坏者。你们准会看到，他会把整个林子都毁了的！他手里可不能掌大权。你们把他从斯维尔德洛夫斯克调进中央就已经犯了个错误，可不能再犯另一个错误，而且是致命的错误了。”

我的意见没有被接受。实际上他们已经有了决定。我只好说：“我没法说服你们。走这一步你们一定会后悔的。到时候再吃后悔药可就晚了！”

我们就这么分手了，谁也没能说服谁。我过去没有写过这次谈话的事，不过后来倒是戈尔巴乔夫自己说了公道话，他在电视上承认，想当年他在克里姆林宫对自己的夫人说过：唯一反对任命叶利钦当莫斯科市委书记的人是雷日科夫。不过我们没听他的话。

有时历史喜欢跟人开玩笑。正如所说，坚持把自己最凶狠、最不肯调和的政敌调入莫斯科的恰恰是利加乔夫。现在，当我们回首往事，评估同叶利钦有关的种种决定，包括怎样把他调入莫斯科市委的时候，不由得就会想起古希腊人充满睿智的话语：上帝如果要惩罚谁，定会先让他丧失理智。

社会大震荡和国家发生的破坏性巨变往往会促使许多人思考个人及偶发事件在历史上的作用，我们也因此而常常问自己和别人：如果是这样的话，那又该有个什么结果呢？如果说当上全党领导的不是戈尔巴乔夫，那改革会不会有如此毁灭性的后果呢？如果叶利钦还待在乌拉尔，那苏联又会是什么样子呢？有关个人在历史上的作用的理论著作还真不少，从古希腊哲学家到法国启蒙派，从马克思主义奠基人到无数知名不知名的作者。照我看来，整个 20 世纪，也许只是我国最后 15—20 年的历史，就能为这些哲学家们、社会学家们、历史学家们……进行分析和作出结论提供相当鲜明的资料。

不过，还是让我们再回来谈谈具体事实吧。十月全会的 8 个月后，到了 1988 年的 6 月，19 次党代表会议在克里姆林宫开幕了。列在议程上的一个议题是审议苏共27届代表大会各项决议执行情况和深化改革任务的执行情况。在克里姆林宫大会堂集合了5000名大会代表。

作报告的是苏共中央总书记戈尔巴乔夫。他的报告分析了改革以来几年间取得的成绩，有一部分是讲激进经济改革的，还有许多其他的问题。不过，最主要的恐怕还是3年来第一次提出了政治体制改革的问题。代表大会按不同问题组织了几个委员会，其中也有一个以政治局委员雷日科夫为首的民族关系问题委员会。

现在，当我翻阅会议速记时，我发现政权的各个分支，其中也包括党组织，都发出了批评与自我批评的强烈呼声。给人的印象似乎是闸门被冲毁了，自我鞭笞的洪流滚滚而来，不可阻挡。看来也没有什么奇怪的，多年来所有的发言都是严格程式化的，只能照本宣科，发言稿都是经过严格审查的，可现在却突然对你说：想讲什么就讲什么吧。多年来积攒下来的东西也就全浮到了表面。党代表会议上的发言很尖锐，丝毫不留情面，甚至有点自虐狂的味道。

现在我要给自己提一个问题：最近15年来究竟出现了什么情况呢？那些竭尽全力发起攻击的人，当他们掌权之后，本应该想方设法让这些情况在我国政治生活和日常生活中永远不再重演。可是他们并没有采取任何措施来改善局势。难道叶利钦——下面我还要谈到他的发言——在成为俄罗斯总统之后，对他原来批评的东西有丝毫改进吗？相反，过去的成绩全被抛弃了，缺点毛病却全复活了，发展到了前所未有的程度。而且，国内形势越是恶劣，叶利钦及其一伙就越是对老百姓说形势大好。回想改革之前乃至改革年代，作报告的任何发言人都有一个不成文的规定：成绩要尽量少谈，问题和任务要尽量多谈。看来这和一党制有关。在没有反对党和反对运动的情况下，人们正是以这种方式来揭露缺点的。

现在，一切都翻过来了。

在苏联以后的15年议会工作——8年国家杜马、3年联邦院——中，我不止一次听取过我国政府成员的报告和发言。他们滔滔不绝谈论子虚乌有的“成就”，却对缺点错误缄口不言。这引起代表们极大的反感，但随着立法机构越来越公开地倒向政府，能听到他们讲真话的希望日趋渺茫，直到最后完全破灭……

不过，在19次党代表会议上，以我之见再次犯下了一个对苏共、对国家来说都是致命的错误。正是在这次会议上，叶利钦被彻底推向了正在迅速形成的反对派阵营，不久，他就成了这一派的首领。为了能把当时面临的局势说得更明白，我想引几段叶利钦以及他主要的反对者——政治局委员、中央书记利加乔夫在大会上的发言。

根据不成文的规定，主持中央书记处会议的中央委员会书记是党内非正式的二把手。当时的这个人就是利加乔夫。叶利钦在当时已从首都党组织第一书记的职位上被撤了下来，但还是中央委员，因为选举他的是党代表大会，只有党代表大会才能把中央委员撤下来。

在党代表会议上，叶利钦得到了一个发言的机会。如果单就他的发言分析，抛开最后十来年对这个人形成的感情色彩和偏见不说，这个发言的确是极具批判性，也相当尖锐的。虽说发言的词句不是那么华丽，但这一次同上一次著名的全会不同，他谈的问题颇为言之有物。

“代表会议的主要问题，”叶利钦宣称，“是党内的民主化问题。我的意思是说，它正在逐步变得越来越糟。当然，也要讨论当前的热点问题：改革的整体问题和社会的根本性革新的问题。会议的筹备阶段本身，就引起了非同寻常的兴趣，为共产党员们和全体苏联人民重新带来了希望。改革使人民感到振奋。而且，看来改革也正是应该由党内开始。然后，党才能像过去一样，带领人民前进。若要从改革的观点来看，恰恰是党落后了。也就是说，今天的这次会议，早就应该召开。”

不能不承认，他讲的这些话有的地方很有道理，特别是关于党内问题的说法。可是不由得会产生一种印象，似乎他这个有20年党龄的党的活动家，对待党的重大缺点所抱的态度，却仿佛是一个路人。其实，多年来他不也正是处于产生和制造这些缺点的人之列吗？因此也就不由得会产生想法：这个人不真诚，他非常善于利用当前形势来谋取个人利益。

实践证实了我所有的疑虑：要对一个人下断语，只能观其行。看看“后期”叶利钦的所作所为，就可以用一句圣经上的名言来说：“所有的东西都原形毕露了”。再看看他发言中的另外一段话，就更能得出结论。

我碰巧就知道莫斯科市和斯维尔德洛夫州的党组织要把多少个百万卢布划拨到中央。可这些钱用到哪里去了，我可不知道。我只知道除了那些合理的开支之外，还建起了许多豪华住宅、别墅……疗养院的规模搞得那么大，当别的党的代表们到那边去访问的时候，叫人简直是不好意思。难道不应该用这笔钱来在物质上支持一下我们的基层党组织，其中也包括给基层干部发工资吗？然后我们又会对一些党的大干部陷于贪腐感到惊讶，惊讶于他们受贿，谎报成绩，行为不正派，道德败坏，不谦虚谨慎，破坏党内团结等等。

勃列日涅夫时期的上层腐败波及许多地区，对这一点不应估计不足，简单对待。腐败的程度看来要比有些人估计的更深，根据我在莫斯科工作的经验，黑社会肯定也存在。

还有个社会公正问题。当然，从大的方面来看，在社会主义原则方面，这个问题是解决了。但还遗留了一些问题，这些问题还没有解决，他们引起人们愤怒，降低党的威信，对改革的速度产生致命的影响。

我的意见——应该这样办：在我们社会主义社会，如果有的东西短缺，那这种短缺就要让所有的人在同样程度上分担，不应有例外……

发言人的最后这句话显然说过头了，陷入了煽动的狂热。也许他特别害怕成为一个“在社会主义社会”真正是好多东西都短缺的人，于是很快他就一头栽进了过去那些恣意妄为的敌人的怀抱，然后又领导了从整体上消灭我们的制度和国家的行动，开始放手复辟被人民推翻的资本主义，复辟一个由社会不公和人剥削人占统治地位的社会。

这位“热爱真理”的为人类幸福而斗争的“战士”又达到了什么目的呢？他为自己和自己的一伙，争取到了应有尽有的一切，而所有这些，正是他在刚刚过去的昨天所愤怒地谴责的内容。而对于人民和国家来说，他所带来的则是工业和农业的毁灭，是在国际舞台上把俄罗斯搞成一个一贫如洗的乞丐，是把老百姓分化为畸形的社会经济阶层，是把他们逐步引向衰亡，是把科学和文化引向退化。

难怪美国人说：赢得大选之后，首先要做的就是忘掉竞选时的承诺。看来，我们的这位令人难忘的叶利钦先生在他的“历史性”出访中也学会了这一招。

上世纪 90 年代，恰恰是在叶利钦统治俄罗斯的时候，腐败、贪贿、刑事犯罪，其中包括有组织犯罪统统大行其道，其规模达到了空前的程度。他慷慨地为土匪强盗大开方便之门，创建温室条件。当局的亲信和当时同总统过从密切的人士大肆搜刮人民的财产。当叶利钦在最高层当权的时候，人民目睹了，聆听了，也领教了他究竟有多么正派，多么道德高尚，多么谦虚谨慎。

不过，有些这方面的内容，为了那些容易消火的健忘之士，我还是想提上一笔。他早就把到区立医院治病和特意坐着哗啦哗啦作响的“莫斯科人”牌小汽车进克里姆林宫的事忘记了……

在他那本“忏悔录”里，党的领导人生活中许多具体事件受到很大关注。说实话，对于当时那些制度规矩，我也有好多看不惯的地方，还不止一次地就这些问题讲过话，写过东西。可是，为什么当他成为俄国元首之后，却不仅把受批判的东西全部保留下来，而且还变本加厉，加以发展呢？而他对待普通百姓的态度，简直更是厚颜无耻，完全是挑衅式的，搞的那一套排场，既毫无品位，又极尽张扬。当老人们半年半年地领不到养老金——那可是他们活命的唯一来源啊——几乎要饿死的时候，他却大修克里姆林宫的厅堂和自家的官邸，搞得那么豪华，以至法美两国总统见了都惊讶得简直下巴都要掉下来。

可以预料，总有一天，会把账目公布出来，为了装修这些厅堂，那座郊区的官邸，还有买那些昂贵的家具，修那些防备自己人民的坚固围墙，我们国家究竟得花多少钱。

在全国，在那些“最最民主”的政府办公室里，贪贿成风，腐败盛行，一切都公然大行其道。共产党跟他们怎么能比！以前不管怎么说还有人怕党委，也畏惧自己的良心，可现在简直是为所欲为，连闸都刹不住了……

在这位总统的面前出现的，有一座座宫殿般的别墅，有一排排属于“生活新主人们”的最昂贵的轿车，有多架专机和多艘专用游艇，这些都是遵照叶利钦本人的命令装备和修建起来的。直至今日，当他把一个强大国家彻底捣毁，转入“荣休”之后，还能乘着这些专机飞来飞去，飞到巴黎去出席网球公开赛……还能弄到钱（当然不是一笔小数目）在意大利的什么地方租一套私家别墅，等等。这就是“民主”的实际代价，而我们轻信的人民居然就上钩了。

这些都是后来的事。可是在1988年的夏天，叶利钦还是想回到党和国家政权的上层，他向第19次党代表会议提出申请说：

代表同志们：提一个不太得体的问题。我想提的要求，就是恢复我在中央十月全会后的政治上的名誉。（会场出现议论声）如果你们认为时间不够，那我就不说了。

戈尔巴乔夫：叶利钦同志，说吧，大家请你说呢。（掌声）同志们，我看，关于叶利钦的问题用不着再保守秘密了。就请叶利钦同志把他想说的话都说一说吧。然后如果有必要的话，我们也可以说一说。请吧，叶利钦同志。

叶利钦：代表同志们：过50年再恢复政治名誉现在简直成了一种习惯。这对于社会的康复当然有好处。不过我还是要请求生前恢复政治名誉。我认为，这是一个原则的要求，考虑到在报告中和大家的发言中都谈到的社会主义多元化、批评自由、对反对意见的宽容等等，我觉得这样提也是得体的。

大家知道，我在苏共中央十月全会上的发言被认为是一个政治错误。可是全会上的问题被一而再、再而三地在报刊上提出，党员们也这样提出。这些天来，这些问题其实也在这个讲台上，在报告和发言中再次提起。我认为，我发言中唯一的错误在于我的发言不是时候——我不该在十月革命70周年前夕提出来。

看来我们大家全都应该掌握政治辩论的规则，容忍对手的意见，就像列宁所做的那样。不要马上就给对手扣帽子，也不要马上就把它列为异端邪说。

在代表会议的发言中以及我的发言中，我在苏共中央十月全会上（1987 年）所谈的那些问题，得到了全面的反映。我对发生的一切感到无比痛心，请求代表会议撤销中央全会就此所作的决议。如果认为可以撤销，此举将可在共产党员心目中为我恢复名誉。这绝不仅仅是个人问题，这将符合改革精神，符合民主精神，而且，以我的感觉，这将对改革有所帮助，为人们增添信心。

是的，社会的革新是很不容易的。但这毕竟是一种进步，哪怕进步不大，而且，生活本身迫使我们走的也只能是这条路。（掌声）

不过，大多数后来发言的人，我想其中也免不了有总书记及其亲信的示意，还是以惯常的战斗激情，继续狠批叶利钦，最后他的恢复名誉问题也就不了了之。

为了举个例子，我想引用一段利加乔夫在代表会议上的发言：

也许，让我来谈同叶利钦同志发言有关的事情，要比领导班子里的其他人更难。这倒不是由于事情也牵扯到我。不过，也该是厘清事情真相的时候了……

不应该沉默，因为共产党员叶利钦走上了一条错误的道路。看来，他所拥有的不是创造力，而是破坏力。他对改革过程，对党所认可的工作方式方法的评价是不对的，是错误的……

叶利钦同志在中央全会上责备中央书记处的内容，也正是他本人在莫斯科市委的所作所为。我想指出一点，作为市委书记，他本人却从来不参加书记会议。我还要说，有一点让人很难相信，那就是他身为政治局成员，应该参加政治局的会议，这些会议一开就是八九个、十来个小时，而叶利钦却几乎总是从不参加讨论那些全国性的重大问题，从不参与那些全国人民等待着的决定。他在沉默，他在等待。真是咄咄怪事，可这是事实。难道这就意味着党内同志式的态度？中央书记的工作，中央机关活动的目的和意义，不就在于帮助地方做好工作吗？

这次代表会议之后，叶利钦身上受迫害的人民英雄的光环变得更灿烂了。过了不多时间，尽管想方设法对他进行了愚蠢透顶的阻挠，但他还是以巨大差额胜出自己的选举对手，当选为人民代表。如果代表会议真的为他“恢复了名誉”，那也许就不会出现新一轮酝酿破坏事件的过程。由于我们的民族心理，“失宠”反倒帮他赢得了选举。

我在这里并不想讨论“上层”的策略是对还是错。其实这里的回答只有一个，就是这种策略愚蠢到家。遗憾的是叶利钦本人同当时他的“敌人”之间并没有什么区别，而且他在自己的书里甚至还写道：“我是这个制度培育出来的。”当这一天终于到来的时候，他只不过是跟欺侮过自己的人算了一笔总账，把党给查禁了。他不过是个我们土生土长的罗宾汉，他的斗争对象就是党的高层，因为他当众受到了对方的鞭笞。他赢了。于是他怀着一种痛快的心情把对手侮辱了一番。至于他同时也把1900万共产党员推进了污泥塘，那就无所谓了！至于法律受到了践踏，那也只是小事一桩！然后，他成了俄罗斯的大老板，成了“沙皇鲍里斯”，他对此一点也不以为耻，反而不止一次地到处宣扬……

20年一直待在党的机关——这会使性格产生严重扭曲。我还没见过一个机关干部，在权力机关里的经历对他不会产生某种程度的影响。这种扭曲常常会使人的灵魂变得丑陋，使信仰、理想、希望丧失。如果我还相信叶利钦是“真诚地入党”（这是他的话）的话，那么，1990年，在党的18次代表大会上他的那种故作姿态的退党，其真诚性就很引起我怀疑了。那么，从这个意义上来说，在治理我们这个分裂的国家的问题上，在党死亡之后，在以叶利钦为首的“民主派”掌权之后，情况又有多大的变化呢？要说好的变化，那可是绝对谈不上。

19次党代表会议表明，在党内已经形成了一种明显的认识，虽说当时还不太成形，稍后不久，这种认识就以一句非常流行的话表述出来，那就是：再也不能这样继续下去了。在彻底进行经济改革的同时，政治体制必然也要求进行变革。这一点使我们在经济领域和生产领域工作的干部特别感到不安。

我们心里非常明白，经济管理工作越是向前发展，就越是会集中到党的领导手里。但与此同时，以党的领导人为代表的最高当局，实际上对国家发生的一切却不负任何责任。在已经形成的政治体制中，立法机构——最高苏维埃以及各级苏维埃——在很大程度上只不过是把党的机构所制订的决议草案赋予法律法规的形式。选举机制也越来越形同虚设。这样一来，各级苏维埃的威望也越来越不显著，尽管就其本质和潜力而言，它们实际应该拥有对国家和社会实行有效民主管理的一切必要条件。

今天，许多人，特别是所谓的民主派，已经完全“忘记”了，正是苏联共产党，在19次代表会议上最早宣布了进行政治改革的迫切性和必要性。

在这次党代表会议上，就像过去那样，第一个提出的问题是纯经济方面的问题：对第15个五年计划的前半期进行总结，并对党组织今后在这方面的任务进行讨论。第二个问题则是党内和社会生活的进一步民主化的问题。就这两个问题作报告的都是戈尔巴乔夫。他当时讲的话很对：“今天应该有勇气承认，如果政治体制僵化，没有变革，那我们就无法完成改革的任务。”

接着他就像在1987年1月的中央全会上提出七项原则一样，又列举了政治改革的七项原则。不过，在这次党代表会议上，他并没有提出一项对任何民主而言都是根本性的任务——国内三权即立法、行政、司法的最终相互制衡问题。天平明显地向立法倾斜。

就在总书记到代表会议作报告之前，政治局按惯例进行了讨论。我又没有沉默：

“我在这份报告中看出一个明显的倾向，就是对行政部门的削弱。这是不可以的！还是让我们按照经典的三权分立的办法来明确划分它们的功能吧。我们应该明明白白地规定每一种权力的作用范围。如果要把全部权力——我再说一遍：是全部！——都划归苏维埃的话，那依我的看法这样是不正确的。苏维埃能承担起这个责任吗？我怀疑。一旦无力承担，那国家就会失去控制……”

你们觉得奇怪吗？我受到了责备。又是老一套：我总是护着部长会议啦，我不懂时代的要求啦。于是，我对自己的反对者说出了自己对这些听起来吓人的所谓“时代要求”的看法。它们完全是同基本的、经典的三权划分相矛盾，同最起码的有头脑的意见相左的。那一次的辩论进行得很激烈。不过，政治局中通常总是那样，遗憾的是我又成了少数。总书记明白，把苏维埃端出来起作用的想法，准会在老百姓当中获得难以想象的支持，至于细节问题嘛，可以在干起来以后再去考虑。

现在我在这里谈自己对预定把全部权力交付苏维埃这一问题的立场时，我要强调一点：我绝不反对给予苏维埃以实际权力，但我那时认为，而且现在依然认为，这件事应该在明确的法律范围内进行。当我还在乌拉尔重型机械厂当厂长的时候，我就被选为苏联最高苏维埃代表了。当代表的那些年里，我非常清楚地理解到，议会所起的实际作用可要比苏联宪法中所宣布的小得多。下面的各级苏维埃情况也是相仿佛。

这种局面的确应该彻底改变。但是，不能从一个极端走到另外一个极端。而我们的情况却往往正是如此。我不能忍受的是，当戈尔巴乔夫把党从就其本质而言并不适应的社会组织功能中解放出来时，考虑的显然不是如何使三权之间的关系恢复正常，也就是说，考虑的并不是如何提高国家管理效率，而是想简单地把自己的交椅从老广场搬进克里姆林宫，实际上是要保留所有原来的权力，换汤不换药。这就是他复活70年前列宁的口号——一切权力归苏维埃！——的主要目的（当然是完全改变了这个口号的历史意义）。

在把全部权力移交苏维埃的同时，总书记在报告中讲到，党应该从管理职能中退出来，只充当政治力量，但同时又不肯削弱它的“先锋队”角色。相反，他还特别强调，“没有党的指导作用……就不可能完成改革的任务”。而且，他还确信，一定要把相应的党委第一书记放到苏维埃主席的位子上去。

顺便说一句，恰好是这个观点，在代表会议上引起了不少反对意见。大家觉得，党如果要以这样的方式摆脱对生活各个方面的实际日常领导，包括经济工作领导，那其实只不过是走走形式而已。换言之，表面上虽不像过去那样，但实际上苏维埃依然处于党组织毫无限制的、绝对的、说一不二的管制之下。我无法确切地肯定，这种方案是否专为戈尔巴乔夫量身订制，让他将来既能领导最高苏维埃，又能继续当苏共中央总书记。我说不清楚，从来也没有人就此跟我讨论过。我觉得，从形式上来看，这项提案好像只是根据必须保留党对经济工作影响力的意见提出来的，而实际上主要目的却是要把总书记和新的最高苏维埃主席这两个职位合二而一，然后，如上所说，再把“全部政权”都交给他。

问题的“理论面”已经考虑周全了。在实际做法上，未来的人民代表大会、苏联最高苏维埃体制以及代表选举制度，也都已经提交给代表会议，并对之做了讨论。会议之后接着还有好多事：1989 年春天的时候，苏联最高苏维埃的任期还有不到一年了。

本章我们还将对把全部权力交给苏维埃的问题进行讨论。我们将从问题的另一面来研究它。现在我不能不指出，代表会议的工作还有另一方面的内容：在许多夸夸其谈，对改革表示支持的发言，其中包括戈尔巴乔夫本人的发言中，也响起了一些惶恐不安的批评调子。其中比较鲜明的一个发言，表达了对局势的极大不安，就是前线老战士、杰出的作家尤里·邦达列夫的发言。我想，过一段时间，改革时期的历史学家也许会把这篇发言全文发表出来。现在，我想提纲挈领地复述一下，并引用其中的某些段落。发言出自作家笔下，所以非常形象。比如说，在谈到改革产生的破坏作用时，他将之与圣经中巴比伦塔的毁灭相比，说那是一个未能达成相互理解的人类的未能实现的友爱的象征：“我们不需要在毁灭自己过去的同时再搭上自己的未来。我们反对把我们的理智变成潜意识，而把疑虑变成狂热。”

关于改革的目标模糊不清这一点，他也做了毫不含糊的评论：

如果说 4 月这个充满等待的春天的月份让我们意识到必须采取行动，那么现在已经是对于无可抗拒的发展规律的历史逻辑进行深思的时候了。

能不能把我们的改革比成一架飞机，当它起飞之后，竟不知道在它降落的终点是否有一个飞机场？尽管关于民主，关于扩大公开性，清理垃圾场的辩论和争论进行得沸沸扬扬，但我们要想立于不败之地，就只能有一个选择，那就是对于改革的道德目标要有一致的看法，那就是改革要为了全体人民的物质利益和精神团结。唯有团结一致，才能在目的地修建好一片降落的场地。团结一致是唯一的选择。

他以极度的不安和痛苦，谈到了道德，谈到了作家、记者、媒体对社会精神生活所负的责任：

缺乏道德的书刊不可能教育别人有道德。意识形态中的反道德主义会腐蚀人的精神。也许，并不是所有坐在报刊总编办公室里的人，都能完全认识到或者想认识，公开性和民主是高尚的精神道德方面的和公民的纪律约束，而不是恣意妄为；按照伊万·卡拉马佐夫（掌声）* 的哲学，改革的革命情感产生于道德信仰，而不是产生于用以代替康复手段的毒药……

那些把我们生活的过去，把我们民族的圣土，把各族人民在卫国战争中蒙受的牺牲，把文化传统统统倒进脏水坑，也就是把记忆、信仰和希望从人们意识中抹去的出版物，它们正在为我们一切的思想失误，为我们思想上的、纯粹感情的、良心上的赫罗斯特拉特**建造一座丑陋的纪念碑，意识形态史定会以羞愧的心情和诅咒来回忆这座纪念碑的诞生……

遗憾的是邦达列夫的这种忧心忡忡后来被局势的发展，被 1990—1991 年改革的终结以及“独立自主”的俄罗斯现实所证实。这位艺术家和思想家对当时社会上发生的事件的理解，比政治家们早了许多，他能对未来看得很远很远。也许，他的发言是改革诞生三年后敲响的最令人不安的警钟。那是一个转折的关头，从那时起，破坏倾向以及其他的力量就日益压过了创造的力量。

代表会议结束后，在党中央和最高苏维埃机关中，匆匆忙忙展开了起草选举法、修改苏联宪法的工作。法律的第一批修改方案都是同苏维埃制度有关的。可惜事情到此并未止步不前。篡改宪法的工作刚一登场，这个“满含创意”的过程就变得难以掌控了。宪法被看成比一张可以随意涂抹的废纸还不如。它受到任意践踏，最后终于寿终正寝。

---

* 19 世纪俄国作家陀思妥耶夫斯基的长篇小说《卡拉马佐夫兄弟》中的主人公。——译者

** 赫罗斯特拉特是古希腊的一个人，他为了在历史上留名，于公元前 356 年竟纵火焚烧了古代建筑艺术的珍品——阿泰密斯神庙。——译者

当然，对于具体的修改意见我是不会反对的，因为这是生活，是生活发展提出的要求，特别是当那些修改对国家有好处的时候。我反对的只是那种匆忙从事，草率成篇的做法，那就是当时的做法。我反对对基本大法的不尊重。毫不奇怪，对别的法律态度也会如此的。

以美国宪法为例。众所周知，它是1787年通过的。200年来对它所作的修改只有26处！再说沙皇俄国，它倒是没有宪法，但却有个所谓的基本国家法。1905年的革命对它提出的修改也只有几条，都是资产阶级民主性质的。

苏维埃政权存在的70年中，先后通过了四部宪法：1918年、1924年、1936年和1977年。它们都有着相应的名称：列宁宪法、斯大林宪法（这个名称广泛使用于官方宣传）和勃列日涅夫宪法。到了1988年，开始对最后一部宪法进行大刀阔斧式的极其粗野的修改。修改涉及一多半条文，但在我国只管了一年时间。到了1990年，宪法已经又改过了两次。最初是为了引入总统制和一些新的国家机构：总统委员会、联邦院；后来又为了要废除苏联部长会议这个主要的国家执行机关和指挥机关，为了废除总统委员会，设立副总统职位等等。1991年的宪法也有着类似的命运，而到了12月份，它竟然又被扔进了故纸堆。有一个并非不知名的人民代表，对这种对待国家根本大法的轻率态度好有一比，他说：我们对待宪法的态度，简直就像对待街头拉客的妓女。

对待俄罗斯宪法的态度就更是肆无忌惮和不知羞耻。起初，是千方百计地操纵它，不久之后，对它就简直是肆意糟蹋。不过，一旦踏上欺诈和叛卖的道路，又怎能再停下来呢？这种思想方式和行为方式竟逐渐演变成为标准。1997年10月，叶利钦当上了俄联邦总统，他把手放在宪法上宣誓，要遵守俄国宪法和其他法律，可是后来又当着全国和全世界的面，对宪法和法律横加践踏，在1993年他炮轰议会，把按他的意志量身定做的宪法强加给社会。按急就篇搞出来的草案立即交付全民公决，直到现在人们还在争论：出来投票支持这部宪法的老百姓究竟占多大百分比？总之，严格地说，它究竟算不算通过？就连在斯大林时期宪法草案的讨论也要搞几乎将近半年，结果还出现了200万条左右的补充和修改意见。对1977年的宪法，全国人民也展开过热烈的讨论。

我想，读者已经得出结论，我对叶利钦1993年的宪法并没有什么好感。但我却属于那些不支持在改变我国基本法问题上过于草率的人。不能一出现问题就喊：应该修改宪法！生活告诉我：自打1988年一动这个根本大法，就一发不可收拾了，后来，正如我在上面提到的那样，终于搞得宪法也没有了，国家也寿终正寝了。可是，想当年围绕着修改宪法和制订新选举法的事有过多少争论！部长会议对这些事虽都没有参加，但我作为政治局委员，一份不落地阅读了所有的文件，出席会议时也不能不就这样那样的问题发表意见。我不排除自己有些搞不懂的问题，乃至有些反驳意见提得匆忙草率，实在是对提案考虑得不够周全，未能同了解情况的人交换意见所致。那么当时的立法工作又是如何进行的呢？我们收到文件的时间一般都在晚上，也就是第二天上午政治局开会之前。有时候不仅找不到时间跟人商量，就连看一遍的时间都没有。记得曾产生过许多疑问，有时甚至是痛苦的疑问。

首先，我不太明白，干吗要设这么个人民代表大会？总书记在党代表会议的报告中解释得含糊不清。他说，这个新设立的机构之所以必要，是因为“它将强有力地、直接地表达社会意愿”。我真想跟他开个玩笑，问问他是什么意愿。不过，这里的问题不在于讲台上玩弄的文字游戏，而在于实质。戈尔巴乔夫只是简单地把列宁关于代表大会是“广泛的人民会议”的思想来了个文字转换。换句话说，那就是百姓讲坛——在那儿老百姓什么话都可以说。至于所有的具体事，还是得上最高苏维埃会上去解决。后来果然就是这么干的。

我不太明白的还有一件事，就是为什么代表名额一定要2250人？这么一个奇怪的还带着零头的数是怎么来的？如果是“广泛的人民会议”，那5000人不是更合乎逻辑吗？很简单的道理，准备开会用的克里姆林宫的代表大会堂不就有5000个座位吗……

当第一届人民代表大会结束后，我发现事情竟搞得如此草率，而且也开始认识到这么一个大喊大叫、七嘴八舌的政权机构破坏作用极大，便问卢基扬诺夫和雅科夫列夫，在国内搞这么个有组织的群众大会是不是他们的主意？他们都面带羞涩地谢绝了这份首创专利的荣誉。那么，首创者究竟是谁呢？戈尔巴乔夫？他可未必能够一个人就想出这么个高招。

那么，对于这么一个作为人民权力机构的代表大会，我是不是过于挑剔了？不过，话既然说到这儿，我要指出，这样的机构只是存在于苏联和俄联邦，而原苏联的其他加盟共和国却都理智地避免了建立这么一个尾大不掉、效率低下的机构的做法。不过它可是国家的最高权力机构。既然如此，为什么它却没有召开最后一次会议，以通过一个宪法决议，解散国名为苏联的国家呢？

我虽对苏联和俄联邦人民代表大会存在的合理性抱怀疑态度，但对最高苏维埃却并非如此。这并不是因为我们互相喜欢，而且也不可能互相喜欢，因为议会和政府之间的关系就本性而言，就是建立在矛盾对立的基础上的。在我于1990年10月实际离开苏联部长会议主席这个岗位之前的一年半时间里，我同议会之间的交往相当密切，而那种状态则既不算十分和谐，架吵得也不算厉害。这就要看从哪个角度看了。不过在我看来，最高苏维埃和政府毕竟还能够互相尊重，他们逐渐也学会了如何在一起工作，虽说并不总是那么轻松，但还算是找到了共同解决问题的办法。

与此同时，我对最高苏维埃的代表们也有一些看法，就是他们把讨论和决定所有问题的权力都抓到自己手里，有立法问题，也有经济管理问题，经常把行政权，有时甚至是司法权都抓了过去。我就是搞不明白，为什么最高苏维埃要把苏共中央的那套组织机构以及各个部门、各个分支机构都几乎照单全收，完全照搬过来，而它们的责任却要交由各委员会去承担？以前的工作不是远比党的机关干部做得更顺手吗？况且，他们也远非具有专业知识的人哪。

春天日益临近，选举定在 1989 年 3 月 26 日。选举法的修改同宪法一样，也是提交全国人民讨论，然后通过。代表候选人为争取选票而开展的斗争搞得非同小可。但参选人的处境可是大不平等。照我来看，操弄出选举法来的那些人害怕了，他们害怕的正是他们奋斗了半天的东西，确切地说，就是……民主。他们从立法上就规定了未来代表构成的两重性：其中的一部分当选者——1500 人——必须通过按地区原则选举的荆棘丛生的道路，而另一部分，750 人，则可以很轻易地、毫不费力地进入代表大会，因为这些人都是由听命于当局的社会团体选出的。

自然，所有这些组织，其中也包括各种文化艺术联合会，首先会把自己的领导人选出来，那些人几乎毫无例外地都成了代表。还有一件事也很自然，那就是那些在地方上经过一阵阵拼死拼活的厮杀才战胜对手当上代表的人，自然也会相当敌视那些不费吹灰之力就当上代表的同行。

我不敢说立刻就发现了这种体制的错误所在。我从来也不相信有的人保证，说是这样一来，社会团体就可以获得直接对政权机构施加影响的补充管道——这只不过是在不大体面的辩论中又抓到手的一个论据罢了。起初我有点天真地认为，在没有多党制的情况下，这种社团代表制将会使得代表大会和最高苏维埃的议会代表构成变得更为多样，将扩大议会的社会基础。可是没过多久，我的天真就破灭了。

早在拟订 750 人名单的阶段，所遵循的原则就已经不十分民主了。其中 100 名来自有 1900 万党员的苏联共产党，100 名来自有 2600 万团员的共青团，而还有 100 名却来自几乎有两亿成员的工会……谁又愿意挺身而出解释一下这种不公平的代表制的原因呢？而且还出现了一种现象：同样一批选民，竟选出了好几个代表。

即以苏共中央委员为例，起初，他们选举党的代表，后来又选举工会的代表（尽管是间接地）——每个共产党员都是其中的什么成员。然后，再是按居住地选取。同样情况也发生在科学院院士、作家、艺术家、保卫和平人士……的身上。然而，新苏维埃国家的普通公民，却只能有一次选举权——按居住地投票。

说到这儿我不能不指出，所有的民主派都谴责所谓的“红色百人团代表”，也就是苏共代表团。这个代表团完全是按老规矩构成的，依我看，那是党的好原则：其中既有党委书记，也有作家、学者、工人、农民……

对选举进行过总结之后，立刻召开了政治局会议，会上我们在评价选举结果的问题上同总书记又发生了分歧。戈尔巴乔夫情绪欢快昂扬。他说，选举昭示了党在人民群众心目中的巨大威望：87%的人民代表是苏共党员……他一反常规，在会上竟然第一个发言，似乎是想以自己的威信来肯定胜利，因为他预感到了有人可能有不同意见。然而某些与会者的态度却有所不同。我说：党在选举中失败了。30名按地区提出的地方党组织领导人，全都在吵吵嚷嚷中蒙羞落选，而战胜他们的对手远不如他们那么头衔显赫、有名气，但却更有“说服力”。

“但他们也是党员！”戈尔巴乔夫说。

“他们当选的原因不在于是苏共党员，”我表示不同意，“相反，他们从来不张扬自己是党员。”

我说：令人非常遗憾的是，这种情况远非个例。这是一个令人不安的迹象，说明党大大落后于它所发起的改革。给人一种印象，似乎苏共领导躺在改革发起人的功劳簿上，自以为威望过人，不想看到自己正是以一种过时的方法在工作。我提出问题：难道在这30个输掉选举的人当中，真的有谁是跟自己的幸运对手做过一番较量的吗？然后自己回答：没有。我看，他们恐怕还是以为一切就像过去那样，只要哪位党的负责人给基层下一道命令，叫大家给州委领导投上一票，那所有的人都会立刻乖乖地完成任务。可不是那时候了！选举恰恰表明，那种享有说一不二的威望的时代已经一去不复返了，现在要想建立威望，就得天天奋斗，每个人都得这样干才行，党也好，领导人也好，谁都不能例外。可不能以为这场选举只是30个人输掉了。是党输掉了这场选战，因为它相信了这些人，把自己交到了这些人手上。

遗憾的是党的领导——从区委书记到政治局委员——看来都还没有意识到这个相当普通的道理。选战之后的乐观情绪很快就消失了：87%当中的大多数开始大张旗鼓、急急忙忙退出苏共。可以肯定地说，这种事发生在他们身上，绝不是什么觉醒，而是彻头彻尾的叛变。不过这可是一个绝对令人不安的信号！它意味着做党员就得不到群众拥护。不过，从党内向党外的“移民”直到变得规模吓人时，苏共领导还在稳坐钓鱼船，他们安慰自己说：耗子从船上逃跑怕什么？方向还是正确的嘛，航线还是清楚的嘛，前进的步伐并没有改变嘛……他们不是健忘就是不懂：耗子弃船逃跑，那是因为遭到了灭顶之灾……一而再、再而三地宣称自己“正确”，宣称航线不会改变，毫无自我改革的愿望，过分自信，不善于聆听足够振聋发聩的报警信号，终于导致1991年8月共产党的毁灭。

马上会有人问我：那么，你是不是早就看出这样的结局呢?

我会回答：不是。因为我还缺乏这样的想象力。我只不过希望能有另外一种生活闯进党的权力通道，这种生活跟思想一样，它也是诞生于这些通道，然后再扩散到该范围之外的四面八方。

不过，回想起我国历史上的首次民主选举时，我的心情还是非常满意。尽管在这个过程中出现了好多我所不喜欢的民粹主义的错误，好多荒唐事，斗争也不是那么公正，但重要的并不是这些！重要的在于每一个达到选举年龄的公民，他的生活中终于出现了选择政权的真正自由——其表现哪怕仅仅在于如果哪个候选人都不能令他满意，那他就可以谁都不选。而且那次选举就像一切新鲜事物一样，还伴有一点在当时几乎已经被人遗忘的兴奋心情，这样的心情对生活总是有好处的。

我要承认，我是有意专门谈论1987—1988年间党内的几次会议以及后来的苏联宪法修订工作的。因为以我的看法，正是在这个时期，具有破坏性的反对运动开始迅速形成，它的领导人开始出现，并最终导致国家的瓦解和毁灭。

读者有权问：作者是不是反对一切反对力量呢？绝对不是！我坚信，一个民主社会是不可能没有反对派的。这无疑也适用于国家议会、地区和地方政权机关。不过我反对这样的反对派：它仇恨自己的国家，仇恨本国人民，苏联的垮台使它欣喜若狂，而且，毫无疑问，它也会兴高采烈地按照布热津斯基的药方来把俄国整垮。我正是把这种反对派归结为破坏者，也就是说，客观地讲，也可以把它们归结为祖国的叛徒一伙。

非常遗憾的是，社会的一些变化在这些负面现象中起了很大的作用。当代表会议开过之后，它的影响在苏联和俄联邦人民代表大会上变得特别明显起来。在第一届人民代表大会上，针对苏共提出了许多批评意见，包括严重指控，乃至号召“复仇”，号召要把国家从“苏共的压迫下”解放出来。发言中当然也包含着公正的批评，揭露出党的活动在社会上造成的某些实际问题。常常可以感觉到发言者流露出来的公民政治的不成熟性。但也的确有一些完全成熟的、精心策划的行动，其目的就是破坏党的威信。而党之所以能成为一个强大的政治组织，是历史发展的结果，它同国家早已深深地一体化，因此很自然，一切胜利属于它，一切缺点错误也属于它。惟其如此，破坏党的威信就是一件非常可怕的事。那些策划这一切的人知道，要想改变政权和社会制度，就必须首先部分或全部斩断党和国家之间的纽带，因为这是国家的生命线。卑鄙无耻的谎言到处泛滥，谎言把原苏联3亿百姓中的许多人骗成了傻瓜。不少人起初孩子般天真地以为，只要一取缔共产党，生活就会大变样，变得更好，更纯洁，更人道，更公正，当然也更富有……

政治危机之所以日益发展，还有更深层的原因。19次党代表会议开过之后，苏联人民代表大会以及常设的最高苏维埃成了国家政权的新结构形式。党到了必须立刻进行改革、彻底改造的时候了。严格地说，这种事甚至本应该早点做，应该提前让它做好应对新条件下工作的准备——新的组织条件、理论条件、意识形态条件等等。

所有这些主客观因素引起了许多党组织的惊惶不安，它们提出立即召开中央全会的建议，建议在全会上一定要讨论新条件下党的活动的性质问题，以及党自身要作出什么改变的问题。可以明显地看出，如果再不制定党活动的新战略路线及策略，那么对百姓来说，整个改革就会是一场空前的失败。

我的这次发言没有被人揪住不放，就像对待叶利钦那样，也没有再搞什么名堂：时间不一样了。

不过，党为什么就不能及时，或者哪怕是迟一点也行，进行一番变革，为新条件下的工作做好准备呢？这是谁的错？我可以引用“改革的教父”、已故的雅科夫列夫当年答记者问时说过的话作为回答。在一家著名的报纸上，他相当明确地表述了党内和苏联破坏分子的战略：“首先要通过专制的党来摧毁专制制度，绝没有别的道路可走……因为只有利用党那种既表现为组织性，又表现为纪律性，表现为听话的专制性质，才能把专制制度摧毁……”我想，只有这一点才能解释，为什么戈尔巴乔夫、雅科夫列夫及其一伙不希望在苏联发生暴风骤雨般政治动荡的条件下对党进行改革，因为他们是想要用党来作为改变我国社会政治制度的工具。真是卑鄙到了极点：这些朝三暮四、反复无常的小人，竟然想利用一个建立了强大国家并在战争中捍卫了苏联的党来毁灭这个国家。

所谓的“民主派”掀起的反共浪潮越来越高，这浪潮在推进中没有遇到任何反抗。第三届人民代表特别大会选举了戈尔巴乔夫当国家总统，在一片喧嚣声和欣喜若狂的气氛中，废除了苏联宪法第六条——关于苏共在国家中的作用和地位的条款。

正如某些口舌刻薄之徒所言，苏联人民在苏共领导下反对苏共的时刻来临了。在这个说法当中，如果“苏联人民”一说还大有不实，那么这“苏共”一说遗憾的是与事实倒颇为相近：党由于盲从，或者支持、放纵自己的最高领导，毁掉了它最积极的那部分成员。然后时过不久，在苏共的意识形态领袖作出榜样之后，成千上万的党员也离党而去。由于这种骇人听闻的叛卖，党终于垮台了。

1990 年 7 月初，苏共的最后一届——28 届——代表大会开幕了。

党内实际上出现了分裂，队伍的划分标准是政治色彩，甚至是民族色彩。以党中央、中央政治局、总书记为一方，以地方党组织为另一方，出现了党内的对立。这种情况逐月变得越来越严重。毫不奇怪，在 28 届代表大会召开前的一年到一年半时间里，党员人数减少了一百万。

政治局内部也出现了分裂。这个苏共最高机构通过热烈争论找到必要的解决办法的时代已经一去不返了。现在政治局内出现了好几个小帮派，斗得不可开交。一帮是戈尔巴乔夫、雅科夫列夫、谢瓦尔德纳泽、麦德韦杰夫，另一帮是雷日科夫、沃罗特尼科夫、斯柳恩科夫、扎伊科夫。当然，还有“沼泽派”。在个别问题上，有时甚至是私人问题上的分歧，影响到相互关系，危害到共同事业。

虽然从 1990 年开始政治局实际上已经停止了活动，但临到代表大会召开的前几天，它还是开了一次会。会议是在诺沃奥加廖沃举行的。戈尔巴乔夫正在那边为代表大会准备报告。我的战友、同事当中，没有一个人参与报告的起草工作。政治局也没有按惯例对这个文件进行认真审议。

在讨论某些问题的时候，提出了新政治局和新书记处未来构成人选的问题。有与会者对已确定的候选人又提出补充，建议我和卢基扬诺夫进入政治局。我们俩都很明白，在当时的情况下，这种做法只能给党带来危害。国家总统是苏共总书记，部长会议主席和最高苏维埃主席又都是政治局委员，这可能为苏共的敌人提供加强攻击的借口，指控它大权独揽，把国家所有最高职位统统集中到一党手中。我跟卢基扬诺夫只好一再说服在场的人，采取这样的步骤是合理的。不过我们认为，继续担任中央委员还是必要的，只要代表大会还选我们。我之所以写这段文字，是因为后来有些出版物，特别是在纪念改革 20 周年的时候，居然说我跟卢基扬诺夫千方百计想钻进政治局，但未能得逞云云。

苏共距离被查禁的日子还有不到两年时间了……

我竟然成了最后一代共产党员中入党最早的党员。我的祖父和父亲都曾在顿巴斯矿上工作。后来我那已经过世的弟弟叶夫盖尼也在那个矿上工作，不过掌子面已经到了地下一公里的深处。他们在阴暗潮湿的地下劳动，并不是为了捞个什么党员的称号。这首先是因为他们的生活方式就是如此。

矿山是一个劳动条件非常艰苦的地方，常常还非常危险，在那里工作的人性格都非常坚强。人到了地底下，身上的所有杂质就全被冲刷得干干净净了。矿工的劳动又好比是一种日常平凡的英雄行为，他们很知道自己的价值。也许正因为如此，有一回当我假期回家探亲的时候，弟弟见我的手提箱里有一本《星火》杂志，是以戴矿工头盔的赫鲁晓夫像为封面的，便很严肃地问：

“这么一副嘴脸，怎么还戴上咱们矿工的头盔了？”

也不知怎么搞的，全家人里头，只有我成了苏共党员。甚至我的夫人柳德米拉·谢尔盖耶芙娜，当有人提议要她入党时，她却这样回答：我家已经有一个党员，这就够了。

1982年11月22日安德罗波夫在中央全会作了一个有关组织问题的简短发言，他对中央委员们说，现在需要对经济给予特别关注，政治局以为有必要在中央设立一个管经济的书记的职位。接着，就提出了我的名字。全会赞同了安德罗波夫的意见。

全会过后，我立刻被任命为中央经济部部长。我永远都不会忘记那次全会，它使我的生命之流进入了另一个完全不同的河道。没有那次全会，我还真不知道自己未来的命运将会如何。

接下来我收到了许多口头和书面祝贺。我还保存着我父母发来的电报，两位老人家现在已经不在人世了：

亲爱的尼古拉，祝贺你当选为苏共中央书记。孩子，你的肩头现在承担着重大的责任，你要不辜负人民的信任。祝你身体健康，工作上获得巨大成绩。亲吻你，拥抱你。

矿区的普通劳动者距离高层领导和大政治非常遥远，他们表达的是人民的信任，因为他们就是人民，就是那些国家领导人应该为之活着和工作的人。

这一生我始终努力不懈，以求不辜负人民和父母的信任。苏共被出卖了，因此我发誓再不加入其他任何政党。我一定信守自己的誓言。

几次决定命运的人民代表大会

正如所知，首次通过民主选举产生的第一届人民代表大会，于1989年5月25日上午10时在克里姆林宫大会堂开幕……而今天，苏联没有了，代表大会没有了，最高苏维埃也没有了。人民选出来的代表们把自己当代表的徽章收进了装那些手头用不着的东西的匣子——留给孙子们作纪念吧。不过所有的人都应该记住，解散代表大会和苏联最高苏维埃是1991年8月以后“民主派”破坏俄国政权的一系列行动的先声。这件事的执行者是俄联邦最高苏维埃，也就是那个仅仅

1989 年 3 月 20 日，在莫斯科大克里姆林宫开幕的苏联消费合作社第 12 次代表大会主席台上，戈尔巴乔夫（右）和利加乔夫（左）交谈。中为苏联总理雷日科夫。（新华社稿）

过了两年就在坦克和大炮的攻击下解散的机构……

关于代表大会有两个不算太愉快的回忆：第一个回忆——就是萨哈罗夫院士那完全合理、完全符合一般民主精神的建议——要听一听苏联最高苏维埃主席职位候选人对自己立场的表述——没有得到支持。虽然精神可嘉，但建议没有通过。因为，后来才知道，候选人总共只有一个，而这个人却认为他应该先当选，然后才作报告。尽管选举之前克里姆林宫会堂的讲坛上已经对这两个职位合二为一的合理性响起了质疑声，但代表们对这样的发言并不支持。不过有这样的发言也是可以理解的：在那些日子，除戈尔巴乔夫外别无选择。所以著名作家，深孚众望的人民代表成吉斯·艾特玛托夫，才提议他作为苏联最高苏维埃主席职位的候选人。

选举他当主席肯定只是一种纯粹的形式，所以当奥波连斯基代表毛遂自荐地出来竞选时，才引起了满堂哄笑。阿帕提特市的一个名不见经传的居民，极地地质研究所试验室的一个工作人员，竟想跟改革的创始人来一番较量……不过，问题的实质其实在于，他不过是想用自己真诚的公民行动来加强刚刚诞生的民主。我想重复一下他说过的话："其实我非常清楚，跟戈尔巴乔夫同志竞争，我是一点希望也没有。我只希望在我国历史上，在我们大家的实践中，终于出现了一次真正的选举。尽管这样做并没有什么选择的基础，但毕竟是一次选举。"

他的名字甚至没有被列入选票。我们这些代表并不希望，或者更准确地说，还不善于理解，民主一旦诞生，一旦通过这件事宣布了自身的存在，自然就会每时每刻、每分每秒都在提出证实它自我存在的要求。甚至是这些细节。特别是这些细节！如果谈到出现了什么不愉快的事，那就是戈尔巴乔夫觉得最好还是对此事表示沉默。我不打算猜测他沉默的原因，不过我想，他也未必能正确评估奥波连斯基行动的意义。

第二个回忆就是斯维尔德洛夫斯克市代表布尔布利斯为了讨好自己的同乡战友叶利钦，提议他作为苏联最高苏维埃主席职位的候选人。叶利钦对这个建议作了一个含糊不清的回答，倒也十分耐人寻味：

“由于本人从昨天开始成了一个失业的人，我本来是可以同意这样一个提议，认真工作，承认改革的。不过现在我选择自动放弃候选人资格。”

叶利钦取得政权后，没有忘记这位“忠诚到不肯谄媚”的人物的功绩，把他任命到一个至今人们也搞不大明白、根本不需要的职位上——当上了国务秘书。这真是投桃报李。

看来还有个不愉快的回忆，那就是在那真正可称为是永志难忘的日子里，良心受到的钻心般的刺痛。那些日子对我特别难忘：6 月 7 日上午，在苏联新一届的最高苏维埃会议上，后来又在人民代表大会的会议上，我被任命为并被批准为国家部长会议主席。这并不是一个形式上的任命。当天我在台上站了很久，报告以后政府活动的纲领，并回答了无数提问。

我成了苏联由人民代表大会批准的第一任也是最后一任政府主席。别以为这是小事一桩，是一段依样画葫芦的历史。在那次代表大会上，一切都是破题儿第一遭。错误是从来没犯过的，快乐也是从来没尝到过的。还想说一句，后来，在最高苏维埃任命由我提名的政府成员时，代表们充分表现出了自己的脾气——犟得很，而且还不大讲理。

随着代表大会的进行越来越清楚地看到，反对派组织正在会上形成。可以清楚地看出它的“干部队伍”、政治方向以及夺取国家政权的斗争手段，同时还看出社会制度正在改变。这个问题我要具体地谈，因为有好多事情在社会的记忆中已经蒙上了一层时间的薄雾，至于年轻人就更是毫不知情了。

好了，代表大会的最重要的任务之一，就是成立苏联最高苏维埃。按照宪法规定，它仍同过去一样由两院组成，即联盟院和民族院。这个问题的讨论搞得非常冗长，简直催人欲睡：就拟订名单程序、各加盟共和国额度、提名办法、投票等内容发言的达数十人之多。最后等到所有的问题都讨论一遍，才把提出的名单提交无记名投票。俄联邦民族院的选票中列出了 12 名候选人，其中包括叶利钦。

投他的票的代表当中，有 1185 人赞成，964 人反对。其他各位候选人得到的反对票比他都要少得多。就俄联邦代表进行投票时还有一个特点：如果每个共和国出一个名额，应该是 11 个名额，但选票上的候选人却有 12 人。这样一来，叶利钦就没有能够进入最高苏维埃。

在组成联盟院的过程中，许多事件也令人难忘。有些人民代表表现得蛮不讲理，破坏议事规程，占着讲坛不下台，抓住话筒不放，对什么问题都评头论足。对他们的投票情况就更是说明问题：比如扎斯拉夫斯卡亚院士，她是“农村无前途论”的提出者，同意她的仅为 591 票，而反对她的则达到了 1558 票。支持扎斯拉夫斯基的为 829 票，反对的为 1320 票。后来这个人在莫斯科的卡卢加镇由于做生意搞诈骗，大大地出过一回风头，然后就从政治舞台上消失了。这样在最高苏维埃选举中落选的有波波夫，后来在首都当上了不走运的市长，他的不走运的副手斯坦凯维奇，以及著名的农业问题评论家切尔尼琴科——这个人在批评我们的农民的同时，又在自己的口袋里揣着一枚由他创立的，说来惭愧，几乎没有党员的农业党的图章。

总之，根据最高苏维埃选举的结果可以得出结论，就是大多数人民代表不支持当时正在出现的反对派，他们隐约地明白或者感到，这里存在着一种对国家的危险。

几天之后，一个当选为民族院人民代表的鄂木斯克国立大学劳动法、环境法和农业法副教授卡赞尼克提出一项议案，建议在“不经过投票的情况下由叶利钦取代本人进入民族院……同志们，我担心如果再投一次票，叶利钦同志还是通不过，而这种情况绝对不该发生。”

提议被通过了。叶利钦就以这种非常奇怪的方式当上了苏联最高苏维埃的委员乃至其中一个委员会的主席。为了感谢这一行动，叶利钦在当上俄罗斯总统后，随即任命卡赞尼克为国家总检察长。不过这位天真的，看来也正派的人，还是看清自己究竟落到了什么人堆里，于是很快又回到了自己的故乡鄂木斯克。

代表大会开幕后的第三天，在否定国内现存一切事物的积极分子们为进入最高苏维埃而开展的选战遭遇一败涂地之后，阿法纳西耶夫和波波夫发言了。阿法纳西耶夫是国立莫斯科历史档案学院的院长，而波波夫则是《经济问题》杂志的主编。他们在发言中公开站在当局和大多数的对立面。假面具终于摘下来了！

阿法纳西耶夫在发言中宣称，代表大会成立的是斯大林—勃列日涅夫式的最高苏维埃，选出来的代表都水平低下。他责难与会者“大多数都是听话的打手”，阻碍了代表大会任用进步人士。顺便说一句，这种提法后来就成为“民主派”在苏联人民代表大会各届会议工作期间挂在嘴边的一句话。

波波夫是未来反对派的另一位领袖人物。他对代表大会开始的工作表示失望，把大多数代表说成是缺乏智慧的群氓，不懂得思想多元化，只知道秉承组织的旨意行事。不过闹不明白这组织究竟是什么意思——指国家组织呢，还是党组织或议会组织？根据这位波波夫的意见，代表大会上“缺乏智慧的群氓”，为的就是形成一个听话的机构——最高苏维埃，然后再以最高苏维埃的名义，继续对国家领导中的“进步一翼”施加压力。

因此，用他的话来说，就是只好想一想怎样来变更立场了。首先，莫斯科地区代表中的科研机构和文艺团体小组认为有必要退出莫斯科代表团。他建议考虑成立一个跨地区的独立的代表小组，并号召代表中所有的志同道合者都参加这个小组。

果然，1989 年 7 月末，在莫斯科的电影之家召开了第一次跨地区组合代表会议。选出了组合的联合主席，他们是阿法纳西耶夫、叶利钦、帕尔姆、波波夫、萨哈罗夫*。跨地区代表会议得到了媒体，特别是电视的广泛介绍。还成立了协调委员会，其成员包括索布恰克、特拉夫金、斯坦凯维奇、波尔托拉宁、布尔布利斯这样一些人**。波罗的海沿岸几个共和国的代表表示，希望他们的组合成员身份不要正式登记。

这样一来，我们国家合法的反对派组织就正式形成了。他把许多具有反对派思想的代表团结起来，形成了基本力量，它就是 80 年代末破坏活动的组织者，最后导致了国家的解体。组合及其协调委员会的领导人过了大约两年都进入了政权机构，开始领导俄罗斯、莫斯科和列宁格勒。

起初，看来是出于策略上的考虑，组合的领导宣布的目标是有节制的，即对共和国和地方政权机构施加影响。他们的文件说：组合将准备对苏联最高苏维埃以及代表大会文件的修正案提出新问题，“不要把自己同最高苏维埃对立起来，而是相反，要使最高苏维埃激进化，要促使它更加迅速地彻底转变成表达人民要求的机构”。

---

* 阿法纳西耶夫为历史学家，一度人莫斯科历史档案学院院长，曾任“民主俄罗斯”运动联合主席之一；帕尔姆不详；波波夫为经济学家，俄罗斯民主改革运动主席；萨哈罗夫，核物理学家，苏联时期著名的持不同政见者。——译者

** 索布恰克于 1991—1996 年间任列宁格勒市（后圣彼得堡市）市长；特拉夫金后创立俄国民主党，任该党政治委员会主席和议会党团主席，一度任俄联邦司法部部长；斯坦凯维奇不详；波尔托拉宁原为莫斯科真理报主编，先后任俄联邦出版信息部部长、联邦政府副总理、国家杜马信息政治通讯联络委员会主席；布尔布利斯先后任俄联邦国务秘书、俄联邦总统委员会国务秘书等职。——译者

又过了不多久，情况变得明朗化了：跨地区代表组合虽说是一个议会党团，但却并没有打算把自己局限在议会活动上。它越来越觊觎国家政治生活中的特殊地位。从这个组合的头几次会议开始，就可以清楚地看出，它同人民代表大会、苏联最高苏维埃，同当局的地方机构，以及同政权机构的人民代表，都发生了对抗。可以清楚地看出，把少数人民代表团结起来的组合，它所追求的目标，就是要反映大多数人民的意见并成为与“尸位素餐的党内官僚”进行对抗的实际力量。在第二届人民代表大会上，跨地区组合成员宣布，他们同与会大多数代表之间存在着原则分歧。受跨地区代表组合的委托，阿法纳西耶夫在会上作了一个正式声明，指出了推动组合走向反对立场的具体分歧。

其实，跨地区代表组合这时已经采取了反苏和反联盟的立场（它把苏联叫做“帝国”），并开始对民族分裂分子的领袖表示支持。从他们形形色色的要求当中，可以分析出两大主要要求，后来在摧毁伟大国家的过程中起到了可怕的作用，这就是废除苏联宪法第六条关于苏共领导地位的内容，以及罢工合法化的内容。组合提出了一个口号：“一切权力归苏维埃!”其目的就是要打破苏共的主宰地位，后来又宣布苏维埃是党内官僚的避难所，到了1993年1月则干脆消灭了苏维埃。

不久，跨地区代表组合的领导人之间开始了争夺领导权的斗争。阿法纳西耶夫凌驾于组合之上的企图以失败告终。其中有一个不算不重要的原因，那就是他的日本之行。他在那里把被称为“北方领土”的我国的几个岛屿“奉送”给了日本。而就这个问题直到现在还在进行着复杂的谈判，在谈判桌上，俄罗斯当今的领导坚决不同意把这些岛屿移交给日本。可是在当时，阿法纳西耶夫的立场却引得右翼势力狂喜不已，也引得几乎全国都非常不满。

阿法纳西耶夫最出风头的时间要数他在第一届大会上发言的时候。后来虽然他还是跨地区代表组合的联合主席之一，但他的社会活动却变得暗淡了，他热衷于出国访问，答记者问，在各种各样的政治集会上担任主席。而且，据我所知，对于自己的代表职责履行起来也是马马虎虎。总之，他已经不再工作，而是头顶着侥幸得来的光环睡大觉了。

在发生这些事情之前，阿法纳西耶夫多年来一直领导着我国的一个少年先锋队性质的组织，以社会主义精神、热爱党和祖国来教育孩子们。正是这样一些双重道德的人物，在公开性和多元化的年代里，开创了叛卖行为的先河。

在阿法纳西耶夫领导的学院里，有过许多党和国家领导人的子女在那里学习。但后来这些下一代竟欢天喜地地把他们的父辈通过斗争得来的一切踩到了脚下。再往后，在取得学院领导和教育部同意之后，学院又被金融寡头涅夫兹林出价一亿美元收购，涅夫兹林也就成了这所学院的头头，虽说跟学院并没有任何关系。不过他的“领导”倒也没能持续多久。现在他正从“神圣的”以色列土地眺望着我们祖国，而阿法纳西耶夫则在不久前离开了学院，临走还重重地摔响了身后的门。

阿法纳西耶夫是否明白，在他的学院，事物肯定会这样发展，而且全国的情况也是一样？从最近的消息来看，他一定尝到了失望的苦涩。

跨地区代表组合的领导人为了扩大自己面前的人物，就一定要建立一个有效的架构。他们本想创办一份自己的报纸，但没有得到支持，于是转而利用一家由库尔恰托夫原子能研究所出版的发行量很大的报纸《苏维埃物理学家》作为基地，出版以《人民代表》为名的专刊。报社设立了编辑部，又设立了人民代表首创基金。无数专家和助手小组实际上已成为跨地区人民代表组合的办事机构。

跨地区人民代表组合由于内部矛盾而消磨了积极性，它没有为第一届代表大会的工作作出什么建设性的贡献，对第二届（1989 年 12 月）也是同样，它也没能制订出现实的行动纲领。不过它却成为一个核心，把各种各样反对力量都团结起来，并于 1990 年 1 月正式组成了激进运动“民主俄罗斯”。它公开把极端反共定为自己意识形态和行动的基础。

当时国外媒体对跨地区人民代表组合的建立和活动得出了有趣的结论。

加拿大《多伦多之星》写道：“组合的成立表明，在改革过程中，共产党内部的危机已经达到了何等深刻的地步”。

《印度时报》指出：跨地区人民代表组合“是一群无政府主义者、共产主义者、自由主义者、民族主义者和社会民主主义者的大杂烩……他们所说的一切，同任何实用主义态度都少有共同之处，看来这个组合相互联系太少，以至难以收到足够的效果”。

英国《每日电讯》指出，组合的要求“远远超出了戈尔巴乔夫总统提出的改革。新组合的信心由于矿工罢工获得成功而有所增强，这次罢工迫使党和政府屈服。罢工行动明确地告诉激进派，他们的目标同工人相吻合。组合的建立证实了党内的两极分化”。

不过，前面我曾保证过，要回到政权归苏维埃这个问题上来，并从另一个侧面，即从民主派的角度来分析这个问题，现在是该履行诺言的时候了。为了能把某些思想印象表达得比较完整，我先要请读者原谅可能出现的重复。前面说过，跨地区代表组合在最初阶段曾拾起过“全部政权归苏维埃！”的口号来武装自己。我想，这绝非偶然：因为在许许多多人心目中，“苏维埃”一词至今仍被看做是人民的政权。正因为如此，当那些过去的共产党员摇身一变成了反共分子之后，才会在将近

1989 年 12 月第二届苏联人民代表大会上。跨地区组合在会间讨论问题。中为阿法纳西耶夫，其对面为叶利钦。(丘米切夫摄)

20 年的过程中，不断通过报刊、电视、广播把苏维埃政权骂得狗血喷头。

遗憾的是各种事件演变的结果，逐渐把苏维埃的政权功能搞得越来越成为形式，这是因为这些功能都渐渐集中到了党的领导机构手上。所以当改革导致把真正的社会主义性质实实在在地归还给我国社会的任务出现时，解决这个任务的最重要的方向之一自然就成了国家的全面民主化，而且首先是把实实在在的权力归还给人民代表苏维埃。因此，在 1988 年的我国政治生活中又重新响起了“一切权力归苏维埃!”的口号。这个口号是戈尔巴乔夫在 19 次党代表会议上提出的。当时口号所表示的内容同 20 世纪初革命前的内容有所不同，意味着要把权力由苏共中央的手中转交给人民代表苏维埃。

当然，“一切”这个词本身所表示的要求，在 80 年代的环境下是完全不能接受的，而且就总体而言，也是错误的。这个口号反映了一个主要之点，就是在苏维埃的面前正展现出一个新生命。从 1989 年开始，苏维埃逐渐摆脱了历史形成的弱点和缺点，克服了浴火再生和发展的困难，正在成为一种比较现实、比较有效率的政权。

当时国内许多政治家都相信，站在新起点面前的苏维埃具有巨大的潜力。我也是这些人当中的一个。我经常会想起人民代表萨哈罗夫院士在代表大会上的发言。他的口才并不怎么样，口齿又不清，说起话来总是含含糊糊，但同时却又把苏维埃的作用讲得那么明白，他说苏维埃应该在各共和国、各州、区、村把权力掌握在自己手上。

这位跨地区人民代表组合的联合主席萨哈罗夫在国家的社会生活中留下了深深的印痕。我认识他，但并没有什么私交，而且我们的政治观点在许多方面也并不一致。就是这位献身科学的人，氢弹制造者之一，作为一个人民代表，自打代表大会工作的第一天起就在会上起着显著的、重要的作用。他号称“民主之父”，正是把民主同苏维埃国家制度形式结合起来的第一人，他在自己提交的宪法草案中为这一点备了案。我还保存有这份文件的副本，上头有作者的批注。这位上了年纪的科学院院士，三次荣膺社会主义劳动英雄称号，得过诺贝尔奖金的人，就是他，在胸口挂了个好大好大的牌牌，上头大字写着：“一切权力归苏维埃！”那么，我们又该如何来理解那些一直以萨哈罗夫的名义发誓，而掉过头来又消灭苏维埃政权的人们呢？……

我要提醒一句：苏维埃政权是在我们国家诞生，并成为我国具有标志性意义的政权组织的。它是从千百年来人民集体议事的传统中以再自然不过的形式发展起来的。在我们的意识中，“我们”是一直高于“我”的。正是苏维埃制度大大巩固了苏联和苏联这块领土上出现的大多数国家公民心理的这个特点。

现在，统治阶层在我国强制推行资本主义。可是这种东西是违反我国传统的，它必然要把每一个人意识中的“我”摆放到首位，而且还要以怪异的方式将这个“我”放大，把它与“我们”对立起来，并把“我们”排斥到角落里去。所以，从这个角度来看，我们自然完全可以说，苏维埃已经成了我国野蛮资本主义狂热崇拜者最近阶段的一个牺牲品。

我们所固有的集体主义传统无日无时不在经受着摧残，这究竟会把我们国家和人民引向何方？在这个问题上，不妨听听一个人说的话——那可是一个最难以归入共产主义信徒乃至对苏维埃心存好感之列的人物——索尔仁尼琴。他说：“我走遍了俄罗斯各地，收到四面八方成千上万封来信，形成了一种感觉，就是我国民众已成为茫然无助的一群。底层的百姓实际上已经没有活路。我国发生的一切，全同他们没有关系。他们几乎没有任何选择。或者俯首帖耳贫贱度日，或者另寻出路，比如说，从事非法行业；要不就欺骗国家，要不就互相欺骗。”

萨哈罗夫在第二届代表大会期间——1989 年 12 月 15 日——突然去世。我们政治局委员和中央书记处书记等几个人于 12 月 18 日参加了在科学院主席团大楼前举行的人民代表同这位科学家的遗体告别的仪式。我觉得，如果他还能活着，那在我们的国家生活中，许多情况将会改观。在他去世之后，反对派失去了精神和道德的领袖。构建正常运转的议会体制的机会丧失了。在跨地区议会代表组合中，极端倾向占了上风。不过组合毕竟还是需要一个哪怕是表面上的天授神权的领袖人物。无论是波波夫、索布恰克甚至还是阿法纳西耶夫，都无法担当这个角色，于是这份“殊荣”就落到了叶利钦头上。

首先是以跨地区议员组合为代表的反对派接过了戈尔巴乔夫的“一切权力归苏维埃!”的口号，用以同党和国家进行斗争，改变社会制度。不过，当它把管理国家的控制阀一旦抓到手上时，议程上立刻就出现了一个新的、同前一个口号完全相反的口号：“打倒苏维埃政权!”

……1993 年 9 月和 10 月到来了。俄罗斯总统把手置于其上宣誓就职的那部宪法，竟被他自己踩到了脚下。代表政权的各级人民代表苏维埃被解散了。为“民主派”治理国家扫清道路的口号，如今被扔进了污水坑。

我经常想：如果萨哈罗夫还活着，那反对派会怎样行动？国家究竟是会以渐进的方式还是激进的方式发生变化？是先“打得落花流水”，然后再……当我回顾国内由公开性和“多元化”搅动起来的局势时，得出了唯一的答案：大多数人民当时是不可能接受渐进的。这一点我从切身体验上就可以感觉到。我曾就把经济转为市场关系，同时为居民建立发达的社会保障系统，对市场实行国家调控多次提出建议，但却遭到坚决反对：一切马上就要实现，今天就要！要在 500 天之内，而不是 6—8 年才实现!

看来，这是人们对望眼欲穿的人间福利的一种相当自然的反应。多少年来，在改革还没有开始之前，党就一直在宣扬这些福利。而且，总书记和总统戈尔巴乔夫又一再许愿，结果把人民对政权的信任搞得荡然无存。这也是老百姓欢迎和支持向他们推荐的那个既颇有拿破仑派头，又带着土烘烘的、但很起作用的民粹主义色彩的领袖叶利钦的原因之一。老百姓在他身上看到了新的救世主，而在 1985 年，他们也曾一度对戈尔巴乔夫抱有希望。

说到叶利钦，我只想提几件所谓他那个时代的事情：大多数人还对他位居国家总统期间出尽丑态、所谓国家元首“家族”贪赃枉法，特别是最重要的一点—国民经济遭到破坏记忆犹新。偷盗抢劫横行，百姓一贫如洗，精神生活所有领域不断蜕化，犯罪现象泛滥，乃至百姓生活于恐怖之中，等等。要想让人民“分清良莠”，恐怕还真得有个几年。为了这件事，人民付出的代价实在太大了。

1989 年叶利钦完成了美国之行。

既然千百万人经过痛苦的切身体验已经确信，他所有的“民主”活动，都不外乎是出于乡下草台班子一个无师自通、敝帚自珍的戏子所表演的往往由醉醺醺的扭捏作态构成的愚蠢透顶的粗野的杂耍洋相，或者是彻头彻尾的蛊惑宣传，或者是不知羞耻的谎话连篇、信口雌黄。我只想引用意大利记者祖科尼文章中的几小段不大为我国所知的文字。

改革的美国之夜散发着威士忌和美元的气味，被聚光灯所照亮。莫斯科的人民英雄叶利钦，这个专给戈尔巴乔夫念倒霉咒，专给公开性揭老底的人物，正犹如旋风般在美国上空掠过。他说过的话语在旋转回荡。他在身后留下的痕迹是关于灾难的预言、疯狂的花销、答记者问和著名的黑标签杰克·达尼埃尔斯牌肯德基威士忌那股特别的气味。他应约翰·霍普金斯大学政治学系之邀来到巴尔的摩，住进酒店之后一晚上独自就喝光了半公升装的一瓶。一位教授大清早坐车来接他到大学的会场，不禁吓傻了。叶利钦送了他一个醉醺醺的沾满唾液的吻，又把喝了半瓶的威士忌递到他手上。“为自由干杯！”叶利钦在清晨六点半向他提出了建议，手里挥动着倒满了酒的玻璃杯——那是一只通常在浴室里放牙刷牙膏的杯子。只不过他是自己把酒干了……

还有一件事就远不是大家都了解的了，那是为叶利钦的美国之行做协调工作的哈利逊在回忆录中写道的：

飞机着陆了。叶利钦走下舷梯。不过他没有向迎候他的代表团致意，却沿着起降区走向飞机尾部，背转身去，开始冲着飞机后轮撒尿。我们大为震惊，站在那儿不知所措。叶利钦走回来后，一句话也没说，同官员们一一握手，从一名年轻妇女手上接过一束鲜花，坐进了等候他的高级轿车。

说实在话，在引用报刊上这些段落的时候，我真是觉得不太舒服。这位在大洋彼岸解开裤带的我国同胞，他的事迹读起来实在叫人恶心：这是个受到生物本能驱动的人，可是两年之后，竟“经全民选举”，当选为俄罗斯联邦总统！

在翻阅那些日子的国外出版物时，人们会注意到我们未来的总统讲到自己国家时的那种放肆和不可原谅。我想提醒一句，政治家是有一个不成文的规定的，那就是自己国内的问题应该回家去谈。

还记得德国总理施密特在访问莫斯科的时候，有人问了他一个有关他政治对手科尔的问题。他回答得非常简短，而且斩钉截铁：“我到莫斯科不是来谈论科尔先生的。这件事我会到波恩去做。”

古巴廖夫，当年的《真理报》副主编，在自己的《总统，或者俄国版水门事件》一书中相当鲜明地描述了读者和公众的反应："这种事不可能，这是对一个好人的污蔑。"等等。电视台回放了叶利钦在美国期间的纪录片，掀起了一片叫喊声，都说那是卑劣的歪曲，是恶意造假，是通过合成的办法把单词拉长了等等。而且说，要把他在巴尔的摩大学发表演说的讲台拍摄得很正常，而把讲台旁边站着的那个人，说得好听点，拍得脚跟有点不大稳，那都是用上了合成技术。而且苏联最高苏维埃还组织了专门委员会，举行多次群众大会，愤怒声讨国家领导人，而所有这一切，都是为了支持亲爱的人民卫士鲍里斯·叶利钦。

是的，当时很难说服人们。他们期待着叶利钦这样的正义斗士，而且转瞬之间不假思索就为自己树立了一个偶像。任何有关叶利钦的负面消息都会立刻被他们否定。套在麻袋里洗澡的事儿人们不相信——那是污蔑；在飞机上睡过了头没能跟爱尔兰总统在香农见面——那是撒谎；到别墅"批阅文件"——那是因为时时想着文件，想着国家。不过，当他在德国喝得醉醺醺地指挥乐队，而一切又通过电视播放出来时，许多人的幻想终于破灭了。

然而这些事都是后来发生的，而 1990 年秋天正是群众大会浪潮席卷全国的时候。那些大会都是由"民主俄罗斯"的领导人组织的。顷刻之间，这个组织就把本身作为人民代表的性质抛到了九霄云外，得出结论说，通过议会斗争夺取政权的道路是一条漫长的道路，其结果难以预测。他们选取了一条夺取国内政权的比较激进的道路——把群众大会、罢工、破坏百姓生活保障系统等作为有效手段来运用。

我怀着一颗颤抖的心回想起那年的秋天。商店的货架子全空了。海港和火车站停着装运食品和日用品的货柜，可是却有人把钱塞给那些想参加卸货的人，把他们打发回家去。铁路线上出现堵塞，国内的铁路大动脉实际上全被切断。粮食和蔬菜烂在地里，水果烂在果园里。各种商品短缺、刑事犯罪、民族关系恶化、罢工等各种情况一下子在全国各地都冒了出来。事实上国内已经出现了经济和政治生活的全面瓦解。最后，政权瘫痪了。

这一切对谁有利呢？当然是对那些为了破坏国家政权威信而无所不用其极的人，对那些一心想夺取政权的人。自打那时起，在 15 年多的时间里，为了反过来证明"民主派"夺取政权有理，电视台一个劲地播放同样的画面：空荡荡的食品柜台。不过现在的那些"独立"媒体的大老板们却羞答答地不愿说出，为什么商店会变得空空荡荡。

我的心里常常会出现一个问题：如果这些事发生在叶利钦当权的时候，甚至发生在当今政权之下，那会怎么样？为了让这些人的头脑清醒清醒，会把他们弄进去待上多少年？我说，年头不会少了！这么处理是对的——可不能拿国家人民的命运开玩笑！

到处都在开群众大会，可实际上又做不出任何决定。庶民政治把国内的权力抓到了自己手中。是谁在早就极端复杂、极端严重的局势上再火上浇油？是谁组织大规模游行示威，以它作为破坏管理结构乃至整个国家的手段？请看名单吧——他们都是把人民命运拨弄于股掌之上的"玩家"。就比方有一份传单，上头宣布1990年9月16日在练马场开群众大会："参加者有阿法纳西耶夫、扎斯拉夫斯基、格德良、穆拉舍夫、波波夫、索布恰克、斯坦凯维奇、雅库宁。叶利钦将应邀出席。"不过，当这些先生掌权之后，他们很快便把练马场翻修了，搞得丑陋不堪，说得好听点，是搞了个没有品味的商贸中心，目的则是让人没法在"民主时代"再在这里开群众大会。

有些名字（以及他们本人）已经被人遗忘了，不过这不应该：正是他们构成了第一梯队，完成了连希特勒也无法完成的"伟业"——让这个国家遭受到历史上最严重的失败。我只想就其中的某些人物说几句。

加夫里尔·哈里托诺维奇·波波夫有一次声称，消灭苏联共产党的人正是他。他总是喜欢高估自己的作用，但我们却不能否定他在这一毁灭国家的历史过程中所起的积极作用。后来他对自己竭力推举的叶利钦颇为失望，但在此之前他当过一段时间的莫斯科市长，最大限度地利用这一职位为自己捞好处：他征用了党和国家财产中的一块"大肥肉"，以此为基础建立了一座以他为首的私立学校——国际大学。我经常在中央一级的报纸上读到他的文章，发现他变得简直认不出来了：现在他成了个具有国家观念的活动家、捍卫俄国人民利益的斗士。不过，人的本性是迟早都会暴露的：前不久他出了一本小破书，里头利用各种资料，收集了红军在卫国战争期间的一切"恶行"，讲述了某些士兵和军官在德国的不良行为，但却对希特勒暴徒在我国犯下的滔天罪行缄口不言。

在苏联最高苏维埃各次会议上，常有一个外表整洁相貌端正的年轻人参加辩论，他就是人民代表斯坦凯维奇。他跟他的同事索布恰克一样，自动宣布自己是新民主的"浪漫派"。斯坦凯维奇利用这一"高尚的形象"和莫斯科副市长的职位大肆中饱私囊。这位"民主浪漫派"有许多"本事"，比如同刑事犯罪组织有着动人的关系，贪贿成性，把前苏联部长帕托利切夫的住宅据为己有等等。所以并不奇怪，早在担任第一届国家杜马议员期间，执法机关就对他提出过收受贿赂的指控。只是代表们没有同意剥夺他的豁免权。不过，正如所知，这只馋猫也知道是偷吃了谁家的肉，于是这位"浪漫派"便在代表特权到期之前拿着外交护照偷偷地溜出了国。他先后在美国、德国混了一阵，最后又跑到波兰，国际刑警组织终于探听到他的踪迹。这时“自由派”媒体又是一阵叫嚣，说什么“黑暗势力”开始了对第一批民主浪漫派人士的迫害。

凡是掌过权的“民主派”和“自由派”人士，几乎都有这么一些内容可供谈说。能够经得起权力诱惑的人，说来惭愧，真是少之又少。而且他们那所谓“民主”信仰本身，也只不过是一层政治外壳而已。眼前就有一个现成的例子：在所谓“专制”条件下，群众大会是可以随时随地找一个理由就举行的，甚至哪怕跑到卢日尼基去举行也可以。可是到了“民主政权”时期，却出现了形形色色的硬性限制和行政禁令，使用暴力，挑起护法机关工作人员同示威者之间的冲突。前不久法庭对 39 名年轻人开庭审判，他们一个个铐着双手被带上法庭。他们受到指控，在俄联邦总统办公厅公众接待室组织骚乱，其中 8 人被判处监禁 1 年半至 3 年半不等。大家可以比较一下当年“民主派”的行动规模和接待室骚乱之间的差别！

1990 年 5 月 16 日，俄罗斯联邦第一届人民代表大会在克里姆林宫大会堂开幕了。根据宪法规定，宣布大会开幕的是俄罗斯联邦人民代表中央选举委员会主席卡扎科夫。迄至代表大会开幕日止，当选代表数为 1059 人，有 9 个席位空缺。卡扎科夫宣布，出席大会的有戈尔巴乔夫、雷日科夫、卢基扬诺夫、总统委员会成员、苏共中央政治局委员和书记。

围绕着代表大会日程、俄罗斯联邦最高苏维埃主席的选举，展开了激烈的斗争。代表们公开分裂成极端敌对的两个阵营：一部分以苏共为导向，另一部分则以有文化有知识的“民主俄罗斯”运动力量集团为归属。这一届代表大会还有一个难以忘却的情况，就是俄罗斯联邦最高苏维埃主席的选举成了一场马拉松。直到 5 月 29 日，在最少必须获得 531 票的情况下，叶利钦获得 535 票当选。4 票，这仅仅是大会代表人数的大约 0.5%，最终却决定了代表大会以后的政治命运，也决定了俄罗斯后来的命运！

有关俄罗斯联邦最高苏维埃领导的问题，早在代表大会筹备期间在政治局就讨论过多次。依我的看法，政治局，特别是戈尔巴乔夫领导的中央书记处，在这个至关重要的干部问题上犯下了严重错误。他们推荐的都是一些在极为错综复杂的环境下显然通不过的候选人——弗拉索夫、博罗兹科夫。在一次政治局会议上我一针见血地说：这些同志都不错，可是代表大会不会支持他们。我们将不得不把这个位置让给叶利钦，他一点也不想掩盖要成为共和国当时最高政权机关首脑的意图，而这个共和国则实际上决定着整个国家的生命。在发言中我说，我们可以推荐任何一个全苏领导人到俄罗斯最高岗位上——雷日科夫也行，利加乔夫也行，或者别的哪位政治局委员和中央书记都行。可是，就这个问题并没有能够形成什么决议。

代表大会开幕后，立即出现了一个俄罗斯联邦主权的问题。讨论进行得很热烈，连续讨论了三天——1990年5月22日、23日、24日。现在，当我检视当时的讨论速记稿时，想要指出一点：代表们关注的问题，主要都是一些个别性质的问题或条文表述方式。然而却没有任何一位代表在原则问题上对这一步骤提出过一次反对意见。正是这样一个步骤，成了苏联历史上致命的一步，因为正是它为苏联的解体提供了土壤。参加讨论的有40个代表，后来又有一个编辑委员会工作了两周半。

俄罗斯联邦国家主权宣言的各色各样方案和无数修正案，其中还包括该共和国法律高于其他加盟共和国法律的方案，于6月11日和12日两天提交讨论和表决。总表决是在6月12日举行的。同意宣言的票数为907，反对票为13，弃权为9票。共产党员们也都表现得政治上盲目短见，不能预见这个问题可能导致的严重后果。当时做总结的已经是当选为主席的叶利钦：

"决议通过。"（暴风雨般经久不歇的掌声。响起了欢呼声：乌拉！乌拉！）

"祝贺全体人民代表和俄联邦各族人民。"（掌声）

就这样，俄国的第一届人民代表大会成了破坏伟大国家的主要力量，而1990年6月12日这个被"民主派"宣布为伟大节日的日子，则成了我们在全世界面前蒙羞的日子。

俄国代表们又是出于什么想法才通过这项决议的呢？他们不可能不知道，主权就意味着一个国家完全独立于其他国家。也就是说，俄罗斯宣布自己独立于其他各加盟共和国，也就是说，它拒绝承担结构国家的作用。仅仅是这一条，就注定了苏联要垮台。不错，根据苏联宪法，俄罗斯联邦也好，其他任何一个加盟共和国也好，本来就都是主权国家。而在实际上，它们都把自己的部分功能交给了将它们团结起来的中央政权。宣言炮制者用表面看来完全"高尚"的理由掩盖了真实用意，说是要保障俄罗斯公民"能够体面地生活，享受自由发展，并使用本民族语言"，仿佛这些原则在全苏宪法中不存在，国家根本就不关心他们，不关心所有这些条件的实现似的。

政治就是这样，话说得很一般，但话的背后却隐藏着现实的利益。利益是各种各样的，不过依我来看，其中有一个共同的目标，就是要不惜任何代价摆脱中央权力——其中既包括党，也包括国家——的"关照"。所有那些在精神上鼓舞了和行动上导演了这一事件的人，他们的任务就是把俄罗斯同全苏中央对立起来，把苏联"帝国"搞垮。刚刚成立了一个"新"党——俄罗斯共产党——的党员们，都害怕触犯主权思想，害怕失去情绪狂热但方向不明的选民的支持，他们可能不理解俄罗斯的独立，也没有采取反对独立的立场。此外，这个党的领导也并不反对实际上拥有“主权”地位，即使是为了不受到责难，不承担主动执行苏共中央决定和指示的恶名也好。

在我的面前摆放着这几次会议的速记记录，还有记名投票结果的名册。许多我所熟悉的名字，他们都投了赞成票。后来，过了几年之后，我向其中有些人提问：为什么当时他们会支持俄罗斯主权宣言？唯一的回答是：我们连想都没想它会让苏联垮台。

不过，要想使俄罗斯主权起到消灭苏联及其现行制度的作用，还得赋予这样一个思想以实际起作用的机制。它之所以能建立起来，得益于一个从正常逻辑来看有点像白痴的论点：俄罗斯法律高于全苏法律。换言之，“部分”被宣布高于“整体”。这意味着所有组织机构资源及其附属的物资资源、财经资源等，将统统脱离全国中央的管理，这样一来，中央的存在实际上已毫无意义。请想想，在表决之前、表决当时和表决之后，这样一点难道还搞不明白吗？

1990 年 6 月 13 日一大早，我送英国首相撒切尔夫人去机场。当时她正在莫斯科访问，准备乘飞机到毁于地震的列宁纳堪（在亚美尼亚）参加英国帮助建设的一所学校的落成典礼。

一坐进汽车她就说：

“雷日科夫先生，昨天晚上我从你们的电视上看到，俄罗斯议会通过有关主权的法律，其中最主要的一点就是俄罗斯的法律高于联邦法律。您了解情况吗？您怎么看这个问题？”

“我当然了解，”我这样回答。“‘主权’这个概念本身是没有什么问题的，因为俄罗斯拥有的权利实际上少于苏联的其他加盟共和国。但若对主权再做其他补充，就无论如何也不对了，特别是共和国的法律高过全苏法律这一条。这将是统一国家瓦解的开始。在这样的条件下，国家将无法起作用，而且，紧随俄罗斯之后，其他共和国立刻也会照此办理。”

这部法律通过后不到几个小时，就出现了这样一次谈话。就连她这个局外人也很清楚，对于一个统一国家来说，出现这种事情是不能容许的。她拿这个事件同自己国家做了比照，说了些我看是十分正确的想法。这里我想说一个小插曲，它更像一个政治笑话：三年之后，撒切尔夫人——当时她已经是政府首脑——又来到俄罗斯，为了加快改革，她所提出的建议不是别的，恰恰是……解散我们的议会。如果是我，比方说，跑到英国去——我俩的地位可是同样的，都是前首相——提出建议要立即解散他们的议会，有意思，会出现什么情况呢？

这样，实际上直接统一国家的问题便画上了句号。我再说一遍，苏联的俄罗斯第一届人民代表大会成了瓦解伟大国家的罪魁祸首，俄罗斯的新领导在这里则起到了“特洛伊木马”的作用。伟大的国家由伟人所缔造，但却为卑劣的宵小所毁——这话真说得一点不错。

“您当时为什么不说服我们?”

有位上了年纪的妇女在街上认出了我，看来是不由自主地表达了许多人的想法：“尼古拉·伊万诺维奇，您当时为什么不说服我们?!”

为了让蒙在人们眼睛上、心灵上、思想上的那层纱帘最终能揭下去，让人们本能地听到和意识到提请他们注意的、向他们提出过警示的那些东西，还真得需要经过几个困难苦涩的年头。想当年向人们提出呼唤的情况还历历在目，可那已是如此遥远的过去。

在我多年来主要从事的国民经济领域和经济领域中，有过许多值得肯定的地方，但遗憾的是也有不少缺点。我曾不止一次说，逐年来，在许多方面，经济都越来越成为政治的人质。起初，当改革开始的头两三年，那时经济的运行还是照原来的样子，遵循指令计划模式，经济发展的速度非常快，也很平稳。但由于戈尔巴乔夫不断花样翻新的思想，国内经济生活变得忽冷忽热。他常到全国各地去东走西走，到处许愿。今天加速发展，明天科技进步，后天又是农村问题，冶金行业、电子工业等等。

我们也曾试图让他放郑重一些，提醒他如果所有的问题堆成堆，经济势必受到损害。可是不行：“你们不明白，这可是人民的期待!”人民的确有期待，他们渴望国内发生严肃的、根本性的变革——第一方面，第二方面，第三方面……不过经济这个东西是有惯性的。要想作必要的调整，就需要时间，不停地折腾它只会妨碍它的发展。过了三四年，老百姓对改革失望了，于是当局再也得不到人们的尊重。事情办糟了。

我非常清楚地知道，过去的经济模式当年曾解决过许多全球性的、国家的和社会经济的问题，不过这种模式的潜力已经挖光了。然而说和做并不是一回事，问题的压力越来越大，可解决它们却需要时间。结果在相当一部分人心目中，政府逐渐由主张进步的类型“蜕化”成了保守类型。

需要找出一种新模式，它既能刺激国民经济的发展，又不会引起激烈的震荡。经过好多个月的探讨和细致研究，我们这一届政府于 1990 年 5 月向最高苏维埃提出了经济在必要的国家调控机制下向社会导向的市场关系过渡的纲领。我们提出了三种可能的新经济模式。

其中两种，是作为参考信息制订出来的，指出它们可以存在，但却不是我们所推荐的，因为他们过于激进，为此人民将付出高昂的代价。顺便提一句，其中最激进的一个模式，过了半年却被叶利钦和盖达尔拿去作为武器，并于1992年1月开始搞他们的激进经济改革。至于后果如何，老百姓至今犹然感受在身。

我们向议会提出的方案，是逐步的，渐进式的，计划花费6年到8年时间向市场关系过渡。此外，我们感到非常不安的是当时国内出现的政治上的不稳定局面：苏联人民代表大会和苏联最高苏维埃的各种决议、俄罗斯联邦人民代表大会行使的权力——所有这些都在动摇对国家的治理。在弱势政权之下开展激进改革，照我看来是不会有前途的，也是非常危险的。苏联最高苏维埃基本同意了我们的纲领，并委托政府在秋季全会之前提出具体建议。

在第一届俄罗斯联邦人民代表大会开会的日子里，我已经说过，为争夺俄罗斯最高苏维埃主席和共和国政府主席的位置，斗争是非常激烈的。共和国部长会议主席的位子有好几个候选人，而且其中的两位是出自我们的“队伍”。我指的是我的副手沃罗宁和西拉耶夫。跟过去一样，充当风向标的是俄罗斯原部长会议主席弗拉索夫。莫斯科郊区布托夫斯基砖厂厂长波恰罗夫是个在选举中为支持叶利钦当选代表出过大力的人，这会儿远远地跑到了前头。不过他也似乎明白，一个共和国的总理，说得不好听点，水平上总该比一个小砖厂的厂长要高一点才是，所以大家也并不急着让他尝到这个甜头。于是波恰罗夫给自己准备了一张重要的王牌——他宣称：他有一个自己的、在500天之内向市场过渡的纲领。

波恰罗夫提请代表大会裁决的这种“超级革命”的新发明我早就领教过。早在1990年初春，阿巴尔金的小组就曾为苏联最高苏维埃全会制订过一份向社会导向的市场过渡的政府建议，与此同时我还研究过大量其他方案，要么是由一个单位或团体提出的，要么是由个别学者提出的。有两位年轻经济学家，一个叫扎多尔诺夫，一个叫米哈伊洛夫，他们搞了一份供讨论用的纲要，标题就叫《400天》。目的是为这年3月将选出的国家总统提出一个激进行动计划。

有一天晚上，当对许多经济改革原则问题进行例行讨论之后，有人告诉我有这么一份文件存在。我对此并没有给予注意，建议不要对一些枝节问题浪费精力。可是不知怎么一来这份纲要落到了波恰罗夫手上。这个人又加进了他的“创造性贡献”：把“400天”改成了“500天”，在每一个阶段上各增加了几天，然后没有改动一个字，就把它作为自己的独创方案端了出来。他还把事情做得更绝，竟署上自己的名字，拿到一个西伯利亚的出版社印了出来。几乎是在同时，

又站到了话筒旁……苏联最高苏维埃，1990 年。（作者提供）

这份纲要也在莫斯科出版了，署的是那两位经济学家，还有亚夫林斯基的名字，只不过标题是《400 天》。亚夫林斯基当时在苏联部长会议的一个委员会工作，他的上司是我的副手阿巴尔金院士。

总之，剽窃行为昭然若揭。亚夫林斯基甚至不得不在《莫斯科新闻》上发表了一个声明："波恰罗夫在俄罗斯最高苏维埃提出的"500 天纲要"，从一开始就是作为一个全苏纲要策划的……"

不过，政治文章方面的剽窃以及围在亚夫林斯基身边低声下气地奔走忙碌，并没有能帮得了波恰罗夫，最后他还是没能当上总理。亚夫林斯基后来反而在沙塔林院士、戈尔巴乔夫和叶利钦的支持下，靠自己手下那批青年同事的根本不现实的、纯属空想的经济理论，赢得了好响亮的名声。正是在那次答记者问中，他把自己同那群有经验的学者区隔开来："至于说到拥护"500 天纲要"的人当中将会有一些反对者，其中包括某些著名经济学家，像阿巴尔金、沙塔林、亚辛等，我看是一桩好事。"不过亚夫林斯基可是把沙塔林和亚辛看错了，他们选择了倒向速战速决的"500 天纲要"，而沙塔林居然还同他分享了原创者的荣誉：这个纲要被称做"沙塔林—亚夫林斯基纲要"，而沙塔林更坐上了俄罗斯联邦部长会议副主席的交椅。

1991 年，当时已经因自己的（抑或不是自己的?）"500 天纲要"而闻名遐迩的亚夫林斯基前往美国访问。他从那边带回了一个苏联经济形势的分析报告，报告上白纸黑字写着，要想完成艰苦异常的向市场的冲击，至少需要 6—8 年的时间，而且提出了一个跟我们一致的期限——1997 年。

不过，报刊媒体就仿佛是听了统一指挥似的为这“500 天”纲要猛吹不已，它们完全忘记了苏联最高苏维埃已经通过了政府的提案，并委托政府再把提案补充一下，做一些修订。我对我国的这个“第四权力机构”可以说深有了解，相信它要找的是一个代人受过之人，说得不好听一点，就是找个“替罪羊”，这样就可以把经济政策的所有错误都推到它头上。再说得清楚点，不是报刊媒体需要这么个替罪羊，而是戈尔巴乔夫需要，因为这个人当然不会承认自己有什么过错。

对于我国科学界的总体而言，特别是对于经济学界而言，有一件事很不幸，就是其中混进了许多人，他们非常善于利用早已发现的、早已验证过的东西来为自己捞取学位和职称，甚至全靠这一手。搞阴谋诡计的本事得到的评价永远不会比发现新事物的本事来得低。我这一辈子当中，有许多年是跟生产一线和经济工作打交道的。我所了解的学者有好几百，我很看重他们，他们是事业的推进者。如果说他们有许多想法在好多方面都出现了不了了之的现象，那也不是他们的错。这是我国悲剧中不可分的一部分……

戈尔巴乔夫和叶利钦的对立简直就把国家分裂成了两个敌对阵营，这种情况使我们的工作变得没有意义，因为俄罗斯联邦第一届人民代表大会之后，在全苏法律和各加盟共和国的法律之间，便爆发了一场混战，它首先打击的是事业，是经济，是人。

1990 年 7 月末，在戈尔巴乔夫外出休假之前，他明确地表示了自己对把经济推向市场原则的这份政府纲要的立场，而在 5 月份的总统办公会上，他也早已表示过同意的态度。然而到了 8 月份却透露出来，原来在苏联和俄罗斯两位领导人之间背着我又达成了一项协议。什么协议呢？8 月 3 日播出的叶利钦电视访谈回答了这个问题。从这次电视谈话的摘要中，可以得出一个无可置疑的结论，即国家总统早在当时就已经走上了不可饶恕的妥协之路，并在后来导致国家毁灭。

现在我不加任何改动，一字不易地将这部分访谈内容引用如下：

问：……您曾经在我们的访谈中提起过，您打算建议中央接受俄罗斯的纲领。您还提到，无论中央是否接受这一纲领，您也还是会坚持俄罗斯应该有自己的经济纲领。请告诉我，如果，比方说，中央不接受您的纲领，在这种情况下您会采取什么行动？

答：今天我可以告诉你，中央是一定会接受的，因为今天《消息报》上登了，戈尔巴乔夫和叶利钦两个人签订了一个专门的类似于协定的东西，打算以俄罗斯的纲要为思想基础，建立一个小组，而这个小组将以俄罗斯的纲要为基础，搞一个全苏的纲领。也就是说，不是政府搞的那个现在受到批评的全苏纲要。我想，要通过的当然不会是那个纲要，是吧？这将导致全苏政府退位，而纲要将会是以俄罗斯观点为基础的那个纲要，一定是以俄罗斯观点为基础的。我跟戈尔巴乔夫就是在那个时候签署这样一个文件的。那时候我也在这儿。（指叶利钦也在那儿休假。——作者）我们通过几次电话，然后就签署了这样一个文件。我搞了一个书面建议给他，指出这是唯一的出路。我们建议按俄罗斯纲要来搞，要避免让我们再搞一套俄罗斯的货币单位，因为如果苏联不接受，那我们就要在俄罗斯内部来实施这个纲要，我们将使用自己的货币单位。那我们将不得不走这一步。

好多媒体，特别是《消息报》，立刻作出了大胆的猜测，说是出现了一个强势联盟——戈尔巴乔夫和叶利钦，而“帝国的独裁中央”将淘汰出局，正在制订的纲要将成为联盟条约经济部分的核心，这一协议将促进各主权共和国的实际团结等等。字里行间透露出来的意思就是：要打倒雷日科夫政府，它妨碍国家政治经济生活的迅速改变。我跟我的战友们完全看得清清楚楚，政治上的和经济上的极端主义将毁掉这个国家，改变社会制度。我们无法同意这一点。我们明白，就实质而言，这事不仅关系到是否能为人民、为社会、为国家进行政治经济体制变革的问题，而且更关系到国家民族的存亡。

这样一来，在制订向市场过渡的纲领的过程中，实际是存在着两个中心。我们准备在9月1日之前拿出自己的纲要来——这是苏联最高苏维埃给我们规定的日期。我们还是像过去一样，在“松树林”工作。而在另一处——莫斯科郊区的一家宾馆“小松林”，则集中了“沙塔林派”的人士。这里我想提一句，“松树林”和“小松林”，大概还没有一个新闻记者不拿这么有趣的名称上的巧合来打趣两句的。

根据阿巴尔金的提议，8月21日我跟他来到“小松林”，希望能找到个妥协的办法，以求把两股力量团结起来完成共同的任务。俄罗斯的新总理西拉耶夫也到了那里。我们面对面地坐了下来，我把制订政府纲要的情况说了一下，希望找出两个纲要之间的共同点，并再次呼吁共同努力。可是谈何容易！我们进入了公然仇视我们的敌人的营垒，我们在那里出现，对于他们就是一次极其不愉快的事件。而且跟我们谈话的腔调简直就像是老师训斥预备班的学生，几乎就是咬牙切齿的那股劲，哪里还有一点点学界精英温文尔雅的派头！三个钟头毫无所获地过去了。我觉得如果要说服，只有说服那些能听你说也想听你说的人才有可能。我的谈话对象做不到这一点，也不想做到这一点。

这次会见没有带来任何正面的结果。相反，它告诉我们，双方之间的鸿沟已无法填补。而且有一种非常清晰的感觉，他们的所有战术行动，哪怕是每一个细节，都是受到身在南方的戈尔巴乔夫及其幕僚们的指挥的。

现在已经没有人还记得，后来的“激进”市场改革，其源头正出自当年这些跟我对话的人物。今天，当一个泱泱大国已经不复存在，当俄罗斯和其他那些原来的加盟共和国正经历着长达多年的社会经济危机的时候，沙塔林、亚夫林斯基和亚辛这些名字乃至他们本人都正在被人们忘记，而亚夫林斯基和亚辛也在矢口否认他们的所作所为。也许，面对目前的这种满目疮痍，他们会比较适合于把一切都忘到脑后吧？不过我还是要提醒一句：这一切正是他们搞起来的。只是到后来，他们的思想才为新的激进市场派——盖达尔、丘拜斯、费奥多罗夫等人——接了过去。

戈尔巴乔夫依然在黑海休息，实际上他几乎不给我打电话，对工作进展情况不感兴趣。其实他本是理应对此有生死攸关之感的。所有这一切再次证明，他有别的考虑，也有别的人可以依靠。1990 年 8 月 20 日，总统忽然停止休假，返回莫斯科，会见了制订“500 天纲要”的人们。从苏联政府的班子里他没有叫一个人过去参加会见。这时我们已经明白，拟订联邦条约时，已经不可能再提出任何经过协调的经济建议了，提交苏联最高苏维埃全会的将是两份完全不同的纲要。

1991 年眼看着就要到来，可摆在眼前的各种问题根本没有使任何人感到担忧。不过各加盟共和国、各地区、各企业的领导可就坐不住了，他们发电报、打电话，向部长会议发起了一通通狂轰滥炸：怎么开展工作？两种法律、两套规章制度在整个苏联的领土上斗来斗去，甚至展开激战，而且还牵扯到共和国的主权之争，在这种情况下，他们应该照哪个法律，那套规章制度办？

叶利钦向许多企业领导提出建议，要他们不再服从苏联的指令，转而接受俄罗斯法律约束，并答应为此削减他们的税额。只要纲要一生效，下一年的经济完全可能泡汤。此外，“500 天纲要”所建议的东西，跟最高苏维埃通过的法律也完全抵触。

国家总统提前休假归来的第二天，我采纳了几个副手的建议，试图请戈尔巴乔夫近日内同苏联部长会议主席团成员见上一面。8 月 23 日，这样的会见举行了。它延续了 6 个小时。第一个发言的是我，然后是所有的主席团成员。我现在还保留着我的发言提纲，它也许可以见证我们提出的问题有多尖锐，说明国内当时的一般局势：

我们之所以提出这次会见的请求，是因为政府非常需要就一系列迫在眉睫的、十万火急的问题，同国家总统进行坦率的对话。

头一个问题就是国内总体上的以及大部分加盟共和国的社会政治局势非常严重。国内正在形成一种非常困难的局面，其政治经济生活发展的前景很难预测。国家正陷入极端复杂的政经危机之中。

第二个问题，我们需要决定我们的立场，这就是对1991年的经济我们应该怎么办？

第三个问题：整个苏联的命运问题。

这些问题如果得不到解决，将导致严重后果：经济混乱，严重政治危机。

与此同时，国内发生这些问题的所有责任，实际将落到政府头上。一切的目的都是为了把政府从国家管理体制中清除出去。今天，政府已经成为抑制解构因素和不稳定因素日益增长的最后一股现实力量。一旦政府垮台，将改变国内政治力量布局的平衡。

还有一个同样尖锐的问题，就是失控。这种情况非常可怕。它首先表现在政令不行，不把总统的命令当一回事，宣布加盟共和国的法律高于全苏法律，通过完全国家主权宣言，等等。如果说过去在这个问题上是波罗的海沿岸及各加盟共和国在带头，那么现在这种情况就具有了更为严重的规模——在这些行动中带头的是俄罗斯和乌克兰。然而所有的责任，甚至包括烟草问题，都会落到中央领导的头上。

乍一看来，这些问题都带有自发性质，但它们破坏国家现行政治制度的作用越来越明显。实际上提出来的问题是苏联作为统一的国家是否还能够继续存在。围绕着这个问题展开了尖锐异常的政治斗争。问题提得非常明确：苏联是否能作为一个统一国家而存在？它在国际社会中是否还能成为一个法人？它是否将不再存在，而由俄罗斯来作为苏联法理上的继承人？（在别洛韦日森林协议一年前，就已经在这样说了。——雷日科夫）

人们试图作根本性改变的不仅是加盟共和国同苏联之间的经济关系，而且还有制度本身的性质。有人想要重新审议基本的政治经济原则，推翻现存的政治制度。

在所有这一切的影响下，经济越来越失去了它的活力。不仅是生产规模日益萎缩，统一的国民经济共同体也遭到破坏。如果不采取紧急措施，这一过程将以灾难告终。许多共和国都采取了限制企业权利的措施，其后果就是企业之间的直接联系普遍中断，它们拒绝续签合同，供应产品。加之现行法律和税收政策遭到破坏，而地方的、共和国的和全苏这三个预算体系的形成将会在最短期间内使国民经济完全瘫痪。政治不稳定直接影响国民经济，国民经济不稳又影响政治的这种恶性循环开始了。

尽管对政府的批评越来越激烈，它在最后几个月还是在两方面展开了紧张的工作：搞完了向可控制的市场经济转型的纲要的制订工作；制订了国家 1991 年经济社会发展基本指标。不过这项工作的效果今天看来是非常的低，因为政府的决定根本就不能被接受，离心力变得越来越严重。

今天，所有的企业几乎都没有编制来年的计划。在安排他们的物质技术保障、外汇保障时，在价格问题和税收问题上，所有的问题都不清楚。由于这些原因，许多共和国编制地方预算的工作已经瘫痪。苏联最高苏维埃就这些问题通过的法律许多加盟共和国都不承认。宪法已不起作用。

某些加盟共和国中出现了大量内部不经协调就通过形形色色决议和决定的情况，这实际上是在破坏我国已经形成的完整系统。这就是实际局面。不管政府在这个问题上要负多大责任，今天的主要任务还是要调动一切力量防止国民经济运行中出现混乱。

经过对各加盟共和国在发展经济问题上对制订大家都可以接受的决定的态度的分析，又经在苏联最高苏维埃开展咨询，直接开展同各共和国代表制订市场过度纲要的工作，并召开有各共和国政府首脑参加的苏联部长会议扩大会议——上述种种使我们明确，如果不订立一个全苏条约，如果我们对今后将在怎样的国家体制条件下生活没有一个明确的概念，任何向市场经济过渡的纲领都只能是空话，都不能实现。不过，很难预期全苏条约能够得以在近期内订立。这是一个极为复杂的过程，也可能拖得很长。

不过，我们却无法使国家的生活止步不前，使制订 1991 年国家发展计划的工作停顿下来，我们不能停止执行已经通过的重大社会纲要，为企业的实际经济活动踩紧刹车，让新条件下的经济运行从最初的实际步骤中再倒退回去。苏联部长会议主席团细致全面地研究局势后得出结论，认为目前形势下唯一现实的出路就是在新的全苏条约签订之前，由各加盟共和国和全苏先签订一份经济协议，并以此为基础，组织编制 1991 年计划的工作。这份协议应该包括经相互协商确定的企业计划组织原则，税收体制的实施，各加盟共和国都能接受的新价格政策，物质技术保障体制，企业、共和国和全苏外汇基金的构成，乃至其他许多原则问题的决定，只有解决了这些原则问题，来年每一个共和国的每一个经济环节才有可能存活。这就是政府主席团希望在这次会见时讨论的主要问题……

部长会议主席团成员的发言涉及的大致也是这些问题，只不过列举了更多的细节，更加具体。

这就是在那个极其复杂的时期我们对国家真实局势的看法。我们意识到在国家头上高悬着关乎生死的危险。我想，读者对于这种局势的深刻戏剧性会有所评价：明明看出国家正在被推向毁灭，而且也提出了挽救它的现实道路，但却遇到了无法逾越的障碍，那就是对祖国命运反应迟钝的无动于衷，或者说就是对祖国的直接叛卖。

8 月 30 日，根据我们同戈尔巴乔夫会见的结果，在苏联最高苏维埃会议厅召开了各加盟共和国代表、各部部长、人民代表和无数应邀出席者的会议。头一天接近深夜，总统办公厅完全出人意料地下发了一份 18 页的材料，要求会议审议。材料是由沙塔林小组准备的，是一个“500 天”方案的压缩版之类的东西。那里头没有一句话讲到建议来年按什么原则生活。只讲了一些有关向市场关系过渡的最一般的意见，以及各加盟共和国的作用和地位。

现在完全清楚了，采取这样的措施，是为了引导会议丢开具体问题不去解决，也根本不管几个月之后国家会发生什么变化，只想把各加盟共和国吸引到自己一边，并在它们的支持下走向“全苏舞台”。我常常问自己，今天已经作古的沙塔林，当年是否曾考虑过自己采取的步骤会产生什么后果呢？我想，他只不过是被更有经验的政客利用来作为达到目的的工具而已。无论我们之间的私交多么好，我还是要直截了当地说：他在毁灭国家的过程中还真起了不小的作用，尽管我相信他并不希望这样做。

会开了两天。发言者一个接一个上台，他们全是按照指挥棒行事，谈的根本不是迫切需要解决的问题，而是要把这 18 页东西跟政府建议对立起来。叶利钦是最先发言的人之一：

“雷日科夫的政府应该立刻辞职!”

乌克兰部长会议第一副主席福明也毫不掩饰对全苏政府的敌视。这个人以乌克兰共和国的名义所作的发言，就其歇斯底里和卑鄙无耻的程度而言，至今我也没有发现能有人出其右者。为了将来能分一杯羹，他可以不计后果。经验丰富的总理马索尔已经无法让乌克兰的领导层满意了。

就连以谢尔巴科夫为首的官方工会也没有在一旁袖手旁观：他往政府头上没有少泼脏水。有意思，现在，当物价像火箭似的往上飙涨，而老百姓，也就是工会会员们的贫苦日甚一日的时候，这个工会领袖上哪儿去了？他为什么一声不吭了？

第二天的发言更加强硬。一夜功夫，反政府力量获得了聚集成团的机会。经济协议的问题被抛到了一边。很少有人再提起它。会议临了又把我弄到台上。这一回我没有准备什么提纲。斗争十分激烈。要求人们保持理智的呼吁简直像是对着荒原在呼喊。神经受到的刺激到了极限。我在台上像火山一样爆发了，对那些把国家拖向深渊的政客们发出了愤怒的声讨。

“如果不是因为对人民负有责任，”最后我说，“在这样的局面下，我们一天也不想多干。只是为了这一点，我们才没有这么做。”

从台上下来的时候，我的身子就好像在云里雾里。我带着副主席们离开了会议厅。大家都很压抑，我是更不用说：一方面也是因为我没能控制住自己。不过我们还是有足够的勇气和理智得出共同结论：现在还不能走。这不仅是一个我们失败的问题。应该斗争。

1990 年 9 月，代表们假期结束后，苏联最高苏维埃和俄罗斯联邦最高苏维埃恢复了工作。联盟院就经济向市场关系过渡展开了激烈的交锋：我们不管三七二十一，还是像 5 月里决定的那样，在 9 月 1 日提交了必要的材料。“500 天纲要”也是争论的焦点。戈尔巴乔夫在苏联最高苏维埃的一次会议上对前期讨论作总结时明确地说，正是这个纲要，给他留下了更深刻的印象。这是他第一次在公开场合就此表态。说心里话，也正是在这一时刻，我想到了自己辞职已不可避免，当天的新闻发布会上，我谈了这个意思：

“如果通过的决定同政府的立场不一致，那政府就无法执行它……只有当心存信念，我才有可能完成自己的职责。如果缺乏信念，或者明知它会产生危害，这样的事情我是不会参与的。”

不过当时最高苏维埃和总统都还没有作出决定。中间休息之后，布尔布利斯代表——读者还记得第一届代表大会上正是他推举叶利钦当苏联最高苏维埃主席——从“白宫”飞驰而来，两眼放光，欣喜若狂地宣布，俄罗斯联邦最高苏维埃在下午两点通过了“500 天纲要”。“俄罗斯联邦已经作出了决定，”他骄傲地宣布，以此表示：苏联最高苏维埃愿意怎么讨论就怎么讨论好了，反正俄罗斯会按自己的办法行事。底下是一阵吵嚷，一阵喊叫，大厅里人们又跑去抢话筒。最后通过了一个含糊不清的决议，说是会议“注意到”苏联部长会议的报告，认为审议这个问题的所有材料是“合理的”，并“发现”最高苏维埃主席团对这个问题“准备不足”——又把卢基扬诺夫狠狠地刺了一下……

那些天克里姆林宫里也在进行着无尽无休的辩论、争论、斗争。我们也不得不一遍又一遍在新闻发布会上阐述政府的立场。下面引用一段在这种同记者会见场合的速记稿摘要：

雷日科夫：我国在许多方面都还没有为强制向市场过渡做好准备，社会意识也没有做好准备。因此我们主张慎重的做法。政府之所以捍卫自身立场，采取如此强硬的态度，是有道理的。为了制订新建议，我们邀请了科学界非常有分量的人物。新建议考虑了议会的建议，以及各种可供选择的改革方案。然后，又对将要推行的改革作了模拟试验，对所有的优缺点都作了数学分析。在研究过程中，对向市场过渡的方案有两种考虑：一套是激进方案，不少著名的苏联经济学家都主张这个方案；另一套则是温和方案，政府建议的正是后者。

头一套方案的模型（几乎是立即放开价格，实际上完全取消国家订货）表明，头几年生产规模、就业率、生活水平将会急剧下降……

分析第二套方案表明，也会出现下降，但会是一种比较平稳，比较和缓的下降。从总体来看，全国人民的生活水平也会下降，但下降幅度比第一套方案要小。因而经济趋向健康的速度也会稍缓慢一些。

风雨大作的1990年秋天到来了。苏联最高苏维埃喋喋不休的辩论令人生厌，要求“穷人政府”下台的群众大会不断举行，俄罗斯议会通过决议要求苏联部长会议下台（反对票1票，弃权票16票），媒体上的批评犹如狂风暴雨不断袭来。

在向我国政府发起总攻的过程中，各加盟共和国和中央之间的关系变得越来越复杂。对抗，首先是俄罗斯同中央政权的对抗，变得越来越尖锐。全苏政权很快便成为一种可有可无的东西，处于风雨飘摇之中。

政治上日益严重的分歧对经济产生了毁灭性的影响，而经济的恶化反过来又加强了国家的解体过程。我们陷入了一个罪恶的怪圈。但所有冲破怪圈的努力都遇到了疯狂的抵制。

离开我退出舞台的日子也就是一个多月的时间了……

为什么我非要拖到犯心梗之后才下台？为什么我没有在跟戈尔巴乔夫谈过之后，或者后来在那次令人感到无比沉痛的全会的新闻发布会上就宣布下台？为什么当周围所有的人，包括戈尔巴乔夫，当那些跟我并肩走过漫长道路的人，都在狠狠地扇我跟政府的大耳刮子时，我还在忍耐？难道我没有自尊心？难道总理的交椅对我就那么宝贵？

不，我要回答，不是的。是普通的责任感支撑着我。最高苏维埃11月全会过后，我就已经作出了辞职的决定。而将它宣布则是在12月初，那是在第四届大会开幕之前。因此，病情只不过是使一切提前了一两个星期。

有一次我翻出了一页答记者问的记录，已经记不清是回答谁的问题了。可能是回答一家外国报纸的提问。那里有这样一个问题：“近来政府常常受到批评，甚至要求它下台。您看来并不像是一个赖在位子上不肯辞职，只知道追逐官位和前程的人。那是什么迫使您要如此执著地推行自己的路线呢？”

我是这样回答的：

问题在于政府的路线使有些人感到不满意，这条路线之所以强硬，是由于它牵涉到我们的国家是否能继续存在，国民经济中是否会出现混乱，那些靠工资、养老金和助学金过日子的人是否能得到社会保障，而一旦去除了所有的或几乎所有的调节因素，人们是否能经受住市场自发势力的打击。有人以此作为赌注，竟说政府无法摆脱保守思维。不对！政府为了有助于摆脱危机，愿意敞开大门。不过，作为一届对人民负责的政府，它没有权力跟在那些想把一切都打得落花流水，根本不计后果的人后面跑。政府最重要的任务，就是保证人民如何能以最小的代价来完成向市场的过渡。如果有人责难政府忘记了这一点，那么，他要么是不了解情况，要么就是，说得客气点，不大正派……但如果人民，人民在最高苏维埃的代表，认为政府的行动有损于社会的利益，那就请他们来决定我们的命运好了。

当时说过的每一句话，现在我还可以再说一遍。显然，我这一代人受到的教育就是这样：要把事业进行到底，决不投降，不被困难所折服，要尽一切可能，哪怕最后是下台的下场。我也要说一句，就是在我向记者们宣告有可能辞职的那些日子里，部长会议收到了无数电报，要求我们不要屈服。提出这种要求的不仅有我的同龄人，最使我感到高兴，并让人对光辉未来充满希望的，是还有许多非常年轻的人，他们说：等一等，不要走，不要半途而废……

但我们还是不得不走。还是逼得我们非走不可。

12月初，应我的请求，戈尔巴乔夫单独会见了我。会见时我告诉他，已经下了最后的决心，要辞去国家政府首脑的职务。他听到之后表现得相当平静，甚至有一点如释重负。他跟我一样，对这次不太轻松的谈话早有准备。他请我谈谈关于接任者的意见。我谈了自己的想法。

会见临了，我对戈尔巴乔夫说：

“请记住我的话。现在，有人强迫您拿掉政府。这只是许多牺牲品中的第一件。再往下就是苏联最高苏维埃，然后是您自己。请为国家的前途命运着想，现在还有点时间……”

他从来就是不顺心的话不爱听，最善于对有些问题装聋作哑……

今天，当我回过头来分析往事的时候，我毫不动摇地得出了结论：我们是正确的。我们被人称做保守分子，但我们都是正常的、思维健康的人，我们关心事业，关心人民，关心国家。

我的政府在退出战斗时保持了尊严，它并没有被打倒，依然怀着对理想的信念。生活表明，我们是正确的。

1991 年 6 月 12 日（俄罗斯在 1990 年宣布主权独立的日子）宣布，将进行俄罗斯联邦总统大选。早在 4 月，各州、各共和国、各劳动集体和许多社会政治活动家就纷纷给我打来电话，请求我同意参选俄罗斯总统。同各地方各单位的代表会见，最后也会提出同样的请求。在道德上我完全有拒绝的权力，因为我有个理由，就是不久前才得过一场大病。不过，如果是这样，我一辈子都会因为自己甚至没有打算参加战斗而责备自己。

那是一个对于全国来说都非常可怕的日子。我在注视着当天如暴风骤雨般发展着的事件的同时，清楚地认识到俄罗斯和苏联各权力部门之间对立的高潮正在到来。如果叶利钦在大选中胜出，那么国家的命运就注定了。如果另一个人胜出，其中也包括雷日科夫，那么灾难还有避免的可能，通过深思熟虑的改革，依靠中央和各加盟共和国之间正常的相互关系，国家将不会被破坏，局势将得到稳定。与此同时我还意识到，由于人民对戈尔巴乔夫及其政策没有好感，由于叶利钦的反对活动在全国范围都引起了极度混乱，要想胜出也不那么容易。人民将会不知所措。许多人心存幻想，期待着当第 501 天到来的时候能见到天堂，认为叶利钦才是祖国的大救星。我最大的希望就是人们能听到我警示的声音。

我不想详述竞选活动中的一波三折。什么都有了：有诬蔑造谣，有脏水淋头，也有含血喷人。总之无所不用其极。而且，还常常把我的名字同戈尔巴乔夫连在一起。我做了很大努力向人们解释，说实情根本不是这样，我们早已分道扬镳，说他已背叛了改革的理想，背叛了那些曾跟他一同创业共事的人，但并非所有的人都能听得进去。人们投票不仅是为了选叶利钦，而且还是为了反戈尔巴乔夫。而且，我的反对者在把我跟他“捆在一起”这件事上也没有少下工夫。

为了能对那个时代和当时出现的局势有一个概念，让我来引用一段《苏维埃俄罗斯报》在大选两星期前发表的访问记。我通过这份很有权威的出版物于国内旅行期间回答了该报记者别兰所提的一些比较尖锐的问题。采访的标题《我建议走另外一条路……》本身就很说明问题。

“他怎么敢把自己放到俄罗斯总统的宝座上？大家都知道，人民将选举叶利钦。”“您是奉戈尔巴乔夫之命呢还是奉中央之命？”

——我是自愿参选的。既不是奉中央之命，也不是奉戈尔巴乔夫之命。当了 5 年的国家部长会议主席，我亲身体验了什么叫掌权。我尝够了掌权的滋味，知道掌权有多辛苦，而且往往是吃力不讨好。

但不论是在苏联还是在俄罗斯，情况都在日益恶化，危机四伏。我不相信叶利钦现在提出的这个纲领能使局面好转。情况将更为恶化。所以我不能袖手旁观，看着局势发展。这就是我的原因……

现在再来谈谈向市场过渡的纲要问题。去年（1990）夏天，你们还记得，曾经有过两个纲要，一个是政府提出的，还有一个就是“500天”纲要。后者还有一个名称，叫做“休克疗法”纲要。我对这个纲要的态度非常明确。我坚信，经济必须转上新轨道，而且我还最早提出：硬性计划分配系统潜力已经到头，再按老办法将无法继续前进，需要转向比较有弹性的经济关系形式了。但我们提出的模式是可调控的市场，是逐步平稳过渡。当旧的东西倒下去的时候，当时就应该有新的东西建立起来，就应该仔细衡量，预测、而不是挥动板斧，速战速决。

我坚决反对“休克疗法”这种办法。我过去认为，现在也还是认为，几个月之内就要过渡到新经济关系的做法，将会引发非常严重的后果。

为了向自由市场过渡，就应该建立相应的结构。如果非要像现在这样说：好了，从新的年度开始就废止国家订货了，你们就自谋出路吧，那是一种不负责任的态度。眼下已经是困难重重了，但如果从新的一年开始干脆就不要调控，那大批企业将无法工作。特别是机械制造业，因为企业之间存在着紧密的合作关系。

还有一条：我赞成所有制形式的多样化。应该找到一种形式，让人真正成为自己生产资料的所有者。至于说到小企业，什么手工作坊、快餐店、商业店铺等等，那我们这里还可能出现私有制。在这种情况下，我主张那些本身就在小企业工作的人有优先权，让他们首先能够得到这些企业。让他们自己来决定自己的命运，不必通过交易市场、拍卖市场，因为在那种地方，占便宜的都是赚大钱的人。

至于说到大型企业，可以有股份制，有集体所有制，比方说，每一个工作的集体成员都可分得生产资料，也可分得自己的一份利润，这就叫全民企业。就应该走这样的道路。在农业中我坚决反对土地私有，反对把起商品生产作用的土地自由买卖。（我要说明：我说的是“起商品生产作用的土地”，当然不是指宅旁地，园田地和别墅用地。）

每个人都应该有权在土地上劳动，他可以根据自己的心意选择：想当农庄主吗？请吧；想留在集体农庄吗？随便。我还主张租赁的土地可以作为遗产继承。不过是不是可以买卖呢？……

“对于那些不盈利的企业，您怎么看待它们的私有化问题?”“您是个保守派，您反对住房改革。那就是说，您想把我们拖回停滞时期。”

——我决不同意那些提出号召要在新年之前跟亏损企业“做个了断”和强行

把它们私有化，也就是把它们拍卖的人。这样匆忙从事是非常危险的。

就拿煤炭工业来说，它欠了国家230亿卢布的债。可是如果我们土生土长的或者是外国的商人们把这些矿山买下来，那又会出现什么情况呢？谁去为成千上万的失业工人着想呢？因此我理解，企业亏损的确是我们的不幸，这是我国经济脖子上的铅坠。但是要提出强制私有化的口号看来还早。今天，我们25%的农场都亏损，那怎么办，难道把集体化再做回去？也许，是否应该具体情况具体分析，帮助经济重新站起来？其中也包含引入新的所有制形式？

再来谈谈住宅私有化的问题。一年前这个问题在总统顾问委员会上讨论过。有人建议建立住宅市场，允许自由买卖住宅。为了加速建立这样一个市场，有人建议大幅提高房租，特别是对超过标准的面积。听起来似乎很动人。但是我立刻表示坚决反对。不能不经深入研究和计算就这样轻率地对待这个问题。今天，比方说，我们苏联有6000万退休职工。根据我们掌握的资料，其中3000万人有超过标准的住宅，有的5平方，有的10平方，还有的更多。有的因为孩子走了，有的因为丈夫或者妻子去世了……于是便出现了这种情况。难道说要把这些老人从窝里赶出去？一个家可不仅仅是四堵墙。这更多的是一个道德问题，是一个品德问题。同时也是个物质问题：想一想，如果为超标的住宅他们要付所说的那种高价，那什么养老金也剩不下。

难道那些年轻人，那些困难家庭能买得起住宅吗？房子会跑到谁手里去，难道还不清楚吗？

在这个问题上我就是个保守分子，过去是，现在还是。

“雷日科夫主张提高价格。”“辞职的时候，他向巴甫洛夫建议要提高价格。”

——是的，我们经常讲，价格组成问题上有落后的地方。应该调整价格，不过1988年就应该做。那时做损失会比现在小得多。

根据计算，1990年提高价格需要付出的代价是1600亿卢布，而且其中有许多产品完全需要补贴，儿童用品还几乎没有涉及。可是由于“手段不普及”，我受够了攻击，尽管需要控制价格的事是国内几乎所有领导人、所有主要经济学家都同意的。（这里我想先说一句，我要提醒大家，从1992年1月2日起，若以我们的建议为基数，叶利钦和盖达尔实际上把价格提高了两倍，许多商品甚至提高了三倍。不久，这些价格就飞快地往上涨，从几百倍涨到几千倍，把千百万人民抛进了贫困的深渊。那些轰轰烈烈的声明呢？叶利钦不是说一旦涨价他就要卧轨吗？这些全都忘到脑后去了。而这一切给人民的打击是多么痛苦。）

“您同戈尔巴乔夫的关系？”“您跟他有分歧吗？”“如果您当选为俄罗斯总统，您会在各方面同他保持一致吗？”“您干吗要辞职？”

——现在我同戈尔巴乔夫没有任何关系。我不参加任何会议，也不是顾问。

从前，大概是在1987年以前，我跟他没有什么特别的分歧。你们可能还记得，改革当时进展很快，我国经济也正处于上升阶段。然而即使在当时，我也依然有自己独立的、独特的立场。我觉得，原则性的意见还是有可能表达的，即使我在政治局处于少数。你们可能还记得那次反酒精饮料运动。对于建议开展运动的一些方法，我是反对的。

最近，特别是1988—1990年以来，我跟戈尔巴乔夫之间的分歧很大。我直截了当地谈论这些分歧，当面向他提——既在政治局，也在总统顾问委员会。比如关于住房私有化的问题就是。

最值得一提的是向市场过渡的纲要。政府纲要曾两次提交总统委员会审议。我把它提交上去，遭遇到批评，然后又是补充，最后说：好吧，雷日科夫同志，把它提交苏联最高苏维埃吧。我知道批评会是激烈的。特别是在价格问题上。不过，1988年的每一个文件不是都说，进行零售价格改革时务必要听取人民的意见吗？我怎么还能有别的做法呢？所以我就走上台把我们怎么看这些问题老老实实都说了。让所有的火力都冲我来吧……

在立场问题上我始终是表里如一的。唯一可以自责的就是应该把我去年（1990年）12月在第四届苏联人民代表大会上说的话提前一年说出来。改革已经不是原来1985年预想的那个样子了。

至于说到我下台的问题，主要原因在于代表大会开幕的前几个星期我通知了戈尔巴乔夫，我不同意所推行的经济和政治改革，所以宣布辞职。

但不管怎么样，我的立场还是没有变。我认为，今天发生的这种变化，是把我们国家引向“休克疗法”，这将对人民生活产生严重影响。

比方说，根据波兰的情况，我们对此就可以有所了解。不错，现在那边柜台上倒是什么都有，可就是普通老百姓买不起。以降低需求的这种方式来保证市场的丰足，是无须乎什么太高的智慧的，我可以在一夜之间就做到：把价格一抬高，商店里不就什么都有了！但我赞成用别的办法：应该找到一种平衡，既有商品，老百姓又能买得起。

“你先把国家的经济搞得一团糟，然后又打算当俄罗斯总统。”

——让我们先来回顾一下近年来国内都发生了一些什么事。我觉得，头三年我们的发展还是正常的。然后就出现了一件件完全莫名其妙的事情：又是法律大战，又是罢工运动，又是条约关系遭到破坏……

是的，从总体来说，国家的发展并不十分如愿，其中也包括不如我所愿。不过，正如所知，只有通过比较才能有所认识。一切都走着瞧吧，如果叶利钦胜出的话……

“您怎么看叶利钦?”

——我早就认识这个人，我跟他在斯维尔德洛夫斯克同过事。他在州委，我在工厂。

我不同意他的俄罗斯社会经济发展纲要。这一点我已经说过。我也不理解他的行为和行动方式。他在苏共党内得到了提拔重用，当上了政治局候补委员，成了首都党组织的领导人，可后来却把自己受到的教育、自己20年来一直在党的纪律协助下宣传推广的一切，放到脚下践踏。这叫什么立场？他还掀起了一场反对中央的“战争”！无论什么时候他都觉得有人跟他作对。

最后我要直言不讳地说：如果选举我为俄罗斯总统，我会为俄罗斯而斗争，捍卫它的利益。但同时我也要实行一条保全苏联的路线。

这些都是在1991年5月30日说的。读者可以对我当时对叶利钦胜选后的预见性予以评说。有些东西我还是可能估计不足，但就总体而言我对人民和国家命运的担忧还是实现了。在总统竞选活动当中，我在6名候选人中赢得了第二的位置。对于未来总统的竞选班子而言，迅雷不及掩耳也是他们的战略考虑：可不能给时间让老百姓多思考。于是，任务就这样解决了……

1991年的8月到来了。这个月份的特别之处在于它是苏联垮台过程中的转折点。分析当时的事件可以得出结论：“暴乱分子”并没有明确的纲领目标。在国家非常状态委员会的行动中，并没有任何有组织的政治力量介入。政治局没有采取任何行动，没有通过任何文件，这次“暴乱”对于党的总部而言是事起仓促。8月20日大约有2/3的中央委员在莫斯科，但书记处却拒绝召集中央全会。8月以后曾立案对党的许多地区领导人和某些书记处成员进行侦查，但统统因为这些组织同莫斯科发生的事件毫无关系而宣告侦结。人民基本上都没有参加到这些事件中去，这说明他们相信，这只是小集团之间的政治冲突。

但胜利的一方立即向苏共发起了致命的打击。叶利钦的最亲密战友布尔布利斯给戈尔巴乔夫写了个条子：

“苏共中央内部正在加紧销毁文件。总书记应下达命令，立即停止苏共中央大楼内的行动。卢日科夫已经切断了电力供应。他手上拥有执行苏联总统和总书记命令的力量。布尔布利斯”字条上有一条8月23日写的批语：“同意。戈尔巴乔夫”。

戈尔巴乔夫被叫到俄罗斯最高苏维埃全会上，受到叶利钦难以名状的羞辱。这位昔日的党内战友对待他的态度，就像是训斥一个淘气的学生。就在全会进行期间，在顷刻间全都变成了反共先锋的代表们的一片哄闹声中，叶利钦签署了解散苏联共产党的命令。

电视和广播都对这幕闹剧进行了直播。从这一刻起，戈尔巴乔夫已不复存在，他只剩下了一具躯壳。他在这场对全国致命的赌博中大败亏输。六年前在进军号角声中拉开序幕的改革像肥皂泡一般破灭了。

当天，苏共中央书记处通过决定：“苏共中央应该通过一个艰难的，但诚实的决议——自动解散。至于各加盟共和国共产党的命运，由各自自行决定。”

第二天戈尔巴乔夫认可了对党下达的禁令，卸下了总书记的权力，号召党中央自动解散。这样他就埋葬了党——这是他青年时代就加入的党，党指引他走过了一生，引领他登上了国家最高职位。而党的垮台则为毫无障碍地消灭我们的国家扫清了道路。

克里姆林宫的代表大会堂。1991年9月2日。上午10时，苏联人民代表大会第五届特别会议开幕。受苏联总统及10个加盟共和国最高领导人的委托，纳扎尔巴耶夫宣读了一份特殊的《宣言》。其中建议制订一份主权国家联盟条约，由各加盟共和国自愿签署，立即建立经济同盟，以利国民经济正常运转。

根据各加盟共和国代表权平等的原则，筹建人民代表苏维埃以取代苏联最高苏维埃和人民代表大会，并成立国务委员会，吸收苏联总统和各加盟共和国最高领导人参加。为了协调国民经济管理，协商推进经济改革有关事宜，成立跨共和国经济委员会。

为了保存统一的武装力量，预计还要在国防领域缔结集体安全协议。宣言还向人民代表大会提出请求，支持各加盟共和国要求联合国对这些国家的国际法主体地位予以承认，并审议它们在这个组织中的会员国地位问题。

在这个时刻，代表们全都已经心知肚明，苏联的存在事实上已经结束。所有的人都非常清楚，它实际上是一个没有生命力的架构，之所以还被人提出来，是因为多少还希望能保存一点统一国家的基础。

我跟不少代表都有一种确定不移的看法，就是觉得这次代表大会并非如那些堕落到只知追求轰动效应的媒体所言，是一届胜利者的代表大会，却反而应该是一届战败者的代表大会，他们终于明白了，国家正在加速走下坡路，而代表们正以自己的活动从各方面推动这一进程。大多数代表情绪都非常低沉，我甚至可以说他们非常压抑。看来我们好像是在出席一次集体葬礼。

在这一届非同寻常的代表大会进行的过程中，也提出过一些有益的意见。例如，乌克兰社会主义加盟共和国最高苏维埃主席克拉夫丘克（后来在别洛韦日拆散苏联的三个人之一）实际上就支持了经济联盟的思想，他提出建议：为了防止经济混乱，应立即成立跨加盟共和国的跨国组织、理事会或委员会，授予全权，以保证国民经济各部门能继续发挥作用，满足民生需求。不过他似乎有点“不好意思”提起，正好在一年前，我在苏联最高苏维埃的讲台上，就号召过各加盟共和国签署这样一个1991年的经济协议，可是，如果读者们还记得的话，这个提议却遇到了激烈的反对……

然而，在这短短的时间内，克拉夫丘克以及各加盟共和国的其他领导尝到了他们自己在1991年前夕所造成的经济混乱的破坏性苦果。

会上还响起了一些其他的清醒的意见，比方像南乌拉尔的奥尔洛夫就说：作为一名工业区的代表，他支持建立跨共和国机构，以调节跨国经济关系。他说：“如果不这样做，如果代表大会不能通过此项建议，那就要请某一个共和国承担起这种调节任务来。否则各共和国将诉诸武力来解决问题，而这意味着什么，我想各位一定清楚。各共和国在最近的10—15年内是无法获得经济独立的。”

就总体而言，代表大会的气氛还是处于对社会命运的担忧之中。国家正在受到民族灾难日益加剧的威胁，但又提不出任何现实的建议来维护国家的统一。我还记得，比方说，白俄罗斯的茹拉夫廖夫是这样说的：“从联盟条约草案所建议的框架来看，联盟国家是无法建立的。它将国非国，邦非邦……联盟条约草案中提出的所谓国家是没有的，也不可能存在。”

顿涅茨州代表萨乌宁警告说：“公民们为苏联的解体、未来对它的瓜分、国境的设立、难民潮的涌现感到不安（报上就是这么说的）。他们认为，这些情况将伴随经济危机造成灾难，制造新的民族冲突，甚至可能产生更严重的后果。”

我在准备这份材料的时候，再次仔细研究了该次代表大会的速记稿。我想提醒：超过80％的代表都是共产党员，但却只有一两个发言的人提到了苏共的问题。我想引用一段新西伯利亚工程建筑学院院长亚岑科说的话：

戈尔巴乔夫不仅是国家领导人，而且还是党的总书记。他的领导居然搞得个别在他身边工作的领导人参加了暴乱……如果一个领导人对谁同你志同道合，谁支持你都既不了解也没有感觉，那还算个什么领导人！戈尔巴乔夫先生，您可是党的总书记，是它的“船长”，可是却在党最困难的时候逃离了“舰桥”，任凭党和普通党员听凭命运摆布。

苏联和俄联邦的最高领导人戈尔巴乔夫和叶利钦千方百计想让大家相信，《宣言》中的建议都是时代潮流，它们表达了国家生活中不可避免的民主变革。

叶利钦在这次非常党代会上的发言是一个胜利者的发言，他被胜利陶醉了。他宣布，作为俄罗斯总统，他一定会解决这些问题。究竟干得怎么样，现在每一个人都看得清清楚楚……

戈尔巴乔夫的处境最为复杂。他还要想办法保全面子，为国家非常委员会、苏共和苏联的解体，为国内无政府主义等问题的出现而辩解。看得出来，对于苏联将要变成一个较为模糊不定因而也更为软弱无力的机构这一点，他是早就已经妥协了：

"在结束我的发言时候，我要表示我最深刻的信念：我确信目前最中心、最首先要求立即明确的问题，就是关于我们国家体制的问题。这个问题得不到解决，别的问题——经济问题，政治问题，社会问题，科学问题，民族关系问题等也都无法解决。这一点我是确信的。全民公决时人们表达了保全苏联并予以彻底革新的意愿。在诺沃奥加廖沃谈判过程中我们找到了一个形式，就是主权国家联盟，现在我们需要对它进行再思考。就让我们再次来思考这个问题吧!"

响应他的都是些应声虫，例如西拉耶夫，后来当上了俄罗斯政府首脑。8 月事件和他担当的新角色使他失去了理智，竟提出了不经审判和侦查就枪毙国家非常委员会成员的建议。这个政坛新手在发言中颇为得意地宣称："是的，过去那个统一的苏联死亡了。我们应该对那些为了'泱泱大国'向隅而泣的人说一句：想要让帝国的僵尸复活么？这不等于是给死人做热敷吗？我们现在所依据的，完全是另外一种价值观，另外一种思想了!"

价值观的确是大不一样了……值钱的东西从老百姓和国家的口袋里放进了当代布尔乔亚私人的保险柜里。旧思想的确也被新思想排挤掉了，这新思想就是：要不择手段地获取利润，金钱决定一切。

莫斯科和全俄罗斯总主教阿列克谢的发言真是发人深省。我真想把他的整篇发言都引用在这里，但由于篇幅的缘故，只能引用几段：

尊敬的兄弟姐妹们，人民代表们：我们这次非常代表大会的责任真是无比重大。我呼吁各位要深刻感受我们的责任——这不仅是对当代同胞的责任，也是对我们先辈的责任，还是对那些并非在随意空想的沙滩上，并非在蛊惑煽动、贪恋权势、自私自利、嫉妒横生的基础上，而是在信仰、忠诚、充满牺牲的爱的基础上建造了共同家园的人们的责任。我们的同胞正在等待我们这些代表说话，等待

1994年初，雷日科夫拜访莫斯科和全罗斯大牧首阿列克西二世，对圣彼得保罗大教堂的设计方案表示赞同。(作者提供)

我们作出决定，希望能在众生迷茫的心灵中唤起乐观情绪，唤起公正解决我国面临各种问题的希望。正是我国各族人民的无数儿女用自己的功勋、生命、才华和能力，才造就了我们祖国的真正光荣。

我们对子孙后代的责任也同样重大。他们未来的生活将是我们言行的评判。未来的基础是在过去奠定的。而过去，则是我们历史的共同。它是我们民族传统不可分割的一部分，这不是我们的意志所能否定的。如果对这些事物不屑一顾，如果想否定它，抛弃它，在面临混乱变革的今天，这就意味着把我们民族的未来置于危险之中。近几十年的历史向我们展示了无数因忘记历史而产生的悲惨事例，以及遗忘造成的悲惨后果。

我想用我国东正教精神领袖的这番教导来结束我对非常人民代表大会的叙述。它竟然成了为一个统一大国的覆灭而敲响的丧钟。而为了建立这样一个大国，我们的祖先曾付出过数百年日复一日胼手胝足的劳作。

三个月后，这个大国就不复存在。虽然当代有许多伟人对此发出过警告。当我结束这一令人心情沉痛的章节时，我想援引我国一位同胞，一位著名的哲学家和思想家，一位俄罗斯大地上的爱国者——伊万·亚历山德罗维奇·伊林在几十年前说过的一段话。他的遗骸前不久才回到他的祖国俄罗斯。话是这样说的：

俄罗斯是自然和精神的有机统一。谁要是想把它分开，谁就是个最可悲的人！……这种可悲之处在于这种盲目而荒谬的做法必将产生可怕的后果，这些后果将表现在经济上、战略上、国家体制上和民族精神上。而且，不仅我们的子孙后代，就连别的民族，也一定不会忘记统一的俄罗斯，将会在自己身上尝到蓄意肢解它的恶果的滋味。

第十二章

政权处于弥留时刻

2006年12月8日，是苏联在世界地图上停止存在的15周年纪念。为了纪念这个日子，拍摄了一部关于别洛韦日森林的影片，里面记录了三个领导人——俄罗斯、乌克兰和白俄罗斯总统签署文件，破坏苏联的场面。三人中的一个——叶利钦——拒绝到场参加拍摄，但在《俄罗斯报》发表了一个长篇访谈。

1991年8月19日，苏联副总统亚纳耶夫宣布，戈尔巴乔夫被停止履行总统职务，全部国家权力移交苏联国家紧急状态委员会行使。21日，戈尔巴乔夫宣布重新控制局势。此后，苏共被停止活动，联盟濒于解体。图为“8·19事件”当天，苏军坦克受命进驻红场。(新华社稿)

这篇《自白》，还是当年为自己行为辩解的那些老套子理由。

一个正常的、有思维能力的人，就不能看不到我们国家和人民发生了什么变化。他所谓苏联解体不可避免，都是厚颜无耻的谎言和粗鄙无理的诽谤。对这15年里发生了什么，他根本也不想搞明白。

就让这本书对我们伟大国家的主要破坏者蓄意不言的许多问题作一个回答吧。

一个强大国家机体的消亡是很不容易的，因为它身上的创伤大多不是外部敌人造成的。那些不肖子孙对着我们国家的躯体去杀，去砍，毫不顾及它是自己的祖国，是我们共同的母亲。他们竟敢嘲弄自己的母亲，毫不在乎他们的罪孽将永生永世得不到宽恕。

苏联的解体无疑有着各种外部的和内部的原因。无论哪种原因，实际上他们的目的只有一个，就是消灭苏联，消除在政治上、经济上、军事上和精神上同西方首先是同美国抗衡的力量，而后者正在为独霸世界作出不择手段的努力。正是那些力量，正是我们国家的那些具体的人，他们怀着对社会主义的仇恨，出于自己的民族主义观点和算计，更主要的是出于个人对权利的贪婪，促成了这样一次历史的大倒退，犯下了滔天罪行，毁灭了一个强大的国家，毁灭了它的社会制度，使绝大多数百姓陷入了极度贫困的境地。

现在，让我们来总结回忆一下整个的过程。

政权危机和政权瘫痪

前面有一章我已经谈到1991年9月苏联人民代表大会第五届特别会议通过了改革国家政权的决议。正是这些决议，成为实际摧毁苏联作为统一国家的运作机制的开端，对中央的攻击开始具有公开的性质。各加盟共和国公然拒不执行承担着国家管理职能的联盟领导和机构的决定，实际上变得毫无作为能力。总统戈尔巴乔夫的威信日渐丧失，政权也处于同样境况。

国内出现了最后两三年间瓦解国家的力量一直想要达成的局面。不能说这一切都是突然间自发出现的。特别是我在1990年末的去职，完全是当时出现的局势、是那种政治和经济改革路线的产物，而那条路线则最终选择了由时代所产生的戈尔巴乔夫和叶利钦。

我预见到国内局势发展的严重危害和悲惨后果，便于1990年12月19日，也就是离辞去苏联部长会议主席职务不到一个月的时间，在第四届苏联人民代表大会上作了发言，把为国家和人民的前途担忧的想法和盘托出。这是一个经过痛苦的思考而作的发言，它已成为我的政治遗嘱。

由我领导的全苏政府清楚地见到国内出现的局势危害严重，我们的任务在于再次提出警示：灾难正日益临近。但给我的印象是，我这些话说了根本没人听。一部分代表收听的完全是另外一个“频道”，而大多数则已经被少数人的大喊大叫和好战精神吓得避让犹恐不及。

听众席上传来了呼喊声：“你干吗要吓唬我们?”“你要提高粮价!”等等。在这个充满火药味的，我甚至要说是相当邪恶的、充满敌意的代表大会上，我最后的话是：“今天你们向我叫喊，因为我建议在完全能够得到补偿的情况下把粮价提高几戈比，可是对于国家未来的命运，你们却不愿作任何的考量。”

在离开讲台之前我向听众扔过一句：

“你们还会想起这一届政府的！……”

当人们尝够了叶利钦“天堂般生活”的苦难之后，的确又不止一次地回想起这次发言来。

苏联人民代表大会第五届特别会议批准了某些加盟共和国总统联名声明，以及苏联最高苏维埃就国内发生颠覆国家活动而提出的建议。宣布了过渡时期——“符合各加盟共和国意愿及各族人民利益的国家关系新体制的形成时期”——的出现。

通过了一项就当时局势而言十分典型的法律新标准——《拒绝加入新联盟的程序》。该程序要求必须举行全民公决，或由共和国议会通过决议。还要求一条：同苏联就实施这一国家行为有关的所有各项问题举行谈判。

在苏联方面，过渡时期的最高权力机构被宣布为最高苏维埃，同原来的最高苏维埃有很大差别。它由两院组成：共和国院和联盟院。共和国院由各加盟共和国选出苏联人民代表和地方议会代表构成。为了保证参加该院的各加盟共和国权利平等，每个共和国只有一票。联盟院按现有名额经与各加盟共和国最高权力机关协商后由苏联人民代表组成。

我国原来的最高国家权力机构——苏联人民代表大会——被第五届特别代表大会解散了。各加盟共和国的最高国家权力机关获得了在各自国家领土上中止由苏联最高苏维埃通过的各项法律效力的权力。该法规具有明显的全联邦性质。

还成立了另一个新的联盟最高权力机构——国务委员会，它由苏联总统及各加盟共和国最高职务的人士构成。该机构的职权范围非常广泛，也非常不确定。

因此，它几乎具有无限的权力，这就降低了最高代表机构——苏联最高苏维埃的作用。

为了协调全国经济，协调开展经济改革，按均等原则成立了跨共和国经济委员会。委员会主席由苏联总统任命，并征得国务委员会同意。该委员会是苏联国民经济管理运作委员会的接续者，是根据总统戈尔巴乔夫于1991年8月24日发布的命令组建的。主席为西拉耶夫，副主席为沃利斯基，委员为卢日科夫和亚夫林斯基。

代表大会闭幕后，戈尔巴乔夫又得以恢复了过去冻结的诺沃奥加廖沃谈判。但这次的讨论有别于过去，一切都变了：各共和国领导人把主动权抓到了自己手里，而苏联总统则被迫采取防御态势。正如叶利钦在他的《总统手记》中所说："……他开始让步，而这在8月份之前是所有的人都不敢想的……在诺沃奥加廖沃谈判中，原来的加盟共和国一个接一个地离他而去，这对戈尔巴乔夫是一个打击。先是波罗的海三国……然后是格鲁吉亚、摩尔多瓦、亚美尼亚、阿塞拜疆……而且，在10月和11月的诺沃奥加廖沃会议上，气氛也跟暴乱之前完全不一样了。如果说过去绝大多数共和国领导人都不敢跟苏联总统争论，而且有时候还责备我'过于极端'的话，那么现在他们都争相批驳戈尔巴乔夫，甚至连张嘴的机会都不给我了。"

1991年11月25日，在诺沃奥加廖沃召开了新一轮加盟共和国首脑会议，准备草签条约。但乌克兰领导人克拉夫丘克和阿塞拜疆领导人穆塔利波夫由于不赞成而没有与会。

叶利钦的《总统手记》写道："关于草签条约的声明迫使各加盟共和国领导人对条约文本提出了根本性的修改。这主要涉及如何把中央剩余的权力移交给各加盟共和国的问题。苏联总统先是温和地说服，然后就开始生气、发火了。他说的那些根本不起作用，各加盟共和国领导人顽固地要求中央给予更多的独立。不管戈尔巴乔夫来软的还是硬的，也不管他如何坚持，都无法使各加盟共和国尝到了自由甜头的领导人改变主意。当戈尔巴乔夫再次试图坚持自己的表述方式时，我们大家就像一个人似的立刻都起来反对他，他实在忍不住了，竟从桌旁跳了起来，径直跑出了会议厅。就在这个时候，会议厅里出现了短暂而沉重得令人难以忍受的寂静，大家突然全明白了：这是我们最后一次在这里开会了。诺沃奥加廖沃史诗已经结束了。在这个方向上，已经再也不会有任何动作了。应该想出点什么新主意来才是。"

两年之后，戈尔巴乔夫在一家俄罗斯报纸上是这样阐述当年的事件的："在诺沃奥加廖沃，出现了联邦问题。我站起来说：在此之前，我跟你们一致；如果再往前走，走到反对联盟国家，那我就离开你们走人，由你们自己去决定想要个什么样的联盟，由你们自己负全部责任。于是我回到自己的办公室。他们讨价还价了一番，又跑来找我——来的是叶利钦和舒什凯维奇。这样，才出现了一个联邦制国家的方案，但毕竟还是一个国家——联盟国家被保存下来了。在这一点上我看到了保存国家的保证。”

结果到了1991年的11月末，出现了一个更为和解的联盟条约草案稿——主权国家联盟条约。每一个加入联盟的共和国在该方案中都被称为主权国家。主权国家联盟应该成为一个“联邦民主国家，其权力仅限于该条约参加国自愿授予它的权力范围”。以下的文字就更荒谬了：主权国家联盟依然是国家，它拥有领土、国籍、立法、行政和司法机构，但主权的宣示仅为在国际关系场合。

在这份草案中，还有许多荒唐的地方：比如草案说，主权国家联盟不具有自己的财产，它的权力是各加盟共和国授予的，联盟机关的拨款程序要经由特别协商，等等。有的还完全违背了逻辑：拟议中的国家竟然没有自己的宪法，没有自己的根本大法……

现在很难想象，其实我国以及各加盟共和国的某些领导人当年十分清楚，他们在炮制条约的一个又一个方案时，早已心知肚明他们是在目标明确地为毁掉自己的国家而创造条件。这些只是掩盖他们真正目的的烟幕，而真正的目的就是不惜一切代价让苏联垮台，让自己完全独立。他们实在太希望在自己的共和国中成为握有全权的主宰了。为了这个目的他们已事实上走上了犯罪的道路。不过他们没有想到，类似的情况也会发生在他们未来国家的内部。说来也巧，这种情况正好就在俄罗斯也发生了，也就是在叶利钦说过“你们能吞下多少主权，就拿多少主权好了!”之后。为了能使地方“吞食主权”的胃口消减，真是耗费了不少年月，好不容易才使得俄罗斯免除了解体之危。时间已过了15年，可是至今仍然要从国家预算中划拨出大笔大笔经费来给某些俄联邦的共和国，以求摆脱被他们“吞食”主权。

可是，为什么戈尔巴乔夫能够同意走这条对于国家来说致命的妥协之路呢?现在他到处讲，他曾为一切形式的国家统一而斗争过。我想，这是他在耍滑头。他绝不是这么一个天真的政客，以为只要建立一个虚幻的联盟，就可以把它看做是一个现实的存在了。而且，具有类似政权结构形式和各共和国间相互关系形式的南斯拉夫就是一个非常鲜明的例子。当时我国的这位领导人是受到什么力量的推动呢?是希望哪怕是名义上保留国家元首的地位?或者并不是为了什么个人目的，而是真的有什么政治动机和打算?找不到令人信服的答案。

不管什么动机，最终结果是国家政权垮掉了。各级政府领导一齐动手摧毁了国家，他们在争夺自己大位的时候根本就不考虑老百姓。局势极度动荡，国家已完全失控。

在这种局势下，戈尔巴乔夫于1991年12月3日向我国议会发出呼吁，要求同意主权国家联盟条约。他写道：

这份文件是经过全面考虑和非常认真的分析，并有各主权共和国代表参加，进行长期谈判和认真修改后的产物。各主权共和国的领导人曾不止一次单独或共同讨论过这份文件。审议时也曾多次作出以扩大联邦特色和民主性为目的的彻底修改。

我的立场很明确。我主张新的联盟，即主权国家联盟——这将是一个联邦制的主权国家。我希望在你们作出决定之前，大家都能很好地了解我的这个立场。不能再继续拖延了。丧失时间将可能造成灾难性的后果。

但时间已经丧失了。当时，离别洛韦日森林会见只剩下了5天……

酒气熏天之夜和雾影迷蒙之晨

1991年12月8日，在离波兰国境只有三公里，离白俄罗斯别洛韦日森林中的一个基本不知名的小村庄维斯库利不远的地方，俄罗斯联邦总统叶利钦、乌克兰总统克拉夫丘克、白俄罗斯共和国最高苏维埃主席舒什凯维奇在严格保密的情况下决定解散苏联，成立独立国家联合体。

“我们，白俄罗斯共和国、俄罗斯联邦、乌克兰，作为苏联的创始国，1922年联盟条约的签字国（下称高层谈判方），”别洛韦日协议中这样说，“共同确认：苏联作为国际法主体和地缘政治实体已终止存在。”

这是人类历史上的弥天大罪。那么，此前发生了什么？是谁干下了这件事？又是怎么干的？

为了备足炸毁苏联的爆炸物，别洛韦日的阴谋家们跟恐怖分子一样，早就开始做工作了。其中起主要作用的无疑是叶利钦。他对戈尔巴乔夫恨之入骨，这种恨很快又演变为对整个苏联中央的仇恨。因为，要想解除他心头之恨，只有扳倒戈尔巴乔夫和整个苏联政权。为此，也就一定要搞垮国家本身。从叶利钦个人的政治品质和人品来讲，无论如何他也不会在这个问题上手软的。以叶利钦为首的

1990 年，雷日科夫同部长会议副主席阿巴尔金一同参加苏联最高苏维埃会议。（作者提供）

由俄罗斯联邦人民代表大会成立的宪法委员会，在 1990 年的 9—10 月间提交了一份俄罗斯联邦新宪法草案，其中竟然没有提到一句苏维埃社会主义共和国联盟。这件事能发生在苏联被消灭之前的一年多，当然绝非偶然。

提起这件事，我想起自己最后一次同叶利钦、哈斯布拉托夫以及我原来的副手西拉耶夫正式会见的情景。后来，生活把这次会见的参加者，其中包括戈尔巴乔夫，不仅分散到不同的方向，而且送进了彼此敌对的阵营。1990 年 11 月 11 日，戈尔巴乔夫打电话给我，告诉我他下午约好要同俄罗斯的领导人见面，先是跟叶利钦单独谈话，然后再有其他人参加。当时从戈尔巴乔夫电话中感觉这种会见的组织方式，是一种为两个独立国家领导人接触作准备的外交程序。我不反对这样的会见，因为我觉得必须利用一切机会，想方设法同这些活动家找到共同语言。我还存有一线希望：他们总不至于为了个人政治目的而毁掉国家统一的经济，置必然会出现的最严重后果于不顾吧……

会见预定在克里姆林宫政府大厦三楼国家总统办公室。这个办公室，还有政治局会议室和机关工作人员的几个房间，是专门为勃列日涅夫装修的。

5 点钟时我上到三楼。哈斯布拉托夫、西拉耶夫和布尔布利斯已经在总统接待室里等着了。我跟布尔布利斯其实并不熟悉。我只知道他也是从斯维尔德洛夫斯克来的，是叶利钦特别信任的人物。我曾在人民代表大会和苏联最高苏维埃全会上见过这个人。这一回是我头一次直接同他发生冲突，在我的眼中，他在国家生活中所起的作用简直是致命的。总会有一天，会出来一个好刨根问底的历史学家，他一定会给这个人画一幅肖像。现在，在我的面前站着的，不，准确地说是不停地旋转着的这个人，两只眼睛也在骨碌骨碌地翻动着。我不知道当时他为什么会在接待室里，在接受邀请参加会见的人员中并没有他。

总统的同时也是苏共中央总书记的办公室，经过一夏天发生了很大的变化。那个时代的公务办公室里的传统家具被撤下去了，换了很时髦的新家具。墙上挂着一个很醒目的苏联国徽，办公桌后面的角落里插着国旗。在一张单独摆放在一旁的更适合于喝茶用的桌子旁，一边坐着叶利钦、哈斯布拉托夫、西拉耶夫，另一边坐着戈尔巴乔夫和我。卢基扬诺夫由于有急事，没有出席。

戈尔巴乔夫向进来的人通报了他同叶利钦一同讨论如何保持国家完整、推进中央改革、自治共和国分裂行动带给俄罗斯的危险、加盟共和国如何参与中央政府工作等问题以及俄罗斯联邦经济问题的情况。这一系列问题我是按习惯在记事本中记录下来的。

这次会议的气氛我也忘不了。与会者在解决国家任务方面的思想步调并不一致，他们是一些无论观点还是目标都无法取得一致的人。叶利钦说话的调门提得很高，满是一副胜利者同战败者谈话的派头。这位俄罗斯领导人的手势、表情和行为毋庸置疑地表明，他并没有想要利用这次会见，来寻求这个最大的加盟共和国同中央之间的共同语言的意思，而只是想把自己的条件强加给中央。哈斯布拉托夫的立场比较中立，看来作为一个经济学家，他很明白自己的领袖提出的要求有多么荒谬。西拉耶夫则以谄媚的眼光看着自己的新老板，只要老板说什么，就同意什么。

讨论从联邦和加盟共和国的税收制度和税率开始。俄罗斯领导人开始坚持所谓的单渠道制，即全部税入都由各加盟共和国征收，然后再把一小部分上缴中央，以满足全苏财政需要。至于究竟是些什么需要，实际上谁也说不清楚。我在这里先提前说一句，后来，过了不长时间，俄罗斯下面的那些共和国也学着把这个对任何联邦都起破坏作用的原则拿过来当武器。叶利钦那伙人对此表示反对的时候，那可真是义愤填膺哪！可是在当时，他们追求的主要目标则是毁掉苏联。至于今后俄罗斯联邦该怎么办，他们还真的不太介意。

我提出理由说，在现存的联盟和各加盟共和国之间的权力分配制度下，这样的财政关系根本不现实，而且还会引发国家管理中的混乱，所以不应被采纳。

后来就更有意思了。提出要把所有外经活动收入全部留在各加盟共和国，而且还要由中央划拨 50 吨黄金交给俄罗斯支配，授予俄罗斯颁发出口原材料及其他产品许可证的权力，等等。对于像是否应该由中央统一为各加盟共和国采购食品、粮食、某些原料，特别是轻工业原料，由谁来偿付到期的外债等问题，则拿不出任何令人信服的回答。要求这些问题应该在签署新的联盟协议并重新界定中央与各加盟共和国功能时加以审议的建议也没有得到重视。

我提出建议，要停止各银行之间的斗争，停止破坏国家的统一金融系统。但回答完全停留在口号水平：说什么俄罗斯已经宣布是主权国家了，各加盟共和国的法律具有至高无上的地位，现在提出的要求同它的新地位完全一致，等等。

又讨论了几个比较次要的问题，最后正如通常在这种情况下所做的那样，成立了一个由苏联和俄罗斯部长会议联合组成的委员会，由该委员会负责分割财产，组织税务和银行系统，从事外经活动。

这次会见给我留下了十分沉重的印象。在决定来年即 1991 年国家生活的许多主要问题上，依然存在着原则分歧。显然，我们的谈判对手目的是要在经济上引爆苏联，引发人民对中央政权的更大不满，并通过这个浪潮来加强自己的政治地位。俄罗斯同中央政权的对抗越来越尖锐。国家灾难性地飞速成为一个虚幻的、不稳定的存在。戈尔巴乔夫及其一伙也希望能稍稍稳定一下局面，但俄罗斯及其他加盟共和国的领导公然怠工，施加直接影响瓦解了这些努力。几乎整个 1991 年都在这种状况下度过。

最后，戈尔巴乔夫又提出要同叶利钦、克拉夫丘克、纳扎尔巴耶夫、舒什凯维奇在 1991 年 12 月 9 日会见，签订新的联盟条约，并决定同希望加入联盟的其他各加盟共和国签约的日期和顺序。

根据我的看法，这个关于成立主权国家联盟的条约草案，用列宁评价另一个条约——布勒斯特条约——的话来说，本身就是一个“卑鄙下流”之作。而签约的“威胁”则是最后为彻底解决苏联垮台问题扣动扳机。起初看来一切还相当像模像样。舒什凯维奇在白俄罗斯政府首脑凯比奇的建议下，邀请俄罗斯总统正式访问该共和国（同时还非正式地到别洛韦日森林去打猎），目的是要说服叶利钦供给明斯克更多能源——天然气和石油，因为冬天快到了。

根据戈尔巴乔夫回忆，他在叶利钦临行之前，同后者有过一次谈话：

……我问叶利钦，到白俄罗斯打算谈什么？他回答说：“我跟白俄罗斯有些共同的问题。我想解决一下。顺便再跟乌克兰人谈谈。克拉夫丘克不愿意到这边来，我却同意到那边去。”

我提醒他：“我们不是星期一要见面吗？把克拉夫丘克请过来就是了。”他回答说：“想跟白俄罗斯人谈谈，听听克拉夫丘克说什么。”于是我说：“那好，鲍里斯·尼古拉耶维奇，咱们先说好，到白俄罗斯您谈的东西可不能超越联盟条约的范围。”叶利钦回答说：“克拉夫丘克可不一定会同意这个条约，他现在可是独立的。”“那您可以建议他成为一个非正式成员，”我这样说。“那他也不一定同意。”“那就让我们星期一在莫斯科决定一切好了，”我最后说。

当时的谈话就是充满了这种信任的气氛，就连叶利钦也没有拒绝。

应该指出，当时起决定作用的人物是克拉夫丘克。我们伟大国家的命运正是系于此人之身。几个月后，在回答记者采访时他也证实了这一点：“如果我说，乌克兰将签署联盟条约，那叶利钦也会签。”不过在维斯库利，民族主义的气焰和虚荣的狂妄自大，以及以“独立”乌克兰首位总统载入史册的愿望还是占了上风。乌克兰总统和俄罗斯总统在破坏的意图方面一拍即合，对苏联的命运造成了致命的打击。

别洛韦日森林的会见在严守秘密中进行，那里发生的许多事情直到后来才公之于世。

飞机载着一群苏联的破坏分子于 12 月 7 日 17 时 40 分向明斯克飞去。到达维斯库利时已经是晚上了。克拉夫丘克已先期抵达，不等叶利钦到，就带着随从打猎去了。叶利钦到达后，举行了一次小宴。三位领导被别洛韦日的酒精搞得酒酣耳热之余，联袂出猎。然后，阴谋家们向下属交代了任务：要在一夜之间“搞出”一个决定苏联命运的政治文件来。

作为苏联政府首脑的我，可以说目睹了这些年代有意识消灭我国经济的事实。这帮家伙的首要目的，就在于迫使人民生活水平下降，以求达到唆使人民起来对中央造反的目的。一切都遵循一个原则——搞得越糟越好。因为只有这样，这些家伙才能为自己铺设一条道路，通往梦寐以求的政权。从这三个国贼的声明中可以得出一个结论，似乎各共和国的最高管理机构和领导人只是在一旁袖手旁观，并没有参加任何破坏活动。而他们所宣称的共和国法律凌驾于全苏法律之上的说法，禁止把货物运出各加盟共和国的禁令，以及对物价进行的分别调整等等，完全被人们“遗忘”了。其实，正是各加盟共和国领导人的这样一些分裂主义的决定，才把统一的经济空间分割得七零八落。不管怎么说，过去的加盟共和国，对比方说讲俄语的人口的权利，就根本未予顾及。国家的外债问题也被忽略了，当时的外债大约有 700 亿美元。叶利钦把这么个沉重的包袱加到了元气大伤的俄罗斯一个国家肩上，尽管借来的债款在使用时，所有的加盟共和国都沾了光。再说，关于克里米亚问题，若是对之视而不见，那要么是醉生梦死，要么就是脑子里缺了根弦。

听听克拉夫丘克在苏联垮台8年之后，为了在别洛韦日“替乌克兰捍卫了克里米亚”而获得奖励时都说了些什么吧。他说，坚持把克里米亚留在乌克兰手中“并不难，因为叶利钦非常恨戈尔巴乔夫，为了把戈尔巴乔夫整垮，何止克里米亚，他简直可以把整个俄罗斯都拱手交出来”。现在清楚了，当乌克兰代表团起程去别洛韦日的时候，就已经胸有成竹，俄国人是不打算把塞瓦斯托波尔留在自己的版图内了。他们甚至都打算同意让克里米亚划归俄国了。不过，当叶利钦竟连提都没有提起“塞瓦斯托波尔”和“克里米亚”这两个字眼时，你说他们该有多惊讶！至于这个问题对俄罗斯和克里米亚的大多数居民会有多尖锐，现在和将来都是一个不言自明的问题。

总之，在一个历经无数世纪而构成的国家，及其由各种政治经济关系和传统形成的特点趋于毁灭时，出现的问题真是无可胜数。

这样，国家的覆灭终成事实。

别洛韦日事件4天之后，1991年12月12日，苏联宪法监督委员会从文件合法性的角度，对三国元首解散苏联的声明作出了反应。指出，根据1922年的联盟条约，白俄罗斯、俄罗斯联邦、乌克兰都只是苏联创立国中的一分子，与其他成员国相比，并不具有任何特别的权力。从那时起，在苏联宪法中，一直是各加盟共和国权力一律平等的原则在起作用。因此，白俄罗斯、俄罗斯联邦、乌克兰三国没有权力决定涉及所有加盟苏联的共和国的权力和利益的问题，更何况其他各加盟共和国乃是绝对多数。委员会作出结论：这样的文件没有法律约束力。此外，委员会强调，别洛韦日协议所通过的条款可能导致法律遭到破坏，社会无法管理，产生无政府主义。根据委员会的意见，通过这种文件只能看成是对国内局势的政治评估，自然没有法律效力。

不过，无论是这些理由，还是总统戈尔巴乔夫就此发出的多次声明，都没有收到任何效果。破坏统一国家的进程仍在继续发展，不久就“胜利”完成。

别洛韦日协议的签署还不足以合法地把消灭苏联及其所有相应政治法理后果的事实确定下来。首先，要求俄罗斯、白俄罗斯、乌克兰三个国家权力中的最高立法机构批准成立独联体的协议。未经批准这些文件就不具有政治效力。在忙乱之中协议的炮制者和签字人甚至没有觉察有必要提交批准，也没有搞明白这批准程序究竟应该以什么形式进行。一切都要取决于别洛韦日协议的审议应该在什么层次上进行：是作为苏联三个缔约主体加盟共和国之间的条约来审议呢，还是作为已宣布“独立”的乌克兰和白俄罗斯为一方同联盟主体为另一方，其中当时还包括俄罗斯，签订的条约，或者是作为三个主权国家之间签订的国际条约来审议呢？

乌克兰领导人首先发难，要求批准别洛韦日协议。1991年12月10日，该共和国最高苏维埃把批准协议一事提上了议事日程。从一大早开始，这个问题便一个一个小时地向后推迟，因为各委员会的常任代表都就文本提出了大量意见。这些问题必须要同白俄罗斯和俄罗斯的领导人商议才行。直到议会的晚间会议上，克拉夫丘克才得以把问题都协调清楚。

他的发言讲了大约半个小时。他责难中央使国家解体，以达到把权力重新集中到自己手中的目的。“有人想要教训我们，”克拉夫丘克说，“以为对我们民族的关怀胜过我们自己。”

乌克兰最高苏维埃未经讨论就在228票反对的情况下批准了协议，但有所保留。保留的地方有12条，对文件的许多条款都提出了修正。例如，“开放边境”一条就遭到异议，并决定放到以后再说。别洛韦日协议（也叫明斯克协议）被看成是“对外政策的协调活动”，而在基辅公布的文本则被看成只是“对外政策领域的一次咨询活动”。在有关武装力量的表述中出现了重要补充。乌克兰议会加上的词句是：“独联体各成员国对驻扎在它们领土上的原苏联武装力量各部进行改造，在他们的基础上建立自己的武装力量，共同合作，保证国际和平和安全……”这样一来，话题就转到了武装力量在各加盟共和国之间如何分割的问题上。克拉夫丘克利用这个机会，宣布自己是共和国武装力量的最高总司令，下辖三个军区和黑海舰队，留给中央的仅仅是一些直辖的战略武装力量。

白俄罗斯在批准明斯克协议方面从法律地位上来讲稍微有些复杂。问题在于它同乌克兰不同，没有举行独立的全民公决，这样从法律角度来讲共和国的地位就远不是那么无懈可击。12月10日，白俄罗斯最高苏维埃召开全会。在最高苏维埃主席舒什凯维奇简短地介绍了3国首脑在别洛韦日森林工作的结果之后，议会里的“左派”和“右派”突然都对是否应该批准独联体协议表示怀疑，当然原因多种多样。左派害怕这是一个“狡猾的陷阱”，以他们的意见准会把独联体又引向原来的那种一元化的国家。而右派则完全相反，他们认为独联体将意味着苏联的彻底垮台，将会引起国内极度混乱。有些代表则认定舒什凯维奇签署文件是越权行为。不过，尽管起初的问题只不过是应不应该同意成立独联体，但许多代表还是要求立即批准明斯克协议。这个立场在263名代表的支持下取得了胜利，反对的只有1票，弃权的2票。

共和国最高苏维埃也发表声明，废除1922年的联盟条约，通过了与此相关的程序处理法案。

俄罗斯联邦在批准协议的问题上处于最复杂的法律地位。它的当局并不具备任何基础从立法层面上来批准由叶利钦和布尔布利斯在维斯库利签署的这份文件。唯一的一个拥有权力就协议和废除联盟条约作出合法决定的机构，就是俄罗斯联邦人民代表大会，它是国家权力最高机构。而且，为此还必须通过决议，对俄罗斯联邦宪法进行修改和补充。但这种方案对于想消灭苏联的一方是绝不可能被接受的，因为他们在俄罗斯联邦人民代表中，在具有专业素养人士中并不占有大多数。因此他们把别洛韦日协议作为俄罗斯联邦的“国际条约”提了出来，这样，根据宪法，废除它就属于该共和国最高苏维埃的权力范围了。他们也用同样的办法，把 1922 年的联盟条约也提了出来，并达到了宣布废除它的目的。所有这些都是在 1991 年 12 月 12 日的俄罗斯联邦最高苏维埃会议上通过的。

当天叶利钦作了个报告。他把白俄罗斯谈判说成是“近期来不断发展的各种过程的合乎规律的结果”。早在两年前他就说过，显然，“联盟制度没有能力进行根本性的自我更新。相反，指挥系统把自己最后一点活力都投向了维护自己的权力，以致成为改革的主要障碍”。叶利钦对草拟的联盟条约各稿都不断地挑鼻子挑眼。“在这些方案里，”他总是这样说，“搞出来的模式其实还是那种强势中央联盟。加盟共和国的主权原则仅仅被看做是一种装饰品……只有 4 月在诺沃奥加廖沃才终于迈出了具有实际意义的一步，各共和国才同意达成一致，签署联盟条约……8 月以后，苏联解体进入最后阶段，开始了它的弥留期……这个阶段我们简直是陷入了无尽无休的谈判和协商、大大小小的讨论、交换意见……所有这一切似乎具有了一种恶劣的规律的性质……苏联的 3 个创始国制止了自发的、无政府主义的解体过程……找到了一种在新条件下共同生活的唯一可能的形式——独立国家联合体，而不是一个谁在其中也无法独立的国家。”

叶利钦批评一种说法，就是 3 个共和国的领导人在别洛韦日森林“消灭了苏联”。他说：“苏联对自己过去的成员已经无法起到任何正面作用了。国际社会都认为他是个破产者……只有独立国家联合体才能保证千百年来形成的，而现在已几乎完全丧失殆尽的政治、法律和经济空间得以保全……达至这个目标的最大障碍——联盟中央——走向了终结，因为它没有能力从过去制度的传统中解脱出来，而其中最主要的一个传统，就是把向人民发号施令的大权抓在手中，就是束缚各加盟共和国的独立性。”

在全会上很少能听见批评协议的声音。会场笼罩在一种似乎已经拥有了无限主权的喜悦之中。批准明斯克协议的记名投票的结果是：同意 188 票，反对 6 票，弃权为 7 票。当投票结果宣布后，大会速记稿中出现了这样的记录：“暴风雨般的掌声，全体起立”。这次颠覆国家的行动以及对一个伟大国家的破坏行动就这样得到了“合法化”。

当然，对叶利钦的发言完全可以进行逐条批驳，但是，生活本身对他的言论，更主要的是对他的所作所为，以及对他的同案犯和帮凶们的所作所为，给出了最好的，也是最有说服力的评价。苏联被消灭后，各共和国无一例外地出现了政治和经济混乱。千百万人民为自己领导人的罪行，为自己政治上的盲从和轻信，付出了而且现在仍在付出骇人听闻的代价。

1996 年 3 月在俄罗斯国家杜马一次例会的议事日程上，出现了审议废除别洛韦日协议的提案。就这个问题提出议案的是俄联邦共产党，以及“人民政权党”和“农业党”这两个党的议会党团。

在讨论议事日程的时候，正如所料，几年前支持叶利钦及其破坏行动的那些人都起来反对审议这个问题。其中有“亚布卢”议会党团的领导人亚夫林斯基，有亲政府的“我们的家园俄罗斯”议会党团领导人别洛夫、斯塔罗沃伊托夫和尤申科。而且，投票赞成把这个问题排除在议事日程之外的代表居然还占到代表总数的 57%。

废除别洛韦日协议的决议在 1996 年 3 月 15 日得到通过，赞成票为 252 票，占国家杜马代表总人数的 56%。请记住，在 1991 年 12 月 12 日批准别洛韦日协议的时候，投赞成票的俄罗斯联邦最高苏维埃代表占了 90%以上。

生活就是这样教育了人。他们是普通人，不是混进政权机构的祖国的叛徒。但是不出所料，以叶利钦为首的这批叛徒是根本不打算执行我国议会的这一决定的。

议会为废除别洛韦日协议而斗争的历史，把我们的思绪一次又一次带到 1991 年 12 月的那些令人发指的日子。

如果说发生了国家非常委员会事件，人民代表大会第五届特别会议闭幕之后国家政权机关已经完全被破坏，正如前面所说，出现了政权的瘫痪的话，那么到了 12 月，政权就已经进入了最后的弥留期。当我们回忆起这样的局面时，不由自主要寻找答案：为什么戈尔巴乔夫身为苏联总统，在别洛韦日以后的日子里不能采取战斗的原则立场呢？为什么他不能为自己国家的完整统一而战斗到底呢？

要想看透一个人的内心，了解他的真实意图是很难的。但要说戈尔巴乔夫早就怀有消灭为他开拓了生活美好前景的共产党，消灭培养他成长的社会主义之心，那是绝不会有错的。在 1991 年以后，他自己就说过这样的话。

当然，别洛韦日的阴谋家们使他陷入了一个很不寻常的状况。下面是他的话：

叶利钦走了之后，过了一天，又过了一天。谁也不知道任何情况，谁也没有向我作过任何报告。我给部长们打电话，他们也是什么都不知道。这时我就给沙波什尼科夫打了个电话——他知道。原来那些人已经跟他谈过了。我想，到底发生了什么事情呢？看来，沙波什尼科夫立刻又往白俄罗斯挂了电话，说戈尔巴乔夫大发脾气了。于是舒什凯维奇给我打电话了："米哈伊尔·谢尔盖耶维奇，我这是代表大家给你打电话。"我就问："那为什么是你打电话？"他回答说："是叶利钦和克拉夫丘克委托我打的。叶利钦跟布什通过话了：向布什汇报了，又让我给您打电话。"我说："这实在太丢人了。你们给美国总统打电话，却绕过了苏联总统，背着我去达成协议。叶利钦在哪儿？把电话给他。"叶利钦拿起电话，开始支支吾吾，我看是在编……

而且我要指出，他们头一个就给美国总统打电话，这不仅是奴才向自己真正的主子作报告，而且也是希望能抱住他的大腿。

在这种局面下，苏联总统能够做什么，又应该做什么呢？

在接获这样的情报之后，他应该立即利用他所拥有的一切手段。据苏联最高苏维埃原主席卢基扬诺夫说，别洛韦日会上的参加者——3 个加盟共和国的领导人都在非常紧张地等待着戈尔巴乔夫会采取什么行动。"他还是最高统帅，只要下一道总统令，这几个签署文件的人以及他们的文件都将会灰飞烟灭。因为这可是关乎伟大国家前途的问题，关乎 3 亿人民命运的问题，关乎全球力量平衡的问题。然而，一个宣誓要维护和捍卫联盟的人，却没有能够下达这道坚定的命令。"

我过去认为，现在也认为，危机时刻戈尔巴乔夫没有能够履行自己的法定职责。他应该立即把情况向联合国、安理会、苏联人民代表大会、最高苏维埃通报，并声讨别洛韦日协议。在代表大会面前，他应该以最断然的方式提出问题：请大家决定，是我们自行解散，还是保存苏联。可是他却并没有这样做。在 1991 年年末，所有的法律都已被破坏殆尽，无论是联邦法还是国际法，用有的人的话说，无论是上帝的法还是老百姓的法。

作为一年半之前手放在苏联宪法上宣过誓，要维护国家神圣统一的一国总统，他有义务履行自己的誓言！即使在这种情况下他失败了，在历史上他依然是一个为自己国家的完整而斗争到底的领导人。遗憾的是这种情况没有出现。现在他遭到了自己人民的鄙视和诅咒。

总之，戈尔巴乔夫没有采取任何具体措施，他走了另外一条路。发了许多声明，举行了许多新闻发布会。总统也发表了声明，但说得好听点，很平静。他甚至在别洛韦日协议中发现了某些值得肯定的地方。但苏联的这位国家元首也能料到，这份协议对我国人民和整个国际社会利益的触动会有多么深，这就要求对之作出全面的政治和法理评估。

“我深深地确信，在现在的局势下，”戈尔巴乔夫认为，“各加盟共和国最高苏维埃和苏联最高苏维埃都必须既对主权国家联盟条约草案，也对明斯克签订的协议进行讨论。由于协议中提出的另一种国家体制形式问题属于苏联人民代表大会的职权范围，所以必须召开代表大会。此外，”声明在末尾又说，“我也不排除就这个问题举行全民公决。”

看来戈尔巴乔夫是“忘记了”他跟各加盟共和国领导人一道，早在第五届特别人民代表大会上就已经亲手埋葬了苏联人民代表大会这一最高国务权力机构，并把这一权力转交到苏联最高苏维埃手上。苏联人民代表由于并不是最高苏维埃成员，只是有权出席最高苏维埃的会议而已。

尽管如此，许多人民代表还是无法接受国家遭到毁灭的事实。12 月 9 日我接到电话通知，代表们自发地组织了一个苏联人民代表大会召集小组。1991 年 12 月 10 日，在新阿尔巴特大街的人民代表大厦 20 楼举行了为召开第六届苏联人民代表特别会议征集签名的活动。我也在这个文件上签了名。就在这时，戈尔巴乔夫给签名活动的组织者人民代表斯马林打了个电话。斯马林当我们的面告诉国家总统，已征集到足够的签名，可以召开大会。然后他匆匆忙忙收拾好签名册，跑去见戈尔巴乔夫。我知道，他把总数超过 500 人的签名和来电交到戈尔巴乔夫手上，并得到总统亲口许诺，召开代表大会。这次会见后的第二天，《消息报》以头版头条发表了一篇文章，醒目的标题是：《雷日科夫和切尔比科夫意图召开代表大会》。不仅是这份苏联最高苏维埃原来的机关报，而且还有苏共中央的其他一些出版物，都表示反对这一建议。而且，从总体上它们都采取了公开亲叶利钦的立场。

究竟是什么原因影响到戈尔巴乔夫没有作出召开特别代表大会的决定，这一点我不清楚。很难说这里究竟是什么因素起了主要作用：也许是不愿意破釜沉舟，也许是想要加入到新的权力结构中去，也许就是很简单的胆怯，也许是想要把自己的叛卖进行到逻辑的终结……

1991 年 12 月 12 日，就在俄罗斯联邦最高苏维埃批准别洛韦日协议的那一天，在阿什哈巴德举行了中亚和哈萨克斯坦各加盟共和国首脑会议。会议是在土库曼总统尼亚佐夫的建议下召开的。

这几个加盟共和国的总统经过长时间争论，决定加入独联体，但不是作为协议的“附议者”，而是要作为“平等的创始国”。从阿什哈巴德声明可以得出结论，亚洲的几个加盟共和国并不认为独联体已经建立。文件直接指出，“必须协调建立独立国家联合体的努力”，而且“应该保证原苏联各主体国在制定有关独立国家联合体的决议和文件的过程中享有平等的参与权；所有组成独联体的国家都应该被认为具有创始国的地位”。由此可以得出一个现实的结论，即创建独联体的问题“应该提交到各主权国首脑会议上予以审议”。也就是说，别洛韦日谈判的结果只是被看成未来由范围更广泛的参加者展开创建独联体步骤的一个平台。

阿什哈巴德会议决定“召开哈萨克斯坦、吉尔吉斯斯坦、塔吉克斯坦、土库曼斯坦和乌兹别克斯坦等国家元首会议，并邀请白俄罗斯、俄罗斯和乌克兰3国总统参加”。

1991年12月21日，在阿拉木图召开了11个原苏联加盟共和国领导人会议(除了波罗的海沿岸三国和格鲁吉亚，其余全参加了)。在各国首脑会议上提出了建立联邦的建议。不过一提起这一点，就引起了克拉夫丘克的坚决抵制。他声称乌克兰是个主权国家，决不参加任何联邦联盟之类的凌驾于共和国之上的组织。看来，正是考虑到这一点，阿拉木图通过的声明中才写进了一条，说独立国家联合体“既不是一个国家，也不是凌驾于一个国家之上的组织”。

这一立场为各独联体成员国处理相互关系不断带来巨大困难。

会议的结果对明斯克协议进行了一定的修改。包括头一次的3国领导人在内，大家签署的文件，实质上已经变成了一个新的文件，这就是1991年12月21日签署的阿拉木图宣言，以及一系列补充协议和备忘录。

有关苏联前途命运的表述变得更准确了：“从独立国家联合体成立之日起，苏维埃社会主义共和国联盟停止存在。”组成独立国家联合体的11个主权共和国领导人致信戈尔巴乔夫，告知他苏联以及苏联总统制度停止存在的事实。各独立国家首脑在信中对苏联总统戈尔巴乔夫值得肯定的重大贡献表示感谢……

阿拉木图会议的结果没有给戈尔巴乔夫留下什么希望。1991年12月25日莫斯科时间17时，全国听到了他作为一个已不存在的国家的总统所作的最后一次讲话。

就在他的讲话声中，一幅巨大的红旗——苏联国旗——在克里姆林宫的穹顶之上抖动了一下，然后缓缓下降。降下这面旗子的，是颠覆行动的主要鼓动者和组织者布尔布利斯，获此“殊荣”是为了奖赏他叛卖行动的彻底性。几分钟后，克里姆林宫的旗杆上升起了三色旗。

一个永远载入人类史册的伟大时代——超级大国苏维埃社会主义共和国联盟的时代——就这样结束了。

夜幕笼罩大地

就这样，在世界 1/6 的土地上，一个统一的国家——苏联——变成了 15 个主权国家。阴暗的交易完成了——在一群向权力冲刺的“领袖们”的号角声中，在无数被愚弄的群众的欢呼声中。但欢乐并没有持续多久，便开始了痛苦的清醒过程。正如歌中唱道：“早晨我们醒来了……”

在俄罗斯，整个这段时期的局势都显得异常复杂，难以逆料，对于大多数老百姓则尤为艰难。于是，在 1998 年经国家杜马的一群代表动议，共 218 名代表，其中也包括笔者，提议对俄联邦总统叶利钦提出指控（弹劾），准备把他赶下台。

提出这一指控的法律根据就是俄罗斯联邦宪法第 93 条，其中说，国家总统可以由联邦委员会免去职务，不过一定要在国家杜马指控他犯有叛国罪或其他重罪的基础上。*

国家杜马为了审查叶利钦的这些罪状，成立了一个专门委员会。讨论中形成了五点指控：

第一：1991 年 12 月俄罗斯总统叶利钦制定和签署了别洛韦日协议，最终消灭了苏联，犯下了叛国罪；

第二：1993 年 9—10 月期间，叶利钦总统组织并积极参与实施了颠覆国家的活动，违犯了俄联邦的刑法条款；

第三：1994 年 11 月 30 日，叶利钦总统颁布了 2137 号命令——《关于在车臣共和国领土上以及在奥塞梯—印古什冲突地区恢复行使宪法和法制的办法》，下令在车臣共和国开始军事行动，犯下罪行；

第四：作为俄罗斯联邦武装部队最高统帅，叶利钦总统在履行职务期间给俄联邦国防力量和安全造成重大损失；

第五：叶利钦及其同谋的政策基础是“改革”，它将俄罗斯引入社会经济危机，破坏了国民经济的主要部门，导致社会分化加剧，使国家安全丧失，人民生活水平急剧下降，居民人口萎缩。

大批代表和专家参与了委员会的工作，听取了许多官员的证词。委员会的会议在十分民主的气氛中展开。辩论进行得非常激烈，不仅充分听取了弹劾方的意

---

* 为免除犯下重罪的俄罗斯联邦总统叶利钦的职务而提出的议案，有一个简短的法律结论，刊载在国家杜马专门委员会文件资料集中。

见，而且还听取了反对方的意见。可以说，委员会已掌握了完全客观阐明国内局势的与苏联解体相关的以及解体以后的基础资料。

因此，在国家杜马的例会上讨论这个问题时，完全可以满怀信心地以所获得的材料为根据。

我也要利用它们，以求足够翔实地把我国当代历史上这一并非不重要的事件作一个具体叙述。* 我只想强调一点，就是所有实际材料和对国内局势的分析都是锁定在1998年，我决不把它们说成是今天的事情，也决不把它们套到今天头上，因为它们就像是在给叶利钦的统治作一个总结。从这个意义上来讲，照我看，它们还真具有不小的历史价值。

无疑，所有这五条指控都是对破坏国家罪的直接指控。

好了，前面已经说过，在订立别洛韦日协议以及协议订立后的那段日子里，有形形色色的活动家都出来维护叶利钦。他们总是在说叶利钦和别洛韦日会议的其他参加者并没有去毁灭苏联，他们只不过记录了它的瓦解，而俄罗斯联邦最高苏维埃既然批准了协议，那自然也就完全洗清了叶利钦身上的一切罪过。可是国家杜马特别委员会则根据这一指控内容的原则条款，非常明确地得出了完全不同的结论。

第一点：认为1922年联盟条约失效，这一点是完全违法的。这个条约先是由6个加盟共和国，即俄罗斯、乌克兰、白俄罗斯以及高加索联邦的阿塞拜疆、亚美尼亚和格鲁吉亚签署，后来又有9个共和国加入，这样就组成了苏联。而且，条约的基本条款又成为苏联1924年宪法的一部分。后来，它的基本条款实际上完整地写进了苏联1936和1937年的宪法和所有加盟共和国的宪法（比如俄罗斯联邦1925、1937和1977年的宪法）。

1922年的联盟条约以及与之相一致的宪法标准，根本就不可能有废除一说，因为这是一个具有创始性质的文件。它不是什么国际条约，而是创始性质的条约。创建的是一个新国家。条约中以及后来的宪法中保留了每一个组成苏联的加盟共和国自由退出的权力。退出的程序在1990年4月3日的苏联法律中有规定。只有履行了与这个法律相一致的全部程序之后，某个加盟共和国退出苏联的问题才能最终由苏联人民代表大会来决定。

第二点：别洛韦日协议炮制者们犯下的罪行（我看是最大的重罪）实际上是

---

* 本章的这个部分就是以俄联邦国家杜马特别委员会对俄罗斯总统叶利钦提出指控的文件为基础写成的，其中有罗季奥诺夫、伊柳亨、维涅季克托夫等人的证词和发言，还有俄罗斯科学院院士奥希波夫和俄国科学院通讯院士库兹涅佐夫的研究资料。

雷日科夫在国家杜马。前排为涅斯捷连科、戈沃鲁欣。(穆萨艾利扬摄)

取消全苏全民公决结果的罪。我要指出，苏联人民代表大会于1990年12月24日通过决议，就是否应该保存革新后的苏联的问题在全国举行全民公决。在1亿8560万有投票权的苏联公民中，实际参加投票人数为1亿4850万，占80%。其中有1亿1350万或76.4%的人投票赞成保留苏联。根据全民公决法，这个决定在整个苏联版图上具有强制力，要取消它只有再举行全民公决。法律责成所有国家机关、团体和所有官员都责无旁贷地要履行这一决定。

第三点：叶利钦在签署别洛韦日协议的同时，也破坏了俄联邦所有公民的宪法权利。根据当时有效的苏联和俄罗斯联邦宪法，苏维埃俄罗斯的每一个公民都是全苏联的公民。有70%以上的俄联邦公民于3月17日再次表示，愿意做苏联公民。别洛韦日协议却破坏了个人法律地位的最主要基础之一——国籍制度。2500万在自己土地上的俄罗斯人，一夜之间竟变成了外国人。

15年过去了，可是国籍问题、难民问题、如何在新居留地安置他们的问题依然还是那么尖锐。由于统一国家解体，各主权国家推行了一种剥夺俄罗斯人公民权的政策，给他们造成了难以忍受的生活条件，他们被迫又回到自己历史上的祖国来侨居。

由独联体各国和波罗的海沿岸地区迁来的移民，在过去10年中的头5年，每年就达到100多万，而在整个90年代平均每年为38万。对于每个移民来说，这样的迁移其实就是生活中一次根本性的大变故，会带来无数异常复杂的问题，说得好听点，这些都是巨大的困难。

不过在那酒气熏天的别洛韦日之夜，签署文件的那帮家伙才不管老百姓的死活呢。一定要达到主要目标——瓦解统一国家，夺取梦寐以求的权力。

叶利钦和他的同案犯做到了许多国家在几个世纪的过程中一直想做的事：瓦解、消灭我们的国家。至于谁能够从中渔利，这一点不难猜测。例如，1991 年 12 月 25 日美利坚合众国总统乔治·布什（老布什）在自己的声明中强调："美国欢迎和支持新的独联体国家所作出的倾向于自由的历史性选择……这些事件虽有可能造成不稳定和混乱，但它们显然符合我们国家的利益。"

早在别洛韦日协议签订之前，叶利钦身边的人就在大洋彼岸朋友们的授意下，制定出肢解苏联的计划。这些人经过长期工作，影响了叶利钦政策的形成，这些无疑对 1991 年 12 月 8 日通过的决定都产生了影响。例如，由波波夫提出，并经"民主俄罗斯党"同意的计划，包含以下内容：把俄罗斯联邦分成 7 个部分，把乌克兰分成 3 部分，总之，在苏联留下的废墟上，要建立起 17 个主权国家。这个哈里托诺夫竟超过了希特勒和罗森伯格，这两个家伙在 1941 年德国进攻苏联之前制定的计划，"总共"也只不过想要在我们国家成立 10 个辖下的帝国领地而已。

还有一个计划则是涉及当前的俄罗斯。美国的中央情报局建议把俄国分解成 8 个独立国家。为了让我国读者了解他们将有可能在哪个国家生活，我把它们连同首都全部引在下面：

俄罗斯共和国（莫斯科）；

西北共和国（圣彼得堡）；

伏尔加共和国（萨拉托夫）；

哥萨克共和国（斯塔夫罗波尔）；

乌拉尔共和国（叶卡捷琳堡）；

西西伯利亚共和国（克拉斯诺亚尔斯克）；

萨哈民主共和国（雅库茨克）；

远东共和国（符拉迪沃斯托克）；

恶劣的榜样具有感染性，特别是当境外那些与我们势不两立的"朋友"们喜欢这样做，而且现在也想这样做的时候。每天媒体上都会出现一些材料，提出一些深刻的地缘政治学"科学"论证和号召："俄罗斯干吗需要高加索呢?""我们的男孩干吗要为高加索送命呢?"等等。根据叶利钦犯罪活动的某些同党、新自由主义改革派及其类似人物的意见，俄罗斯由于拥有无边无垠的广袤土地，是一个无法管理的国家，所以据说由于这个原因，一个国家就应该分解成无数独立的"公国"。那些"自由主义民主派"的活动家们，他们的理想和思考也不乏"爱国主义”情绪，他们希望把科利半岛北部的俄罗斯领土奉送给芬兰。我们这些家生家养的“爱国者”正在处心积虑地等待有一天条件成熟，允许俄罗斯把千岛群岛转让给日本，然后，如果不是在此之前的话，还要把加里宁格勒交给德国。他们思考的方式大致是：既然叶利钦把克里米亚连同塞瓦斯托波尔送给了乌克兰，戈尔巴乔夫匆匆忙忙把俄国领土连同纳尔瓦送给了爱沙尼亚，那么……

我常常问自己：如果面对这样的情况，国外那些民主国家的领导人又会怎么办？让我们闭起眼睛想一想，假如小布什把阿拉斯加归还了俄罗斯，而在良心发现的时候又把得克萨斯还给了那片土地的旧主墨西哥，或者干脆把美国拆开，让大家散伙，让每个州都成为主权国家，那又会是一个什么光景？或者，比方说，法国总统突然决定要满足民族极端分子的要求，把主权交付给诺曼底，而大不列颠的首相则向阿根廷道歉，并归还马尔维纳斯群岛，最后又宣布爱尔兰独立。或者加拿大、西班牙的领导人也都争先恐后宣布魁北克和巴斯克人的居住地独立。那他们会闹个什么结果？于是，自然也就得出结论：所有在西方具有健康思维的人绝不允许的事，从这帮俄国帮闲的立场来看，则不仅是可能的，而且正是他们所希望的。这就是他们“爱国主义”的真正价值。

1991年12月，叶利钦完成了针对苏联的重大叛国行动，给俄罗斯造成巨大损失。可以毫不夸大地说，这种情况涉及生活的方方面面——涉及我国在国际社会的威信和作用，涉及经济、国防能力、科学发展、生产和文化、居民生活水平等等。现从无数确凿的事实中，仅举国家杜马专门委员会弹劾俄罗斯总统叶利钦材料中的几例。再重复一遍，情况都是1998年发生的。

在经济方面。

起初，叶利钦的战友们所提出的、他们翻来覆去重复的目标和任务，在人民的眼里看来都相当高尚：原打算在国内经济政治生活民主化和自由化的基础上，提高居民的生活水准和质量。然而——现在这一点简直可以说是洞若观火——宣布的目标不仅未能实现，人们的生存条件反倒是恶化了好几倍。为了破坏原苏联的经济和社会政治制度，造成了史无前例的牺牲。千千万万的人被迫日日夜夜为了基本生存条件而挣扎。

要知道俄罗斯可是世界上唯一一个完全可以自给自足的国家。它占有地球上10％的领土，但人口却只占总人口的2.4％。它拥有极为丰富极为多样化的原料储量，巨大的智力资源和社会、人力资源，就其居民的生存条件而言，它具有跻身于世界各国前列的一切先决条件。然而，在这些条件和居民生活的实际水平、生活质量之间，却存在着一条鸿沟，而且还在越变越深。

在叶利钦统治的年代，俄国同美国相比，或者同离得比较近的其他经济比较发达的国家相比，许多国情指标都灾难性地恶化了。比方说，1998 年俄国国家预算开支按居民人均计算要比美国少 34 倍，比芬兰少 43 倍。

俄国在 30 年代曾经是欧洲的第二大强国，到了 20 世纪中叶，他同美国一道并肩成为世界超级大国，可是现在却跌进了工业发展边缘化的低谷。改革期间全国工业总产量缩小了一半以上。有些经济领域出现了雪崩式的灾难性的生产下滑。机械制造业产品产量缩小了 60％多。轻工和纺织工业的生产下滑了 80％多。许多部门企业的产品产量缩小了 5 倍。个别企业，其中包括那些构成城市骨干的企业，实际上已经停止了生产，而它们的工人和技术人员则丧失了生存的手段。

有些经济部门整个地被消灭了，特别是机床制造业、建筑机械生产、农机生产、电子工业和工具制造行业，还有许多国防工业联合体的企业和科研院所。经过这样一番折腾之后，俄罗斯又怎能谈得上对西方的独立呢?

苏维埃政权被摧毁后，没有新建过一个电站，没有建设过一个稍微像样点的大工厂。这段时间有成千上万的现代企业被关闭，被偷抢一空（我在这里还没有谈到学校、医疗机构、俱乐部、图书馆、少先队活动基地、幼儿园……这些后面我还要详谈），简直就是一场反工业化运动。说明这种情况的不仅有数量指标，还有质量指标：实际上整个国民经济中的现代生产容量已变得非常小，大多数经济行业根本不具备竞争力，技术领域中的储备能力已经变得无可挽回地老化，而它们的损耗也达到了 60％—80％的程度。

俄罗斯的出口以燃料和原料为主的结构一直没有改变。出口了国内铝业生产的 78％，镍产量的 82％，铜产量的 71％，无机肥的 78％，天然气的 30％，石油的 40％，大量稀土元素。与此同时，在俄罗斯没有探明一处甚至是中等规模的矿藏。地质工作陷于低谷，完全被摧毁了。整个国家全靠苏联时期的存底过日子。

仅在不远的过去苏联还是世界科技进步的领袖国家之一，具有较大的科技潜力。20 世纪 1/3 的重大科技发现都是原苏联的科学家们完成的。今天，我们国家迅速地衰退成殖民地性质的国家。它在高科技产品出口中所占份额仅有 1％。这样就使得过去在科技发展方面所占优势荡然无存。与此同时，国内有 80％以上的新科技成果无法得到应用。成千上万的科技工作者被迫改行。国家在丧失科技潜力的同时也失去未来，失去了为自己的人民建设应有生活的条件。俄罗斯对科学的拨款日趋萎缩，仅占国内生产总值的 0.5％。而且，这点儿可怜的钱也到不了科学家的手上。

农业也遭到了重创。农业各部门的总产量下降了 35％还多。粮食产量下降了一半。肉类生产也下降了一半，奶类 30％以上。大牲畜、羊只和家禽的饲养量缩减了两倍或两倍以上。为了让它们能恢复到1990年的水平，恐怕需要许多年才成。俄罗斯的耕地缩小了2000多万公顷，恢复起来也不会是一日之功。

给人的印象是，为了讨好西方生产者，正在对我国农业进行有目的的破坏。应该指出，世界各国实践表明，30%的食品进口就已经公认是进入危机状态了，然后就要出现对供应国产生战略依赖的情况。俄罗斯本来一直都可以供应自己高质量的而且便宜的食品，现在却要采购几乎45%的食品以供消费，而且最大的几个城市依赖国外供应的程度竟然达到了70%—80%。

苏联统一经济空间、国民经济和科学的破坏，产生了近千万的失业大军，他们丧失了最起码的生存保障。根据官方统计资料，这个数字波动在600万到700万之间，大约为具有经济活动能力人口的1/10。实际上如果说到精确数字，1998年的失业人口要超过2500万。其中只有一小部分有可能得到失业救济金，而且还不是经常。

叶利钦和他的政府为了很少一部分人的利益，在俄罗斯推行了全民所有国家财产的私有化。结果1998年在相对来说比较幸运的20%的居民身上，集中了一半以上的国民总收入，而收入的主要部分，则为200—300个家庭据为己有，他们攫取了国家财富的绝大部分，同时也攫取了国家的权力。

根据国家杜马特别委员会的看法，价格的自由化，公民收入和储蓄的严重缩水，完全都是总统和政府的蓄意所为，其目的非常明确。这样的做法对于一小撮人来说是非常有利的，他们从绝大多数百姓身上搜刮财富，达到暴富的目的。俄罗斯人在一夜之间损失了几乎250万亿卢布（按旧币值）的存款，而这些钱是构成他们生计的来源之一，是全家人在遭遇困境时的“保命钱”。困境来临了，可是千百万人却只能两手空空攥紧拳头来面对它。

其实，百姓被金融金字塔的组织者掠夺，负有直接责任的是总统和政府：一个本不具备牢靠法律基础的政权，却批准了许多显然犯罪或者半犯罪的组织去行动，它们在这段时间从俄罗斯人手中又把国家劫余的一切来了个一扫而光。

叶利钦和盖达尔从1992年1月2日起，彻底“放开了”物价。他们保证，物价仅仅“只会”上涨3倍，然后呢，就会稳定下来，再然后就要下降了。结果是什么，这我们都知道：对叶利钦、盖达尔神话故事里的情节我们都有过切身感受，而叶利钦、亚夫林斯基的“500天”狂想曲也都让我们遭过大罪。

老百姓的支付能力大大打了折扣。总统和政府广泛利用这种害人的宏观经济政策机制，以同通货膨胀斗争为借口，有意识地缩减了生产领域的货币流通总量。这样就立刻引发了支付危机，使生产停摆，犯罪经济横行，工资急剧缩减，也引发了国家巨大的内外债务。然后政府又力图以从百姓身上搜刮来的储蓄款作为抵偿债务的手段，而且还拖欠老百姓的工资。发放债券和各种有价代用票证的机器都全速开动起来，用它们来代替流通货币，强加给人民。社会开支的不断紧缩，对老百姓又是一个重大打击，首先就是教育、医疗卫生、养老金等方面的支出和各种津贴。

众所周知，工资是大部分居民的主要生活来源。尽管如此，但为了一小撮亲信集团和新生资产阶级，以及为他们服务的成为政权社会支柱的贪腐官员的进一步发家致富，总统有意识地长期不发工资和各种津贴，实际上是把自己千千万万的同胞送入了忍受饥饿和半饥饿煎熬的境地。好多部门的职工竟成年累月地领不到工资。由于吃不饱饭，人们忍饥挨饿，许多人，甚至上学的孩子，都有被饿昏过去的情况。

为了彻底改变俄国的社会经济关系，形成一个新阶级——私有主，叶利钦蓄意使俄国公民的生活条件恶化，一方面死亡率大大提高，另一方面出生率下降，这就必然引起人口的巨大损失。结果导致国内人口数量急剧下降。

与此同时，有人也提出了许多改变他所推行的社会经济路线的建议，但都遭到他一一否决。

委员会的这一结论，遭到国家杜马两个代表的反对，这两个代表刚巧也是对所有指控统统表示反对的人。他们的道理还是老一套的鬼话。在这个问题上，他们所说的道理简直可以称得上是绝妙：一方面他们也承认由于生育率的急剧下降和死亡率的上升，俄国人口总数的确有了相当程度的下降，但他们以为原因既不在于俄国公民生活条件的恶化，也不在于大规模的失业现象，或者工资和养老金过低造成的贫困；既不在于人们的日常开支入不敷出，也不在于大多数居民付不起医疗费。近年来我国居民人数的下降，按照他们的解释，其原因在于人民长期以来一直处于自我隔绝的条件之下（所谓“铁幕”），这就使“俄罗斯族群丧失了免疫功能，丧失了身处外族包围和具有攻击性环境下的活力”。不过作出这种“发现”的人，却在自己并不情愿的情况下肯定了一个事实，就是俄罗斯推行“经济改革”的结果，人民不仅陷入了一种格格不入的环境，而且陷入了一个对他们抱有敌意的环境！有意思的是叶利钦是否会因为自己的捍卫者帮了倒忙而对他们表示感谢呢？

值得一提的是在委员会的会议上有人指出，俄国居民中，减少速度最快的部分是斯拉夫人。伊柳亨代表甚至发表声明说，国家总统实行的政策同德国纳粹扫清苏联经济区、灭绝斯拉夫人，以接纳雅利安“优等人种”的手法如出一辙。

正是别洛韦日协议撕裂了一个完整的生活空间——政治的、经济的、文化语言的，破坏了千百年来的传统和生活方式，破坏了全体居民作为统一的社会共同体而每一个民族（种族）又保持着独立的人口再生产的休养生息的环境本身。因此不难理解，到了20世纪90年代，俄罗斯第一次强烈地感受到人口缩减、民族消亡的危机。有什么样的生命体能不衰亡呢？更何况这种繁衍是处于一种格格不入的、受到攻击的环境之下呢！近几年来，男人的平均寿命竟降到了57岁，而女人则不到70岁。*

死亡率的确大大提高了，而且特别值得指出的是死者当中有1/3都是有劳动能力的年龄段的人。而且在这类居民中男子的死亡率高过女子4倍。这常常是因为意外事故、受伤、暴力、被杀、自杀、酗酒、吸毒等等。老年人死亡的速度加快了，也就是说，出现了最直接意义的生理上的断代现象。而这种传承性本应是社会财富、智慧知识和人类所累积的生活经验得以延续下去的基础。

多年后战友再相逢。雷日科夫、多尔基赫、切尔诺梅尔金。(作者提供)

目前死亡人数高过出生人数1.5—1.7倍。在叶利钦、盖达尔推行激进改革政策的年代里，结婚人数降低了30%，出生率降低了37%。我国出生率是欧洲最低的，这个数字比保持一代一代简单更迭所必需的数字低了40%。这首先是艰苦的经济条件所产生的直接后果，它在许多方面同一个事实有着联系，就是每

* 这部分使用了医学科学院通讯院士维涅季克托夫向特别委员会提交的材料。

一千例正常分娩就伴随有200—215例堕胎。再有，有什么办法，到哪儿去养孩子呢？因为正如俗话所说，住宅问题卡住了千百万家庭的喉咙。要知道在建造供免费分配的住宅这个问题上，在叶利钦“在位”的这些年中，我们欠账实在太多了。再说一句，自打2005年通过一系列有关住宅的方案以来，免费分房就已经基本不存在了。建房的总体速度已经下降了2.4倍，房价变得很昂贵，根本不是普通老百姓能够买得起的。

俄罗斯总体上的人口损失，加上死亡和由于极度恶劣的社会经济条件而没有出生的，这个数字已经超过了800万。也就是说，在叶利钦统治的七年间*，人口平均每年减少的数量几乎为100万。而且，这还是在这种可怕的损失部分得到由原苏联各加盟共和国迁入人口补充的情况下。这岂不就意味着在我们这个时代当局完全可以在不动枪炮，只用经济手段的条件下，“顺利地”发动一场反对自己人民的战争吗？

负面人口变化有许多地方都是同居民健康状况的恶化分不开的。前面已经部分谈到了这方面的情况，这里要说的是，在1992年到1998年，局势简直就成了灾难性的。让我再来引用一些委员会的材料。

居民健康状况的负面动向可以从各个年龄段和各个社会组合人群中显示出来，实际上各种疾病的统计资料无不如此。心血管疾病、肿瘤、内分泌疾病、代谢疾病的规模急剧增长。传染病的状况十分堪忧，特别是结核病、肝炎、肠道病、寄生虫病，还有性病、艾滋病。非常令人担忧的情况，比如说，梅毒的传播率扩大了64倍，而且性病的发展现在还波及儿童和少年，实在不能不说是一个悲剧——既是社会的，也是人类的。

托马斯·曼有一句说得很形象的话：“病就是穷人的路。”这句话对于每一个人来说现在具有了越来越具体的、戏剧性的含义。现在很多人都买不起那些每天每时都在涨价的药，付不起专家诊费或者手术费。普通百姓根本就去不起疗养院，因为他们的工资或者养老金还不够买一张单程的车票。

70%的居民经常处于极度紧张之中，他们的神经和情绪由于经济的、社会的、生态的或者其他方面的原因而极度亢奋。因此功能性神经心理疾病患者的数量也在不断上升，越来越多的人从毒品和酒精中寻求解脱。不能不指出，正是这样一批社会病患者，现在成了社会上最流行的现象，他们由于陷入贫困，由于无法找到自己应有的位置，由于他们的所有生存条件都在恶化，看不到摆脱全面危机的明确而现实的道路，因而深陷堕落之中。

---

* 这是指到国家杜马特别委员会开会的日期为止。

所有的一切不能不在俄罗斯人生活的社会层面上对下一代有所影响。2005年6月的国际儿童节俄联邦内务部部长努尔加利耶夫声称，俄国有200万儿童没有父母，有600万居住在社会不良环境中，还有400万酗酒和吸毒。国内流浪儿总数达到87万。这还只是公开的数字，根据专家的意见，是大大被降低了的。可是有一个数字是没有被降低的：每个儿童的生活津贴每月只有70卢布！这还是在国内根本不缺钱的时候！

国内贩卖儿童的罪行公然盛行。穿白大褂的男男女女把发育完全正常的儿童诊断成弱智儿童，为把他们销售，特别是销售到大洋彼岸赢利而创造条件。

看来只有请捷尔任斯基复活，才能解决我们国家流浪儿童的问题了。想当年内战和卫国战争之后，这个社会问题一度那么严重，不是也解决了吗！

这就是我国人民的可以说完全垮掉的、可怜的生活水平的大致情景，其中一个原因，就是我国医疗保健事业的濒死状况和商业化。在苏维埃时代，它曾是世界公认最优秀的制度。到了1998年，它却成了国家的整个社会服务体系完全垮掉的最有力的见证之一，这完全是由于1991年12月8日叶利钦及其一伙在别洛韦日森林中催出的恶果。

除此之外，国家杜马特别委员会在研究了类似的材料之后，认为应该也必须控诉叶利钦对俄罗斯民族犯下的种族灭绝罪。

在国际法中，“种族灭绝”概念最初是经1948年12月9日联合国大会通过的防止和惩处种族灭绝罪公约引入和确立的。苏联加入这个条约的时间是1954年，因此它也适用于作为苏联法权承继人的俄罗斯联邦。该公约第二条把种族灭绝界定为以完全或部分消灭某民族、种族、人种或宗教人群为目的的行动，其手段为：杀害该群体成员，对该群体成员实行严重身体伤害，蓄意伤害成员身体器官，蓄意为某个人群营造以完全或部分对其实施肉体消灭为目的的生活条件，在该人群中实施以防止生育为目的的手段，强制儿童由一个人群向另一个人群转移。无疑，叶利钦的所作所为就其本质而言在许多方面都符合这些条款。

叶利钦的追随者如祖拉波夫、库德琳之流，对俄罗斯人生活的社会条件也带来了极大的危害。他们炮制的反人类的122号法令，把最后遗留的那点好处也都搜刮得一干二净。杜马兴高采烈地通过了这个法令，联邦委员会批准了它，国家总统也签署了它。干这桩事的代表们应该想想，上一届代表仅仅在7年前还曾经指控叶利钦对本国人民犯下了种族灭绝罪！

在谈到俄罗斯儿童的处境时，不能不涉及另一个涉及儿童的问题，这就是学校伙食状况。大家都明白，儿童和青少年时代如果营养摄入不足，将会对身体发育、发病状况、学习成绩等产生不良影响，造成代谢障碍，形成慢性疾病。

中小学学生——在我国这个数字是1700万——的大部分时间都是在普教机构中度过的。在这些地方，卫生条例规定要为他们准备热食——早餐，为全日制的孩子们准备两餐——早餐和午餐，而为在校时间更长的还要准备下午餐。根据俄罗斯卫生保健社会发展部的资料显示，在俄联邦各行政主体，校餐的价格每天是在0卢布至12—15卢布之间浮动。学生在校就食热餐的比例在俄罗斯是由小学到中学到中学高年级逐步递减，大约各占82%、64%和51%以下。至于说到校餐的质量，根据俄罗斯医学科学院饮食研究所的资料，学生在校所能摄取的饮食，充其量不过是每日饮食标准的30%—40%。

农村学校状况的麻烦就更大了：仅一条就说明问题——近65%的学校没有合格的饮用水。

当然，儿童问题在学校只不过是一个延续，而它的源头出现得要早得多。因为大约有70%的妇女健康上多少都有些问题。孕妇中能够正常分娩的不过40%。过半数的新生儿健康也有问题。大约15%—20%的学龄前儿童患有慢性病。到中学毕业时完全健康的青少年仅占10%。在儿童身体和心理发育方面越来越经常地发现出现障碍的情况，即出现晚熟现象，而不是像苏联时期出现早熟现象。结果年轻人中由于健康状况而不适合服兵役和从事有效的创造性活动的人数越来越多。

例如，根据俄罗斯政府副总理、俄联邦国防部长伊万诺夫在国家杜马答询时的发言，2005年秋季应征的人员中，大约10%体重不足，因此这批青年本应在入伍后立刻进入军事训练，但却不得不送去“增肥”。而且，由于体重不达标，兵役局还免除了多达9万名17岁青年的兵役。

总之，国家杜马特别委员会得出明确结论：在我国推行所谓“改革”，以及由此而产生的破坏性后果，主要责任应该由总统叶利钦来负，因为根据俄罗斯联邦宪法，他是国家元首，由他来组织政府，领导政府活动，决定国家内外政策的方向。他在某些情况下行使自己的职权，而在另一些情况下又选择不作为，以此造成对国家和俄国人民利益的损害；他实际上把国家杜马排除在一系列重大社会经济问题的决策之外。在对待国家杜马的态度上，他的行为常常同当年对待俄联邦最高苏维埃的态度一样。

正是在叶利钦统治的年代，浓浓的黑雾笼罩了我国大地。自然会有人问：一个国家元首怎么会允许这样的情况出现？不错，他的确不是内行，这一点任何人都能看得出，可是他不是有一大群专家学者、生产第一线的第一流专家供他差遣吗？但他却根本不想利用这些人的潜力。作为一个了解他性格的人，我可以说，他就好像是在向自己的人民进行报复，只是说不清为了什么！对于这个人来说，俄罗斯人民，1991 年怀着欣喜若狂的心情投票要他上台的人民，简直就是一堆粪土。他要的是权，眼睛里只有权，为了权他可以炮打俄罗斯联邦最高苏维埃，他可以消灭人民代表苏维埃。他权欲熏天，权力就是他生命的终极意义，对此他毫不讳言。

1996 年，任国家杜马代表。(穆萨艾利扬摄)

无疑，叶利钦对他的西方“朋友”，是承担着一定的义务的。否则就无法解释一个事实，就是他置我国科学界的抗议于不顾，执意推行对俄国和俄国人民危害极深的经济改革路线，并拒绝对之进行任何修改。国外的一群经济学家——诺贝尔奖得主——也给他写过类似的论据充分的信，揭示出这种改革对俄罗斯有多深的危害。但结果也是一样。

叶利钦改革俄罗斯的同时也是实现美国对外政策战略目标的一个步骤，这个目标就是进一步削弱俄罗斯这个苏联的继承者，进一步巩固在一个大国统治下的国际新秩序。正如比尔·克林顿在 1995 年 10 月 25 日的参谋长联席会议秘密会议上所说：“……最近 10 年来对苏联及其盟友的政策清楚表明，我们所采取的清除世界上最强大的国家之一以及最强大军事联盟的路线是多么正确。我们利用苏联外交的失误，戈尔巴乔夫及其一伙的非同寻常的自以为是，其中还包括利用那些公开站在亲美立场上的人，我们获得了杜鲁门总统想要通过原子弹从苏联获取的东西。不过，这里有一个非常重要的区别，就是我们还附带获得了原料供应，而不是原子弹毁掉的国家。如果是那样，恢复起来可就不容易了。”

今天的领导人继承的俄罗斯，是一个被毁掉的俄罗斯，其中有许多可以想见和难以想见的灾难。虽然已经有了一些正面进展，但面临的还是百废待兴的局面，希望现在这段黑暗的日子过去后将会出现曙光，我国受苦受难的人民将享受盼望已久的灿烂光明！我们绝不该失去希望！

50年前俄国杰出的哲学家伊万·亚历山德罗维奇·伊林，当时他身处流放之中，在《我们的任务》一书中就曾以预言家的敏锐写道：

> 俄罗斯绝不是一块块领土、一个个民族偶然的集合和堆砌，也不是把一个个“州”人为地组合在一起形成的机制，它是一个活生生的、历史形成的、文化上有内在逻辑的机体。它是不能被随意肢解的。这个机体在地理学上是一个整体，它的各个部分在经济上互为营养；这个机体在精神、语言和文化上也是一个整体，历史地把俄罗斯民族同它的民族小兄弟团结在一起，在精神上也互为营养；这个机体在国家战略上也是一个整体，它向全世界证明了它自我防卫的意志和能力；它还是一座屹立于欧亚两洲的堡垒，因此也是世界均势的堡垒。对它的肢解将是一次史无前例的政治冒险，它的毁灭性的后果将给人类带来长久的影响。

后记

这本书写了足足有十多年。起初只是为了备忘，把发生在改革年代的那些零散的、比较重要的、后来又对瓦解这个强大统一国家苏联起着多方面作用的事件记录下来。但随着上个世纪 80—90 年代之交那些悲惨年头逐渐远去，我跟我的许多同龄人，由于曾经身处我国生活这一最艰苦年代各种事件的旋涡之中，便萌生了想要更深入探讨其前因后果的要求。但愿本书在一定程度上能够回答这种心灵和理智的呼唤。现在，当这项工作行将结束之际，笔者想对这些基本的看法，再作一个简短明确的表述，希望读者能够原谅我的繁言赘语，因为它们跟本书基本内容密切相关。

其实，笔者并没有把分析我国解体的所有原因和事实列为本书的任务。我很清楚，要做到这一点，需要许多研究人员和研究机构花费巨大的劳动才能完成。本书中所涉及的，只是导致这一大悲剧发生的某些情况。本书的名称也清楚地说明了我本人对这一具有世界意义事件的态度。

俄联邦总统普京在他的多次演说中，也对我国 15 年前发生的种种事件作出了评价，并把它称之为世纪悲剧和灾难。作为历史事实来说，这是正确的。但这一历史事件的后果非常深远，远远超出了时间的甚或领土的范围，具有全球性质，并将在几个世纪的过程中影响整个人类历史的进程。

世界政治地图经过一定历史阶段总免不了要发生变化，因为它要反映新的地缘政治关系。二战以后的情况就是如此。三个战胜国领导人在克里米亚和波茨坦开会，后来又通过 1975 年的赫尔辛基协议，把它的结果固定下来。而这些结果的出发点，便是世界政治力量的相对平衡。这种平衡以及另一个并非不重要的因素——原子弹，使我们得以在没有大的全球冲突，没有世界大战的条件下，度过了半个多世纪。要知道，一战和二战之间相隔了只不过是短短的 20 年。可是现在，在苏联解体后的 15 年内，欧洲，其中也包括原来的苏联，竟出现了 24 个新国家。而且这个过程还未必就此会打住。现在，眼下就至少有科索沃、阿布哈兹、南奥塞梯、纳戈尔内—卡拉巴赫、德涅斯特沿岸地区共和国在等着。

苏联垮掉之后，国际力量平衡也被破坏了，强烈的地区震荡的冲击波扩散到全世界。其中既包括南斯拉夫的覆灭，也包括阿富汗和伊拉克的战争。朝鲜和伊

少年雷日科夫与父亲合影。(作者提供)

朗也正在受到威胁。此外，不是还有近东各国之间由于多国利益而发生的多年流血冲突吗？

关于这个强大的、具有崇高威望的国家在世界地图上的消失，关于出现这一历史悲剧的原因，近 15 年来发表过许多论著：既有各种各样的科学研究成果，也有些近乎科学的东西，还有某些对个别事件主观性极强的描述和回忆录等等。不过，每种著作所涉及的，也仅仅只能是事件的某些方面而已。看来，对历史进行全面的、不偏不倚的、没有争议的记述的时刻还没有到来。

我想，最终一定会有人出来，我国领导人也会表现出政治魄力，把客观评价这一灾难的全部复杂原因，把对那股策划并实现了这一灾难的力量进行分析，确立为自己的任务，并完成该任务。做这件事的目的不应该是为了某一个帮派的利益，或是出于向苏联和苏联人民自 1917 至 1991 年走过的道路泼脏水的个人想法——现在的“民主派”就喜欢干这种事。为了我国的未来，为了我国人民的未来，这样的分析是必不可少的。

导致 1991 年各种事件的原因相当多。起作用的有各种内部和外部因素。笔者在本书第一章谈到过外部对我国施加的影响，特别是引述了杜勒斯在 1945 年讲过的一些话。究其本质而言，这些话里包含了同我国进行长期斗争的全部指导思想。

西方，特别是美国，许多地方都是根据这一指导思想来行动的。他们千方百计在我国特定的知识分子圈子中为自己寻找“朋友”。苏联克格勃主席安德罗波夫把这些人称之为“影响的代理人”。应该说，他们在完成任务过程中很卖力气。

那场“冷战”的展开也不是偶然的。几十年中，它可把苏联拖苦了，把大量国家资源吸引到军备竞赛中去，而它们本来是可以用来解决国计民生问题的。这一点对苏联人的生活水平不能没有影响。苏联同社会主义联合体的盟友，在经济上较之于美国和它的欧洲仆从要弱一些，因此，为了保持基本军事均势而出现的国防开支，就对我国和我国人民产生了比对方更为容易感知的影响。此外，还有不少资源，苏联也作为援助给了自己的盟友，只是现在几乎所有这些盟友都跑到了西方的卵翼之下。

苏联解体的主要原因无疑是在内部。其中有经济的、社会的、党和国家的，还有许多其他原因。我并不打算在本书中一一列举它们。不过，关于其中的一个原因，一个现在看来并没有最终彻底解决的、直接导致我国出现悲剧的原因，我在本书中倒是讲得相当详细和具体。这就是改革年代后期我国各地突然爆发并迅速发展的民族主义。正是这个东西，成了苏维埃国家内部破坏过程的强有力的催化剂。

对于俄罗斯帝国和苏联而言，民族关系问题是一个自久远年代起即已存在的现实问题。

基辅罗斯解体后，古俄罗斯民族分裂成为三支斯拉夫兄弟民族，这就是俄罗斯族、乌克兰族和白俄罗斯族。这几个族群具有同一个根，所以可以认为，15世纪中叶以前，罗斯国家实际上是一个多族群国家。不过随着第一个俄罗斯沙皇伊凡雷帝先是征服喀山汗国，然后又征服阿斯特拉罕汗国，加之西伯利亚、北高加索和中亚各族人民的归附，俄罗斯遂成就为一个巨大的多民族国家。

俄罗斯帝国土地上的各个民族，他们的民族特点、传统和文化，产生了彼此在各方面极不相同的管理方法和管理体制。俄罗斯的中央地区有自己的管理架构和方法。波兰、芬兰、中亚地区也有自己的一套不同于中央的管理体制，有它们符合自己的传统和生活方式的特别的法制体系。国家机制在体制设置上的多样性以及工作的弹性，使得民族关系不可能碰撞出过大的火花。

当1922年苏联成立的时候，建立统一多民族新国家的问题曾是一个非常尖锐的问题。列宁在这个问题上的立场是众所周知的，他同自己的战友们发生了激烈的争论。笔者在本书中对这个问题给予了特别关注。正如所知，列宁的意见占了上风：成立了由各加盟共和国组成的苏联，它们都享有直至可以退出统一国家的特权。应该看到，当时列宁没有别的选择，因为如果立即完成统一国家的架构，这个国家实际上就不可能建立。

在苏联有过民族问题的纲领，而且也一直在实施之中。对中亚各发展缓慢的共和国以及其他“边远”地区的共和国的经济援助问题被提到国策的高度。实际上除了白俄罗斯之外，其他各加盟共和国都能享受主要是由俄罗斯联邦提供的补贴。结果就出现了这个主要的联邦制共和国在生活水平和其他社会指标上落后于其他共和国的现象。这一切为的都是巩固和发展各族人民的友谊。

雷日科夫夫妇的照片，背后有题词："年华如飞逝去……"（作者提供）

应该指出，苏共在民族问题领域内的活动是有利于这些问题的正面解决的。这些年来，在各加盟共和国以及俄联邦内部某些民族的社会经济发展和文化发展方面，做了大量工作。已经构建出一种各加盟共和国参加国家管理、参加议会、参加国家科学文化等方面生活的合理制度。

民族关系的牢不可破曾经经受过伟大卫国战争的考验。各民族苏维埃联合体的生命力和威力是胜利的一大重要源泉。无疑，由多个民族组成的人民在最艰苦的考验年代之所以能团结一致，还有一个事实也起了作用，那就是我国当时正面临被最凶恶的敌人——法西斯德国及其仇恨人类的意识形态所奴役的危险。

苏维埃联合体并不是一个神话，尽管在贯彻国家的民族政策时，有时也出现过严重的错误和失误，致使难以充分发挥这一政策的潜力。

后来开始了"改革"，苏联领导有意识地把注意力贯注于各族人民生活中的缺点和负面现象，目的就是要动员力量，引导国内状况朝向好的方向改变。但由于苏共及其对苏联社会影响的日渐衰微，以及各种"运动"和"战线"的出现，在许多加盟共和国，民族问题都成了同中央权力进行斗争的一张牌。

在这些究其本质基本是民族主义的运动中，它们的领袖人物动用了一切手段来证明，各共和国人民如果脱离苏联而生活，如果他们有了国家主权，日子会过得好得多。实际状况被有意歪曲了，这些地区不同程度都靠经常性的输血维持的事实被有意缄口不语。也就是说，其实全苏的资源再分配是对他们有利的。人们被导入了误区，而真正的那种妄自尊大的意图却被一些用以引发对中央不满的负面口号掩盖起来。逐渐，这些运动也好，党派也好，都撕下了假面，这才看出他们的活动已经导致了极端民族主义的遍地开花。糟糕的地方还在于，在许多人的眼里，它已经不再是什么不道德的，或是政治上极端有害的现象了。

还有一个纯主观的因素，对我们国家的毁灭也起到了非常重大的作用，它特别清楚地表现在当时的两个领导人——戈尔巴乔夫和叶利钦——的个人品质和活动中。

戈尔巴乔夫由于政治上的无能，把我国引到了深渊的边缘，等到苏联眼看就要寿终正寝的那年，他再去无头苍蝇似的忙忙碌碌，早已于事无补。能够保全并彻底革新统一国家的机会已经错失，当时我国已发生了根本性的变化，致使上千年历史积累起来的优秀成果废于一旦。现在戈尔巴乔夫实际上已经从政治舞台消失，可是却始终没有搞明白自己有意也好无意也好，在祖国面前犯下了多么可怕的罪过。

雷日科夫家的三代人：父亲伊万·费奥多罗维奇、母亲亚历桑德拉·帕夫洛芙娜；妻柳德米拉·谢尔盖耶芙娜；女玛丽娜。(作者提供)

第二个人物——“破坏英雄”叶利钦的命运却有所不同。为了攫取国家最高权力，他可以无所不用其极。他用自己的行动千方百计鼓动波罗的海沿岸地区的、乌克兰的以及其他共和国的民族主义行动，以此作为同国家中央政权斗争的政治杠杆。一旦作出最重要决定的关头来临，他就毫不犹豫地跑到别洛韦日森林去有意识地展开了搞垮国家的行动。

当时依然在位的苏联总统戈尔巴乔夫怯懦地逃避了自己的直接职责——捍卫苏联宪法，而以许多国际机构——其中包括联合国——为代表的国际社会，也就把克里米亚会议、波茨坦会议和赫尔辛基协议抛到了一边，迫不及待地对以成立15个国家来取代一个国家表示欢迎。

叶利钦在取得俄罗斯的最高权力之后，表现出了自己的治国“才干”。当时他也许是出于有意，也许是没有考虑周全，并没有注意有人对他提醒，他对苏联的政策也可能会在他的俄联邦政治中起作用。为了追求选票和俄罗斯各自治共和国、边疆区和各州的支持，他以民粹主义的手法宣称，这些单位想要多少主权，就可以拿多少主权。

国家首脑的这些行动以及其他一些类似的行动，不能不对国内总的政治经济状况产生影响。此外，叶利钦的行为远不是那么前后一贯。最后，俄罗斯就成了一个无法管理的烂摊子，而他周围的那些人，说得客气点，远不是什么通常所说的国之栋梁。他们就像苍蝇围着粪堆飞来飞去似的，围在这位“主子”身边转来转去，每个人都在追求个人私利，或是自己公司的利益。

地方看到联邦政权是如此的不堪，便也开始各自寻求自己的活路。有的急急忙忙开始修改本共和国、本边疆区、本州的宪法章程，而且修改后的文件往往跟俄联邦宪法相抵触；还有一些州则走得更远，他们开始准备提案，想要建立某些特殊的共和国，比如乌拉尔共和国。

叶利钦身边的人见到国家管理上出现了这种灾难性的局面，便提出了一个办法：在联邦政权和联邦主体之间签订协议。于是各处一哄而上：几年之内，签订了大约50个左右的协议。而这一切竟是在当时国内宪法还在起作用的情况下发生的！为了废除这些协议，后来的俄罗斯总统普京真是费了好大的心力和周章，其中有两个共和国，即鞑靼斯坦和巴什科尔托斯坦，直到现在在国家预算中还列入了大笔“为他们失去的机会”而要求补偿的经费。

叶利钦的国家被各种矛盾所撕裂，贪污受贿处处有肥沃的土壤，犯罪盛行，民族文化和传统遭到毁灭。八年过去，叶利钦身后留下了一个衰败、虚弱、管理不善的国家。国名还在，国土还在，人民还在，但国家却只不过虚有其表。新上任的总统要把一盘散沙整合成一个具有全部国家特征的真正国家，真是要花费不少心力。

最后这5到7年时间，是一段“整合”俄罗斯的时期。每过一年，它就变得更接近于真正的，而不是虚拟的国家一点。采取的一些步骤，比如强化纵向权力和国防力量，比如在对外政策领域采取明确立场，比如在某些社会结构方面作出各种决定以确立基本法规……这些都不能不在某些社会人士中，特别是在所谓社会的自由主义一翼，引起愤怒的风暴。“警察国家”是那些西方应声虫和西方帮闲所给予今日俄罗斯的最温和的评语。

而“自主民主”思想及其诠释文字在媒体上发表后，引起了多么强烈的批评风暴和多么难听的阵阵叫嚣啊。劈头盖脸的脏水也泼到了第10届世界俄罗斯全民大会的头上。大会的主报告人——斯摩棱斯克、加里宁格勒都主教基里尔说，世界上当然存在着某些放之四海而皆准的行为准则，但这决不意味着西方的社会制度、民主原则、人际关系标准同样适合于所有国家。每一种文明都有它自己的值得肯定的社会生活经验，它同样也有存在的权利。

在我国历史上有几个阶段，国家曾处于极端艰难的状态，面临崩溃边缘。但历经种种考验之后，俄罗斯重又站立起来，不仅找到了复兴的勇气和力量，更找到了继续发展的勇气和力量。

1613年大混乱时期之后的情况是这样。其后100年间，俄国的新土地开拓者走过了自乌拉尔至太平洋的遥远历程，甚至开发了部分美洲大陆。中亚和北高加索也被收入俄罗斯帝国版图。300年后，俄国成为了一个伟大的多民族强国。

到了1917年，新的震荡出现了：两次革命，破坏，内战，失去了大面积的领土，国家的经济潜力也遭到破坏。看来，俄罗斯帝国残留的几个部分似乎永远也不可能再重新联合起来了，似乎它也再成不了什么大国。然而，建立苏联的政治决定，20年的巨大努力，在人民付出了忍受艰难困苦的代价、推行了工业化以及其他种种重大改革之后，我国又跻身于高度发达的国家之列了。建立起来的生产和科技潜力，我国人民面对受奴役的危险在伟大卫国战争中所表现出来的团结一致，终使我国得以战胜20世纪最强大的敌人——法西斯德国及其仆从。

二战为我国人民带来了无法比拟的灾难。想当年那场无比惨烈的战争过后，我国处境之艰难现在真是难以名状。人民当中最有劳动能力的一部分牺牲了，我国欧洲领土直到伏尔加河的一大片，上头的国民经济全被摧毁了。外国专家们“给了”我们40年到100年的恢复期。可是，经济却在5到7年内全部恢复了。只不过上千万人的牺牲至今却依然有所感觉。

伟大卫国战争之后，苏联成了超级大国。它实际上已经恢复了1917年革命后丢失的领土。苏联成为世界政治中一支决定性的力量。

然后是1991年。统一国家被肢解成为15个部分，产生了严重的后果。这些，本书已经讲得很充分了。但我国正在一步步站立起来，尽管许多东西都被破坏，被掠夺，被践踏，但它正在恢复大国的地位。

我相信，经过这次震荡，俄罗斯将重新奋起，占据自己在世界上应该占据的位置。需要政治家和人民的意志力，需要大家共同奋起创造，需要建立一个现代化的社会，但同时也更要保持并发展我国的历史和精神传统。

我相信俄罗斯人民和俄罗斯国家的未来，正是怀着这样一种信念，我写下了这些对祖国艰难岁月以及它未来命运的叙述和思考的文字。

尼·伊·雷日科夫
2006年12月31日于莫斯科

雷日科夫小传

尼古拉·伊万诺维奇·雷日科夫1929年9月28日生于顿涅茨州捷尔任斯基区捷列耶夫卡村（现捷尔任斯基市）一个矿工家庭。童年和少年时代在顿巴斯度过。

受过高等教育：1959年毕业于基洛夫乌拉尔工学院机械工程专业。1950年在顿涅茨州克拉玛托尔机械制造学校毕业后任技师。

1950年起在奥尔忠尼启泽乌拉尔重机厂，即斯维尔德洛夫斯克的乌拉尔机械制造厂工作，先后任班组技师、班组长、车间主任。1959年起任总电焊师、副厂长。1965—1970年任厂总工程师。1970年起任乌拉尔机械制造厂厂长。1971—1975年任乌拉尔机械制造生产集团总经理。

雷日科夫是乌拉尔机械制造工厂改造和发展的倡导者。他为乌拉尔机械制造生产集团建立了好几个分部。在他领导工厂和集团期间，主要致力于冶金工业和采矿业最新设备制造、石油天然气钻探技术装备、国防工业订货、军事技术装备的制造和生产。在他的直接参与下，开展了先进机器设备的设计，制定了最新工艺流程，最大的生产联合体现代化管理体制。

1975—1979年雷日科夫任苏联重型和交通机械制造部副部长，主要负责与科技进步相一致的部门的发展。他把巨大的注意力集中在冶金、采矿等行业的装备，国防、航天部门的装备生产以及铁路运输装备的生产上。

1979—1982年雷日科夫担任苏联国家计委第一副主席，部长级，负责制定国家社会经济政策和五年计划，实现投资和科技纲要，财经和地区发展政策。完善国家经济发展机制的基础得以建立。

1956年加入共产党，1981—1991年任苏共中央委员，1982—1985年任苏共中央书记处书记，主管苏共中央经济工作部。1985—1990年任政治局委员。

受苏共中央总书记委托，他同其他几位书记一道，完成了国家现行社会经济政策分析。他还在主要学者专家的协助下，制定了国家新经济政策纲要。1985年该纲要成为向新经济模型过渡的基础。

1985—1990年任苏联部长会议主席。同时，从1990年3月起，任苏联总统委员会成员。1991年1月退休。

2004 年，当雷日科夫 75 岁生日之际，在他所获得的许多勋章当中又添了一枚一级彼得大帝勋章。(作者提供)

1986 年领导消除切尔诺贝利核电站事故后果总部的工作。

1988 年 12 月领导了亚美尼亚大地震救援工作。为了感谢他为亚美尼亚人民建立的功勋，斯皮塔克市为雷日科夫建立了一座胸像，亚美尼亚共和国总统发布命令，颁发给他一枚最高勋章。

1989 年领导了制止费尔干纳（乌兹别克）民族冲突的工作。

1974—1989 年任苏联最高苏维埃 9、10、11 届代表；1986—1990 年任俄罗斯社会主义联邦共和国最高苏维埃代表；1989—1991 年任苏联人民代表。

1993 年起任“普罗霍罗夫场”慈善监护委员会主席，发起在俄罗斯第三战场——坦克大会战战场修建纪念建筑群。这里建起了“警钟长鸣”纪念碑、彼得保罗大教堂、卫国战争老战士之家、文化历史中心、普罗霍洛夫战场上的雷日科夫图书馆等。

1994 年 10 月起，任“欧亚”国际社会联合体主席，莫斯科思想文化及企业界精英俱乐部（俗称莫斯科名人俱乐部）主席。

1995 年 12 月至 1999 年 12 月任俄联邦第二届国家杜马联邦会议代表、“民权”党议会党团领导人、国家杜马主席团成员。

1999 年 12 月—2003 年 10 月任俄联邦第三届联邦会议代表，任救援南斯拉夫联盟共和国、克服北约侵略后果委员会主席。任俄联邦议会同亚美尼亚民族会议关系协调人。

2003 年 9 月起任俄联邦联邦院联邦会议的别尔哥罗德州代表，地方自治问题委员会委员，自然资源垄断问题委员会委员。

1998 年 2 月领导国产商品企业协调委员会，现更名为俄罗斯制造商协会和俄罗斯制造商国际协会。

两次荣膺列宁勋章；荣膺十月革命勋章、两次劳动红旗勋章、四级祖国功勋勋章以及国内外其他许多勋章。

1969、1979 两次获得国家奖金。

为了表彰雷日科夫对俄国同胞及俄国青少年所进行的爱国主义教育，俄国东正教教会授予他多枚俄国东正教教会勋章。

为了表彰雷日科夫发展各国间兄弟关系的重大贡献，他被授予多枚外国勋章：亚美尼亚的梅斯洛普·玛什托茨勋章、吉尔吉斯的达纳克尔勋章、哈萨克斯坦的友谊勋章、乌克兰的亚罗斯拉夫·穆德雷大公五世勋章、白俄罗斯共和国人民友谊勋章。

为了表彰雷日科夫的特殊功勋，他被授予贝尔格莱德州荣誉公民称号、亚美尼亚斯皮塔克市和古木里市荣誉市民称号、乌克兰顿巴斯的克拉马托尔斯克和捷尔任斯克市荣誉市民称号。

雷日科夫是国内外多所科学院的院士、6 项发明专利拥有者。发表过两部专著，200 余篇机械制造、经济和管理方面的论文和文章。出版过 7 部时政方面的书：《改革：叛卖的历史》（1992）、《我的党叫做俄罗斯》（1995）、《大动荡的十年》（1996）、《重返政坛》（1998）、《南斯拉夫的髑髅地》（2000）、《被钉上十字架的南斯拉夫》（2003）、《辩护证人的发言》（关于米洛舍维奇的审判）（2005）。

译后记

我们这一代中国知识分子，大多有一段“剪不断，理还乱”的苏联情结。因此，当2007年春节过后，俄罗斯科学院远东研究所中国历史文化研究中心主任斯米尔诺夫博士突然打电话给我，告诉我雷日科夫有一本关于苏联解体的最重要的新作已经杀青，希望能翻译成中文出版。斯米尔诺夫问我是否愿意承担这项工作时，我的心动了。当时，由于我手头正有别的工作，不便当场表示同意。但他那迫切的口气使我不得不改变初衷，给了他一个肯定的答复。

斯米尔诺夫先生曾两度同我有过密切的文字之交，而且后来又承蒙他撰文在莫斯科报纸上对我和我的同事们的工作加以谬赞。这次他是应邀同俄罗斯国立莫斯科社会大学副校长、莫斯科名人俱乐部执行主席、原苏共中央监察委员会副主席科京先生一同到哈尔滨来参加2007年冰雪节的。为雷日科夫的新作寻找译者并安排在中国的出版事宜，是他们此行的主要任务。他见我应允了此事，便邀我到宾馆同科京先生面谈。

科京向我简要地介绍了这本书的大致状况，答应回国后立刻把该书的电子版文字和图片设法传递给我；而我则向他保证一定努力忠实地传达原文，并帮助他们物色到一家合适的中国出版社来做这项工作，以不辜负作者的期望。这样，这件事便定了下来。

科京回国之后，很快便通过特快专递发来雷日科夫亲笔签字的版权委托，又通过电子邮件发来该书全文；再后来，又通过本书译者中在莫斯科工作的徐明稼带回图片光盘。而我，则把此事向所在单位黑龙江省社会科学院做了汇报。院长曲伟先生和院老年科协深知这项工作的重大意义，表示积极支持，给予了极大的关怀和鼓励。我们对国内几家重要出版社的情况进行研究，认为还是请新华出版社支持这项工作为好，于是便把全书的简介寄到了新华出版社。

很快，新华出版社打来电话，表示愿意合作。于是我们邀请了黑龙江省社会科学院的研究员、资深翻译家高文凤、宋嗣喜和年轻的翻译家李蓉，资深翻译家、黑龙江大学的王育伦教授、黑龙江省经济干部管理学院的王琳德教授参加翻译，并邀请在莫斯科常驻的徐明稼小姐担任译者同作者之间的“联络员”，并参加部分章节翻译，承担了一些技术性的工作。这样，就出现了译者的如下分工

(按章节顺序排列)：徐昌翰：前言，第 1、4、5、12 章；王育伦：第 2、3 章；王琳德：第 6 章；高文凤：第 7 章；李蓉：第 8、9 章；宋嗣喜：第 10、11 章；徐明稼：后记、作者小传、图片说明。最后，全书由徐昌翰作了统一校订。

在此，我愿代表全体译者，向所有对我们的工作给予帮助和鼓励的领导和朋友们表示由衷的感谢。假如这本书能得到广大读者的喜爱，将是对我们的劳动，也是对这些朋友最好的回报。

徐昌翰

2007 年 11 月